Zeitgenössische Kunst in der Deutschen Bank Frankfurt

Zeitgenössische Kunst in der Deutschen Bank Frankfurt

Deutsche Bank

Herausgegeben von der Deutschen Bank AG,
Frankfurt am Main 1989/90
3. erweiterte und verbesserte Auflage

Konzeption und redaktionelle Leitung: Prof. Dr. Klaus Gallwitz
Katalogbearbeitung und Werkverzeichnis:
Friedhelm Hütte, Dr. Marie-Theres Suermann
Gestaltung und Umschlagsentwurf: Wilhelm Winkler
Redaktionelle Koordination: Klett-Cotta Verlag

Herausgeber und Verlag danken der Nationalgalerie, Staatliche Museen Preußischer Kulturbesitz, Berlin, für die Erlaubnis, eine größere Zahl Biographien aus dem Katalog „1945-1985, Kunst in der Bundesrepublik Deutschland", übernehmen zu dürfen.

Verlag: Ernst Klett Verlag für Wissen und Bildung, GmbH

Gesetzt in Univers 45 von Steffen Hahn, Kornwestheim
Reproduziert von VSO Merk + Steitz, Villingen-Schwenningen
Gedruckt von den Graphischen Betrieben Eberl, Immenstadt, auf 135 g/m^2 BVS matt von Scheufelen
Gebunden bei Lachenmaier, Reutlingen
Printed in Germany

Umschlag: Rainer Fetting, Girl and Vogel, 1982,
Tempera, 69 x 99 cm

Bildquellenverzeichnis

Inhaltsverzeichnis

Herbert Zapp: Eine Idee und ihre Verwirklichung

Dieser Band berichtet von der Verwirklichung eines Konzepts, das die innere Struktur der Anfang 1985 fertiggestellten Türme in Frankfurt mitgeprägt hat. Hier gibt die Kunst der letzten 25 Jahre und besonders die der jungen Künstler unserer Zeit jedem Stockwerk in Gängen und Konferenzzimmern eine Individualität, die weit über die numerische Bezeichnung der einzelnen Etagen hinausführt. Es war uns, dem Vorstand und unseren Beratern klar, daß dieser Versuch der Integration von Kunst und Arbeitswelt bei den Mitarbeitern bei weitem nicht nur positive Reaktionen auslösen wird. Inzwischen haben Begegnungen und Diskussionen mit den Künstlern und ihren Galeristen im Hause stattgefunden. Die Mitarbeiter werden über die Ausstellungen ihrer Künstler informiert; eine Kunstbibliothek wurde eingerichtet. Unweit der Aufzüge befindet sich in jedem Stockwerk eine Tafel mit den wichtigsten Daten über Leben und Werk des Künstlers. Porträtfotos, die von Benjamin Katz aus der Arbeitswelt der Künstler heraus gestaltet wurden, bringen auch den Künstler „ins Bild". Eine ganze Reihe von internen Maßnahmen, die oft auch bereits auf die Initiative einzelner Mitarbeiter zurückgehen, hat dazu beigetragen, Vorbehalte gegenüber der zeitgenössischen Kunst zu verringern und das Verständnis für sie schrittweise zu verbreitern.

Dies ist auch eines der Ziele, dem unser Katalog dient. Er gibt Rechenschaft über das Konzept und eine mehr als dreijährige Bemühung, es zu realisieren. Er wird über die Künstler informieren und im Rahmen der gegebenen Möglichkeiten über ihre Werke. Gerade weil die Kunst in den Türmen nur eine sehr beschränkte Öffentlichkeit zuläßt, soll der Katalog auch für einen breiteren Kreis von Interessenten einen Einblick ermöglichen.

Durch Ausstellungen in München, Mannheim und Düsseldorf konnte ein größeres Publikum einen repräsentativen Querschnitt der im Katalog reproduzierten Arbeiten im Original erleben.

Für die Ausstattung der Türme in Frankfurt stellt der Katalog einen Abschluß dar. Das Engagement der Deutschen Bank auf dem Gebiet zeitgenössischer Kunst geht jedoch weiter. Es schließt auch die Ausgestaltung der inländischen und ausländischen Filialen und der Tochtergesellschaften mit Arbeiten junger deutscher Künstler ein. Dabei ergänzen wir das Konzept im Ausland durch eine Begegnung der jeweiligen ›inländischen‹ zeitgenössischen Kunst mit Werken deutscher Künstler.

Die Anordnung des Katalogs erfolgt, der besseren Übersicht für den Katalogleser wegen, alphabetisch. Das ›Hintereinander‹ der Buchseiten kann natürlich nicht das spannungsvolle ›Übereinander‹ der altersmäßigen Gruppierung in den Stockwerken der Türme ersetzen. Das Stockwerksverzeichnis gibt den Mitarbeitern und Besuchern den Hinweis, wo die Werke der einzelnen Künstler zu finden sind. Konzept und Ausführung dieser Kunstausstattung sind das Ergebnis der intensiven Arbeit einer Gruppe, die die Professoren Peter Beye, Klaus Gallwitz, der Kunsthändler Wolfgang Wittrock und ich bildeten. Keiner der ausgewählten Künstler ist undiskutiert aufgenommen und keines der ausgestellten Blätter unbesehen erworben worden. Wolfgang Wittrock übernahm die Beschaffung der Werke.

Für die außerordentlich erfreuliche und anregende Zusammenarbeit danke ich den Professoren Peter Beye und Klaus Gallwitz ebenso wie Herrn Wolfgang Wittrock. Unter den Mitarbeitern der Deutschen Bank waren in allen Etappen mit am Werk die Herren Dr. Olaf Wegner, Wolfgang Vetter, Kurt Huppert und Dr. Josef Zimmermann. In der Anfangs- und der Endphase kamen noch die Herren Dr. Thomas Veit bzw. Bernhard Steinrücke und Frau Dr. Marie-Theres Suermann sowie Herr Friedhelm Hütte hinzu. Ihnen allen bin ich zu Dank verpflichtet.

Der Zusammenarbeit von Klaus Gallwitz, Wilhelm Winkler und dem Verlag Klett-Cotta verdankt der Katalog sein Gesicht, in dem sich so viele verschiedene, aber charakteristische Ansichten der Kunst unserer Zeit wiederfinden. So kann er vielleicht als eine Art Ratgeber benutzt werden, als ein Führer nicht nur durch das Kunstkonzept für die Türme an der Taunusanlage in Frankfurt, sondern auch durch die reich verzweigten Wege der Gegenwartskunst.

Georg Baselitz, Adler, 1977

Klaus Gallwitz: Zeitgenössische Kunst am Arbeitsplatz

Kontinuität

Als am 7. Oktober 1986 Max Bills Granitskulptur ›Kontinuität‹ vor den Türmen an der Taunusanlage in Frankfurt am Main vorgestellt und der Öffentlichkeit übergeben wurde, bedeutete dies zugleich den vorläufigen Schlußpunkt für ein Konzept, das die künstlerische Ausstattung der Zentrale der Deutschen Bank zum Ziel hatte. Die Großplastik von Max Bill ist das einzige Kunstwerk im Außenbereich der Doppeltürme und ihrer Vorbauten. In Gestalt einer doppelten unendlichen Schleife und auch als Ausdruck eines fortdauernd wirkenden künstlerischen Gedankens ist ihr Titel ›Kontinuität‹ vollständig identisch mit ihrer Erscheinung. Ihre Aussage läßt sich am einfachsten in Widersprüchen erfassen, wie die unbewegte Bewegung oder die bewegte Konstante. Raum und Zeit, Fortschritt und Stillstand gehören zu den elementaren künstlerischen Erfahrungen im 20. Jahrhundert. Hier treffen sie zusammen.

Die sockellose Skulptur auf dem Platz ist ein Monolith, ein gewachsener Stein, ohne Bruch und Fuge gearbeitet. Andernfalls würde sie, wie der Künstler sagt, den Namen ›Kontinuität‹ nicht verdienen.

Die polierte Oberfläche der Skulptur korrespondiert mit den beiden spiegelnden Türmen, setzt sich jedoch betont von deren Glasfassade ab. Sie ist Bezugspunkt und zugleich autonom. Man kann sie von allen Seiten für sich betrachten und wird sie doch immer wieder mit ihrer Umgebung, den städtischen Wallanlagen und den beiden Türmen, in Verbindung bringen. Die Skulptur von Max Bill läßt sich auch als Schlüssel zu dem Konzept begreifen, das fast 60 Stockwerke der beiden Türme im Innern geprägt hat: Gegenwartskunst zu einem durchgehenden, integrierten Bestandteil zu machen. Im Neben- und Miteinander der Türme, in ihrer horizontalen und vertikalen Gliederung sollte das Prinzip der Kontinuität nicht nur für den Arbeitsprozeß gelten, sondern auch unmittelbar durch die Kunst anschaulich werden.

Diese Idee ist inzwischen verwirklicht worden, und der vorliegende Katalog gibt darüber Auskunft, auf welche Weise die zeitgenössische Kunst in den Neubau der Zentrale der Deutschen Bank in Frankfurt Eingang gefunden hat.

Die Architektur

Auf dem Bauplatz des früheren Löwensteinschen Palais in der Taunusanlage hatte die Stadt Frankfurt 1971 einen Wettbewerb ausgeschrieben. Die Gliederung eines Hochhauskomplexes in zwei Türme war als Ergebnis zugleich die Grundlage für die spätere Entwicklung und die Konditionen der Planung im Jahre 1979: die Anlage der beiden Bürotürme, die nur durch eine breite, mehrgeschossige Basis miteinander verbunden waren. Auch der Innenausbau folgte den vorliegenden Plänen. Statt Großraumbüros waren kleine, verschieden geschnittene Räume vorgesehen, die, nach außen angeordnet, mindestens von einer Seite Tageslicht empfangen.

Der klar unterteilten Spiegelfassade der Doppeltürme entspricht im Innern eine sich in allen Etagen wiederfindende Gleichartigkeit der Ausstattung. Holz für die Wände und Teppich für die Böden. Material und Farben kennzeichnen ebenso wie die Beleuchtung die übergreifende Planung der Innenarchitektur. Ausgenommen hiervon sind die Ausstattung und Einteilung der Basisgeschosse ebenso wie die der Vorstandsetagen.

Schwerlich wird man hinter den alle Lichtfarben vielfältig reflektierenden Fassaden ein derart komplexes und kompliziertes Raumkonzept vermuten. Die Etagen der vorspringenden unteren Bauten erscheinen labyrinthisch. Erst in der Region der Türme, die eine Entfernung von 13 Metern trennt, wiederholt sich im Prinzip die innere Aufteilung.

Die beiden Türme A und B werden mit ihren fast 40 Geschossen durch Aufzüge erschlossen. Diese liegen zentral, und man betritt in jeder Etage eine Art Vorplatz, von dem aus in ebenfalls innenliegenden Gängen sämtliche Räume einer Etage zu erreichen sind. In stumpfen und spitzen Winkeln folgen die Korridore dem Grundriß der Türme, und es überrascht immer wieder der Ausblick beim Öffnen einer Tür: Segmente eines Panoramas, dessen städtische und landschaftliche Fixpunkte man erst nach und nach zusammenzusetzen lernt. Ganz zweifellos liegt in der Vielfalt möglicher Perspektiven, die sich dem Besucher beim Rundgang durch die Etagen eröffnen, der besondere Reiz der Grundrisse. Ohne diese Ausblicke vermitteln die elektrisch beleuchteten, vielfach geknickten Umgänge keinerlei Orientierung.

Die einzelnen Geschosse sind mit Paneelen aus hellem Eichenfurnier in verschiedenen Tönen verkleidet.

Über die Liftvorplätze und die daran anschließenden schmalen Korridore spielt sich der gesamte Verkehr auf den einzelnen Etagen ab. Den zahlreichen, tageslichthellen, nach außen liegenden Arbeitsräumen entsprechen wenige innenliegende Funktions- und Materialräume. Zwei Treppenhäuser ergänzen den inneren Grundriß und tragen zur vertikalen Erschließung und Verbindung der einzelnen Etagen bei. Trotz der erheblich größeren Ausdehnung ist die kleinteilige Innengliederung auch in den Basisgeschossen wiederzufinden. Eine Ausnahme machen lediglich die dem Vorstand reservierten Etagen, obwohl sie das Grundprinzip der verkleideten Wände und Gänge in Varianten beibehalten. Sie wurden jedoch wegen ihrer repräsentativen Bedeutung anders behandelt und vornehmlich mit Werken der klassischen Moderne ausgestattet.

Das Konzept

Bereits während des Rohbaus, lange vor der Fertigstellung der Türme, wurde die Frage eines zusammenfassenden und übergreifenden Konzepts erörtert, das in der Lage sei, die innenarchitektonischen Gegebenheiten positiv zu definieren. Die Baupläne machten deutlich, daß der Kunst im Neubau statt dekorativer Aufgaben eine funktionale Bestimmung zufallen muß, indem sie zur Unterscheidung und zur Identifikation der ansonsten gleichartigen Geschosse in beiden Türmen beiträgt. Die Kunst sollte jedoch nicht etwa auf eine Orientierungshilfe beschränkt werden: Der neue Bau bot sich vielmehr zu einer einmaligen Darstellung ihrer heutigen Erscheinungsformen und Ausdrucksmöglichkeiten an.

Davon ausgehend, wurde folgendes Konzept entwickelt: Es galt Künstler auszuwählen, die für die Gegenwartskunst einen überzeugenden Beitrag aufzuweisen hatten. Die Beschränkung auf den deutschsprachigen Raum entsprach der Einsicht einer notwendigen Konzentration. Berücksichtigt wurden Künstler, deren wesentliche Arbeit nach 1945 entstanden ist, unter besonderer Beachtung jüngerer Künstler mit Schaffensschwerpunkten in den siebziger und achtziger Jahren.

Etwa der Hälfte der Künstler wurde jeweils eine Etage gewidmet, damit ihre historische Leistung oder ihr aktueller Beitrag entsprechend akzentuiert werden. Aus dem Werk der anderen finden sich Arbeiten in den zahlreichen Besprechungszimmern des Hauses.

Im Hinblick auf den breiten Rahmen des Konzepts und seine qualitätsorientierte Erfüllung wurde dieses Programm konzentriert auf Werke ›mit und auf Papier‹. Es umfaßt also Zeichnungen, Druckgraphiken, Photographien, Collagen, Aquarelle, Gouachen und verschiedene Mischtechniken. Arbeiten auf Papier zeigen viel vom Prozeßhaften eines Arbeitsganges; konzeptionelle Elemente finden sich seit jeher und oft viel reiner als in der Malerei auf dem Papier. Künstler haben immer das Papier bevorzugt, wenn es um eine flüchtige Idee, die Entwicklung einer Komposition, aber auch um eine autonome, bildhafte Arbeit ging. Zudem haben sie in den vergangenen Jahrzehnten zahlreiche neue Techniken entwickelt und ebenso alte Verfahren wieder aufgegriffen, immer in der Absicht, einem Einfall den angemessenen Ausdruck zu verleihen. Gerade für die jungen, noch wenig bekannten Künstler spielt das Papier häufig auch die Rolle des ökonomischen, preiswerten Materials, das leicht zur Hand ist.

Die Entscheidung für das Medium Papier hatte weitere Vorteile: Die begrenzten Formate ließen sich in den relativ schmalen Gängen gut plazieren. Die Abwesenheit von Tageslicht ist zudem eine ideale Voraussetzung für die Haltbarkeit. Außerdem folgte die Beschränkung auf Papierarbeiten einem einfachen ökonomischen Prinzip: der Sparsamkeit.

Originalwerke wie Handzeichnungen, Aquarelle und Gouachen konnten durchgehend nur von den Künstlern ausgewählt werden, deren Arbeiten noch nicht zu hoch im Preis stehen. Auch hier galt das Prinzip der Verhältnismäßigkeit. Umgekehrt beschränkte sich die Auswahl vielfach mehr oder weniger auf Druckgraphiken in den Fällen, wo es von der Marktlage her geboten schien oder das Medium die

Arbeitsweise oder den Stil eines Künstlers besonders sinnfällig bezeugt.

So wie die Etagen zusammen eine lebendige Kunstgeschichte seit 1945 am Beispiel einzelner Künstler geben sollten, galt es wiederum, für jeden einzelnen Künstler eine möglichst aufschlußreiche und überzeugende Darstellung seiner Arbeit zu finden. Zwei Wege boten sich dafür an: die Auswahl unter dem Aspekt der persönlichen Entwicklung im Längsschnitt oder die Darstellung im Querschnitt anhand von Serien oder Zyklen, von technischen Prozeduren und thematischen Vorlieben. Beide Verfahren ließen sich sinnvoll anwenden wie auch miteinander mischen.

Alle weiterführenden Überlegungen hatten jedoch zur Grundlage den Maßstab der Qualität, den jede einzelne Arbeit, in welchem Zusammenhang auch immer, einlösen sollte. Nur auf diesem Wege erschien es möglich, das angestrebte Ziel zu erreichen, daß sich die Kunst selbständig und frei im Gebäude darzustellen in der Lage wäre. Sie sollte sich nicht mit dem Bau und der Inneneinrichtung verbinden, sondern in der Vielzahl und Unterschiedlichkeit ihrer Äußerungen für ihren autonomen Ursprung demonstrieren. Im Dienstleistungsbetrieb, in den Funktionszuweisungen und in der Hierarchie einer großen Bank galt es, der Kunst ihre Eigenständigkeit und Unverfügbarkeit zu erhalten.

Die Entscheidung für Papier folgte auch der Vorstellung, daß dieses Material bei den unterschiedlichsten Arbeitsabläufen in den Büros bis heute eine nicht zu ersetzende Rolle spielt. Auch wenn seine Verwendung und der Formulierungsprozeß bei Künstlern ganz andere Wege nehmen, bleibt der Ausgangspunkt für die meisten Benutzer derselbe: ein leerer, weißer Bogen. Selbst die Resultate einer mit Zahlen ausgedruckten Seite haben ihren graphischen Reiz. So ist auch den Bankangestellten Papier in seiner verschiedenen Verfassung eine tägliche Erfahrung und, selbst von Künstlern bearbeitet, vom Werkstoff her und als Informationsträger durchaus vertraut.

Die Wahl fiel nicht zuletzt deshalb auf diesen ›Bildträger‹, um die Offenheit eines Konzeptes besser sichtbar zu machen, das bewußt gegenwartsbezogen ist. In den Variationen eines Themas, in den abstrakten oder illustrativen Folgen einer Serie, läßt sich die künstlerische Intention leichter ablesen als im isolierten Einzelwerk. Das Nach- und Nebeneinander dieser Arbeiten erleichtert den Zugang zu den inhaltlichen, experimentellen und methodischen Absichten der Künstler.

Mit ganz wenigen Ausnahmen wurden alle Arbeiten, die für den Neubau der Deutschen Bank ausgewählt waren, verglast und gerahmt. Diese Entscheidung hatte vor allem konservatorische Gründe. Es sollte jedoch auch sichergestellt sein, daß die durchgehende Rahmung als Ordnungsprinzip erkannt wird. Auch hier handelt es sich wieder darum, jedem Blatt, jeder Arbeit zum höchstmöglichen Eigenwert im Ablauf einer Wand zu verhelfen. Man beschränkte sich deshalb auf einfach profilierte Rahmentypen, die eigens auf die besonderen innenarchitektonischen Verhältnisse des Gebäudes in Frankfurt abgestimmt waren.

Die Künstler

Der Beschluß war gefaßt, einer zeitgenössischen Architektur zeitgenössische Kunst zur Seite zu stellen. Für die Verwirklichung des Konzeptes standen viele Räume und wenig Zeit zur Verfügung. Die vorhandenen Wand- und Hängeflächen in laufenden Metern entsprechen einem musealen Großbau. Innerhalb von gut zwei Jahren wurde über die Nutzung dieser immensen Kapazitäten entschieden.

Aber nicht ein Museum war hier im Entstehen begriffen, sondern eher ein Organismus, dessen Wachstum nach einem vorbedachten Plan gleichmäßig voranschritt. Ein Teil seiner inneren Struktur wurde nicht nach zweckmäßigen, sondern nach künstlerischen Maßstäben geordnet. Die Träger dieser ›Konstruktion‹ – Maler, Bildhauer, Graphiker und Photographen – hatten auch etwas zu ›halten‹. Unter dieser Devise wurde verglichen und ausgewählt.

Als Ergebnis wiederholter Sichtungen und notwendiger Korrekturen und Ergänzungen ergab sich die angestrebte Akzentsetzung: Etwa die Hälfte der ausgewählten Künstler ist nach 1945 geboren. Kaum eine öffentliche Sammlung zeitgenössischer Kunst dürfte vergleichbar viele junge Jahrgänge umfassen.

Karl Horst Hödicke, Kusamba, 1980

Sie äußern sich in ihren Werken mit den Ausdrucksmitteln ihrer Zeit. Untereinander sprechen sie dieselbe Sprache. Ihr Wortschatz ähnelt sich, auch wenn sie in ihren Blättern ganz voneinander abweichende Mitteilungen machen.

Es begegnen sich heute in den Türmen die gleichen Generationen. Die Mitarbeiter der Bank kreuzen die Etagen der Künstler, und viele werden früher oder später gewahr, daß auch ihr Jahrgang vertreten ist.

Auch wenn der alltägliche ›Umgang‹ mit den Kunstwerken sich darauf beschränkt, daß man sie im wiederholten Vorbeigehen wahrnimmt, stellen sich doch allmählich gewisse Orientierungsmerkmale ein. Diese sind gewiß ganz individuell bestimmt, beziehen sich jedoch in der Regel auf den Künstler, mit dem man es in seinem Bereich am häufigsten zu tun hat. Er ist in den Fluren im Durchschnitt mit etwa 15 bis 30 Arbeiten zugegen. Aber weder die weitläufigste noch die knappste Auswahl ändert etwas an der Tatsache, daß er nur ›für sich‹ sprechen kann und auch nur ›für sich‹ gesehen wird. Dieser Umstand verstärkt den besonderen Charakter und die Wirkung in jedem Stockwerk. Die Orchestrierung und Klangfarbe jeder Etage hängt ausschließlich von der Handschrift des Künstlers, der Auswahl der Arbeiten und ihrer Präsentation ab. Hier und dort kommt es zu überraschenden Verstärkungen durch Wiederholung oder durch die Intensität, mit der bestimmte formale, farbige oder inhaltliche Eigentümlichkeiten verfolgt werden.

Während zuerst die Entscheidung für die Künstler fiel, denen jeweils ein Stockwerk zugedacht war, folgte nach und nach die Auswahl für die Konferenz- und Besprechungszimmer in den einzelnen Etagen, die nur einer kleinen Anzahl von Arbeiten Platz bieten. Für diese Räume kamen besonders Künstler in Frage, deren Eigenart sich auch an wenigen beispielhaften Werken darstellen läßt.

Das Prinzip der Künstleretagen kann leicht darüber hinwegtäuschen, daß unter den Jüngeren viele erst am Anfang stehen und kein umfassendes Werk aufweisen. Eine gewisse öffentliche Beachtung und Anerkennung haben aber bereits auch jene gefunden, die erst seit kurzer Zeit ihre künstlerische Ausbildung abgeschlossen haben. Unter ihnen befinden sich Preisträger der Villa Romana in Florenz. In den Ateliers dieses berühmten Künstlerhauses, das den Stipendiaten jeweils für ein Jahr zur Verfügung steht, haben schon Generationen deutscher Maler und Bildhauer entscheidende Impulse für ihre weitere Arbeit erfahren. Die Deutsche Bank unterstützt die Villa Romana und damit die Künstler, die sie beherbergt. Es lag darum nahe, die Geförderten bei der Auswahl besonders zu berücksichtigen, um an ihrer Entwicklung sehend teilzunehmen.

Diese mäzenatische Überlegung richtete sich jedoch nicht allein auf Florenz, sondern auch auf Frankfurt. Die in dieser Stadt oft unter wenig aussichtsreichen Bedingungen arbeitenden Künstler wurden besonders dann einbezogen, wenn ihre Arbeit trotz ausgewiesener Qualitäten öffentlich bisher nicht in wünschenswertem Maße bekannt geworden ist. Überdies zeigte sich, daß gerade viele junge Künstler in Frankfurt – und damit teilweise anders als in Köln oder Berlin – nicht so sehr mit Farbe in großen Flächen arbeiten, sondern dezidiert das begrenzte Format und den Zeichenstift verwenden, was sich in den ausgewählten Werken Frankfurter Künstler widerspiegelt.

Die bewußte Berücksichtigung von Frankfurter Künstlern folgte jedoch nicht nur einer lokalen Verpflichtung. Vielmehr soll sie eine Anregung geben und unter den Mitarbeitern der Zentrale der Deutschen Bank den Wunsch erwecken, Frankfurter Ateliers und Galerien zu besuchen. Mancher junge und bescheidene Sammler hat seinen Anfang mit einem mutigen Besuch im Atelier gemacht. Die Frankfurter Kunstszene ist nicht so groß, daß sie sich nicht entdecken ließe.

Auch wenn man sich die Namenliste dieses Kataloges anders vorstellen kann, wenn die Auswahl der Künstler und Werke im einzelnen der Kritik ausgesetzt ist – ins Gewicht fällt schließlich der folgenreiche Entschluß, durch die Individualität der Künstler die beiden Türme Stockwerk für Stockwerk zu definieren und somit der zeitgenössischen Kunst nicht eine objektiv museale, sondern persönlich geprägte, konstituierende Funktion im Neubau zu geben.

Am sinnfälligsten wird diese einmalige Situation auf den Schalttafeln in den Liften der beiden Türme:

Jörg Immendorff, Verwegenheit stiften, 1981

Neben den Knöpfen mit den Etagenziffern stehen nicht, wie üblich und erwartet, die verschiedenen dort untergebrachten Abteilungen, sondern lediglich die Namen der Künstler. Jeder Benutzer der Fahrstühle wählt mit dem Stockwerk die Etage des Künstlers, dessen Werke dort anzutreffen sind.

Die Präsentation

Jeder Turm hat seine eigene Namenleiter. Er eskaliert buchstäblich mit den Künstlernamen. Auf den ersten Blick erscheinen sie in ihrer Anordnung unverständlich, außer daß auf einfachste Weise im Turm A Antes das oberste, 27. Stockwerk einnimmt, während im Turm B Beuys das 37. Stockwerk besetzt hält. Alle weiteren Namen folgen jedoch keineswegs dem Alphabet und lassen sich nicht auf den ersten Blick in einen Zusammenhang bringen.

Die etagenweise Plazierung der Künstler wurde mit geringfügigen Abweichungen nach den Geburtsjahren vorgenommen. Diese Anordnung erfolgte wie bei kommunizierenden Röhren parallel in beiden Türmen. Joseph Beuys regiert die älteren Jahrgänge, die in Turm B bis in das oberste Geschoß aufrücken. In Höhe der 27. Etage setzen – auch in Turm A – die heute etwa fünfzigjährigen Künstler ein, also ungefähr der Jahrgang 1937. Stockwerk für Stockwerk nimmt das Alter des jeweiligen Künstlers nach unten ab, bis zu den Geschossen A 5 und B 5 mit den heute 30- bis 35jährigen.

Insgesamt umfaßt die ›Alterspyramide‹ selbst die Spanne von ungefähr fünfunddreißig Jahren, mehr als zwei, nahezu drei Generationen. Ein weitverzweigtes Netz von Beziehungen, von Vorbild und Nachfolge, von Aufbruch und Opposition, von kollektiven Haltungen und individuellen Behauptungen wird darin sichtbar.

Das läßt sich am Beispiel des Turmes B erläutern, der oben mit den Namen von Beuys, Heerich und Broodthaers beginnt. Es sind die drei ältesten Künstler innerhalb der Etagenfolge. Ihre Namen stehen auch für die nicht zu unterschätzende Rolle, die die Düsseldorfer Akademie für die neuere Kunst in Deutschland gespielt hat. Ihre künstlerische Auffassung und persönliche Ausstrahlung ist bis in die Ateliers der Jüngsten vorgedrungen und bestimmt bis heute die Diskussion in der Kunstszene. Sie waren und sind zugleich die Lehrer vieler anderer, die ihnen nachfolgen und in den tieferen Etagen der Türme anzutreffen sind. Der Begriff der Kontinuität, der in der Skulptur von Max Bill anschaulich wird, findet sich im Prinzip in der Geschoßfolge wieder, in der sich die Stufen der Entwicklung der Nachkriegskunst im westlichen Deutschland spiegeln.

Wenn der Turm A mit Antes beginnt, so ist im Jahrgang schon die Schülergeneration von Beuys erreicht. Antes jedoch und der ihm folgende Stöhrer waren Schüler von HAP Grieshaber an der Akademie in Karlsruhe, wo zur gleichen Zeit aus dem Informel eine deutlich definierte Figurenmalerei entstanden ist. Die malerische, figurative Position der Grieshaber-Schule verfolgte einen anderen Ansatz als Beuys und die rheinische Fluxus-Bewegung. Zwei prinzipiell verschiedene, auch zeitlich verschobene Ausgangslagen finden noch einmal in den ›Spitzenreitern‹ von Turm A und B ihre sinnbildhafte Entsprechung. Spätestens in den parallel absteigenden Etagen von A 27 und B 27 wechseln mit den Künstlern auch die Impulse, die für die künstlerische Entwicklung der siebziger und achtziger Jahre bestimmend waren. Die Parallelisierung in Turm A und B läßt richtigerweise nirgendwo den Eindruck aufkommen, daß es sich bei der Anordnung der Etagen um ein didaktisches, ›hintereinandergeschaltetes‹ Konzept handele. Immer wieder behauptet sich außerdem von Stockwerk zu Stockwerk der einzelne Künstler, und nur im Aufriß wird dem nachforschenden Auge klar, in wie dichter Folge und mit welch lebhaftem Widerspruch die Sache der Kunst von fast drei Generationen in über drei Jahrzehnten gehandelt und geführt wurde.

Diese Schichtung verrät in ihrer vertikal komprimierten und horizontal ausgedehnten Entwicklung viel von den allgemeinen und subjektiven Faktoren in der zeitgenössischen Kunst. Man kann sie biographisch und kunstgeschichtlich erschließen. Man kann sie buchstäblich mit dem Lift ›erfahren‹, wenn der interessierte Betrachter auf dem Weg in die Höhe ist oder, umgekehrt, sich den jüngeren Jahrgängen in der Tiefe zuwendet. Er wird sich dabei klar, daß bei einer Erweiterung des Bestandes die Architekten durch die Tiefbauingenieure ausgewechselt werden müssen, bevor der letzte Stollen ein unterirdisches Bergwerk der jüngsten Künste abschließt.

Noch liegt ein breiter Horizont dazwischen: die Etage E 3, die von Berliner Künstlern eingenommen wird. Ihre horizontale Ausdehnung erinnert daran, daß die größte deutsche Stadt ihre Besonderheit noch immer aus ihrer unvergleichlichen, legendären Weiträumigkeit bezieht. Die besondere Entwicklung der Künste in West-Berlin ist nicht zuletzt durch diese Situation gekennzeichnet. Der Moritzplatz in Kreuzberg erweist sich so als ein Zentrum neben vielen anderen Zentren und Peripherien. Auch wenn nur wenige Künstler in der Etage E 3 mit größeren Werkkomplexen plaziert sind, sind es eben doch ausschließlich Künstler, die in den frühen 80er Jahren in Berlin tätig waren.

Das Labyrinth der Gänge, die keineswegs übersichtliche Szenerie in der Berliner Etage entsprechen durchaus der Situation der Künste in der westlichen Stadt, jedoch nicht nur dort, sondern auch in anderen Kunstzentren, die weniger weitläufig sind. Es hat darum seinen besonderen Sinn, wenn das Stockwerk der Berliner im Querschnitt der Architektur die größte Ausdehnung und die zahlreichste Besetzung hat. Es läßt sich ganz ohne tiefergehende Bedeutung als das Basisgeschoß der darüber aufragenden Türme definieren.

Noch ein separates Stockwerk verdient Aufmerksamkeit. Es verbindet nicht, wie die Berliner Etage, die Türme miteinander, sondern gehört nahezu ausschließlich den Vorbauten an und ist schon eher vom Parterre als von der Höhe aus zu erreichen. Es handelt sich um die Etage E 2, in deren westlichem Bereich Arbeiten von Nanne Meyer und Rebecca Horn installiert sind. In ihrem östlichen Teil, unterhalb des Turmes A und von der Straße aus über eine separate Treppe zugänglich, hängen im Foyer des Konferenz- und Vortragssaales ebenfalls singuläre Werke von Polke, Baselitz, Penck, Lüpertz, Immendorff, Kiefer und Krieg. Ihr Standort entspricht der repräsentativen Funktion der Räume.

Gegen die niedrigen Decken des Foyers stemmen sich die großen Formate an den Wänden eines weitläufigen Vorplatzes, modernen Atlanten vergleichbar, die auf die mäßige Höhe der Architektur in diesem Bereich keine Rücksicht nehmen. Sie erinnern hier an eine Dimension, die die Kunst unserer Tage beansprucht. Und sie gehören in das Konzept, das sich nicht nur auf die Frankfurter Türme beschränkt, sondern seit längerer Zeit – hier mit deutlicher Konsequenz, dort noch eher gelegentlich – sichtbar macht, daß sich die Deutsche Bank als Hausherr allerorten der Förderung und Darstellung deutscher Gegenwartskunst in größerem Maßstab verpflichtet fühlt.

Kunst am Arbeitsplatz

Nach dieser Auslotung des vertikalen Systems ist es angeraten, die enge Nachbarschaft von Kunst und Arbeitsplatz im horizontalen Bereich zu untersuchen. Die fast 2000 Menschen, die täglich ihren Schreibtisch im Neubau aufsuchen, durchqueren oft mehrmals während ihrer Arbeitszeit die Gänge und Flure verschiedener Stockwerke. Unwillkürlich passieren sie die Bilder zeitgenössischer Kunst, die sie selbst nicht ausgesucht und gewünscht haben. Es war von Anfang an klar, daß sich außer Zustimmung auch Widerspruch und Abneigung bemerkbar machen würden.

Kunstwerke, die einem täglich nahe sind, lassen nicht gleichgültig. Und selbstverständlich fallen die Reaktionen höchst unterschiedlich aus, je näher man sich selbst mit ihnen einläßt. Auch für diesen Prozeß der Aneignung und des formulierten Widerspruchs bedarf es Zeit. Anregend für die Mitarbeiter mag dabei mitunter die Vorstellung wirken, daß es andere nach dem eigenen Geschmack besser oder eventuell noch schlechter getroffen haben.

Dennoch mußte zugegeben werden, daß die künstlerische ›Ausstattung‹ von vornherein keine bestimmte Abteilung oder Etage bevorzugt. Das Prinzip der jahrgangsweisen Stufung mochte als gerecht oder ungerecht erscheinen, es ließ sich nicht als willkürlich bezeichnen. In der Bewertung einzelner Künstler zeigte sich auch, daß selbst die nächsten Arbeitskollegen ganz unterschiedliche Maßstäbe und Urteile zur Hand hatten. So bietet die Kunst in den

Etagen, abseits ihrer positiven oder negativen Einschätzung, sowohl ein integrierendes wie ein diskursives Element. In ihrer oft schroffen Andersartigkeit unterstützt sie die gegensätzlichsten Einschätzungen. Durch das Faktum ihrer Zeitgenossenschaft regt sie immer wieder die staunende Entdeckung darüber an, welch eigenwilliger Ausdrucksmittel und -formen Künstler sich heute bedienen.

Kunst wirkt jeder Einförmigkeit entgegen, und damit unterstützt sie auf ihre Weise und mit eigenen Argumenten das Konzept, das den Arbeitsplätzen im Neubau zugrunde liegt. Beim Umzug in die Türme fanden die Angestellten unterschiedlich geschnittene, vielgestaltige Räume vor. Es war ihnen – soweit möglich – freigestellt, bei der Einrichtung mit Möbeln und Gerät auch private Vorlieben geltend zu machen, nicht zuletzt durch das Aufhängen von Bildern und das Aufstellen von Pflanzen. Das künstlerische Konzept der Bank machte vor den Arbeitsräumen halt. Kein Büro sollte ästhetisch bevormundet werden.

Wenn ein Passant jetzt durch die Flure geht, wird er manche Tür zu den Arbeitsplätzen geöffnet finden. Wie in einem Fenster erscheint dann das vielgestaltige Interieur der Büros. Aber die enge Nachbarschaft zwischen dem künstlerisch organisierten Gang und den privat verzierten Wänden im Büro fällt dennoch nicht störend auf. Es scheint vielmehr, als entwickelten sich Toleranzzonen, in denen das unverbundene Nebeneinander von Arbeitsplatz und ›Kunstpfad‹ längst akzeptiert und ohne Vorbehalte benutzt wird.

So ist es gar nicht verwunderlich, wenn von dem Angebot der Bank an ihre Mitarbeiter, sich aus dem Fundus zeitgenössischer Kunst Werke nach eigenem Gefallen für die Arbeitsräume auszuleihen, immer wieder und häufiger Gebrauch gemacht wird. Es handelt sich dabei zum Teil um Arbeiten jüngerer Künstler, die aus Platzgründen nicht in den Etagen aufgehängt sind und deshalb zur Verfügung stehen. Überwiegend rekrutiert sich der Bestand jedoch aus eigens für diesen Zweck angeschaffter Druckgraphik, vorrangig Jahresgaben der verschiedenen Kunstvereine. Derartige Beispiele zeigen, daß zeitgenössische Kunst nicht nur eine Angelegenheit der Ausstellungshallen, Messen und privater Sammler ist, sondern auf ›kurzem Weg‹ in den persönlichen Bereich eines Arbeitsplatzes einbezogen werden kann.

Diese Einstellung wird sich vielleicht eines Tages mittelbar auf die Frankfurter Ateliers auswirken. Manchen Arbeiten der hiesigen Künstler konnte man bisher schon in Ausstellungen des Kunstvereins, der Galerien in Frankfurt, vielleicht sogar im Städel begegnen. Warum sollte nicht die Kunst am Arbeitsplatz unter den in der Bank Arbeitenden und Ein- und Ausgehenden einmal den Wunsch wecken, von einer Künstlerin oder einem Künstler mehr zu sehen, sie oder ihn besser zu verstehen und auch selbst kennenzulernen? Die Künstler leben heute sowenig in Elfenbeintürmen, wie die Banktürme elfenbeinern sind.

Noch ist es eine Vision, daß es nach und nach in den Türmen nicht mehr nur Ortskundige, sondern immer mehr ›Kunstkundige‹ geben wird. Mit der Einbeziehung der Kunst in die Arbeitswelt wird hier jedoch ein Weg gewiesen, wie sich Kunst am Arbeitsplatz verstehen, tolerieren und sogar lieben läßt. Nicht der unfehlbare Anspruch, sondern die künstlerische Mitteilung aus nächster Nähe und das in ihr enthaltene Angebot zum Gespräch mit dem Betrachter können eine solche zukünftige Aussicht eröffnen.

Kommunikation

Eine erste Begegnung der Mitarbeiter der Bank mit den Künstlern hat im März 1986 stattgefunden. Die Künstler waren gekommen, um das viel diskutierte Projekt kennenzulernen, und sie wollten sehen, welche Auswahl ihrer Arbeiten erworben und wie diese untergebracht war. Es kamen auch die Galeristen, die die Künstler vertreten und deren Werke für den Ankauf angeboten hatten.

In Gruppen wurden die Etagen besichtigt. Die Lifte waren ununterbrochen in Bewegung. Es ging auf- und abwärts, und verschiedene Male kreuzten sich zur Verblüffung der Teilnehmer die Wege der Expeditionen. Der Zweck dieser Reise war, von den Künstlern selbst Anregungen zu Ergänzungen, Umhängungen und in Einzelfällen auch zum Austausch zu erhalten. Sie nahmen die Gelegenheit wahr, sich auch kritisch zu den Texten und Beschriftungen zu äußern, die über sie informieren. Vor allem aber wollten sie auch die

A. R. Penck, Quo vadis Germania, 1985

Bedingungen kennenlernen, unter denen in ›ihren‹ Etagen gearbeitet wird.

Nach der Besichtigung war die Begegnung mit den Mitarbeitern vorgesehen. Die Gäste mußten sich den Fragen stellen, die die Mitarbeiter vorzubringen hatten. Seit ihrem Umzug waren sie mit der ›Kunst am Arbeitsplatz‹ konfrontiert worden. Jetzt sollte die Diskussion mit dem Künstler dazu beitragen, etwas über die Herkunft und den Gebrauch dieser Kunst zu erfahren.

Das Zusammentreffen höchst unterschiedlicher Komponenten – Künstler, Bankangestellte, Hochhausarchitektur und zeitgenössische Kunst – gab der Hoffnung recht, daß sich durch diese Art des Kennenlernens mehr Bereitschaft zu gegenseitiger Toleranz und oft Einverständnis verbreiten ließe als durch jede andere Instruktion. Die Begegnung, auch das Urteil der Künstler, die Anregungen, die daraus kamen, waren die Bewährungsprobe für das Konzept. Dieser Anlaß kann zugleich als die eigentliche ›Eröffnung‹ einer zeitgenössischen Auswahl gelten, die sich nicht nach außen, sondern nach innen geöffnet hat.

Trotz ihrer begrenzten Zugänglichkeit sind die Kunstwerke vorzüglich betreut. Gäste erhalten Führungen. Informationen stehen zur Verfügung, sogar ein kurzer Film. Es gibt einen ›Wegweiser zur zeitgenössischen Kunst‹ seit dem Einzug in den Neubau, eine Broschüre mit dem Titel ›Moderne Kunst sehen und erleben‹. Die Mitarbeiter erhalten laufend Informationen über Ausstellungen und Kataloge der Künstler ihrer Etage. Sie können auch an Besuchen von Künstlern auf deren Etagen oder an Sonderführungen durch Kunstausstellungen teilnehmen. Eine kleine Bibliothek bietet inzwischen eine Auswahl von rund 2000 Kunstbüchern.

Auf einem Rundgang wird man öfter überrascht durch die Bereitwilligkeit, mit der zufällig vorbeikommende Mitarbeiter Auskunft geben, manchmal durchaus professionell, über ein bestimmtes interessantes Blatt oder eine bestimmte Vorliebe. So erweitert sich der Horizont des Besuchers in den engen Gängen unversehens, und er bestätigt das schon gefestigte Verhältnis, auf das Kunst und Künstler in den beiden Türmen rechnen können.

Eine Kunstwanderung

Wenn man gut zu Fuß ist, wird man eine Wanderung durch die Etagen in einem halben Tag absolvieren können. Der einzig empfehlenswerte Weg führt dabei abwärts über die Treppenhäuser. Doch muß man schon mit äußerster Ökonomie vorgehen, um sich einen ersten Gesamteindruck zu verschaffen. Es ist ein Weg durch vierzig Jahre künstlerischer Produktion im Nachkriegsdeutschland, eine Durchquerung von Geschichte und Erfahrung, an der wir bis zum heutigen Tage teilhaben.

Da die Auswahl der Sammlung jedoch nicht allein nach kunsthistorischen Kriterien, sondern nach der Aussagekraft der Künstler erfolgt ist, wird die Orientierung über das, was in der deutschen Kunst geschah, nicht anhand von Entwicklungslinien, Tendenzen und Stilphasen mehr oder weniger abstrakt, sondern konkret in der Handschrift der Künstler zu finden sein.

Welche Auskunft geben uns die ausgewählten Künstler im Hinblick auf die Kunst in der Bundesrepublik Deutschland?

Vor etwa vierzig Jahren war eine ganze Generation damit beschäftigt, sich die Kenntnis des Auslands anzueignen, von dem Deutschland zwölf Jahre lang gewaltsam abgeschnitten war. Der Trend ging in zwei Richtungen: Viele Ältere suchten den Anschluß an die progressive Kunst der Vorkriegszeit. Vor allem die Jüngeren waren an einem freizügigen Austausch der gegenwärtigen Argumente interessiert. Die Grenzen in der westlichen Hemisphäre wurden allerorten überschritten. ›Westkunst‹ war dasselbe wie Weltkunst.

Diese Tatsache einer offenen Kommunikation hat in den Ateliers und Galerien Einzug gehalten und allerorten neue Impulse gegeben. Jedoch hat sie den deutschen Künstlern, die ihren Beitrag zu dieser Entwicklung leisteten, kaum größere Beachtung außerhalb unseres Landes eingetragen. Für deutsche Kunst gab es in New York, London und Paris keinen Markt. Statt dessen drängten erst die Franzosen, später die Amerikaner mit Vehemenz in unsere Ausstellungen und Galerien. Die wichtigsten und aktuellsten Strömungen sind sehr frühzeitig zwischen Basel, Köln

Dieter Krieg, Ohne Titel, 1982

und Berlin zu sehen gewesen. Die ›documenta‹ in Kassel wurde zur führenden Ausstellung westlicher Kunst. Der Anteil deutscher Künstler dort blieb jedoch mindestens der Bedeutung nach lange Jahre gering.

Diese Situation hat sich seit etwa einem Jahrzehnt entscheidend geändert, ja nahezu in ihr Gegenteil verkehrt. Ausstellungen zeitgenössischer deutscher Künstler haben über die westlichen Nachbarländer den Sprung auch nach Amerika gemacht und sind mehr und mehr von Presse und Publikum beachtet und besucht worden. Wenn die Ausstellung eines deutschen Künstlers mit internationaler Erfahrung noch in den sechziger Jahren in New York nahezu folgenlos blieb, so sind inzwischen gerade dort die Bilder der Maler gesucht, die man als notorisch ›deutsch‹ bezeichnen kann. Mit spektakulären, hohen Preisen reagiert der Markt auf diese Nachfrage. Ihr Erfolg scheint offensichtlich darin zu liegen, daß sie jeden ›westlichen‹ Konsens mit ihren expressiven Mitteln und eigentümlich ›deutschen‹ Themen zu ignorieren scheinen.

Der Rundweg durch die Türme kann einige Hinweise auf die Verhältnisse geben, die eine neue Kunst zum Vorschein brachte. In Berlin, im Ruhrgebiet, in Frankfurt, Stuttgart und München bildeten sich in den fünfziger Jahren kleine Zentren, von denen bestimmte Impulse ausgingen, ohne daß diese eine große Reichweite hatten. In Karlsruhe, Düsseldorf und Hamburg setzten die Akademien in den sechziger Jahren andere, neue Akzente dagegen. Immer mehr konzentrierte sich jedoch die Kunstszene in den siebziger und achtziger Jahren auf Köln und Düsseldorf, daneben auch Berlin. Kennzeichnend für die Entwicklung ist in der Rückschau, daß ein bestimmtes Zentrum fehlte.

Überall waren es einzelne Anreger oder Gruppen, von denen die Impulse ausgingen. Von außen gesehen wirkte diese Situation oftmals provinziell, und sie war es in vielen Fällen auch tatsächlich. Die Abwesenheit einer dominierenden Schule förderte jedoch die Durchlässigkeit und Freizügigkeit in den verschiedenen Regionen. Dieser Umstand trug sicherlich entscheidend zur allmählichen Mündigkeit der deutschen Künstler bei.

Das künstlerische Kräftespiel blieb an keine Stelle gebunden. Die Schauplätze wechselten und mit ihnen auch die von ihnen ausgehenden Frequenzen. Wenige Leitbilder sind festzustellen: die Gruppe ›Quadriga‹ in Frankfurt, ›Zero‹ in Düsseldorf, die Konstruktiven in Stuttgart, die sogenannte Karlsruher Schule, die aus der Klasse von Grieshaber hervorging, die Gruppe ›Spur‹ in München, ›Fluxus‹ im Rheinland, die ›Kritischen Realisten‹ in Berlin und später die jungen wilden Maler vom Kreuzberger Moritzplatz und der ›Mülheimer Freiheit‹ bei Köln. Anderswo arbeiteten die Einzelgänger und die ›Großen Freunde‹ wie Baselitz und Lüpertz, Immendorff und Penck, Richter und Polke.

Zu den Leitfiguren mit exemplarischer Wirkung wird man nur sehr wenige rechnen dürfen: so etwa Nay, was sich erst in den letzten Jahren zeigt, Grieshaber und Beuys. Diesseits der ›heroischen‹ Lehrer sind wiederum Schulen, Fraktionen und einzelne Namen auszumachen, jedoch kaum eine Instanz von vergleichbar fortwirkender Integrationskraft.

Diese Beobachtung erschwert die Definition des ›Deutschen‹ in der Kunst. Die Auseinandersetzung mit Westeuropa und Amerika hatte die fünfziger und sechziger Jahre beherrscht, zuerst in der unruhigen Phase einer betont gestischen Kunst, dem Informel, nicht viel später in den objektivierten, romantischen Utopien der Gruppe ›Zero‹, bald darauf in der Reaktion einer stark figürlich orientierten Kunst. Überall fanden sich die Argumente einer international geprägten Kunst, denen die deutschen Provinzen folgten und die sie variierten.

Seit den späten sechziger Jahren hatten die Künste die Ateliers verlassen. Es gab die ›Straßenkunst‹, die ›Kunst zum Anfassen‹ und die Kunst, die ihren gesellschaftlichen Auftrag an den Plätzen sichtbar machte, an denen auch die Politik zur Stelle war. Klaus Staeck ist hier zu nennen, aber auch die Idee kollektiver Gruppenarbeit. Agitation gegen Gewalt und gegen den Krieg in Vietnam waren an der Tagesordnung. Mancher Kämpfer proklamierte das Ende der Malerei. Viele Künstler suchten das Ohr der Öffentlichkeit, weil sie ihren Augen nicht mehr trauten oder sich nicht auf die Augen anderer verlassen wollten. Alvermann und Vostell hatten ihre Stunde, und Immendorff ballte seine Malfaust zum revolutionären Gruß. Die ›Lidl‹-Gruppe kämpfte gegen die elitäre Hochkunst, und auf breiterer Basis suchte die Fluxus-Bewegung eine ebenso handliche wie gedankliche Verbindung von verschiedensten Produktionsformen unter Einschluß der gerade aufgekommenen Happenings und Aktionen.

Zu gleicher Zeit waren schon Jüngere mit der privaten Untersuchung fiktiver Spolien und verschwundener Zeichen beschäftigt. Während vor allem Bildhauer und Objektemacher auf sehr verschiedene Weise die Kunst bewußt mit dem unmittelbaren Lebensraum verknüpfen wollten, gingen andere auf Spurensuche und beteiligten sich an der Wiederherstellung einer mythologischen Dimension.

Es schien, als kehrten die Künstler aus der Öffentlichkeit zurück in Ateliers, an Waldränder und in Steinbrüche. Manche begriffen dies als Kapitulation. Andere erkannten auch die Unvereinbarkeit von Politik und Kunst. Jedoch zeigte sich bald, daß die Ateliers nicht mehr dieselben waren, die man aufgegeben hatte. Die Wände hatten sich gewissermaßen erweitert, die Wege zur Öffentlichkeit und zum Handel verkürzt. Die Galerien waren zur Stelle, und auch das Museum ist immer dabei, sich im Wettlauf mit der Publizität die neueste Produktion einzuverleiben.

Der Kampf um das Prädikat ›zeitgenössisch‹ hat zu einer Allgegenwart der Künste in der Öffentlichkeit und ihren Medien geführt. Immer neue Domänen wurden dafür entdeckt und erobert. Alte Fabriken werden mit viel Geschick in neue Schauhäuser verwandelt. Museumsbauten sind das bestaunte und begehrte Zuckerbrot der Architekten. Aber auch alte Paläste verdanken ihren neuen Ruhm einer aufwendigen Denkmalpflege zum Zweck der Herrichtung als Zelebrationsstätte der Künste, und selbst profane Messehallen nehmen den lebhaftesten Anteil an der Prosperität nicht nur von Angebot und Nachfrage, sondern einer allgemeinen Schaulust an allem, was Kunst heute hervorbringt.

In einzigartiger Weise ist diese Situation auch bei der zeitgenössischen Kunst im Gebäude der Deutschen Bank anzutreffen. So wie die Türme nach außen bei unterschiedlichem Licht und wechselnden Tageszeiten ihre nähere und weitere Umgebung spiegeln, so reflektieren die Werke im ganzen die nähere und weitere Szene unserer Kunst, wie wir sie heute zu erkennen vermögen. In doppeltem Sinn ist diese Reflexion zu verstehen: als Spiegelbild einer Entwicklung über annähernd vierzig Jahre, zugleich aber auch als Ergebnis eines Nachdenkens über ihre Motive, ihre Mittel, ihre Möglichkeiten und ihre Grenzen.

Das System der Architektur der neuen Deutschen Bank hat der zeitgenössischen deutschen Kunst ein tatsächlich ›hohes Haus‹ errichtet. Im Raster der Türme erscheinen die Werke der Künstler selbst als Bausteine, die uns eine bestimmte Orientierung vorschlagen. Diese Vorschläge weisen auf wirkliche und unwirkliche Dinge hin. Sie enthalten Mitteilungen aus unbewußten und bewußten Bereichen und berühren unsere Erfahrungen, weil sie aus unserer Zeit sind. Es gibt für diesen Transport an Ideen und Material ein altes Gleichnis, das die Künstler selbst immer wieder fasziniert hat. Im ›Turmbau zu Babel‹ haben sie diese Faszination früher dargestellt. Dieses immer noch unübertroffene Sinnbild menschlichen Tuns, Abbild eines gewaltigen Schneckenhauses, das nicht nur von Vergeblichkeit, sondern auch von unendlicher Phantasie zeugt, läßt sich am Ende einer Kunstwanderung durch die Türme vor das innere Auge rufen: wieviel freie, unverbrauchte, ausstrahlende und gesammelte künstlerische Energie in diesen Türmen steckt, ein Potential, das auf seine zukünftige Entfaltung drängt, indem es uns in seinen inneren Kreislauf einbezieht.

Sigmar Polke, Drehung, 1979

Katalog der Künstler

Der Katalog ist alphabetisch geordnet. Den Biographien folgt generell ein Abschnitt ›Zu den Arbeiten‹, wenn es sich um Künstler handelt, deren Arbeiten auf den Fluren einer Etage hängen. Er bezieht sich auf die in der Bank gezeigten Arbeiten.

Bei den Abbildungen handelt es sich jeweils um eine Auswahl aus den erworbenen Arbeiten. Die Zahlen unter den Abbildungen verweisen auf die fortlaufende Numerierung im anschließenden Teil mit dem Verzeichnis der Werke.

Alle namentlich zitierten Werke sind *kursiv* gedruckt.

Auf welchen Etagen und in welchen Besprechungszimmern Arbeiten der einzelnen Künstler zu sehen sind, geht aus den Plänen der Türme auf den Seiten 318 und 319 hervor.

Hans Peter Adamski

Geboren 1947 in Kloster Oesede
Lebt in Köln

Hans Peter Adamski ist eigentlich ganz schön ›belämmert‹ dran – wenn man ihn mit dem Maß von Otto Normalverbraucher messen würde: Kontinuität, erkennbar ›positiver‹ Haltung, Ab- und Einschätzbarkeit – in der Malerei vielleicht nach einem eindeutig ablesbaren Stil. Bei Adamski greifen solche Bewertungsmaßstäbe nicht, wenn man seine Bilder betrachtet. Stil und Motiv (auch wenn eine deutliche Bevorzugung des zwischenmenschlichen Bereiches feststellbar ist) ist ihm im selben Maße gleichgültig wie Inhalt und Bedeutung eines Bildes. Und genauso überflüssig wäre es, nach möglicherweise vorhandenen symbolischen Verweisen suchen zu wollen. Beliebig ist auch seine Ikonographie. Da findet man Japonismen und Kitsch, Erotik und Mythologie, Trivialität und Hintergründigkeit. Eine Beliebigkeit, der mit herkömmlichen Interpretationsrastern nicht mehr beizukommen ist, scheint das zentrale Thema zu sein, um das Adamskis Arbeit kreist (Sabine Schütz). Er selbst sagt dazu, daß er ›überhaupt kein Maler‹ sei, ›nur jemand, der sich visuell ausdrückt‹, und ›es mit dem Ganzen [der Malerei] sofort Schluß wäre, wenn sich [bei mir] ein fester Stil entwickeln würde‹.

Hans Peter Adamski studierte von 1970 bis 1974 an der Kunstakademie in Düsseldorf, war u. a. längere Zeit Schüler von Beuys, dessen material-magische Arbeiten ihn jedoch nicht beeindruckten. Er gehörte der (nicht mehr existierenden) Mülheimer Freiheit an, die Ende der 70er, Anfang der 80er Jahre durch ihre Arbeiten den Begriff der ›Heftigen Malerei‹ mitprägte. Doch bereits die in dieser Zeit entstandenen Bilder unterschieden sich von denen der anderen Gruppenmitglieder durch eine distanziertere Haltung zum Malprozeß: Bei ihm entwickelte sich die innere Logik des Bildes erst im Malprozeß; Malen wird so gleichzeitig als ein Prozeß der Veränderung des Subjektiven aufgefaßt. Adamski, der ursprünglich von der Photographie herkommt, bezieht sich in seinen Arbeiten eher auf unmittelbar visuelle Bezüge. Andere Linien seiner Arbeit lassen sich auf Performance und Konzeptkunst zurückführen. Dies zeigt sich auch bei seinen Skulpturen, die das Dreidimensional-Räumliche der Plastik vermeiden und ihren Schwerpunkt eher im Konzeptionellen haben. Bei ihm findet sich dieses konzeptionelle, damit auch ›literarische‹ Moment vor allem im Spiel mit Metaphern, Klischees, Mehrdeutigkeiten und den Bildtiteln. Bild und Bildtitel zeigen seine Absicht, Klischees zu sprengen, indem er sie kalkuliert einsetzt.

So nahm er sich z. B. ›schlechte‹ Künstler zum Vorbild, studierte die Hobby-Kunst der Supermärkte, der Erwachsenen- und Rentnerbildung, beschäftigte sich mit ›Dingen, die einfach unmöglich waren‹. Trotzdem oder gerade deshalb wurden seine Arbeiten Indikator eines gesamtgesellschaftlichen Geschehens – z. B. für den Prozeß der Trennung von Symbol und Bedeutung, von Ding und Sprache –, vielleicht gleichzeitig ein Versuch, eine verlorene Bindung wiederherzustellen, den Worten, die durch die alltäglichen Sprachmanipulationen ihre Bedeutung verloren haben, wieder eine Bedeutung zu geben? Die Irritation, die von seinen Bildern ausgeht, das Unverständnis des Betrachters, findet vielleicht gerade darin seine Erklärung.

Der ausgesprochene Subjektivismus, der sich in seinen Bildern ausdrückt, ist ein Mittel des Aussteigens, der Entfremdung und des Entfremdetseins von einer Welt, die durch kein Moment der Identität zusammengehalten wird. Aussteigen und Entfremdung als Widerstand kann sich aber nur dann als solcher erweisen, wenn er aktuell bleibt, nicht im Off sich verliert, sich aber ständig als ein anderer, ein Fremder in dieser Welt artikuliert.

›Unsere Arbeiten sind von vornherein so angelegt, daß sie nicht klar zu definieren, nicht einzuordnen sind. Auch für uns nicht. Denn das widerspricht ihrer Offenheit, ihrer offenen Thematik, ihrer offenen Ästhetik.‹ Vielleicht hat er dabei aber vergessen, daß diese Art der Vereinnahmung bereits einer ideologischen und politischen Vergangenheit angehört, die für ihr Tun noch einer Rechtfertigung und Begründung bedurfte. Heute geht dies schneller, einfacher, direkter, ohne viele Worte: über den unreflektierten Kauf der Ware Kunst, wenn sie nur dem Anspruch der Modernität entspricht. Adamski profitiert davon.

Schw

Literatur:

H. P. A., Arbeiten 1980–1984, Städtisches Kunstmuseum Bonn, 1984

1

Josef Albers

Geboren 1888 in Bottrop (Westfalen)
Gestorben 1976 in New Haven, Conn./USA

Josef Albers war Maler, Kunstpädagoge und Theoretiker zugleich. Nach Jahren der Tätigkeit als Volksschullehrer besuchte er von 1913 bis 1915 die königliche Kunstschule in Berlin, war 1916 bis 1919 erneut Volksschullehrer, bevor er nach einem Jahr Malklasse bei Franz von Stuck 1920 in das Bauhaus Weimar eintrat. Als Lehrer führte er bereits ab 1923 den von Johannes Itten eingerichteten Vorkurs des Bauhauses weiter. Nach der endgültigen Schließung des Bauhauses 1933 durch die Nationalsozialisten emigrierte Albers in die USA, wo er einem Ruf an das neugegründete Black Montain College, North Carolina, folgte. Später arbeitete er als Gastdozent an einer Vielzahl anderer Bildungsstätten in den USA. Von 1959 bis 1962 wirkte er als Direktor des Department of Design an der Yale-Universität, als Gastdozent an Universitäten der USA und Europas, so u. a. auch an der Hochschule für Gestaltung in Ulm.

Albers war ein Purist. Sowohl persönlich, was sich in seiner Bauhauszeit noch verstärkte und Form gewann, als auch in seiner Arbeit. Als er 1933 in die USA übersiedelte, blieb er seinem Prinzip treu, dem der Bescheidung, das er auf sein Werk überträgt, z. B. durch eine Perfektion der Technik bis zur Anonymität der eigenen Autorenschaft. Seine theoretischen Untersuchungen beziehen sich vor allem auf graphische Fragen und Farbprobleme: Wie minimal darf der zeichnerische Aufwand sein, um einem Liniengerüst einmal einen geschlossenen und dann wieder einen offenen Eindruck zu geben? Oder die Frage: Welche Konsequenzen sind aus der Tatsache zu ziehen, daß ›der Laie im allgemeinen die äußere Farbe zuerst wahrnimmt, der Maler, der ja die Farbe in der Mitte zuerst auftragen muß, sich der äußeren Farbe aber zuletzt zuwendet‹?

In seinen beiden Hauptwerken, den *Strukturellen Konstellationen* und der *Homage to the Square*, entwickelte er in ständig neuen Variationen seine Theorien und Ansichten, in denen eigene individuelle Verwirklichung und Verantwortung für eine umfassende, moralisch-soziale Ästhetik ineinandergreifen (Werner Spieß). Albers entwickelte einen geometrischen Stil, der klar und ökonomisch, jederzeit wiederholbar erscheint, da alle Elemente in einem berechenbaren mathematischen Verhältnis zueinander stehen, wodurch es ihm möglich wurde, die Relativität der Wahrnehmung und Vielfalt der Wahrnehmungsmöglichkeiten zu erproben. Aus der Einfachheit der Bildform ergibt sich ein Reichtum der Bildwirkung, der um so überzeugender scheint, je geringer der Aufwand ist, der ihn begründete. Albers wurde zum genialen Herausforderer des Sehens und entwickelte seine Kunsttheorie als begriffliche Sehhilfe.

In seiner Serie *Homage to the Square* findet Albers eine geniale Demonstrationsform für Farbphänomene, die konsequenterweise in einer großen Zahl von Serigraphien weiterverbreitet wurde. In dieser Serie kommt er mit vier verschiedenen Bildaufteilungen aus sieben möglichen Kombinationen und einigen wenigen standardisierten Bildformaten aus. Auf einem fast identischen Grund werden Hunderte und Aberhunderte stets neuer Paraphrasen präsentiert: Reduktion als Voraussetzung von Komplexität. Die z. B. durch den Siebdruck erzielte Genauigkeit hat zwar primär ihren Grund in sich selbst, verleiht dem Werk aber zugleich Objektivität und verbirgt den Autor. Ziel dieser Zurücknahme künstlerischer Individualität und Vermeidung künstlerischer Exaltation ist es, dem Betrachter zu ermöglichen, im objektiv Präsentierten einen Spielraum für eigene Subjektivität zu finden (Jürgen Wissmann). Typisch dabei ist für Albers, daß er das Quadrat als symmetrischste aller Formen, als Grundlage für symmetrischen Aufbau und statischen Ausgleich, als Ausgang für Asymmetrie und Dynamik benutzt: Die gestaffelten Quadrate führen nicht zur Betonung eines Zentrums, sondern zu einem Fluchtpunkt, von dem rhythmische Stufen ausgehen. Durch den ›linearen Umbau‹ wird ein Alternieren von Fläche und Raum erreicht.

Es ist nur konsequent, wenn Josef Albers seine Malerei – bei aller Rationalität – als ›meditativ, ruhig‹ bezeichnet und sagt: ›Ich suche keine schnellen Effekte. Sehen Sie, das ist es, was ich will: Meditationsbilder des 20. Jahrhunderts schaffen.‹ Schw

Literatur:

Eugen Gomringer: J. A., Das Werk des Malers und Bauhausmeisters als Beitrag zur visuellen Gestaltung des 20. Jahrhunderts, Starnberg 1968 – J. A., Solomon R. Guggenheim Museum u. a., New York/Köln 1988

1

1

1

1

Gerhard Altenbourg

Geboren 1926 bei Friedrichsroda (Thüringen)
Gestorben 1989

Muß man als Sohn eines Pastors und der Tochter eines Werkzeugfabrikanten in Rödichen-Schnepfenthal, umgeben von ›Tannenwälder(n) im Nebel‹ geboren sein, um seinen Arbeiten Titel wie *Neigende Anbetung, hinter ihnen die Bewegungen des Abends (Tanz), Hände, dem poetischen Onanisten ins Stammbuch, Wo man mit farbiger Luft baut* oder *Das ist Melusinchen im Hoffnungskreis* zu geben? Doch wohl nicht, wollte man das Biographische in der Kunst nicht überstrapazieren. Trotzdem spielen die Titel bei Gerhard Altenbourg eine wichtige Rolle. Sie sind Hilfe beim ›Einlesen‹ in die apollinische Diktion seiner wunderlichen und wundersamen Gestalten- und Formenwelt, die sich in der spinnwebhaft differenzierten zeichnerischen Struktur und im verwirrenden Liniengeflecht verbirgt. Der ironische (apollinische) Charakter seiner Arbeiten wird in einer Äußerung deutlich, die zeigt, daß man die Zeichnungen, Aquarelle, Lithographien, Radierungen und Holzschnitte nicht einfach anschauen kann, und ›dann hat man's‹, sondern, daß hier langsame, geduldige Betrachtung erforderlich ist: ›Wenn man in die Gewebe eindringt, kann man spitzbübische Entdeckungen machen. Der Zeichner hat vieles versteckt, mit einer diebischen Freude am Versteckspiel‹ – auch Erotisches, das bei ihm jedoch nicht ins Banal-Laszive umschlägt.

Gerhard Altenbourg erlebte als junger Mann noch das Ende des Krieges und sah in den Gefechten des Rückzuges und den Lazaretten ›Ekel. Inneres Verletztsein. Grenzkräfte und Schocküberwindungsversuche.‹ Nach zwei, drei Jahren Tätigkeit als Schriftsteller und Journalist besuchte er 1948 bis 1950 die Hochschule für Baukunst und Bildende Künste in Weimar.

Programmatisch äußerte er sich in seinen autobiographischen Notizen über Erkenntnisse, die später sein ganzes Werk durchziehen sollen: ›Versuche und Findungen. Strukturen organischer und mechanischer Art. Köpfe-Schau: Nervenfaserköpfe und Gesichter mit leichtem Verwesungsgeruch. Unter-Keller, Drunter-Keller.‹ Aber er spricht auch von seiner ›Bibliotheken-Besessenheit; Tage im Lesesaal‹ und beeinflussenden Entdeckungen: Hugo Ball, Hans Arp, Kurt Schwitters, Hans Bellmer, Gottfried Benn, DaDa.

Klee und Wols sind noch am ehesten die Namen, die neben Bellmer assoziiert werden, wenn man sich seine Arbeiten betrachtet. So lag es nahe, daß er seine künstlerische Karriere in der Bundesrepublik (wo er bereits auf der ›documenta 2‹, 1959, in der Abteilung Druckgraphik, später erneut auf der ›documenta 6‹, 1977, vertreten war) und nicht in der DDR begann und fortführte. Denn seine Art Realismus war eher ein phantastischer Realismus (Lothar Lang), keinesfalls aber ein sozialistischer. Die wunderliche Beredsamkeit, die Leichtigkeit des Zeichnens sind poetische Hinweise auf bildnerische Erscheinungen, die einer intensiven assoziativen Denk- und Vorstellungsweise entspringen.

Natur, Landschaft, Psyche sind bei Gerhard Altenbourg in magischer Zeichensprache miteinander verwoben. Die Wirklichkeit nimmt unangreifbare Züge an, verbirgt sich in den Spinnweben der Form und der graphischen Gesten, in der bald aufstrahlenden, bald milde schimmernden Farbigkeit (Ursula Bode). Die Köpfe sind weniger Porträts als Symbole für bestimmte menschliche Schicksale, die sich genausogut in seiner thüringischen Landschaft wiederfinden können.

Die Beziehung zur Landschaft, seine Vorliebe für alles Pflanzliche, die Begeisterung für das Drucken sowie die Anregungen, die er aus den Lineaturen der Blätter, den Zufälligkeiten des ersten Striches erhält, mußten ihn zwangsläufig zum Holzschnitt führen, wo er die Faserungen des Holzes seinem assoziativen Formwillen unterordnen konnte. Gerhard Altenbourg hat die traditionelle Technik durch neue Methoden bereichert: Die Farben liegen reliefartig auf dem Papier, sind mit Lack gemischt oder mit Wachs gebunden und mit dem heißen Eisen in das Papier eingebrannt.

Altenbourg wurde quasi über die Bundesrepublik auch in der DDR ›bekannt‹ und hatte dort u. a. im Kupferstichkabinett Dresden sowie im (Schloß-)Museum Hinterglauchau bei Karl-Marx-Stadt eine große Einzelausstellung. In der Bundesrepublik selbst erhielt er verschiedene Ehrungen und Preise: 1966 den Burda-Preis für Graphik, 1968 den Will-Grohmann-Preis, und war seit 1970 Mitglied der Akademie der Künste in West-Berlin.

Schw

Literatur:

G. A., Arbeiten 1947–1987, Kunsthalle Bremen u. a., Bremen 1988

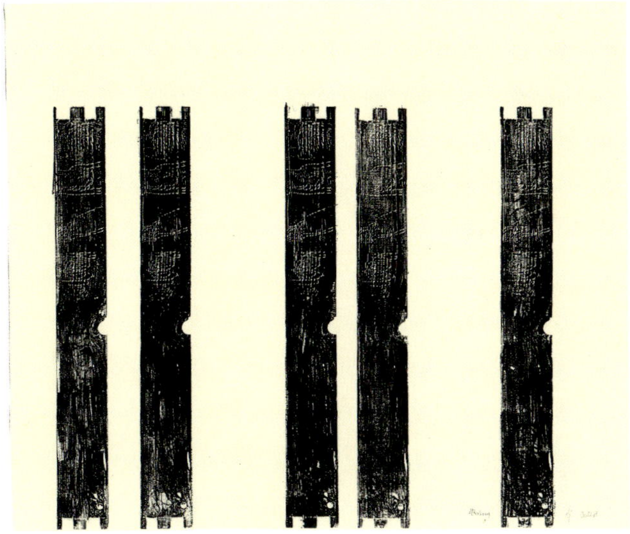
4

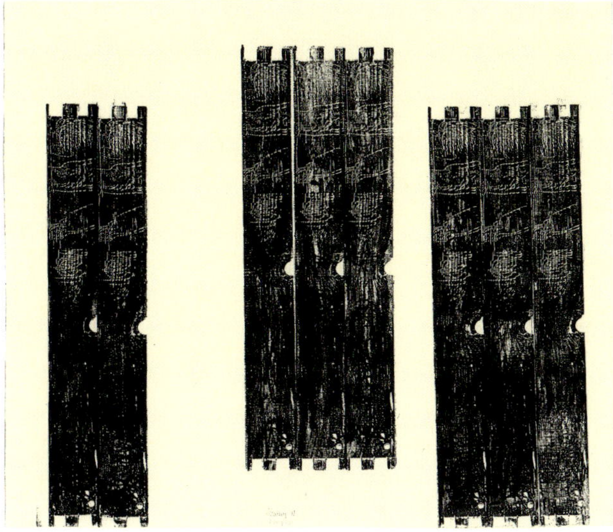
5

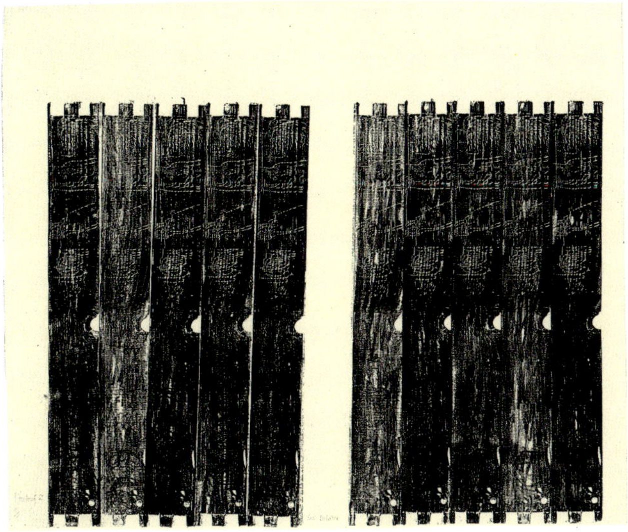
6

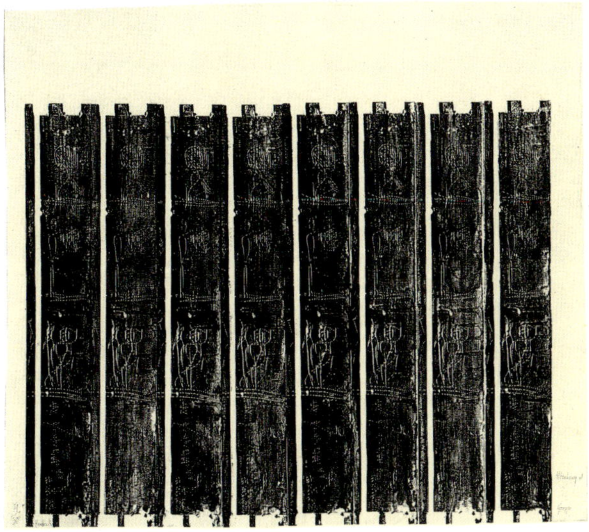
7

8

9

Horst Antes

Geboren 1936 in Heppenheim a. d. Bergstraße
Lebt in Karlsruhe und in der Toskana

Nach dem Abitur bezog Antes 1957 für zwei Jahre die Staatliche Akademie für Bildende Künste in Karlsruhe. Sein Lehrer HAP Grieshaber war einer derjenigen Professoren, die entgegen dem Zeitgeist an der Figuration festgehalten hatten. Dennoch ist Antes' Ausgangspunkt vor allem im *Informel* und in dessen gestischer Ausdrucksgebärde zu suchen. In Willem de Kooning, der informelle und figurative Elemente verknüpfte, fand Antes ein Leitbild, das ihn seinen eigenen Weg finden ließ. Aus vehement hingeworfenen Farbstrukturen entwickelte er um 1960 stufenweise die Figur des schließlich fest konturierten Kopffüßlers, wobei Anregungen durch die Katchina-Puppen der nordamerikanischen Puebloindianer eine Rolle spielten. Während eines zweijährigen Stipendiums in Florenz und Rom verfestigte sich die später wieder aufgegebene Profilansichtigkeit; die Farbe ordnete sich der Form unter. Die Bilder gewannen in dieser Zeit an Plastizität, fielen aber um 1970 wieder in die Fläche zurück. In den jüngsten Arbeiten Antes' ist dem Kopffüßler ein voll ausgebildeter Rumpf gewachsen. Im Vergleich zum pfiffigen, wieseligen Gnom der 60er Jahre wirkt er wie ein alter Weiser in zeitlosem Raum – eine weitere Variante innerhalb eines unerschöpflichen Systems. ›Ich habe eine Leinwand und einen Pinsel. Für mich ist die Malerei ein Mittel, um etwas über mich zu erfahren und über andere zu erfahren. Wenn ich ein Problem habe, dann male ich, bis ich es heraushabe.‹ Antes' Werk umfaßt alle Techniken, auch Graphik und Skulptur. Von 1965 bis 1971 war er an der Karlsruher Akademie pädagogisch tätig, unterbrochen durch eine Gastprofessur in Berlin 1968. 1984 übernahm er erneut einen Lehrauftrag an der Karlsruher Akademie.

Zu den Arbeiten:

Die größtenteils farbigen Lithographien von Antes umfassen die gesamte Spannbreite seines Schaffens auf druckgraphischem Gebiet, von 1960 bis 1983. An ihnen kann die Entwicklung seiner Kunstfigur von informellen Anfängen über den Kopffüßler der 60er Jahre bis hin zu dessen anatomisch vollständiger Ausbildung in den 80er Jahren geradezu schulmäßig abgelesen werden. Ba

Literatur:

Erhardt D. Stiebner (Hrsg.): H. A., Metallplastik (vollständiges Werkverzeichnis), München 1976 – Bernd Lutze (Hrsg.): H. A., Werkverzeichnis der Lithographien, Stuttgart 1976 – H. A., Der Kopf, Badischer Kunstverein, Karlsruhe 1978 – H. A., Gemälde, Farbige Blätter und Zeichnungen 1959–1982, Sammlung Hermann, Kunstmuseum Hannover mit Sammlung Sprengel, Hannover 1983 – H. A., 25 Votive, Frankfurt 1984 – H. A., Sprengel Museum, Hannover 1989

2

3

4

5

16

Siegfried Anzinger

Geboren 1953 in Weyer bei Steyr (Oberösterreich)
Lebt in Köln und Wien

Anzinger erzählt keine Geschichten, illustriert keine Reflexionen über die politische oder soziale Realität. Er malt Bilder, versteht ›Malen als Lebensform‹ (Wildermuth). Im Zentrum seines Werkes stehen die formal-ästhetischen Mittel der Malerei, der Zeichnung und auch der Plastik. Seine Anregungen bezieht er vielfach aus der Kunstgeschichte, aus dem Barock etwa oder den verschiedenen expressionistischen Kunstrichtungen. Nachdem er 1976 nach fünfjährigem Kunststudium die Akademie der Bildenden Kunst in Wien verlassen hatte, entstanden Arbeiten, deren verstreute schnelle Pinselstriche, die das Bild überziehen, den körperlichen Einsatz beim Malen widerspiegeln. Erklärtes Vorbild dieser Zeit der ausgehenden 70er und frühen 80er Jahre war Pierre Alechinsky.

Um 1982 zeigten seine Bilder dann einen schwerpunktmäßigen Wandel. Ohne an spontaner Ausdruckskraft zu verlieren, lassen sich die Bilder verstärkt als Produkte eines langen, oft Wochen dauernden Prozesses von Überarbeitungen erkennen, in denen der Künstler nach Steigerung des expressiven Moments strebt. Diese Expressivität erscheint jetzt in zunehmendem Maße gerahmt und gedrosselt in ihrer Gestik durch eine geometrische Grundform. Kreise, Kegel und Pyramiden stehen im Dialog mit den Menschen oder tierhaften Wesen seiner Kompositionen, diktieren ihre Haltung und ihr Bewegungsmoment. Obwohl klar erkennbar, ist die Figur doch nicht Ausgangspunkt der Arbeiten. ›Die gegenständliche Fixierung hat ... oft erst in den letzten Sekunden stattgefunden, so daß da plötzlich ein Kopf oder ein Tier drinsteckt. Ich weiß zwar, daß dies auch ohne eine solche Fixierung dringewesen wäre, aber irgendwann teile ich auch so was dem Betrachter mit, daß er es sieht.‹

Charakteristisch für Anzingers Arbeitsweise ist der oft abrupte Wechsel zwischen verschiedenen Ausdrucksformen, etwa zwischen transparent-flüchtiger Darstellung und dichter, taktiler Materialität und Schwere. Es entstehen Werkgruppen, die nicht als Variationen eines Themas, sondern vielmehr als Überprüfung einer künstlerischen Formulierung zu verstehen sind. In ihrem Verlauf werden deren Grenzen aufgedeckt, die Akzente intensiviert oder aber auch grundlegend transformiert. Aus diesem Austausch zwischen Künstler und Kunstobjekt ergeben sich neue Betrachtungen und Erfahrungen, die wiederum Quelle für neue Arbeiten werden. ›Ich male und zeichne, damit ich diese Dinge sehe, damit ich auf sie komme. Das ist die einzige Motivation zum Zeichnen.

Zu den Arbeiten:

Köpfe von 1980 veranschaulicht die im Ansatz ungegenständliche Arbeitsweise des Künstlers. Eingebettet in ein Geflecht aus schwarzen Linien und Farbfeldern hebt sich der Bildgegenstand nur andeutungsweise vom Untergrund ab. Die 1981 entstandenen Gouachen dagegen sind deutlicher lesbar, das Dargestellte läßt sich als Umrißform klar vor den schnell gesetzten, breiten Pinselstrichen erkennen.

Der langwierige Arbeitsprozeß Anzingers, der diesen Arbeiten vorausgeht, dokumentiert sich sowohl im pastosen Farbauftrag des Blattes *Figuren* von 1983 als auch in der Konzentration der Ausdrucksmittel, wodurch der menschliche Körper auf die Linie reduziert wird.

Bis

Literatur:

S. A./Hubert Schmalix, Galerie Buchmann, St. Gallen 1982 – S. A./H. Schmalix, Holly Solomon Gallery, New York 1984 – H. Kontova/G. Politi: S. A. (Interview), in: Flash Art, Nr. 119, November 1984 – S. A., Werke auf Papier 1977–1985, zwei Bilder und eine Gruppe Plastiken, Museum für Gegenwartskunst Basel; Städtisches Kunstmuseum Bonn; Neue Galerie der Stadt Linz, 1985/86 – S. A., Wein und Milch. Bilder 1987, Galerie Six Friedrich, München 1987 – S. A., Galerie Bleich-Rossi, Graz 1989

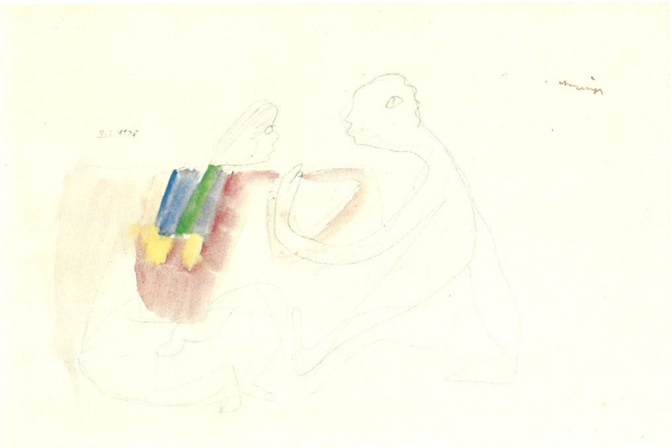
1

2

4

6

Pidder Auberger
Geboren 1946 in Lohberg (Nordrhein-Westfalen)
Lebt in Düsseldorf

Pidder Auberger, während seines Studiums an der Kunstakademie Düsseldorf Schüler von Peter Brüning und Gerhard Richter, gehört zu den gegenwärtig meistbeachteten deutschen Künstlern, die mit dem Medium Photographie arbeiten.

Photographie ist jedoch nur eine Seite seiner künstlerischen Tätigkeit. In gleichem Maße müssen seine großformatigen Holzschnitte, aber auch seine Texte erwähnt werden. Erst die Zusammenschau macht den gemeinsamen Kern deutlich, der hinter seiner Arbeit steckt. Ein Multimediakünstler also? Wohl nicht. Nur einer, der vielleicht einem einzigen Medium mißtraut, der immer noch an die Wirkung der ›Botschaft‹ glaubt und sie dann lieber breit streut? Fast könnte man es meinen, schreibt er doch in einer seiner Geschichten: ›Was uns betrifft: Wir müssen, und sei es mit einem Gartenschlauch, die Wüste wieder bewässern, bis sie so blüht wie das Paradies, als es noch jung war.‹

Auberger geht mit der Realität um wie Kinder vielleicht mit einem Puzzle: Er greift sich Teile aus dem großen Haufen heraus und setzt sie zu einer eigenen (Bild-)Realität zusammen, dabei durchaus die Technik (der Kamera) – oder was wir durch sie zu sehen gewohnt sind – überlistend. Denn in erster Linie gilt, daß die Phantasie die Herrscherin über das Wahre ist und das Mögliche nur eine der vielen Provinzen des Wahren (Baudelaire).

Aubergers Ansatz ist ein experimenteller: Nicht der Druck auf den Auslöser, wenn man ein Motiv glaubt gefunden zu haben, ist entscheidend. Dieser steht erst am Ende einer Realitätsmanipulation, die als konstruierendes Moment das Photo nur für ein additives Bildprinzip benutzt, auf eine Erweiterung oder Destruktion des Realphotos gerichtet ist und auf die brüchigen Darstellungs- und Betrachtungsweisen von photographischen Bildern verweist (Ute Eskildsen). Sie lassen neue Bildwirklichkeiten entstehen, die wenig mit der vorwiegend gesellschaftskritisch determinierten Photographie der 60er und frühen 70er Jahre zu tun haben, sondern hermetische Bilder mit einer starken Aura der Unverwechselbarkeit ergeben. Sie entstehen aus der Mischung malerischer, zeichnerischer und photographischer Elemente, indem z. B. zwei übereinandergelegte Negative beim Belichten sich durchdringende und formal strenge Bildkompositionen ergeben (Belichtungscollage, Sandwiches) oder mittels Schablonen verschiedene Negative nach- und nebeneinander auf Photopapier belichtet werden. Bei Porträtaufnahmen griff Auberger auf das formale Prinzip des Triptychons zurück, das – wie schon bei Beckmann – noch am ehesten einer beabsichtigten symbolischen Imagination entspricht. Seine Photographien werden zu visuellen Metaphern, deren erste Ideen nicht selten aus der klassischen Malerei abgeleitet werden. Der Betrachter wird u. a. wegen der Konstruktion, der präzise kalkulierten Bildwirkung im ›Zwischenbereich zwischen dem Malerischen und Photographischen‹ verunsichert, da das Erwartete – die gewohnte Photorealität – nicht erzielt wird. Das Photo ist somit Augentäuschung, aber gleichzeitig Beweis für ein Geschehen, das wiederum so nicht eingetreten sein kann.

Auberger zwingt den Betrachter in all seinen Arbeiten zu genauer Wahrnehmung, wenn er durch eingebaute Bereiche des Unwahrscheinlichen nur scheinbar reale Situationen entwirft. Somit befreit er auch unser Bewußtsein von den vordergründigen Zwängen der Realität und lehrt unsere Phantasie das Fliegen.

Zu den Arbeiten:

Poetische Realitätsmanipulationen zeigen sich auch bei seinen Holzschnitten in Form der optischen Täuschung: Die räumlich-geometrischen Flächen und Linien sind so angeordnet und konstruiert, daß Statik in Dynamik umzuschlagen scheint, Vordergrund wird in ständiger Oszillation zu Hintergrund, unidentifizierbare Objekte scheinen sich schwebend zu vereinen. Es ist ein Wechsel mit streng isometrischen Formen, deren Pseudoperspektive die Arbeiten zu einem bewußt gesetzten, aber spielerisch wirkenden Balanceakt zwischen Rationalem und Irrationalem werden läßt: nicht nur ironischer Kommentar, sondern exaktere und zutreffendere Zustandsbeschreibung unserer Welt, als durch die Summierung von Detailinformationen möglich ist. Schw

Literatur:

P. A., Die Macht der Kamera, Edition Marzona, Düsseldorf 1985 – P. A., Die Macht der Bilder, Rathaus Reutlingen, 1987

7

9

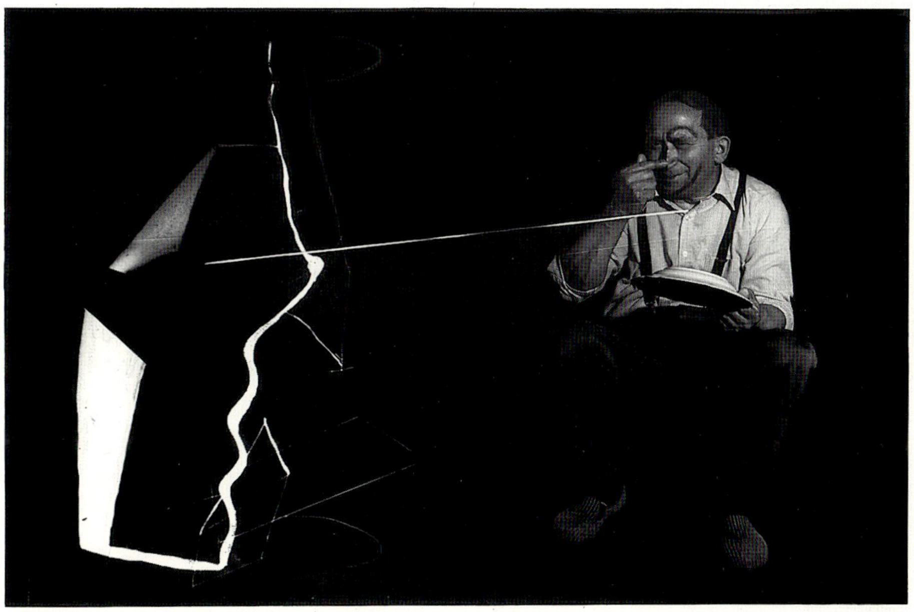
10

Elvira Bach

Geboren 1951 in Neuenhain im Taunus
Lebt in Berlin

Kreuzberg Berlin – Oranienstraße. ›Erste Adresse‹. Zentrum einer ›Gegenkultur‹ für die einen, die Bürger, denen es wie eine Art ›Türkenghetto‹ vorkommt; nahezu symbolisches Zentrum für einen Auf- und Ausbruch ins eigene Ich, des Alleskönnens, -dürfens und Für-nichts-verantwortlich-Seins für die anderen. Beides falsch – natürlich: Vorurteil das eine, Fehlinterpretation, Traum das andere, der sich so nicht einlösen läßt, auch wenn es bei einigen durchaus diesen Anschein haben könnte; z. B. bei Elvira Bach, die, aus einem hessischen Dorf stammend, den ›ordentlichen‹ gehobenen Frauenberuf einer technischen Zeichnerin erlernen sollte. Dabei ist dies bereits ein Zugeständnis, da Elvira Bach in der Schule gern zeichnete und sich daneben vorwiegend für Sport und Musik interessierte. Doch aus dem technischen Zeichnen wird eine Lehre in der Glasfachschule in Hadamar (1967–1970) – bereits ein erster Schritt zur künstlerischen Emanzipation, der durch das Studium (1972–1979) an der Hochschule für Bildende Künste Berlin bei Hann Trier zum Weg, zur Straße wird. Die Unabhängigkeit wird erarbeitet, der Lebensunterhalt durch Arbeit an der Schaubühne als Requisiteurin, Foyerdame und Souffleuse verdient. Da gelangen ihr bereits einige Ausstellungen, selbstorganisierte zwar nur, z. B. im SO 36, dem legendären Raum, einem alten Kino, der Keimzelle dessen, was später als ›Wilde Malerei‹ Furore machen sollte.

Im Gestus ihrer Malerei unterscheidet sich Elvira Bach nur wenig von dem ihrer malenden und etwa gleichaltrigen (Berliner) Kollegen: Salomé, Fetting, Middendorf, Zimmer – wurde deswegen auch von den Kritikern in den gleichen ›Wilden‹ Topf geworfen. Natürlich gibt es Gemeinsamkeiten, schon bedingt durch eine gleiche Grundhaltung, die gleichen Erfahrungen in dieser Stadt, die gemeinsamen Ausstellungen. Aber Elvira Bach ist Frau, ihre Themen und Motive sind andere, werden ihrem Frau-Sein entnommen. (Bösartige) Kritiker, aber auch sie selbst, sagten, daß sie sich immer nur selbst darstelle. Doch dies ist nur die eine, äußerliche Seite, die sich bereits in ihren Worten relativiert, wenn sie sagt: ›Die ganze Welt, die kriege ich ja doch nicht zusammen. Also male ich mich und mein Leben, nicht mehr und nicht weniger.‹ Das ist ehrlich – und noch nicht einmal unbescheiden. Denn das Leben einer Frau ist – auch heute noch – ein anderes als das des Mannes.

Wünsche, Träume und Sehnsüchte, falls sie sich nicht kämpferisch emanzipatorisch artikulieren – stellen sich bei Elvira Bach dagegen als übersteigerte Fraulichkeit dar – mit all ihren Gesten und Accessoires des (erotisch) Begehrenswerten und der daraus resultierenden Kraft und Chance der Frau. Zugleich jedoch in einer (un)bewußten Verdeckt- und Bedecktheit, die Abstand, die Distanz ist. ›Noli me tangere‹ – Selbstbehauptung als Schutz. Selbstbewußtsein und Angst zugleich. In der Übertreibung zeigt sich das Typische.

Das Problem der Kritiker: In der scheinbaren Einseitigkeit wird die Stellvertreterfunktion des Ich für ein Allgemeines übersehen: Elvira Bach als ihr eigenes Modell. Dies ist kunsthistorische Attitüde (›der Maler und sein Modell‹). Wahr ist jedoch, daß hier der Schein ein existentielles Sein enthüllt, das im Spiegel des ›Hier & Jetzt‹ Zeitdokument auch für die Vergangenheit ist, vielleicht sogar für die Aussichtslosigkeit einer Änderung in der Zukunft. Wo die Rationalität bisher versagte, muß das Emotionale an seine Stelle treten. Bachs Bilder sind Bekenntnis dafür, auch im differenzierten Empfinden für Farben und ihre Übergänge, in ihrer spontanen malerischen Geste als Ausdruck emotionaler Erregung und Bewegung.

Häufig verwendete, immer wiederkehrende Motive (Schlange, Herz, Palme, Schnee- und dunkelhäutige Männer) sind ein Reservoir von Symbolen, die deutlich machen, daß Bach mehr meint, als sie sagt (oder ihr andere in den Mund legen). Neben den – meist lebensgroßen – Bildern entstehen Gouachen, Arbeiten auf Papier in kleinen oder kleineren Formaten. Jedoch zur gleichen Problematik, nachdem sie 1980 erst mit rein figurativer Malerei begonnen hatte. Mit einer Sequenz großer Arbeiten war sie Teilnehmerin der ›documenta 7‹, 1982, denn: ›Ich finde es gut, mich auszustellen / zeigen, ich bin da / Als Mensch ...‹ Schw

Literatur:

E. B., Bilder und Gouachen, Galerie Interni, Berlin 1983 – E. B., Edition Pfefferle, München 1985 – E. B., Galerie Raab, Berlin/London 1987

1

1

1

1

1

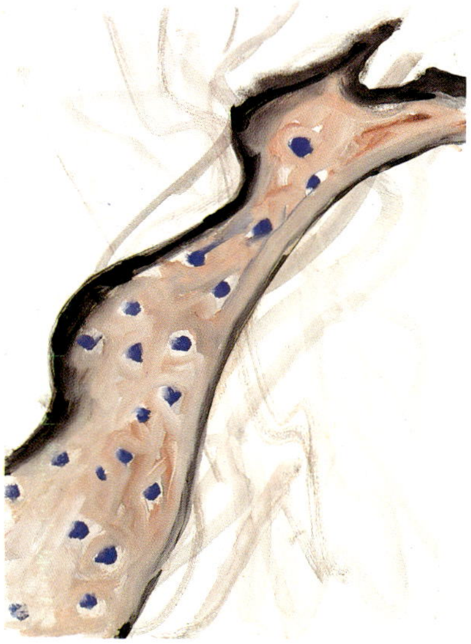

1

1

Hans Baschang

Geboren 1937 in Karlsruhe
Lebt in München

Die Welt unserer Alltagserfahrung kommt bei Hans Baschang nicht vor. Seine Arbeit beginnt jenseits der ästhetischen Grenze, die die Realität von der Kunst trennt: seine Beiträge führen an der Kunstgeschichte entlang in die Gegenwart. So blickt Baschang auf den abgesteckten Bereich der Kunst und ist selbst die Quelle seiner künstlerischen Abenteuer. Wie Dieter Krieg Jahrgang 1937 und nach dem Studium 1957–1961 Absolvent der Kunstakademie Karlsruhe bei Herbert Kitzel, geriet er in dasselbe Spannungsfeld zwischen das die Anschauungen seiner Lehrer in den 50er Jahren beherrschende Informel, den abstrakten Expressionismus in seiner französischen Erscheinung, einerseits und die figürlichen Tendenzen der 60er Jahre, die seine eigene Generation bewegten, andererseits. Dabei ging eine besondere Form der neuen Figuration gerade aus dem südwestdeutschen Raum mit der Karlsruher Akademie als Zentrum hervor – Baschang ist zusammen mit Antes und Krieg ihr wichtigster Vertreter. Noch 1962 – der Pop-Realismus begann bereits aus den angelsächsischen Ländern herüberzuwirken – zog es Baschang für sechs Monate zu Studien nach Paris, dessen Strahlkraft neben London und New York zusehends verblaßte. 1966 erhielt er den Villa-Romana-Preis, Florenz, und 1970 das Stipendium der Villa Massimo in Rom – eine klassische Künstlerausbildung in den Kunstzentren der lateinischen Länder.

Hier zeigt sich zum erstenmal Baschangs anhaltender Widerstand, sich dem Zeitgeist anzuvertrauen. Weder seine Biographie noch seine künstlerische Entwicklung folgt dem Wechselspiel der Aktualitäten – er achtete mehr auf seine Identität als auf die Übereinstimmung mit den Zeitgenossen, so daß seine Arbeit mehr Selbstgespräch als Zwiesprache mit einem Betrachter oder gar Rhetorik an das Publikum ist. Der endgültige Übergang zur Hochschule 1975 erlaubte ihm, die für seine Arbeit nötige Distanz vom Kunstbetrieb beizubehalten und sich ganz auf das Hervorbringen vergleichsloser, eigener Formhandlungen zu konzentrieren. Dieser Selbstgenügsamkeit haben von Anfang an die Mittel des Bleistifts und der Kohle hingereicht; erst 1984 versuchte er, gewisse skulptural gemeinte Elemente der gezeichneten Figurationen in Gipsformen in die dritte Dimension zu überführen.

Baschang ist ein Zeichner – allen Gestaltungsaufwand, das beeindruckende Instrumentarium sinnlicher Verführung und rhetorischer Techniken vermeidet er als zur Formulierung seiner Absicht unnötig. Die schreibende Hand findet den kürzesten Weg zwischen bildender Vorstellungskraft und ihrer Darstellung auf dem Zeichengrund – Handschrift als selbsttätige Bewegung. Das Ereignis des Vollzuges ist das eigentliche künstlerische Moment, das sich als Bleistiftspur auf dem weißen Papier niederschlägt. Der unwillkürliche Formcharakter, wie er in der informellen Schnellmalerei der Lehrergeneration wirkte, ist in Baschangs Linienfiguren mit enthalten, ebenso aber auch – und das ist für seine Auffassung entscheidend – die Vorstellung einer anthropomorphen Figur als kompositionelles Zentrum in den traditionellen Bildgrenzen. Der subjektive Ausdruck fließt nicht ungehemmt in abstrakte Zeichensprache, sondern hält sich an das Gerüst einer Figur – das Expressionistische geht mit begrifflichen Wahrnehmungsinhalten eine Verbindung ein, selbstentstehende Natur und spekulativer Verstand, Psychologie und regelndes Gesetz als ehemals getrennt aufgefaßte Prinzipien vereinend. Autonome Form und verläßliche Dingwiedergabe – zwischen diesen beiden theoretischen Extrempositionen der Kunst sucht Baschang einen Weg zur Verschlingung von Form- und Sachinhalten, einen Weg, hindurch zwischen der vordergründigen Dingwiedergabe des Realismus und der metaphorischen Vieldeutigkeit der Aktionsmalerei.

Sdt

Literatur:

H. B., Zeichnungen von 1979 bis 1982, Städtisches Museum Leverkusen, Schloß Morsbroich, 1982 – Magdalena M. Moeller: H. B. im Studio, Museum Sprengel, Hannover 1984 – H. B., Museum am Ostwall, Dortmund 1987

1

2

3

Georg Baselitz
Geboren 1938 in Deutschbaselitz/Sachsen als Hans-Georg Kern
Lebt in Derneburg (Niedersachsen)

Baselitz widmete sich 1956/57 in Ost-Berlin einem Malereistudium an der Hochschule für Bildende und Angewandte Kunst. Er siedelte 1957 nach West-Berlin über, um dort bis 1964 bei Hann Trier an der Hochschule für Bildende Künste zu studieren. 1961 verfaßte er zusammen mit seinem Freund Eugen Schönebeck das 1. Pandämonische Manifest, dem 1962 ein zweites folgen sollte. Sein Lehrer Hann Trier hatte Baselitz auf die Schriftsteller Lautréamont und Artaud aufmerksam gemacht. Zudem beschäftigte sich Baselitz mit der Malerei von Fautrier, Wols und Pollock wie auch mit der Kunst von Geisteskranken.

Schon früh wollte er sich von jeglicher Stilrichtung absetzen. ›Der Ausdruck der Manifeste ist negativ, ist eine wütende Abgrenzung von dem, was damals (Anfang der 60er Jahre) geschah‹ (Baselitz). Baselitz suchte damals nach einer neuen Figuration als Reaktion auf den Tachismus. Seit 1958/59 arbeitete er an gegenstandsbezogenen Bildern, wobei er u. a. in dem sächsischen Maler Louis Ferdinand von Rayski (1806–1890) ein Vorbild sah.

Die abgebildete Realität war Baselitz nicht wichtig, ebensowenig wie eine gestische Handschrift. Der Künstler vermied planmäßig alle möglichen stilbildenden Elemente in seinen Bildern. Er spricht vom ›Bild ohne Stil‹, nur das Bild als Malerei ist wichtig. Malerei ist für Baselitz ›Stofflichkeit, Materie, Sinnlichkeit‹. Die Umkehr des Motivs (ab 1969/70) erlaubte dem Maler, sich vollkommen auf malerische Probleme zu konzentrieren. Zur ›Kontrollierbarkeit der Bilder‹ (Baselitz) benutzt der Künstler Photo-oder Zeichnungsvorlagen. Um zusätzlich einen individuellen Pinselduktus zu vermeiden, malt er häufig mit den Fingern. Neben die Malerei und ein sich kontinuierlich durchziehendes graphische Œuvre (beeinflußt durch Beschäftigung mit dem Manierismus) trat ab 1980 die Bildhauerei. Auch an den Skulpturen ist Baselitz' künstlerische Auffassung einer metapherlosen, distanzierten Darstellungsweise ablesbar. Die Bearbeitungsspuren deutlich sichtbar lassende Vorgehensweise spricht eine eigene Kunstsprache, fern jeder über sich hinausweisenden inhaltlichen Aussage.

1978 erhielt Baselitz eine Professur an der Staatlichen Akademie der Bildenden Künste Karlsruhe und 1983 eine Professur an der Hochschule der Künste Berlin.

Zu den Arbeiten:

Mit Vogelzeichnungen beschäftigte sich Baselitz schon lange, bevor der Zyklus der Radierungen, Holzschnitte, Stiche und das Ölbild *Adler* von 1977 entstanden.

Das Motiv wird zum Vorwurf für die Malerei, an ihm orientiert sie sich, ohne inhaltlich auf das Dargestellte einzugehen. Am Beispiel des Adlers wird deutlich, wie Baselitz sich mit malerischen Problemen in mehreren Techniken auseinandersetzt. Es geht ihm um die innerbildliche Form und Dramatik, die sich in den Farben und malerischen Strukturen offenbart.

Baselitz ›benützt‹ klassische Malmotive (Landschaften, Porträts und Stilleben) und Bildtypen für seinen Zweck.

Menschliche Körperformen oder leblose Gegenstände wie Glas oder Flasche bilden die Gewähr, daß nicht willkürlich Flächen entstehen. Baselitz sagt in diesem Zusammenhang, daß ihm die ›nebulöse Willkür der Theorie der gegenstandslosen Malerei immer verhaßt‹ war. Die beiden Teile des Diptychons *Das Stilleben und Hockender Akt* korrespondieren durch ihre Formen und Farben miteinander, halten auf der Ebene der Malerei eine intensive Zwiesprache.

›Die Motive, die ich male, ... sind eigentlich sehr persönlicher Art, sehr privat und deshalb uninteressant‹, hat Baselitz einmal gesagt.

Die Unwichtigkeit der Motive belegt Baselitz durch die Verkehrung der Darstellung auf den Kopf, die nicht etwa nachträglich geschieht, sondern bewußt schon beim Malen so entsteht. MHe

Literatur:

G. B., Gemälde, Handzeichnungen und Druckgraphik, Kunsthalle Köln, 1976 – Fred Jahn: G. B. – Werkverzeichnis der Druckgraphik, Bd. 1, 1963–1974; Bd. 2, 1974–1982, Bern/Berlin 1983/87 – G. B. Zeichnungen 1958–1983, Basel u. a., 1984/85 – G. B., Städel, Frankfurt 1988 – Andreas Franzke: G. B., München 1988

12

12

12

24

Thomas Bayrle

Geboren 1937 in Berlin
Lebt in Frankfurt am Main

Thomas Bayrle, Sohn des Malers Alf Bayrle, folgte bei seiner Berufswahl zwar der angeborenen Begabung; doch in die Fußstapfen des Vaters ist er nicht getreten. Im Dschungel des jungen Nachkriegsdeutschland fand er seinen eigenen Weg. Er führte ihn nach einer Lehre als Weber und in der Textilveredelung schon mit neunzehn Jahren auf die Werkkunstschule Offenbach. Dort eignete er sich gründlich alle Tricks der ›Angewandten Kunst‹ und der Reproduktionstechniken an und befaßte sich nachdrücklich mit der Lithographie. Mit seinem Offenbacher Co-Studenten, dem um zwei Jahre älteren Bernhard Jäger, gründete er 1961 in Bad Homburg v. d. H. mit bescheidensten technischen Mitteln die ›Gulliver-Presse‹. Bücher, Mappen, Einzelblätter waren das Verlagsprogramm dieses nur von zwanzig Fingern betriebenen Handpresse-Unternehmens. Schon in dieser Zeit verdichtete sich die Thematik, die Bayrle bis jetzt wie keine andere beschäftigt: das Phänomen Großstadt in allen Facetten. Kein anderer Frankfurter Künstler seiner Generation hat die Strukturen und Mechanismen der modernen Metropole, ihre Anonymität, die Identität von Masse und Verkehr derart intensiv thematisiert wie dieser gebürtige Berliner, der in der aktuellsten Großstadt Westeuropas sein eigenes künstlerisches Selbstverständnis entwickelte. Nach Aufgabe der ›Gulliver-Presse‹ – 1965 – und unter zunehmendem Einfluß der Pop Art galt Bayrles Interesse für einige Jahre der Herstellung von mechanisch mit einem Elektromotor angetriebenen Objekten und Montagen mit soziokritischen, satirisch formulierten Bezügen. Diese Arbeiten waren in einem Kasten zusammenmontiert aus einer Vielzahl von kleinen, identischen und gegenständlichen Elementen, die sich, in Bewegung gesetzt, verschoben und eine zweite Bedeutungsebene des gleichen Themas bildeten. Parallel zu seinen zeit- und materialaufwendigen Robotern führte Bayrle Aufträge für die Werbung durch, entwarf Tapetenmuster, Plastikdrucke und ähnliches im Siebdruckverfahren, das von nun an sein bestimmendes Medium für die bildnerische Interpretation der Massen- und Konsumgesellschaft wurde. Mit diesem graphischen Mittel, das jegliche subjektive Äußerung des Handschriftlichen ausschließt, demonstriert Bayrle seinen unverwechselbaren Stil zur Charakterisierung von Verhaltensweisen des Individuums im Kollektiv. Im Rasterverfahren und formal angeschlossen an das Bewegungsmotiv seiner kinetischen Objekte bindet der Künstler viele kleinteilige, identische Figurationen zum Topos ihrer sozialen Position und Funktion zusammen. So besteht der Stuhl in der Chefetage aus zahllosen aufeinandergetürmten, gleichartigen Stühlen, ist der Homo sapiens heute nur noch via Technik der Kommunikation fähig und demgemäß ein Kompendium aus zahllosen postgelben Telephonapparaten, formieren die gleicherweise zahllosen, mit der Machete in der Hand aufgezogenen Campecinos die ›Revolution der Kräfte‹. Bayrle sucht seine Motive vornehmlich unter der ›Masse Mensch‹ und im Straßenmuster der Reißbrett-Siedlungen. Das kreative Individuum charakterisiert er in der aller Welt bekannten Sprache seiner Schöpfungen: Frédéric Chopin mit der Notenschrift zum ›Regentropfenpräludium‹, Mozarts Porträt aus Noten zur ›Kleinen Nachtmusik‹. In jüngster Zeit dominieren Querschnitte durch die Glaspaläste von Metropolis. Seit sich Thomas Bayrle 1963 erstmals an einer Ausstellung beteiligte, ist sein Werk vielerorts gezeigt worden, auch in den USA und in Japan. 1975 an die Städelschule berufen, zählt Bayrle an dieser einzigen bundesdeutschen Akademie, die allein auf die Freie Kunst ausgerichtet ist, zu den wenigen Lehrkräften, die auch praxisnahe Ratschläge zu geben wissen.

Zu den Arbeiten:

Thomas Bayrle ist mit einem repräsentativen Querschnitt seines graphischen Œuvre vertreten. Es beginnt mit den noch handschriftlich-malerisch gehaltenen Lithographien der ›Gulliver-Presse‹, die bereits das Interesse des Künstlers an der Tagesaktualität bekunden – über *Boeing 707, Kennedy in Berlin,* beide von 1962 –, und führt mit technisch makellosen Serigraphien soziopolitischen Inhalts bis hin zu den kritischen Röntgenbildern der Metropolen. He

Literatur:

Industrie und Technik, Wilhelm-Lehmbruck-Museum Duisburg, 1969 – T. B., Druckgraphik 1960–1983, Städtische Galerie Wolfsburg, 1983 – T. B., 1967 und 1987, Frankfurter Kunstverein, 1987

1

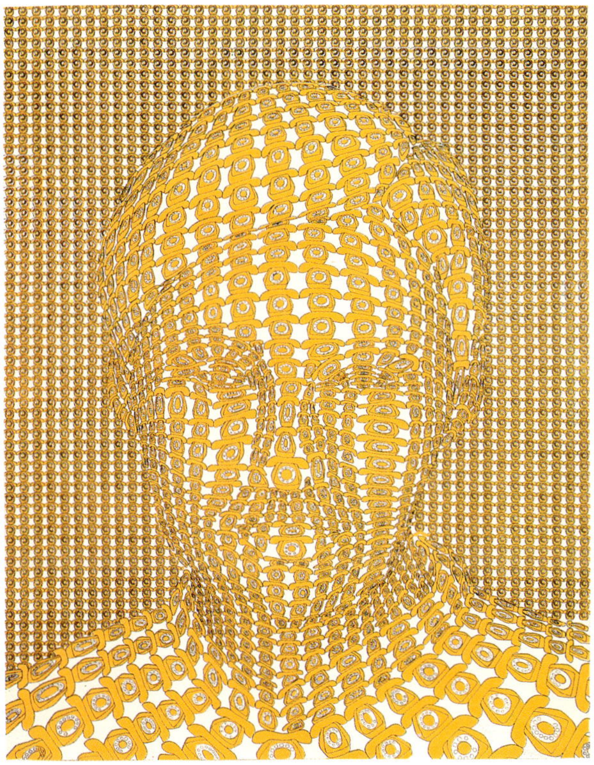

5

15

Bernd und Hilla Becher
Geboren 1934 in Potsdam (Hilla)
und 1931 in Siegen (Bernd)
Leben in Düsseldorf

Seit dem Ende der 50er Jahre arbeiten Bernd und Hilla Becher als Photographen zusammen. Bernd Becher hatte zuvor 1947–50 eine Dekorationsmalerlehre absolviert, 1951 folgte ein Italienaufenthalt. Von 1953 bis 1956 studierte er an der Staatlichen Kunstakademie Stuttgart bei Karl Rössing. 1957 siedelte er nach Düsseldorf über. Hilla Becher, geb. Wobeser, zog im gleichen Jahr nach Düsseldorf. Sie hatte bereits eine Ausbildung als Photographin in Potsdam abgeschlossen und war Luftbildphotographin in Hamburg gewesen. Zwischen 1958 und 1961 richtete sie eine Photoabteilung an der Düsseldorfer Kunstakademie ein, während Bernd Becher als freier Mitarbeiter bei einer Werbeagentur tätig war.

1966 erhielten Bernd und Hilla Becher ein Stipendium des British Council für einen Englandaufenthalt. In den folgenden Jahren entstanden Industriephotographien in Frankreich und Luxemburg (1966/67), in den USA (1968) und in Belgien (1970). 1970 erhielt Bernd Becher eine Professur an der Staatlichen Kunstakademie Düsseldorf. Bernd und Hilla Becher photographieren Objekte aus der Frühzeit der Industrialisierung. *Wassertürme, Hochöfen* oder *Fördertürme* werden in ihrer technischen Erscheinungsform dokumentiert. In Bilderserien ›Anonyme Skulpturen‹ (Becher) werden Typologien funktionaler Bauwerke, Gegenüberstellungen mit enzyklopädischem Wert oder auch Abwicklungen (eines Objektes) aufgestellt. Die Photographen werden zu Zeitzeugen, die technische Entwicklungen festhalten und somit dokumentieren. Es entsteht aber auch eine ›Ästhetik ohne Absicht‹ (Becher), deren Ziel die didaktische Vermittlung des Erkenntnisprozesses an den Betrachter ist. Distanziert, nahezu episch wird der Bildgegenstand, oft von einem leicht überhöhten Standpunkt der Photographen aus, präsentiert. In seiner Entstehungsweise entspricht das Werk des Ehepaars Becher der in den 60er Jahren aufgekommenen konzeptuellen Kunst. Jegliches Sentiment oder auch verklärendes Moment wird zugunsten einer photographischen, objektiven Zeugenschaft vermieden, es entsteht eine Form von visueller Geschichtsschreibung.

Zu den Arbeiten:

Das Blatt mit neun Photographien von Häusern aus dem *Siegener Industriegebiet* (1959–61) steht am Anfang der umfangreichen Dokumentation industrieller Bauten durch das Künstlerehepaar. Die erste Photographie in dieser Richtung war 1956 aus der Erkenntnis heraus entstanden, daß die bisherige zeichnerische Auseinandersetzung immer Unzulänglichkeiten – eine subjektiv geprägte Sicht – aufwies.

Die Fachwerkhäuser der Serie gehorchen strengen funktionalen Vorbedingungen, jeglicher Romantizismus im Motiv wird abgelehnt und auch in der Photographie nicht beschworen. Die Schwarzweißaufnahme, der zentrale Standpunkt des Motivs im Bild und die photographische Neutralität (Verzicht auf Schlagschatteneffekte, perspektivische Verkürzungen) unterstützen den sachlich dokumentarischen Charakter.

Durch die Reihung wird der Betrachter aktiv in eine analytische Beobachtung einbezogen.

Die zahlreichen Bauten, die die Bechers in den folgenden Jahren photographierten, weisen sich selbst nicht als Architektur, sondern als riesige Gerätschaften aus, deren Sinn nach der Erfüllung ihrer Aufgabe erlischt. Die nur noch für die Geschichte wichtigen Werke werden zu Ruinen und später abgerissen. Die Photographie aber bleibt als Dokument. Die didaktische Aufbereitung dieses ›Industrieformenvokabulars‹ wird bei Bernd und Hilla Becher in vielen Spielarten vorgeführt, so z. B. in Serien unterschiedlicher Bautypen. Oder in geschlossenen Typologien, die auf Varianten innerhalb eines Typus aufmerksam machen. In anderen Photographien wiederum wird eine Funktion dokumentiert, in dem auf zwei Bildern z. B. ein Gasbehälter gefüllt und leer abgelichtet wird.

MHe

Literatur:

B. und H. B., Anonyme Skulpturen. Eine Typologie technischer Bauten, Düsseldort 1970 – B. und H. B., Fotografien 1957–1975, Rheinisches Landesmuseum, Bonn; Kunsthalle Tübingen, 1975/76 – B. und H. B., Fördertürme, Chevalements, Mineheads, Museum Folkwang, Essen; ARC/Musée d'Art Moderne de la Ville de Paris; Musée d'Art Moderne de la Ville de Liège, 1985 – B. und H. B., Münchner Kunstverein u. a., München 1988

1

Joseph Beuys

Geboren 1921 in Kleve
Gestorben 1986 in Düsseldorf

Nach Kindheit und Schulzeit in Rindern und Kleve wurde Beuys 1941 als Sturzkampfflieger zum Kriegsdienst eingezogen. 1946 kam er aus der Kriegsgefangenschaft nach Kleve zurück, wo er sich neben privaten naturwissenschaftlichen Studien auf das Studium an der Staatlichen Kunstakademie in Düsseldorf vorbereitete, das er 1947 bei Joseph Enseling begann. Von 1949 bis 1951 war er dort Schüler von Ewald Mataré, danach erhielt er (bis 1954) ein eigenes Atelier in den Räumen der Kunstakademie. In dieser Zeit entstanden, neben Zeichnungen für den persönlichen Gebrauch, kleine plastische Arbeiten und größere Privataufträge (Grabmäler, Brunnen für die Edelstahlwerke Krefeld 1952). Dabei erhielt neben figürlichen Werken (*Pietà,* 1952) und Tierdarstellungen (z. B. Hase, Hirsch, Biene) die Kreuzform eine besondere, ikonographisch vielfältig deutbare Stellung.

1961 wurde Beuys als Professor für Monumentale Bildhauerei an die Düsseldorfer Kunstakademie berufen, wo er 1962 durch Nam June Paik und George Maciunas mit Fluxus in Berührung kam. Am *Festum Fluxorum Fluxus* an der Kunstakademie Düsseldorf nahm Beuys mit zwei Konzerten teil *(Komposition für 2 Musikanten, Sibirische Symphonie 1. Satz).*

Zu dieser Zeit erweiterte sich, ausgehend von einer neuen Wissenschaftsvorstellung, sein Begriff von Skulptur, die als ständig veränderbares Endprodukt eines Bewußtwerdungsprozesses verstanden wurde. ›Als ich an ein plastisches Gestalten dachte, das nicht nur physisches Material ergreift, sondern auch seelisches Material ergreifen kann, wurde ich zu der Idee der sozialen Plastik regelrecht getrieben‹ (Beuys, 1986). Beuys kombinierte dabei in seinen teilweise installationsartigen Plastiken unterschiedliche Materialien und Gegenstände (*Hirschjagd,* 1961; *Kreuzigung,* 1962/63; *Fettstuhl,* 1964). Diese fanden in wiederholter Form, als inhaltlich klar definierte Bedeutungsträger, immer wieder in neuen Arbeiten Verwendung. Seit 1963 benutzte Beuys auch Fett und Filz. Im Zusammenhang mit Fluxus entstanden die großen Aktionen und Performances.

1972 erfolgte die Entlassung als Hochschullehrer (nach Gerichtsentscheid später wieder rückgängig gemacht), die im folgenden Jahr zur Gründung der ›Freien internationalen Hochschule für Kreativität und interdisziplinäre Forschung e.V.‹ führte, mit der er auf der ›documenta 6‹, 1977, im Zusammenhang mit seiner Aktion *Honigpumpe am Arbeitsplatz* an die Öffentlichkeit trat.

Sein erster Aufenthalt in den USA war 1974 verbunden mit einer ritualhaften Aktion *I like America and America likes Me,* während der er in New York fünf Tage mit einem Kojoten in einem Raum lebte. Zwei Jahre später entstand auf der Biennale in Venedig das Environment *Straßenbahn-Haltestelle,* in das stark autobiographische Bezüge einflossen. Für die ›documenta 7‹ entstand 1982 seine Aktion *7000 Eichen. Stadt-Verwaldung statt Stadt-Verwaltung.* Insbesondere in den letzten Jahren entstand eine Reihe großer, raumbezogener Installationen (*Das Kapital Raum 1970–77,* 1980, *Hirschdenkmäler,* 1982, *Palazzo Regale,* 1985). Neben Plastiken und Aktionen schuf er ein umfangreiches Werk von Zeichnungen, Aquarellen, Ölbildern und Druckgraphiken, das im Zusammenhang seiner Kernbegriffe ›Kreativität‹ und ›soziale Plastik‹ steht.

Zu den Arbeiten:

Die Sammlung enthält zahlreiche Druckgraphiken von Beuys, die den künstlerischen Weg seit Ende der 40er Jahre nachzeichnen. Beginnend mit den frühen Holzschnitten, die in starken Schwarzweißkontrasten motivische Assoziationen zu Stilleben und Landschaften erzeugen, ist in *Schautafeln für den Unterricht I + II,* 1971, und den Lithographien *University of Minneapolis Fragmente 1–6,* 1974, dieser traditionelle Bereich künstlerischer Äußerung verlassen worden. Das Relikt der Aktion wird in einem neuen künstlerischen Medium zum selbständigen Objekt, – als Objekt und Multiplikator des Gedankens von ›sozialer Plastik‹.
Lu

Literatur:

Caroline Tisdall: J. B., Guggenheim Museum, New York 1979 – Götz Adriani/Winfried Konnertz/Karin Thomas: J. B. Leben und Werk, Köln 1981 – Beuys zu Ehren, Städt. Galerie im Lenbachhaus, München 1986 – ›Beuys vor Beuys‹, Städel u. a., Köln 1987 – J. B., Nationalgalerie Berlin, 1988

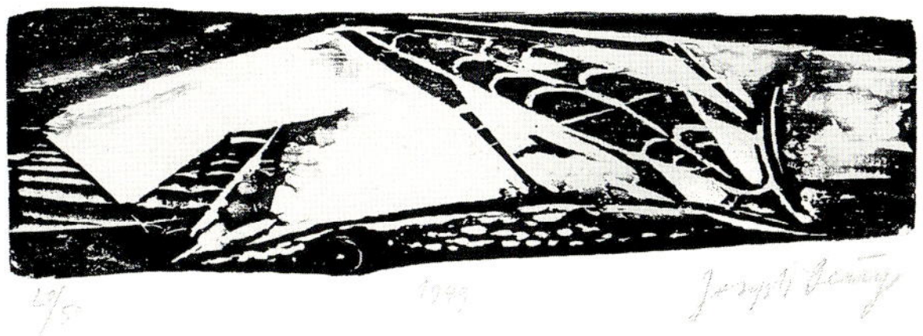

1

2

8

8

11

15

Max Bill

Geboren 1908 in Winterthur
Lebt in Zürich

Bill widmete sich 1924 bis 1927 einer Silberschmiedelehre, die er jedoch nicht vollendete, sondern als Schüler an das Bauhaus in Dessau wechselte, um Architektur zu studieren (bis 1929). Schon im Alter von 17 Jahren faszinierte Bill das Werk Melnikoffs und Le Corbusiers. Zu Bills Lehrern am Bauhaus gehörten Albers, Kandinsky, Klee, Moholy-Nagy.

Die Bauhauszeit verfestigte und vertiefte die von Bill angestrebten künstlerischen Ziele. Die Überzeugung von der gesellschaftlichen Verantwortung eines Gestalters ›vom Löffel bis zur Stadt‹, die Überschneidung der Disziplinen prägte auch die weitere künstlerische Entwicklung. Nach der Dessauer Zeit ließ der Künstler sich in Zürich als Architekt und Maler nieder, sein ›künstlerisches Konzept stand seit 1931 fest‹ (Bill). Als wichtige Inspiratoren können neben den Bauhauslehrern noch van Doesburg und Mondrian genannt werden. Ab 1932 schloß sich Bill der Bewegung ›abstraction-création‹ an. In dieser Zeit begann auch Bills Beschäftigung mit plastischen Problemen, 1935 entstand die erste Formulierung der *Unendlichen Schleife,* die zurückgreift auf das Phänomen der Möbiusschen Fläche. Das Problem der ›Einflächenplastik‹ zieht sich kontinuierlich und in vielen Variationen durch Bills Werk.

Zu den plastischen Überlegungen traten noch die *Kugelplastiken,* später die benutzbaren *Raumplastiken,* die ›Säulen mit 3–8eckigen Querschnitten‹ und die gattungsübergreifenden Bildsäulen.

Ein programmatisches Werk entstand in der zweiten Hälfte der 30er Jahre. Die Folge von 16 Lithographien *Quinze variations sur un même thème* ist eine streng seriell und systematisch aufgebaute Arbeit. Als Fortführung des Textes von van Doesburg über konkrete Kunst (1930) formulierte Bill erstmals 1936 seine Gedanken darüber (revidierte Fassung 1949). Konkrete Kunst bedeutet für ihn nicht Abstraktion von Naturerscheinungen, sondern eine visuelle Umsetzung von menschlichem Denken, das sich in der Mathematik offenbart. Konkrete Kunst ist für Bill der ›reine Ausdruck von harmonischem Maß und Gesetz, mit dem Zweck, allein durch ihre Existenz zu erfreuen‹.

Ab 1936 wurde Bills gestalterisches Engagement mit zahlreichen Preisen ausgezeichnet. In den Nachkriegsjahren hielt Bill Vorlesungen an verschiedenen Orten über Wiederaufbau, Produktgestaltung und Kunst. 1950 war er Mitbegründer der Ulmer Hochschule für Gestaltung, die die Bauhausidee wieder aufgreifen und fortführen sollte. Nach seinem Rücktritt als Rektor zog Bill 1957 wieder in sein Züricher Architekturbüro. Von 1967 bis 1974 war er Professor für Umweltgestaltung an der Staatlichen Hochschule für Bildende Künste in Hamburg. 1972 wurde er außerordentliches, 1976 ordentliches Mitglied der Akademie der Künste in Berlin, 1984 Ehrenmitglied der Staatlichen Kunstakademie Düsseldorf. MHe

Literatur:

du – Europäische Kunstzeitschrift: M. B., Zürich 1976 – Eduard Hüttinger: M. B., Zürich 1977 – M. B., Galerie Teufel, Köln 1984 – M. B., Retrospektive. Skulpturen – Gemälde – Graphik 1928–1987, Schirn Kunsthalle Frankfurt, 1987

1

1

Bernhard Johannes Blume

Geboren 1937 in Dortmund
Lebt in Köln und Hamburg

Blume absolvierte eine Lehre als Dekorationsmaler und Graphiker. Danach studierte er von 1960 bis 1965 bei Joseph Faßbender, Gerhard Hoehme, K. O. Götz und Joseph Beuys an der Kunstakademie in Düsseldorf, wo er dann Meisterschüler bei Faßbender wurde. Von 1967 bis 1971 belegte der Künstler in Köln Philosophie und Kunsterziehung. In seinen Prosatexten, Zeichnungen und Photoserien beschäftigte er sich mit metaphysischen Themen.

Die visualisierten Phantasien von Blume erscheinen vor einem banalen Hintergrund, die Vorstellungswelt der ›Spiritisten und Okkultisten‹ wird konkret auf realtriviale Situationen bezogen. In der imaginierten Welt seiner Photos ist Blume oft selbst der Mittelpunkt. Nur er als ›transzendentaler Photograph‹ (Blume über Blume) kann transzendente Objekte erfahren. Ab 1971 fand er für diese Vorgänge den Begriff der ›Ideoplastie‹, die jene Vorgänge umfaßt, die der Künstler literarisch und visuell formuliert und in unzählige Kategorien teilt: ›ideoplastisch-ekstatisch‹, ›ideo-stigmatisch‹, ›ideo-neurotisch‹ usw. Die parapsychologischen, sich auf Wahrnehmungspsychologie gründenden Momente spielen sich in Räumen und Formen, die Dekorationselemente der 50er Jahre zitieren, ab. So werden sie von der momentanen Realität entfernt und in ›klassisch-spießige‹ Bürgerlichkeit projiziert. Um so erstaunlicher müssen darin die absonderlichen Vorkommnisse erscheinen, die die alltägliche, gewohnte Welt in einen traumatischen Zustand kippen. Aus den Photoarbeiten, die Blume zu Folgen zusammenstellt, spricht damit die philosophische Frage nach einem Eigenleben der Dinge. Photosequenzen dieser Thematik entstanden seit dem Ende der 70er Jahre in Zusammenarbeit des Ehepaares Anna und Bernhard Johannes Blume (z. B. *Magischer Determinismus,* 1977). Im Verfassen von kunsttheoretischen Texten wird Blumes Anspruch, Kunst in der Gesellschaft pädagogisch zu vermitteln, deutlich. Dabei bleibt letztlich auch die Frage nach den Ausdrucksmitteln, nach Form und Stil, zweitrangig. Allein wichtig wird Blume das Durchbrechen unserer Denk- und Erfahrungswahrheiten: ›Kunstunterricht als planmäßiger Irrationalismus, als magisches Spiel, Spielpraxis als Verlebendigungspraxis gegen die Versteinerung durch bloße Begriffe.‹ MHe

Literatur:

B. J. B.: Ich seh die Gegenstände immer vor mir, Köln 1973 – B. J. B., Jürgen Klauke, Falko Marx, Rune Mields, C. O. Paeffgen, H. G. Prager, Kölnischer Kunstverein, Köln 1975/76 – B. J. B., Zeichnungen 1968–1974, Galerie ak, Frankfurt 1985 – B. J. B. (mit Anna B.), Rheinisches Landesmuseum, Bonn, 1988 – B. J. B. Fotoarbeiten 1970–1984, Köln 1989

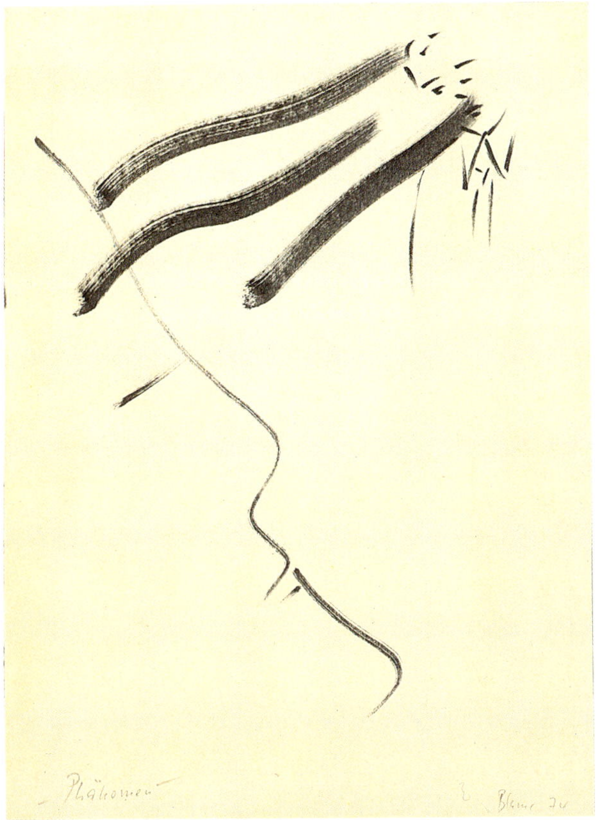

1

Wiedergeburt der Drillinge
Blume 79

2

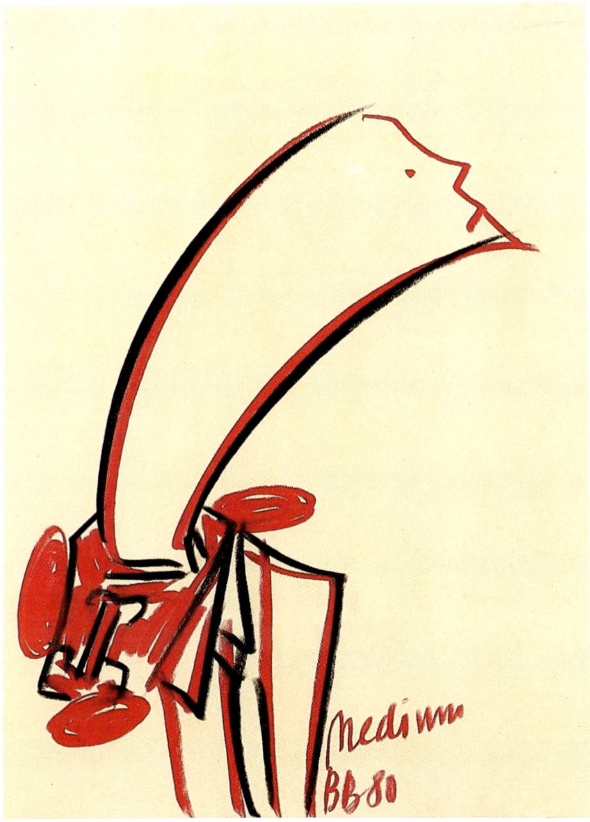
Medium
BB 80

3

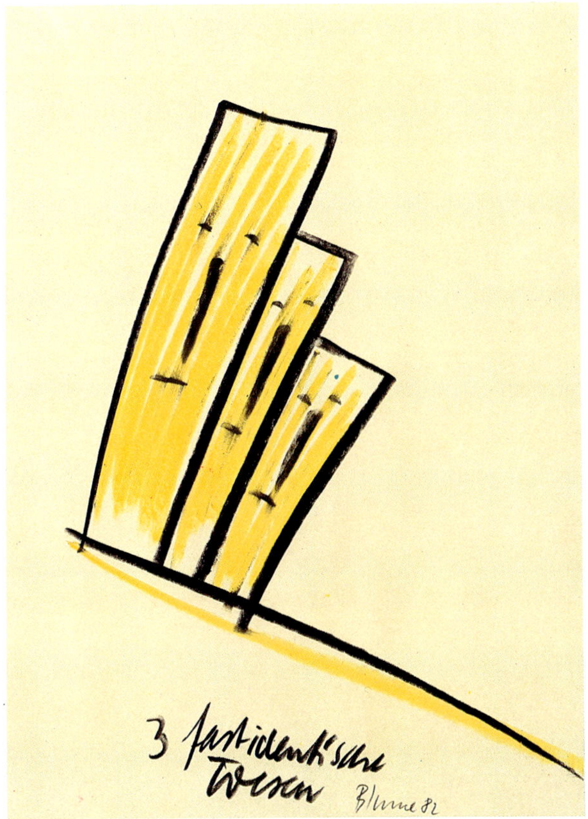
3 fastidentische Wesen
Blume 82

4

Peter Bömmels
Geboren 1951 in Frauenberg
Lebt in Köln

Als Maler ist Bömmels Autodidakt. Soziologie, Politik und Pädagogik waren die Fächer, für die er während seiner Studienzeit eingeschrieben war. Im Anschluß daran arbeitete er für drei Jahre in einem Kinderladen, um sich erst 1980 als Mitglied der Kölner Gruppe ›Mülheimer Freiheit‹ der Malerei zuzuwenden.

Basis für seine Bilder waren stets zeichnerische Notizen von Assoziationen oder Tagträumen. Ihre Übersetzung in die Malerei erfolgte seit etwa 1981 in kleinen, ineinander verzopften und verflochtenen Pinselstrichen und -flecken, die sich zu Formen verdichteten, während die frühesten Arbeiten im Gegensatz dazu noch eher großflächig angelegt waren. Dargestellt wurden nun subjektive Visionen und Obsessionen, jedoch nicht als innerhalb der Komposition einheitlich zusammenhängendes ikonographisches Programm. Vielmehr entwickelten sich Figuren, biomorphe Wesen und Gegenstände aus dem Malprozeß heraus und erfuhren während des Schaffens ihre jeweilige eigenständige Metamorphose. Der Titel war für das Bildverständnis nur als Anregung oder Vorschlag, nicht aber als tatsächlich erklärende Bezeichnung zu verstehen. Auf eine unmißverständliche Aussage kam es dem Künstler auch nicht an, denn ›mir geht es in meinen Bildern um mich selbst. Sie stellen die Frage nach meiner Identität, und ich entdecke, daß Identität nichts Festes ist, auf gar keinen Fall eine Konformität zwischen meinen Wünschen, Interessen, Bedürfnissen und äußeren Bedingungen. Ich möchte Wahrnehmungen ausprobieren und keine Angst davor haben, sie anderen Leuten mitzuteilen.‹

Die in den Bildern spürbare, zwischen Distanz und Involviertheit pendelnde Einstellung des Künstlers führte zu einer bedrohlich-schaurigen, aber gleichzeitig auch leichtherzig-humorvollen Wirkung. Durch die Verwendung von Menschenhaar einerseits und die Reduzierung der Palette von expressionistischer Farbgebung auf Grau- und Brauntöne andererseits bekamen die Bilder Bömmels' seit 1983 einen verstärkt taktilen Charakter, der das Moment des Unterbewußten und Spontan-Direkten zusätzlich betonte.

Bömmels ist Mitherausgeber der Musikzeitschrift Spex. Von 1986 bis 1987 lehrte er als Gastprofessor an der Hochschule für Bildende Künste in Hamburg.

Zu den Arbeiten:

Der traumhaft-visionäre Charakter, der die Arbeiten Bömmels' kennzeichnet, beruht zum einen auf dem Entwurf außerweltlich erscheinender Räume, wie beispielsweise in den drei zusammenhängenden Blättern von 1983, *O. T., Möbel unter sich* und *Eros – dinghaft.* Darüber hinaus ist es vor allem aber die Kombination der einzelnen, logisch nicht notwendigerweise zusammengehörigen Bildelemente, die etwa in *Befruchtungsdrama* (1983) oder in *Ewiges Parken* (1984) surreale Phantasiewelten entstehen lassen. Sie verlassen sich für ihr Verständnis auf den assoziativen Prozeß des Lesens seitens des Betrachters.

Bis

Literatur:

P. B., Bilder, die die Welt bedeuten, Museum am Ostwall, Dortmund 1983 – P. B., Der große und der kleine Rhythmus, Ulmer Museum, Ulm 1984 – P. B., Gesundschweißen, Galerie Onnasch, Berlin 1984 – P. B., Biennale São Paulo, 1985 – P. B., Furniere der Schatz, Köln 1989

2

11

5

12

13

Karl Bohrmann
Geboren 1928 in Mannheim
Lebt in Köln und Amsterdam

›Das ist eine wichtige Erfahrung: daß ich mich durch das Zeichnen von dem ursprünglichen Sehen entfernt habe, daß ich das Zeichnen zeichne und nicht das Gegenüber, auch nicht die Empfindung davon!‹ Zeichnen als Selbsterkundung des kreativen Prozesses, Zeichnen gewissermaßen auch als Motiv! Dieses Statement von Karl Bohrmann umfaßt mehr als dreißig Jahre Umgang mit dem bescheidensten der bildnerischen Medien. Der Beginn führt zurück in das Chaos der ersten Nachkriegsjahre. Bohrmann war neunzehn, als er die Kunstschule Saarbrücken bezog, und zwanzig, als er zu Willi Baumeister an die Stuttgarter Akademie ging. Mit einundzwanzig sah er sich als freier Künstler der Härte des Lebens ausgesetzt. Eine Reihe von Stipendien und Kunstpreisen belohnte seine Ausdauer. 1972 wechselte er von München nach Frankfurt und übernahm nach einem Lehrauftrag an der Städelschule die Leitung der Abendschule dieser staatlichen Akademie für Bildende Künste. Seine Rolle als wichtiger Kristallisationspunkt für den künstlerischen Nachwuchs hat er bis zu seinem Ausscheiden aus dieser Position – 1980 – mit beispielloser Selbstaufgabe durchgespielt. Einige der besten jungen Frankfurter Künstler verdanken diesem sensiblen, von hohem Verantwortungsgefühl beseelten Pädagogen die Entdeckung und Entfaltung ihrer kreativen Fähigkeiten.

Seine Lehrtätigkeit wirkte sich auch fruchtbar auf die eigene künstlerische Entwicklung aus, an der Bohrmann das Publikum stets mit Ausstellungen teilnehmen ließ. Anfänglich überraschte die ungewöhnliche Feinfühligkeit, mit der er in seinen Radierungen graphische und skripturale Elemente miteinander verspannte, sowie die Askese seiner nur mit ein paar Linien oder kaum wahrnehmbaren Collage-Teilchen gebauten Räume. Den damit spürbaren Einfluß Giacomettis hat Bohrmann bald überwunden durch die Erweiterung des Raumes in die vierte Dimension der Zeit. Er integrierte die unmittelbare Wirklichkeitserfahrung mit Hilfe von angeschnittenen Schwarzweißphotos in seine handschriftlichen Formulierungen zur Fixierung eines Ortes, der weder vom Geist noch von der Materie dominiert wird. Diese künstlerische Sicht, objektiviert durch das ›Dritte Auge‹, wurde bis in die Zeit seines Ortswechsels nach Amsterdam seine bestimmende Darstellungsmethode für den Innen- wie für den Außenraum. Die Motive fand er einmal im Aktsaal der Städelschule, zum anderen in der Landschaft der Nordsee. Eindeutig definierbar, dennoch angesiedelt in dem schwebenden Niemandsland poetischer Ästhetik, behaupteten Atelierszenen und Seelandschaften ihren ganz unverwechselbaren Eigenwert räumlicher Interpretation auf der Fläche.

Seit sich Karl Bohrmann in Amsterdam ausschließlich mit der eigenen Produktion beschäftigen konnte, ist in auffallendem Maße die Photographie dem der Zeichnung integrierten farbigen Papier gewichen – als Reflex des besonderen Lichts und auch als Hommage des Künstlers an das kleine Land der großen Maler. Bohrmann beherrscht seine bildnerischen Mittel nun mit einer spielerischen Leichtigkeit, die es ihm erlaubt, selbst das geistigste aller Raumerlebnisse, das des ›bestirnten Himmels‹ über sich, mit der bündigen Geste des Philosophen zu interpretieren: auf blauen Papierfragmenten, die übersät sind mit weißen Kreidespuren!

Zu den Arbeiten:

Die Radierungen, Zeichnungen und Collagen von Karl Bohrmann dokumentieren den Werdegang des Künstlers seit den 60er Jahren und führen über seine Frankfurter Zeit bis hin zu den reifen, freien Blättern nach seiner Übersiedlung in die Stadt Rembrandts, wo selbst Max Beckmann noch als Künstler leben konnte. Unter diesen Aspekten gewinnt die Collage mit der Darstellung des Ateliers von 1981 ihr besonderes Gewicht auch als ein Gleichnis. He

Literatur:

K. B.: Notizen zum Aktzeichnen (Veröffentlichungen der Engelhorn-Stiftung zur Förderung und Pflege der Kunst), München 1979 – K. B.: Fotobuch, München 1980 – K. B., Radierungen, Zeichnungen, Collagen. 1950–1980, Städtische Galerie im Lenbachhaus, München 1981 – K. B., Kunstverein Freiburg; Kunstverein Ludwigshafen; Mittelrheinisches Landesmuseum Mainz; 1988

1

9

10

13

Jürgen Bordanowicz

Geboren 1944 in Bromberg (Polen)
Lebt in Hamburg

Jürgen Bordanowicz wuchs in kleinbürgerlichen Verhältnissen auf, er begann in Ost-Berlin eine Schlosserlehre, die er nach der Flucht der Familie 1961 in den Westen aus finanziellen Gründen vollenden mußte. Die Lehre war 1964 abgeschlossen, Bordanowicz hatte die bedrückenden Verhältnisse der Fabrikarbeit am eigenen Leibe erfahren. 1966/67 arbeitete Bordanowicz als Kriegsdienstverweigerer an Hamburger Krankenhäusern, bis er 1968 ein Studium an der Kunstakademie Hamburg aufnahm. Bis 1975 studierte er bei Kai Sudeck, Gotthard Graubner und Sigmar Polke. Die künstlerische Entwicklung Bordanowicz' wurde stark von seiner Herkunft, der Kenntnis und Bewunderung der Schriften Blochs (der die Aufhebung der sozialen und individuellen Entfremdung predigte) und zudem vom politischen Klima seiner Studienzeit geprägt. Die sozial- und gesellschaftskritische Haltung äußert sich seit 1969 in zahlreichen Zeichnungen, Ölbildern, Glasdrucken, Skulpturen und Lichtbildern. Ein anthropologischer Ansatz zieht sich kontinuierlich durch das Werk, bis 1976 noch von Tier-, Pflanzen- und Landschaftsmotiven umgeben. Mit der Übersiedlung des Künstlers von Fischerhude in die Großstadt Hamburg ist die Konzentrierung auf den Menschen als ›Erfahrungsmaterial‹ im Werk verbunden. Die Vorgehensweise des Künstlers folgt einem dialektischen Prinzip, die als Kunst sichtbar werdenden Formen erscheinen als Synthese. Die Welt gliedert sich für Bordanowicz in die beiden großen Bereiche des ›gewaltigen Daseins von Materie‹ und den des ›Lebendigen‹, Starres begegnet Bewegtem, Objektives dem Subjektiven. Die Rezeption der Welt der Dinge durch den Menschen, die Wechselwirkung von außen und innen findet in den Arbeiten des Künstlers eine formale Fixierung des ›Kippunktes‹.

Die Reflexion der Wahrnehmungsphänomene führt bei Bordanowicz oft zu monatelangem Rückzug aus dem alltäglichen Leben. Er findet dabei eine höchst artifizielle Form der Aussage, die nur noch mit den sorgfältig formulierten Bildtiteln nachvollziehbar ist. Der Künstler will dadurch einen Erkenntnisprozeß auch im Betrachter in Gang setzen. Er benutzt das sublimierte Konstrukt (die Synthese) seiner Überlegungen und die Titel als ›Schlüsselreize‹ für den im Betrachter initiierten Prozeß. Der Künstler sieht die Selbstverwirklichung des Menschen – und auch seiner Person als Künstler – als Resultat der Wahrnehmungs- und Erfahrensprozesse. Viele Werke von Bordanowicz sind nicht fest datierbar, sie selbst sind einem zeitlichen Prozeß der Reflexion unterworfen.

MHe

Literatur:

J. B., Bilder, Zeichnungen, Lichtbilder 1972–1980, Kunstraum München, 1980 – J. B., Bereich des Menschen, Städtische Galerie Erlangen; Kunstverein Ingolstadt, 1985/86

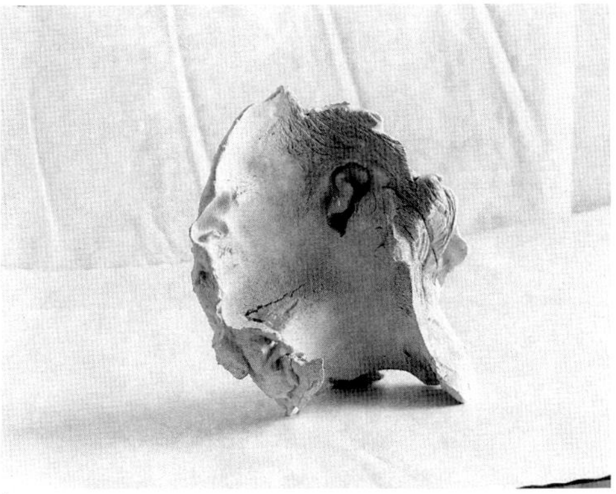

1

1

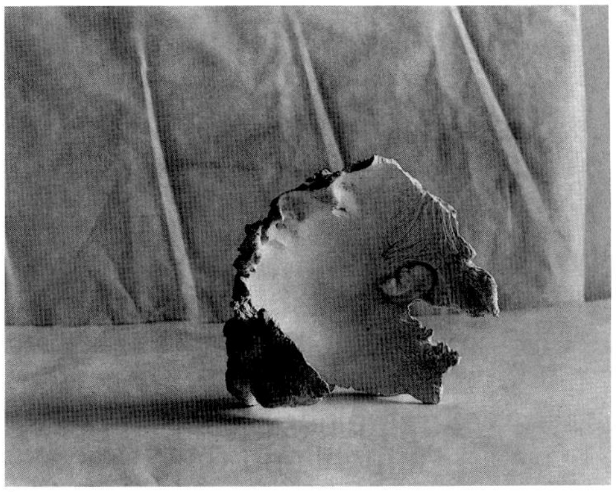

1

1

1

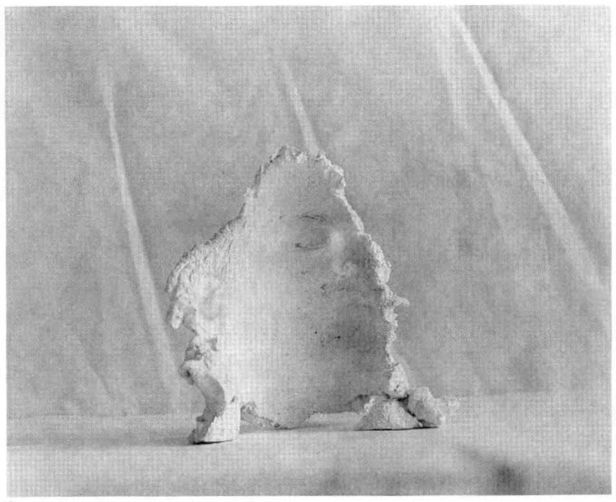

1

1

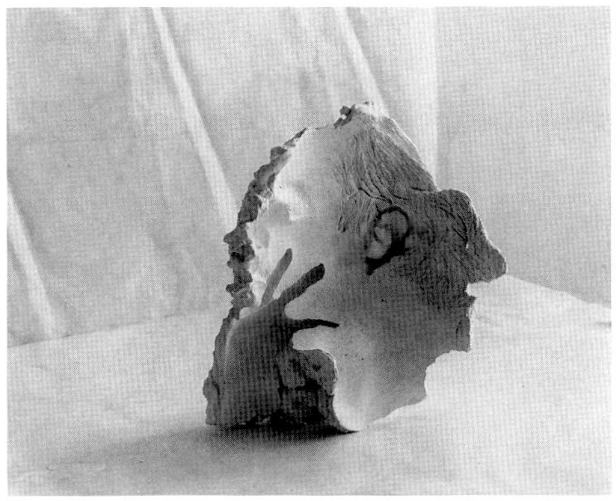

1

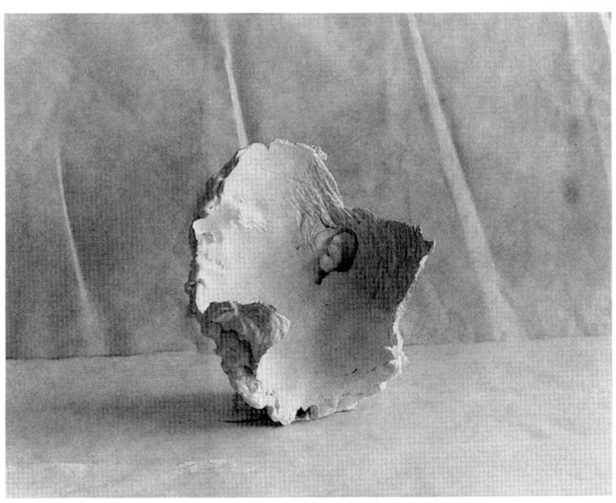

1

1

Jürgen Brodwolf

Geboren 1932 in Dübendorf/Zürich
Lebt in Vogelbach-Malsburg (bei Freiburg)

Nach einer Zeichner-Lithographenlehre in Meiringen studierte Brodwolf an der Kunstgewerbeschule in Bern. 1953 hielt er sich in Paris auf und war dann als Freskorestaurator und Glasmaler tätig. Jürgen Brodwolf war von 1976 bis 1982 Professor an der Fachhochschule für Gestaltung Pforzheim, und ist seit 1982 Lehrer an der Staatlichen Akademie der Bildenden Künste Stuttgart.

Die Tubenfiguren, die den Künstler bekannt gemacht haben, verdanken ihre Entstehung den Formassoziationen, die durch leergedrückte Farbtuben auf dem Staffeleitisch ausgelöst wurden. Zunächst hatten sie nicht den ihnen später anhaftenden eigenständigen skulpturalen Charakter, sondern dienten als Arbeitsmodelle für Grisaillebilder, auf denen Brodwolf Raum- und Figurprobleme thematisierte. Mit dieser zwischen 1959 und 1962 liegenden Arbeitsphase hatte sich der Künstler allmählich von der informellen Stilrichtung gelöst und persönlichere Ausdrucksformen entwickelt. Ab 1965 werden Tubenfigur und Malerei durch Kästen und Gehäuse zu Objekten verbunden. Anschließend finden Versuche mit Guckkästen und einfachen Drehtheatern statt. Zu dieser Zeit, um 1968, haben sich Malerei und Objektmontagen zu gleichwertigen Techniken entwickelt. Brodwolfs bis dahin wechselndes Interesse an Skulptur und Malerei neigt sich – nach einer kurzfristigen, einseitigen Hinwendung zur reinen Malerei um 1970 – ab 1971 endgültig dem raumplastischen Denken zu. Mit Hilfe von Walzblei schafft Brodwolf lebensgroße Figuren, zum Beispiel für eine Inszenierung in der Kunsthalle Baden-Baden. Nicht nur die Figur dehnt sich, auch der Raum wird unter Verwendung von Spiegeln ins Unendliche erweitert. Das ›Durch-den-Spiegel-Treten‹, eine Metapher für das Verlassen des Bereiches der Lebenden, und das Eintreten in ein jenseits liegendes Zwischenreich weisen auf die Leben-Tod-Problematik hin, mit welcher Brodwolf sich bis heute befaßt. Das zeigt zum Beispiel die Arbeit *Grab, Pyramide, Thron,* eine Landschaftsinstallation von 1979 aus Holz, Blei und Erde im Colombipark in Freiburg i. Br., oder *Labyrinth,* ein Werk, das der Künstler 1985 für den Stadtpark von Nordhorn schuf. Es handelt sich dabei um eine begehbare Architektur-Skulptur in Form einer Stufenpyramide aus Nesselstoff auf labyrinthähnlichem Grundriß, in deren Zentrum ein in V-förmiger Leinenbahn liegender totenähnlicher Bleitorso schwebt. Selbst wenn Brodwolf die Plastizität fast bis zur Fläche zurückführt, wie bei seinen schablonenhaften Leinwandfiguren oder Figurentüchern 1973/74, gibt er ›die reale Stofflichkeit‹ (Brodwolf) nicht auf und bleibt damit dem plastischen Arbeiten näher als dem malerischen. 1975 experimentiert Brodwolf mit einer Masse aus Papierbrei, Knochenleim, Kreidemehl und Gaze und formt daraus Pappmaché-Figuren. Gleichzeitig schafft er die ersten frei stehenden Bleitorsi, die zu variablen Plastiken zusammengestellt werden können. Brodwolf erweitert diesen Ansatz zu begehbaren Figurenkammern, die er mit Figurentüchern bespannt und mit großen Figurenstelen kombiniert. Daneben entstehen nach eigener Aussage: ›zahlreiche Figurenbücher, in denen didaktisch die Entwicklung, Veränderung meiner Kunstfigur (Figurenevolution) sowie ihre Bezüge zu Architektur (Architekturmaß – Figurenmaß) und frühen Kulturen dargestellt wird.‹ Ab 1980 beschäftigt sich Brodwolf mit erweiterten Dimensionen und Materialveränderungen. Die großen Figurenstelen (*Idolfiguren*) bestehen aus Blei, Eisen, Holz, Werkzeugen, Geräten, Leinen, Kreideschlämme und flüssigem Teer. Der Künstler erarbeitet sich aber nicht nur vom Material her und in der Höhe, sondern auch in der Flächenausdehnung neue Maße. Figur und geometrische Formen werden zu Bodenskulpturen und skulpturalen Architekturen erweitert. Brodwolf hat, ausgehend von den Tubenfiguren (1959–1974), mit seinen Bleifiguren (1972–1974), Leinwandfiguren (1973/74), Pappmaché-Figuren (ab 1974), Idolfiguren und Figurentüchern den Typus ›Figur‹ äußerst eigenwillig gestaltet und ihn darüber hinaus so in übergreifende inhaltliche und formale Zusammenhänge wie Grabesthematik und Landschaftsbezug gestellt, daß beim Betrachter der Eindruck von existentieller Betroffenheit entsteht. Mö

Literatur:

J. B., Kunst Stoff Kunst, Städtische Galerie Nordhorn, 1985 – J. B., Museums- und Kunstverein Osnabrück, 1985 – J. B., Galerie Valentien, Stuttgart 1989

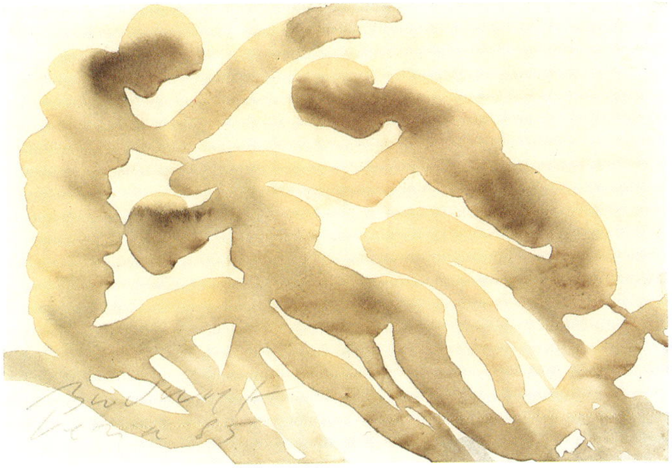

1

2

3

Marcel Broodthaers

Geboren 1924 in Pepiniere bei Brüssel
Gestorben 1976 in Köln

Daß eigentlich nichts mehr gesehen werden darf, läuft aufs Opfer des Intellekts hinaus (Adorno), wir müssen deshalb wieder sehen lernen, so, als ob wir das Alphabet verlernt hätten. Dies hätte eine der Devisen von Marcel Broodthaers sein können, der mit seinen Arbeiten die Wiederkehr des Gegenstandes in einer krisenhaften Zeit reflektiert (Karl Ruhrberg). In der dialektischen Beziehung zwischen Wort und Bild bzw. Buchstaben und Bild als Signal der Suche nach einer verlorenen Wirklichkeit und nach der verlorenen Identität der Dinge zeigt sich das Grundmotiv des bildnerischen Schaffens von Marcel Broodthaers. Angesiedelt wurden diese Auseinandersetzungen im Kunstbetrieb, wo sie sich am deutlichsten feststellen und, mit den gleichen Mitteln, auch darstellen ließen. Deshalb die Selbsternennung zum Direktor des ›Musée d'Art Moderne‹, 1968, deshalb die Ausstellung ›Der Adler vom Oligozän bis heute‹, Düsseldorf 1972, in der Broodthaers die Paradoxien und Widersprüchlichkeiten im Bereich des Heroischen, Idolhaften zur Darstellung bringt.

Broodthaers begann relativ spät, erst 1964, Werke zu schaffen, die der bildenden Kunst zugerechnet werden. In den Jahren zuvor sind seine Arbeiten ausschließlich literarischer Art. In den Jahren bis 1950 war er revolutionär-surrealistischen Ideen zugeneigt, seinen Lebensunterhalt verdiente er mit dem Handel antiquarischer Bücher. 1957 drehte er seinen ersten Film (über Kurt Schwitters) und begann, sich mit Photographie zu beschäftigen.

Als Dichter und Publizist Außenseiter, stand Broodthaers zu Beginn der 60er Jahre in Paris den Neuen Realisten um Pierre Restany nahe. 1964 goß er 50 Exemplare seines letzten Gedichtbandes in Gips und stellte sie als Skulptur aus. Ein Grundthema wird deutlich: Worte werden ihrer Bedeutung entkleidet, indem sie in einen Gegenstand verwandelt werden, und erhalten so eine neue Bedeutung.

Zwischen 1967 und 1975 entstanden Bücher, Filme, Photographien, Tonbänder und Dias. Die Gesamtheit seiner Arbeiten ist ein schwer zu lösendes Puzzle. Das von ihm ständig variierte Problem der Entfremdung erforderte eine Methode, die den Zwiespalt, in dem sich die moderne Welt befand, noch vertiefen mußte: Bedeutung, Sinn, Substanz konnte er sich deshalb nur als etwas von der physischen Gestalt Unabhängiges vorstellen.

Marcel Broodthaers – ein Wanderer zwischen den Welten: In Brüssel aufgewachsen, lebte er in Paris, Düsseldorf (1970), London (1972), Berlin – wo er 1974 ein Stipendium des Deutschen Akademischen Austauschdienstes (DAAD) hatte.

Broodthaers verdankt seine stärksten künstlerischen Anregungen Magritte und Duchamp, über die er jedoch in seiner Konsequenz hinausgeht. Seine Aussage ist die Veränderbarkeit von Begriffen durch Neuordnung, ihr Infragestellen durch ›Verrücken‹ übernommener Bedeutungsebenen. Verunklärung wird zur Anregung und zum Ausgangspunkt für selbständige ›wahre‹ Deutungen. Der neue Kunstbegriff entsteht nicht aus dem Einzelwerk, sondern aus der Auseinandersetzung mit dem Kontext, in dem Kunst auftritt.

Zu den Arbeiten:

Symptomatisch für die Haltung einer Sinnerneuerung durch Gegenkräfte scheinen uns zwei Editionen zu sein: 1. *Museum – Museum,* 1972: Bekannte und bedeutende Namen der Kunstgeschichte stehen jeweils unter einem Goldbarren. Auf dem zweiten Blatt statt dessen jedoch Begriffe, die Gegenstände aus der Warenwelt bezeichnen. Unter der jeweils letzten Reihe von Goldbarren als Untertitel die Begriffe: ›Imitation, Falsch, Kopie, Original‹. Synonym für das Aufgehen jedes Gegenstandes im Geldwert, unabhängig von seinem kulturellen ›Wert‹. 2. *Poème – Change – Exchange – Wechsel,* 1973, besitzt wohl die gleiche, nur noch stärker verschlüsselte Aussage: Was wie die Zeilen eines Gedichtes aussieht, sind die ständig wiederholten Initialen ›M. B.‹, handschriftlich neben- und untereinandergefügt. Ein Querstrich, darunter eine Summe: Symptom für die Entpersönlichung, Entindividualisierung und Reduzierung zur Zahl, zur Geldsumme. Schw

Literatur:

M. B., Museum Ludwig, Köln 1980 – M. B., Kunsthalle Bern, 1982 – M. B., L'Entrée de l'Exposition, Galerie Michael Werner, Köln 1984 – M. B., Die gesamte Druckgraphik und alle Bücher, Galerie Jos Jamar, Knokke 1989

MUSEUM

3

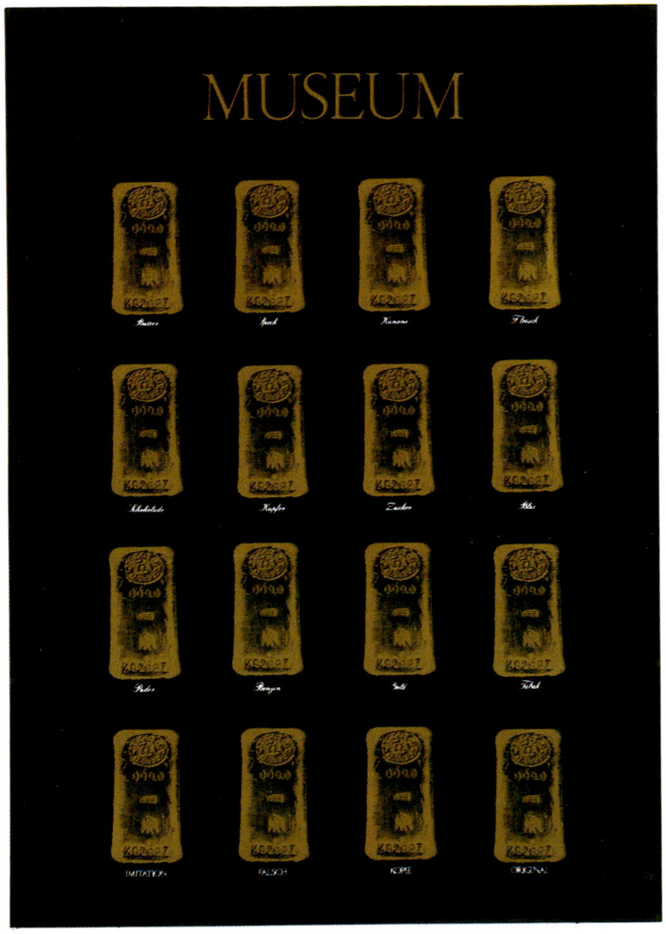
MUSEUM
IMITATION
FALSCH
KOPIE
ORIGINAL

3

1.
PÊCHE AU FILET DIT : BAS-PARC. — VISSCHERIJ MET STELNET.
1. Plie. — Pladijs.
Kabeljauw.
Terbot.
4. Sole. — Tong.
5. Raie. — Rog.
6. Barbue. — Griet.
PÊCHE AUX MOULES ET CRABES.
MOSSEL EN KRABBE VANGST
1. Crabe. — Krabbe.
2. Moule. — Mossel.
2.
citron – citroen

11

Hans Brosch

Geboren 1943 in Berlin
Lebt in Berlin

Hans Brosch kam über das Theater zur bildenden Kunst: Er arbeitete als Bühnenbildner am Berliner Ensemble, war Meisterschüler von Karl von Appen, später arbeitete er freischaffend für das Deutsche Theater. Die Malerei war ihm von ihrem Wesen her jedoch näher, wichtiger. Hier konnte er sich freier bewegen als im Bühnenbild.

Da Brosch in der Malerei Autodidakt war, waren viele Schritte nötig, ehe er seinen Stil fand. Trotzdem können die frühen Arbeiten weder als epigonal noch als Experimente ungewisser Qualität angesehen werden, da von ihnen noch heute eine starke Ausstrahlung ausgeht und stilistische Anknüpfungen an Vorbilder kaum feststellbar sind. Abgesehen von einer relativ kurzen gegenständlichen Phase, bis etwa 1970, arbeitet Brosch ungegenständlich. Bis Mitte der 70er Jahre entstanden Arbeiten, die mit dem Begriff ›Collagen‹ nur ungenau beschrieben sind: Serien von collagierten Zeichnungen, bei denen Papierstreifen aufgeklebt, zeichnerisch weiterbearbeitet, in der Zeichnung verwischt, mit Wachsspuren versehen und teils auch durchbrannt wurden. Eine weiche, gleitende Sinnlichkeit hoher Sensibilität lag in diesen Zeichnungen, die nahezu weiß in weiß wirkten. Gleichzeitig entstanden Leinwände in größeren und kleineren Formaten, aus deren vorwiegend bläulich, graugrünen Gründen plastische Formen herauszuwachsen schienen. Ein Eindruck, der durch aufkaschierte Tücher oder mit Watte unterlegte Stoffe entstand, so daß sich weiche, ballige Formen ergaben, die mit Kohle bezeichnet wurden. Die Übergänge von der plastischen Form zur Fläche hingegen wurden malerisch weitergeführt, so daß erneut, nun unmittelbar auf der Fläche, die Illusion eines Raumes erzeugt wurde. Eine umfangreiche Zahl von Lithographien verarbeitete diese Erfahrungen graphisch zu abstrakt-surrealen Figurationen, mit denen er 1975 auf der Biennale in Paris international debütierte.

Obgleich diese Malerei entwicklungsfähig war und sich zwanglos auch noch heute behauptet, hatte sich Brosch bereits eine neue Phase erarbeitet, in der große Flächen in ständiger Feucht-in-Feucht-Übermalung von Farben durchtränkt wurden und auf den Leinwänden nur gering strukturierte, tiefe meditative Räume entstanden. Diese Arbeiten schienen kein eindeutiges Unten und Oben, Links oder Rechts zu besitzen: Es ging um eine irisierende und intensive Erfahrung der Farbe, bei der dunkle, z.T. nachtblaue Töne überwogen. Auf Papier entstanden etwa gleichzeitig in schwerer Ölmalerei Serien von Raumuntersuchungen in Schwarz und Dunkelbraun von fast konstruktiver Strenge, die auch als Einzelblatt stark beeindrukken, während auf anderen Blättern eine Leichtigkeit der Figuration, Linienführung und Farbigkeit vorherrscht, die weit entfernt an Cy Twombly zu erinnern schien.

In den dunklen, in sich strukturierten Tüchern kündigte sich bereits eine in die gestische Malerei übergehende Formfindung an. Für Brosch wurde wichtig, Assoziationen und Phantasie bei der Betrachtung und bei der Arbeit selbst einzuschränken, um den ›Aspekt der Möglichkeit des Bildes‹ zu verdeutlichen.

Äußerungen wie: ›Erdachtes wird wenig, Transzendiertes bekommt Raum‹ und ›Die sich verdinglichende Phantasie zurückweisen. Sie behindert den dynamischen Prozeß der Konstruktion‹, zeigen die Absicht, die er mit der für ihn typischen gestischen Malerei zwischen Formel und Informel erreichen wollte. Eine Malerei, die ihre Spannung und Intensität aus dem Gegensatz von spontaner Geste und Kontrolle, von abstrakter Chiffre und Figuration (Katarina Hegewisch) bezieht. Broschs Absicht: Er will Malerei pur. Es ist eine assoziative und subjektive Malerei, die absolute Aussagen scheut.

Bei notwendigerweise längerem Einsehen in diese Bilder schälten sich bereits in den Arbeiten der frühen 80er Jahre Figuren in Umrissen heraus, auch wenn diese mehr zu erahnen und in ihrer Flüchtigkeit nicht zu fixieren waren. Seit Mitte der 80er Jahre werden Formen und Figuren immer deutlicher. Sie entwickeln sich aus den unruhigen ekstatischen Bildräumen, die nicht in schneller, unkontrollierter Weise entstehen, sondern langsam, abwägend, gründlich, und zeigen oft weibliche Akte.

Schw

Literatur:

H. B., Galerie Meyer-Ellinger, Frankfurt 1980 – H. B., Galerie Nothelfer, Berlin 1982 – H. B., Galerie Helmut Leger, München 1986

5

6

Johannes Brus
Geboren 1942 in Gelsenkirchen-Buer
Lebt in Essen-Kettwig

Anders als viele Künstler der heutigen Zeit, die zuerst im zweidimensionalen und dann im dreidimensionalen Bereich arbeiten, kam Johannes Brus erst durch seine Beschäftigung mit Skulpturen auf die Photographie, die er dann, parallel zu seinen Plastiken, als eigenständiges künstlerisches Medium weiterentwickelte.

Von 1964 bis 1971 studierte Brus das Fach Plastik an der Staatlichen Kunstakademie in Düsseldorf und arbeitete ab 1968 nebenher als Lehrer in Krefeld. Unter dem anregenden Einfluß von Gerhard Richter und Sigmar Polke, mit dem er während des Studiums befreundet war, wandte er sich ca. 1971 der Photographie zu. Er faßt dieses Medium aber auch als Gegenpol zu seinen Plastiken auf, die sich durch ihr statisches, ruhendes Element auszeichnen. Schon früh formulierte er sein eigentliches Thema, das Festhalten von Vergänglichem und das Aufspüren von Geschichtlichkeit in alltäglichen Gegenständen und Formen. Brus macht keine Bildhauerzeichnungen. Anfangs benutzte er die Photographie als Hilfsmittel für seine dreidimensionalen Arbeiten: Er photographierte Gegenstände, wie Teller, Gurken etc., die er plastisch darstellen wollte, aus unterschiedlichen Blickwinkeln heraus, um die bestmögliche Position für seine Plastiken zu finden.

Charakteristisch für diese Phase des ›unkontrollierten Arbeitens‹ war die ›offene Situation‹, d. h., Betrachter und Besucher konnten an der Bildfindung teilnehmen und ihre eigenen Ideen einbringen. So entstanden die Photographien gleichsam als Produkt einer spielerischen, gesellschaftlichen Situation. Auf diesen frühen Arbeiten finden sich Übermalungen mit dicker schwarzer und weißer Farbe. Bei der technischen Handhabung, wie Belichtung, Entwickeln der Filme etc., verläßt sich Johannes Brus nicht auf Gebrauchsanweisungen, sondern er arbeitet assoziativ nach Gefühl und spontanem Einfall. Die so entstehenden ›Fehler‹ – Flecken, Unschärfe, Überbelichtung etc. – werden integrativer Bestandteil der Darstellungen, der technische Dilettantismus wird zum Stilmittel.

Ab Mitte der 70er Jahre strukturiert Brus seine Photoarbeiten, bringt den Zeitfaktor hinein und konzipiert Abläufe. Er geht dazu über, mit chemischen Mitteln in den Entwicklungs- bzw. Entstehungsprozeß der Photographie einzugreifen. Seine so entstehenden Arbeiten nennt Brus ›malerische Photographie‹ oder ›Photo-Malerei‹. Die dadurch hervorgerufene faszinierende Bildwirkung führt den Betrachter – ähnlich wie bei seinen neuesten Zeichnungen – in verborgene, beinahe geisterhafte Welten, die durch eine assoziative Verbindung von Motiven und Gegenständen eine Ahnung von längst vergangenen Zeiten und Kulturen vermitteln.

Seine Tierplastiken – Nashörner, Vögel etc. – zeigen schwere emotionslose Lebewesen, die durch ihre zeitlose Erdverbundenheit auf eine mythische Geschichtlichkeit verweisen.

Er aktualisiert das Ferne, Vergangene und bringt es uns nahe, indem er sich auch Zitate der Kunstgeschichte des 20. Jahrhunderts wie surrealistischer Bildmetaphern u. ä. bedient. Die von Brus bevorzugte Farbe Blau – auch auf seinen Zeichnungen – betont das Kosmische und Universale in seinen bildnerischen Darstellungen.

Seit 1986 ist Brus Professor an der Kunstakademie in Braunschweig.

Zu den Arbeiten:

Die photographischen Arbeiten von Brus zeigen häufig vor dunklem Hintergrund Stilleben, deren Gegenstände über den Tischen in der Luft schweben oder z. B. auf schiefen Ebenen stehen. Die Darstellungen wirken surrealistisch und geheimnisvoll, als würden die Gegenstände von einer fremden Kraft bewegt und als kämen sie aus dunklen, unbekannten Räumen. Aber auch eine zarte, fast romantische Landschaftsdarstellung ist zu sehen.

Mythische Geschichtlichkeit ruft Brus mit seinen Zeichnungen ins Bewußtsein, die sich auch mit den Materialien ihrer erdigen Farben – u. a. Kohle und Ton – dem Bildthema nähern. Su

Literatur:

Vortragsmanuskript des Künstlers 1985 – J. B., Städtische Galerie im Museum Folkwang, Essen 1983

1

5

8

10

13

Michael Buthe

Geboren 1944 in Sonthofen (Allgäu)
Lebt in Köln und Marrakesch (Marokko)

Buthe studierte von 1964 bis 1967 in Kassel, zuerst an der Werkkunstschule und dann an der Hochschule für Bildende Künste bei Arnold Bode. Danach zog er nach Köln, das zu dieser Zeit als Kunstmetropole einen lebhaften Aufschwung nahm. 1970 machte Buthe seine erste Reise nach Marokko. Marrakesch wurde für ihn zu einer zweiten Heimat. In den nachfolgenden Jahren besuchte er auch andere afrikanische Staaten. Die Auseinandersetzung mit so gänzlich verschiedenen fremden Kulturen schlug sich fruchtbar in Buthes Werk der 70er Jahre nieder.

Fernab jeglicher rational bestimmbaren Kunst konzeptueller Herkunft, wie sie zu Buthes Studienzeit aktuell war, bildete der Künstler seine eigene ›individuelle Mythologie‹ aus. Er gehörte so zu einer Reihe Künstler, die in den 70er Jahren nach ganz persönlichen Lebensrealitäten und -qualitäten innerhalb der Gesellschaft suchten. Man kann bei Buthe von einer Lebenseinstellung oder auch Attitüde sprechen. Der Künstler baute (sich) Räume, in denen verschiedenste Materialien, vergänglich, ›arm‹, aber auch kostbar, z. B. Gold, verwendet wurden. Alltagsgegenstände wurden zu Kultstücken. Es entstanden Installationen nach Collageprinzip, häufig wurden auch Stücke früherer Werke wieder mit einbezogen. Poesievolle Namen krönten das erhabene Gesamtbild (Buthe verfaßt auch spielerisch-assoziative poetische Texte).

Seine Bilder sind chiffrehafte Kürzel der in seinen Räumen verwirklichten Welt. Der Künstler sammelt Dinge, Erfahrungen, Eindrücke, um damit sein Leben zu gestalten. Ob es um Anregungen durch die sonnenfrohen, farbigen Gewänder der Marokkaner, um die orientalische Märchenwelt, um magische, zauberhafte Träume oder aber auch um vergleichsweise triviale Personenidole geht, nichts ist dem Künstler zu ›heilig‹, wenn es in seine subjektive Vision vom Leben paßt. Gegen Ende der 70er Jahre wandelte sich konsequenterweise auch das Atelier des Künstlers in einen Kultraum, das Musée du Echnaton. Buthe lebt demonstrativ seine individuelle Existenz inmitten einer von Massenbewegungen und -strömungen geprägten Gesellschaft vor.

Zu den Arbeiten:

Buthes Kunst- und Lebensauffassung ist nicht nur in seinen Rauminstallationen erkennbar. Das Blatt *Babylonische Schriften* 1983 mutet wie ein Kultbild an, zeigt in vagen Anklängen an babylonische Literatur Elemente wie Palmen oder tamariskenähnliche Gebilde. Die flächenübergreifenden Muster erinnern an Orientteppiche, die gestisch aufgebrachten Farbflächen, Vergoldungen und die in das (keineswegs regelmäßige) Bildfeld collagierten Materialien sind Hinweise auf die ›individuelle Mythologie‹ des Künstlers. Es ist unmöglich, die Zeichen restlos zu entschlüsseln. Manche Symbole weisen auf Bekanntes, die Sonne, kosmische und magische Dinge, doch das Zusammenspiel der Teile bleibt letztlich nur ein kleiner Baustein zur universellen Philosophie des Künstlers.

Auch die Photocollagen und übermalten Radierungen entziehen sich einer exakten Deutung. Die Photographie zeigt eine mystische Schau der Realität, zusätzlich verunklärt durch die rötlichgelbe Beleuchtung. Kostbare Materialien und Zeichen werden wie Fetische in das Bild collagiert.

Ebenso wie Buthe über die Oberfläche der Photographien verfügt, geht er auch in seinen Radierungen über das rein technisch Reproduzierbare hinaus, indem er die Drucke mit Strukturen ohne Rücksicht auf das Bildformat übersät. Die Motive – Sternchen, kosmische Zeichen, stilisierte Blüten – wiederholen sich. Buthes Arbeiten sind nicht nur von der Stimmung, sondern auch von der Motivik und der Gesamtanlage den Erzählungen aus Tausendundeiner Nacht vergleichbar. Auch in formaler Hinsicht sind Parallelen erkennbar. Die Erzählungen gliedern sich aus Einzelelementen von Prosa, Reimprosa und Gedichten zu einer großen, unendlich ineinander verschachtelten Gesamthandlung. Die fragmentarischen Werke von Buthe werden von ihm selbst auch als ›Geschichten‹ bezeichnet. Es gibt keinen Anfang, kein Ende, keine Haupt- oder Nebenhandlung, alles ist im großen Flusse der – autobiographischen – Geschichte. MHe

Literatur:

M. B., Museum van Hedendaagse Kunst, Gent; Museum Villa Stuck, München, 1984 – M. B., Württembergischer Kunstverein, Stuttgart 1989

5

5

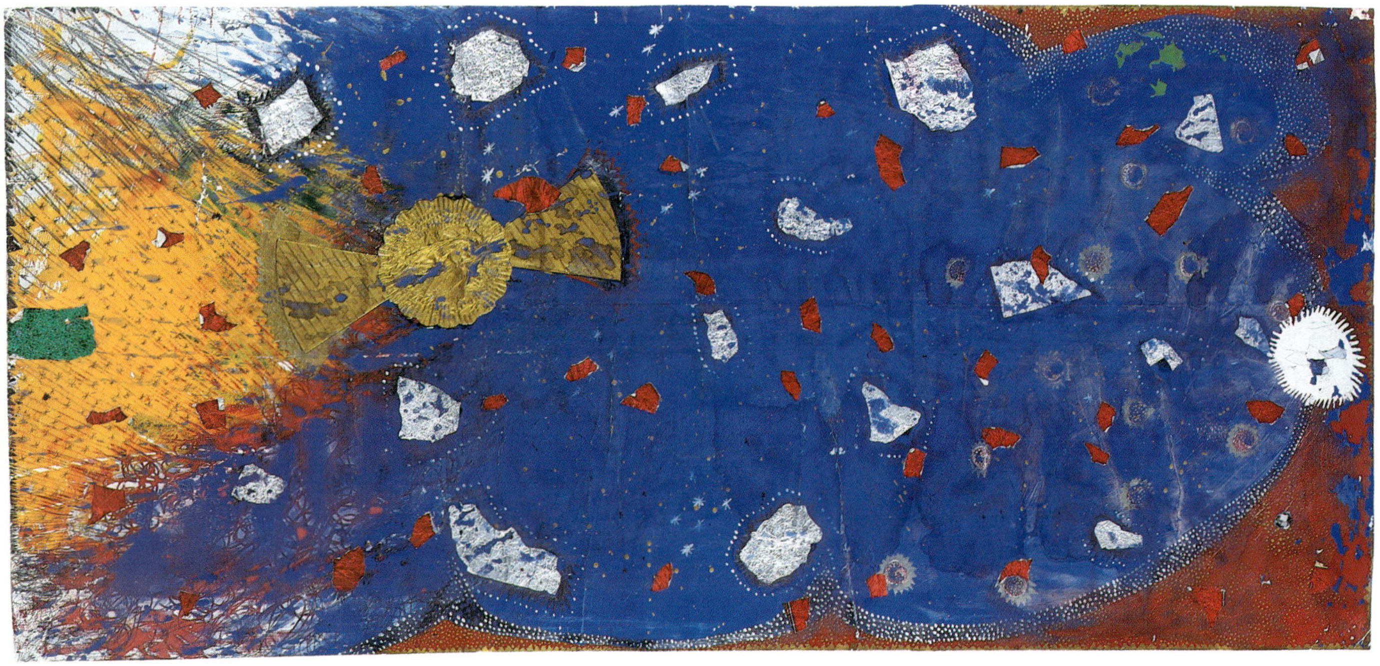

6

Miriam Cahn
Geboren 1949 in Basel
Lebt in Berlin

Das Werk von Miriam Cahn besteht (seit 1977) ausnahmslos aus Bleistift- bzw. Kohlestiftzeichnungen. Seit 1982 arbeitet sie mit geschwärzter Tafelkreide, die eigens für ihren Gebrauch in großen Blöcken hergestellt wird. Das Papier, welches sie verwendet, ist schlecht konservierbar, die Zeichnungen sind in den meisten Fällen nicht endgültig fixierbar. Die Künstlerin betont somit den Vergänglichkeitscharakter ihrer Werke. Seien es lose Blätter von kleinstem bis zu monumentalem Format, seien es solche, die in Hefte/Bücher verschiedener Größen zusammengenäht oder -geklebt sind – diese Arbeiten sind nicht für alle Zeiten geschaffen. Bereits mit dem formalen Aspekt der eigenen Produktion will Miriam Cahn ein Merkmal einer anderen – weiblichen – Ästhetik hervorheben, die sie der vorherrschenden – männlichen – entgegensetzt. Ihr Hauptanliegen ist die Beschäftigung mit dem Frauenbild und die Suche nach weiblichen Zeichen.

1968–1973 studierte Miriam Cahn an der Kunstgewerbeschule in Basel. In der Folgezeit malte sie auch Ölbilder, wollte sich aber bald von dieser traditionsbelasteten Technik – und Tradition bedeutet die immer nur von Männern bestimmte Tradition – loslösen. So kam sie zum Zeichnen. ›Ich zeichne, weil nach allem Ballast an Techniken, die ich gelernt habe, und nach allen gültigen männlichen Inhalten, das Zeichnen das ursprünglichste ist: Ich nehme ein Stück Papier, einen Bleistift und notiere das, was nach oben kommt.‹

Die Technik des Zeichnens bildet für Miriam Cahn die Voraussetzung für die Unmittelbarkeit des – betont weiblichen – Selbstausdrucks. Viele Arbeiten entstehen – ihrer übergroßen Formate wegen – auf dem Boden. Die Künstlerin agiert wahrlich in und auf der Bildfläche und hinterläßt im Kreidestaub Spuren der eigenen Körperlichkeit. Die feminine Energie – in den spezifisch weiblichen Funktionen des Körpers am sinnlichsten spürbar – setzt sich so unmittelbar in das Bild um. Auf dem Boden arbeitend, hat die Künstlerin nur einen sehr beschränkten Überblick über die Totale der Zeichnung. Ihre Desorientierung spiegelt sich dann in der Offenheit der Komposition und der unverbindlichen Art der Wechselbeziehungen von Einzelmotiven. Der direkte Kontakt, die Berührung, wird einer aus dem räumlichen wie dem gedanklichen Abstand konstruierten Bildgestaltung vorgezogen. Der Betrachter, im Angesicht ihrer Bilder selbst orientierungslos, wird verunsichert. Um wieder festen Boden zu gewinnen, muß er auf seine Art den kreativen Entstehungsprozeß nachvollziehen und somit an einem ›Sich-selbst-Finden‹ teilnehmen.

Die Motive, die Miriam Cahn verwendet, werden grundsätzlich in männliche (Kriegsschiff, Fernsehgerät, Wolkenkratzer, Raketensilo usw.) und weibliche (Haus, Schüssel, Menstruationsbinde, Bett usw.) unterteilt. Die phänomenalen Unterschiede zwischen den beiden Bereichen sollen nicht nur sichtbar, sondern auch authentisch fühlbar sein. Um dies noch stärker zu suggerieren, bedient sich die Künstlerin oft des Mediums der Installation, wobei räumliche Zusammenhänge zwischen den vom Boden bis zur Decke reichenden Zeichnungen zu ihren Zwecken genutzt werden. Auf diese Weise zeigt Miriam Cahn nicht nur das Anderssein der weiblichen Energie in den sie umgebenden traditionell männlich dominierten Denk- und Handlungsformen, sondern auch ihre potentielle Fähigkeit, diese eingefahrenen Verhältnisse umzustürzen. Sv

Literatur:

M. C., Das klassische Lieben, Arbeiten 1979–1983, Kunsthalle Basel, 1983 – M. C., Strategische Orte, Kunsthalle Baden-Baden, 1985

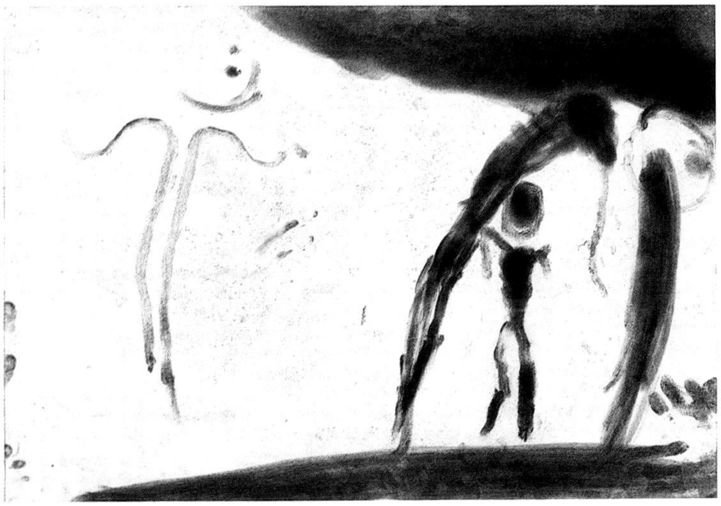
1

1

1

Peter Chevalier
Geboren 1953 in Karlsruhe
Lebt in Berlin

Nach dem Studium der Malerei, 1976–1980, bei Hermann Albert und Alfred Winter-Rust an der Hochschule der Bildenden Kunst in Braunschweig kam Peter Chevalier 1980 nach Berlin. Zum Teil ist es die einzigartige Atmosphäre dieser Großstadt mit der Ambivalenz zwischen der modernen Metropole einerseits und den immer noch sichtbaren Ruinen der Vergangenheit andererseits, die seine Bilderwelt prägt. Auch die Berliner Realität, ihre Künstlichkeit, findet in Chevaliers Bildern ihr Echo. Chevalier ist ein magisch-realistischer Maler. Er versucht Dinge zu verbinden, die nicht zusammengehören oder zusammengehören können, versucht eine homogene Welt aufzubauen, die nur in sich und für sich existiert. Es ist keine Traumwelt, kein neuer Surrealismus, denn dafür sind ihre Drähte zur Wirklichkeit viel zu locker gespannt. Vielmehr sind seine Bilder Produkte einer schöpferischen Kraft, die auf das Anderssein, auf eine verborgene Dimension jenseits des Funktionalen hinweist.

Daher auch die Geschlossenheit seiner Darstellungen. Die sich ständig wiederholenden Motive wie Hase, Flugzeug, Büste, Schnecke, Regenbogen, Fabrikruine etc. ertragen nichts mehr neben sich, ohne daß die künstliche Leere, die sie umgibt, zerbricht. Chevaliers Bilder sind Gedichte, die uns eine unbekannte Atmosphäre vermitteln, deren Kälte aber jeden Versuch, sie greifbar zu machen, verhindert.

Zu den Arbeiten:

Im Gegensatz zu den Gemälden von Peter Chevalier, die verschlossen und bis zu Ende gemalt sind, vermitteln die Papierarbeiten einen Einblick in die Entstehung seiner künstlichen und kalten Welt. Chevalier variiert sein Thema so lange, bis er sicher wird, daß alles Lebendige aus der Darstellung bereits vertrieben ist. Es bleibt nichts dem Zufall überlassen, das spielerisch zusammengewürfelte Motiv wird durch die häufigen Variationen zertrümmert, bis es sich in eine pathetische Darstellung umwandelt. Erst dann ist das Bild-Gedicht reif, zum Gemälde zu werden.

Sv

Literatur:

P. C., Galerie Buchmann, St. Gallen 1983 – P. C., Galerie Raab, Berlin 1983 – P. C., Kunstverein Freiburg i. Br., 1985 – P. C., Bilder und Zeichnungen, Kunstverein Braunschweig, 1986 – Chevalier, Ideale Landschaft. Stadt am Meer, Galerie Raab, Berlin 1986 – P. C., UMM DÔMA, Neue Bilder, Galerie Gmyrek, Düsseldorf 1989

13

14

16

Abraham David Christian

Geboren 1952 in Dahme
Lebt in Düsseldorf, auf Reisen, in New York

Abraham David Christian verweigert sich (s)einer Biographie – ›heute zumindest noch‹. Dies ist nicht das Verweigern des Geburtsjahres einer Diva, keine Starallüre, sondern Respekt vor dem Werk – dem eigenen wie auch dem fremden. Zwar ist jeder Künstler auch Mensch, zuvor jedoch steht sein Werk, soll sein Werk stehen. Diese Phasen des Werkes von A. D. Christian sind seine Biographie, sind sein Leben. Darauf ist Rücksicht zu nehmen, wenn auch mit zwiespältigem Verständnis.

Christian ist Bildhauer. Sein Material ist jedoch nicht Stein, nicht Bronze, nicht Holz, sondern von fragiler Beschaffenheit und als Material bereits selbst Symbol – ein Material, das eine spezifische Arbeitsweise erfordert. Es ist Erde, zurückgehend auf die ›Organisation seines Lebens durch Plastik‹, als er zur ›documenta 5‹, 1972, 30 Tage auf der Fuldainsel in Kassel in völliger Isolation verbrachte. Aus Erde wachsen in Monaten seine Skulpturen, wie Lebendiges, das seine Zeit zur Reife braucht. Sie benötigen Geduld zu ihrer Fertigstellung: um sie zu verfestigen, zu trocknen und um eine spätere Nachbehandlung zu ermöglichen. Und doch bleiben sie zerbrechlich, sind leicht zu zerstören, abhängig wiederum von geduldiger Fürsorge. Gips, ein anderes von ihm bevorzugtes Material, spröder zwar als Erde, bildet sich unter seinen Händen zu Skulpturen, die aus einzelnen Teilen in einem balancierenden Gleichgewicht zusammengefügt werden.

Das plastische Werk von Christian entwickelt sich in Serien mit dem immer gleichen Titel für eine unterschiedlich umfangreiche Werkgruppe. Titel und Skulptur assoziieren Archaisches, verweisen auf etwas außer uns Seiendes, das unser Sein trotzdem beeinflußt. Sie stehen dadurch für zeitunabhängige Werte: *Das Gesetz, Der Heilige Mensch,* mahnend und zur Besinnung aufrufend zugleich. Von statuarischer Ruhe und doch zerbrechlicher Fragwürdigkeit: im ›Abgehobensein‹ vom Realen der um so stärkere Verweis darauf. Den Skulpturen eignet eine zwingende Ausstrahlung, die sich beschreibender Interpretation entzieht und der man sich ausliefern muß, um einen Zugang zu finden. Und doch geht Christian nie so weit, diese Figuren zu etwas Endgültigem stilisieren zu wollen. Dazu fehlt ihnen das Feste, das sich einer – auch zufälligen – Zerstörung Widersetzende. In ihrem Aufbau, in ihrem Material bleibt die Skulptur flüchtig – ein verwehender Gedanke an den Randzonen unseres Bewußtseins. Sie bleiben dadurch sehnsüchtige Suche nach Vollkommenheit, Halt, Wert, Ruhe, Geborgenheit in einer Welt voller Unrast.

Zu den Arbeiten:

In extrem gedehnter Gestaltungsweise verranken und verschlingen sich die Zeichnungen von Christian zu Formen, die sowohl figürliche Assoziationen wachrufen wie auch in reiner Abstraktion als Denk- und Empfindungsströme verstehbar werden. Diese Zeichnungen entstehen auf einer Unzahl von Reisen, die ihn ruhelos durch die Welt führen, oft nur kurze Zeit an einem Ort verweilend: in Hotels, in kurzfristig angemieteten Zimmern. ›Ich zeichne sehr viel, wenn ich unterwegs bin. Das ist eine Identifikation mit mir selbst an einem fremden Ort.‹ Die Zeichnungen sind gleichzeitig ›Bedingung und Zustand, wodurch anderes Geschehen deutlich wird. Erfahrungen, die ich in den Zeichnungen mache, bewirken Klärung oder Veränderung – auch für meine Plastik.‹ Die Zeichnungen, mehr emotional als rational, aber assoziativ auf ein Übergreifendes gerichtet, sind Spiegel der Eindrücke, sind unmittelbare Auseinandersetzung mit den Orten, an denen sie entstehen – nicht reales Abbild des Ortes, aber ›reales‹ Abbild der psychischen Situation und der Reflexion über diesen Ort. Damit sind auch die Zeichnungen im weitesten Sinne Darstellung und Selbstdarstellung, Prozeß der Übereinstimmungssuche mit sich selbst und mit anderem, als ›erfahren – entscheiden – bescheiden‹: das Werk als Biographie.

Schw

Literatur:

A. D. C., Der Heilige Mensch – alle Erde – Danzas contra la morte – Transit, Stuttgart/Münster/Düsseldorf/Frankfurt 1982/83 – A. D. C., Vierzig Jahre Arbeit, Sprengel-Museum Hannover, 1985 – A. D. C., One Two Five, Kunstverein Ulm, 1985 – A. D. C., Sculpture, Kunstraum Falkenstein, Hamburg 1988

5

6

7

Michael Croissant

Geboren 1928 in Landau (Pfalz)
Lebt in Frankfurt am Main

Michael Croissant lernte bei Toni Stadler in München an der Staatlichen Akademie der Bildenden Künste den Geist der klassischen Bildhauerei (Stadler war Schüler Adolf von Hildebrands) kennen.

Die Beschäftigung mit der rhythmisch ausgewogenen Form zieht sich durch Croissants gesamtes Schaffen wie ein roter Faden. Ebenso nimmt die Auseinandersetzung mit dem Menschenbild eine zentrale Funktion ein. Das Problem des Torsos – seit dem Ende des 19. Jahrhunderts eins der bestehenden Formprobleme in der Bildhauerei – wurde von Croissant weitergedacht. Jedoch faßte Croissant die Problematik des Torsos weniger als Reiz des Unvollendeten, sondern als Reduktion der Gestalt auf ihre pure existentielle Erscheinung, ihr Wesen. Nach dem akademischen Naturstudium distanzierte sich Croissant von dem ›heilen‹ Naturvorbild, der vollkommenen äußeren Erscheinung, ab 1953 und in den 60er Jahren entstanden menschliche Figuren, Tierkörper und -torsi. Die Oberflächen der Plastiken sind durchfurcht und aufgewühlt von amorphen Strukturen, die sich aber im Hinblick auf die Gesamtform als Haut einer von Energien zerklüfteten Darstellung organisch gewachsener Tier- oder Menschentorsi zu erkennen gibt. Das starke Eigenleben der Oberflächen ging zugunsten einer Formklärung Ende der 60er Jahre zurück, Croissant modellierte in Gips, Wachs oder Ton (Helm-)Köpfe, die dann als Bronzeguß (gelegentlich auch in Blei oder Eisen) zu einer geschlossen in sich ruhenden Gestalt wurden. In den 70er Jahren arbeitete Croissant zusätzlich in Collagetechnik. Um 1974 wichen die durch Modellierung definierten Formen zunehmend neuen Techniken.

Croissant begann zu dieser Zeit seine Menschentorsi aus Eisenblechen zu schweißen. Die Arbeiten bestanden so nicht mehr aus einer illusionistischen Haut, sondern wurden in ihrer Form in den folgenden Jahren immer spröder. Die Herstellungsmethode wird nicht verhohlen, Skulpturen setzen sich aus mehreren, im Ansatz stereometrischen Körpern zusammen. Das Problem der liegenden Figur erschien zu dieser Zeit im Werk des Künstlers und wurde im bodenbezogenen Torso thematisiert. Das zog wiederum eine verstärkte Frontalauffassung der Skulpturen, ihre Einansichtigkeit, nach sich. Die Idee vom Menschen als Torso, als Fragment, wurde in den häufig an Kreuzformen gemahnenden Bodenskulpturen und in totemistischen Figurenstelen durch äußerste Reduktion der Form abstrahiert. Die Idee wird so in ihrer formalen Ausprägung wie auch in ihrer Aussage an die Grenzen ihrer Existenz geführt.

Seit 1966 leitet Croissant die Bildhauerklasse an der Städelschule in Frankfurt, seit 1972 ist er Mitglied der Bayerischen Akademie der schönen Künste, München. Das Werk Croissants ist seit Ende der 50er Jahre mit zahlreichen Kunstpreisen und Stipendien ausgezeichnet worden. MHe

Literatur:

M. C., Plastiken und Zeichnungen, Bremerhaven/Regensburg/Ludwigshafen 1982 – M. C., Plastiken, Zeichnungen, Collagen, Frankfurt 1987

1

2

Walter Dahn

Geboren 1954 in Krefeld
Lebt in Köln

Dahn studierte von 1971 bis 1977 bei Joseph Beuys an der Staatlichen Kunstakademie in Düsseldorf, zuletzt als dessen Meisterschüler. Nach dem Studium beschäftigte er sich mit Zeichnen, Photographieren (Polaroid), Video, Super-8- und Experimentalfilmen. Zudem war er bestrebt, Erfahrungen aus der Konzeptkunst in die Malerei zu übersetzen: Ein Gemälde oder eine Zeichnung mußte für ihn noch eine andere Ebene als die rein malerische oder zeichnerische aufweisen. Er ging dabei von der Auffassung aus, daß man jeden moralischen Druck bei der Themenwahl vermeiden solle.

Die Malerei von Dahn entsteht in den meisten Fällen aus kleinen Skizzen, die als Vorlage auf die Leinwand gebracht werden. Zwischen die Bildeinfälle und die Bildrealisierung schiebt sich so eine Zwischenetappe, die vor allem auch für die Auswahl des Materials und für die Suche nach prägnanten Bildmotiven genutzt wird.

Es gibt mehrere Stufen in den Arbeiten von Dahn. Am Anfang malte er Bilder mit Figuren, Metamorphosen und Deformationen, dann zusammen mit Jiří Georg Dokoupil eine Reihe von ›theoretischen‹ Bildern, die alle bestimmten Prinzipien folgten: So wurde das Dicke schmal gemalt, das Dünne breit, das Kurze in die Länge gezogen und umgekehrt. ›Unser Interesse an den ‚theoretischen' Bildern war in erster Linie, eine unsinnige Theorie zu schaffen, die es uns ermöglichte, alles zu machen, ähnlich wie der Kubismus, als Vorwand für eine Malerei, von dem sich die Malerei komplett ableiten läßt.‹ Später erreichte die Deformation der menschlichen Figur in seiner Malerei eine neue Stufe, als er z. B. Totenköpfe zum Bildthema wählte. Ziel in diesen Lackspray-Bildern und in seinem ganzen Schaffen ist es, eine Ikonographie zu entwickeln, die eine große Zugänglichkeit hat, die also auf Anhieb lesbar ist.

1980 gründete Dahn zusammen mit Hans Peter Adamski, Peter Bömmels, Dokoupil, Gerard Kever und Gerhard Naschberger die Kölner Künstlergruppe Mülheimer Freiheit. Nach deren Auflösung blieben nur Dahn und Dokoupil weiter zusammen. Die Jahre hindurch malten sie Gemeinschaftsbilder, die sich mit ganz unterschiedlichen Themen (*Ein Pinsel,* 1981; *Duschbilder,* 1982/83; *Afrikabilder* und *Tierbilder,* 1983) auseinandersetzten. 1983/84 erhielt er gemeinsam mit Dokoupil einen Lehrauftrag an der Staatlichen Kunstakademie Düsseldorf.

Kürzlich zeigte Dahn auf einigen Ausstellungen seine photographischen Arbeiten. Unter Verwendung derselben Themen wie für seine anderen künstlerischen Werke wiesen die bearbeiteten Photos allerlei technische Fehler auf. Hinter diesen ›Fehlern‹ verbarg sich jedoch ein intensiver ästhetischer Experimentierdrang.

Zu den Arbeiten:

Die Sammlung von Arbeiten Walter Dahns umfaßt über fünfzig Kunstwerke.

Die Formate sind klein, eine Ausnahme bildet die schöne Gouache *Alptraum* aus dem Jahre 1984.

Auf Papier (und manchmal auf einem Photo) hat Dahn eine Reihe von schlichten Vorstellungen mit Hilfe verschiedener künstlerischer Techniken gemalt. So verwendet er Aquarellfarbe, Gouache, Bleistift, Farbstift und Kohle. Den quantitativ größten Teil der Sammlung bildet eine Reihe goldfärbiger Aquarelle aus einer Serie von 29 Blättern. Die Serie entstand 1972–76, während Dahn noch an der Staatlichen Kunstakademie in Düsseldorf bei Joseph Beuys studierte. Mit Goldfarbe hat Dahn mit einigen einfachen direkten Linien hauptsächlich Menschen dargestellt. Die Vorlagen sind größtenteils Zeitungen, Zeitschriften und dem Fernsehen entnommen – Bilder, die uns täglich überschütten. Dahn isoliert das Wesentliche und verleiht ihm einen eigenen Charakter. Zan

Literatur:

W. D., Fotografien 1983–1985, Köln 1985 – W. D., Probedrucke zu den Siebdruckbildern 1985, Galerie Six Friedrich, München 1986 – W. D., Zeichnungen 1972–85 – 12 Skulpturen 1984-85, Museum für Gegenwartskunst Basel u. a., 1986 – W. D., Gemälde 1981–85, Kunsthalle Basel; Museum Folkwang, Essen; Stedelijk Van Abbemuseum Eindhoven, 1986/87 – W. D., Neuer Aachener Kunstverein, 1988 – Wilfried Dickhoff: W. D., Irrationalismus & Moderne Medizin, Köln 1988

3

4

6

10

Gunter Damisch
Geboren 1958 in Steyr (Oberösterreich)
Lebt in Wien

1977 aus Oberösterreich nach Wien übergesiedelt, entschloß sich Gunter Damisch nach einjährigem Studium an der dortigen Universität, Maler zu werden. Bis 1985 besuchte er die Akademie der Bildenden Künste in Wien als Schüler von Maximilian Meldner und Arnulf Rainer. Unter dem Einfluß der vehement einsetzenden Rezeption der Wiener Kultur um die Jahrhundertwende, die sich in der umfassenden Ausstellung ›Wien um 1900‹ manifestierte, erleidet Damisch eine Art Kulturschock. Gemeinsam mit Künstlerfreunden, mit denen zusammen er den zweiten ›Schub‹ österreichischer Künstler der 80er Jahre nach Anzinger, Schmalix usw. bildet, begann er diese überwältigenden Eindrücke zu verarbeiten. Mit Gerwald Rockenschaub und Josef Danner machte er Musik in der Band ›Molto Brutto‹ und malte parallel dazu Bilder mit streng repetierten Rhythmen. Seine Bildwelt bleibt in der Folgezeit gegenständlich. Menschliche Figuren, Ungeheuer und Zeichen, die aus fremden Kulturen zu kommen scheinen, werden in den flachen Bildraum über- und nebeneinandergestellt und so miteinander konfrontiert. Die Farben sind hell und kräftig.

Ab ca. 1983 beginnt Damisch diese Formensprache aufzulösen zugunsten einer ornamental bestimmten, später auch fließenden Bildstruktur, die jedoch nichts von ihrer Intensität einbüßt, diese im Gegenteil gesteigert erscheinen läßt. Die menschlichen Figuren sind oft nur noch schemenhaft angedeutet, landschaftliche Motive überwiegen. Die Menschen sind nicht mehr die aktiven, aus eigenem Willen handelnden Lebewesen, sondern eingebunden in den Kosmos, der sie umfaßt und in seinem steten Strom mit sich zieht. Charakteristisch für diese Bilder ist die veränderte Malweise: Die Farben werden dick und staccatoartig aufgetragen. Durch die Aneinanderreihung von Farbtropfen entstehen Strudel und heftig bewegte Farbfelder. Die Farben werden rein und ungemischt neben- und übereinandergesetzt und ergeben so einen funkelnden Farbstrom, der in seiner Intensität an die Bilder Gustav Klimts und an die Mosaikbilder des Wiener Jugendstils erinnern.

Ganz im Gegensatz zu diesen leuchtenden farbigen Ölbildern steht das graphische Œuvre von Damisch. Er arbeitet sehr häufig mit Kohle und schwarzer Tusche auf bräunlichem Papier, ab und zu auch mit Braun- und Rottönen. Schon während seiner Schulzeit hatte sich Damisch im Holzschnitt geübt, setzte dann später in Wien seine Studien in den unterschiedlichsten graphischen Techniken fort. Charakteristisch ist die Verknüpfung von zeichnerischen und malerischen Elementen. Dieser stete Wechsel erzeugt Spannung und bringt räumliche Tiefe in die Darstellungen.

Häufig zeigt Damisch mehrdeutige riesige Figuren, die mit ihrer Gestalt dräuend und bedrohlich die Abmessungen des Blattes ausfüllen und so einen deutlichen Gegensatz bilden zu den kleinen, fast spielerisch hingesetzten Figuren und Zeichen. Damisch arbeitet an einem ›dichten, in Aufruhr befindlichen Weltbild‹. Dem entspricht sein nervöser Zeichenstil, der mit den individuellen Kürzeln und abgehackten, gestischen Chiffren den Blättern eine sehr persönliche Atmosphäre gibt.

Damisch war der Vertreter Österreichs auf der 18. Biennale in São Paulo 1985.

Zu den Arbeiten:

Mit der Mappe *Szenen aus Augfeld*, 1984, stellt sich Damisch in die Tradition der Visionsdarstellungen von Alfred Kubin, entwickelt jedoch seine eigene Handschrift. Es sind nicht mehr die Schrecken eines Krieges, wie sie in der Vergangenheit erlebt wurden, sondern kosmische Katastrophen, die die Welt zu vernichten scheinen. Auch auf anderen Blättern klingt dieses Thema an. Widerpart zu dieser Untergangsstimmung sind die kleinen Figuren, die auf die großen Gestalten und Katastrophen auf ganz vertraute menschliche Art und Weise reagieren. Sie sind teilweise sehr witzig dargestellt, wodurch den Bildern eine zu große Dramatik genommen wird. Das Aquarell steht mit seinem intensiven leuchtenden Rot dem Farbverständnis seiner Ölbilder nahe. Su

Literatur:

G. D., Fabian Carlsson Gallery, London 1985 – G. D., Galerie Ariadne, Wien o. J. – G. D., Bilder und Zeichnungen, Kunstverein Braunschweig, 1987 – G. D., 17 Bilder, Galerie Thoman, Innsbruck 1989

4

5

Hanne Darboven
Geboren 1941 in München
Lebt in Hamburg

Nach dem Studium an der Hochschule für Bildende Künste in Hamburg bei Willem Grimm und Almir Mavignier ging Hanne Darboven 1966 nach New York. Die erste, geometrisch-konstruktivistische Phase ihres Werkes hinter sich lassend, begann sie, anfänglich in völliger Isolierung von der New Yorker Kunstwelt, mit *Permutational Drawings* ihren eigenen Weg zu gehen. Das Interesse an Musik, das bei Hanne Darboven in ihren Lehrjahren ebenso stark war wie das an der bildenden Kunst, bestimmte auch die feste Ordnung dieser frühen Arbeiten. Ihre künstlerische Formulierung des Themas ›Variation oder Wiederholung‹ war mit Diagrammen eines John Cage oder Karlheinz Stockhausen verwandt.

Im Winter 1966/67 kam sie in Kontakt mit dem Kreis der Minimal-Art-Künstler, insbesondere mit Sol LeWitt und Carl Andre. In dieser Atmosphäre der ganz bewußten Distanzierung von der bunten und extrovertierten Formensprache der Pop Art begann Hanne Darboven ihre *Variationen* nicht mehr mit gezeichneten Linien, sondern mit gleichmäßig ausgeschriebenen Zahlen in serieller Wiederholung auszudrücken. ›Das hat nichts mit Mathematik zu tun. Ich nehme Zahlen, weil sie beständig, begrenzt und künstlich sind. Das einzige Ding, das jemals geschaffen worden ist, ist die Zahl.‹ Diese ganz und gar emotionslosen Eigenschaften der Zahl bestimmten Hanne Darboven, sich vom Zeichnen mit der immer wieder ›ausdrucksverdächtigen‹ Linie zu trennen und sich ganz aufs ›Schreiben‹ zu konzentrieren.

1968 fand sie mit der Übernahme der Zahlenordnung des Kalenders einen geschlossenen (Tag, Monat, Jahr usw.) und zugleich vom Unendlichen ins Unendliche offenen Rahmen. Es ging ihr dabei jedoch nicht in erster Linie um Auseinandersetzung mit dem Phänomen Zeit, sondern vielmehr um die Betonung des Vorgangs des Schreibens und Lesens innerhalb einer vorgegebenen Ordnung. Anfang der 70er Jahre entstanden Arbeiten mit dem Thema des Wiederschreibens von Literatur (z. B. Homers ›Odyssee‹, 1971, oder Heinrich Heines ›Atta Troll‹, 1975). Die unüberschaubare Menge der handgeschriebenen Blätter ist vom Betrachter mit dem ihm scheinbar überschaubaren und bekannten Inhalt des jeweiligen literarischen Werkes zu konfrontieren.

Mit den Blättern *Schreibzeit*, 1975–80, begann eine neue Phase in ihrer Arbeit: Die Zeit wird nun nicht mehr nur als abstrakter Ablauf verstanden, sondern als Geschichte, die auch Inhalte der historischen bzw. politischen Art übermittelt. Mit dieser Arbeit repräsentierte Hanne Darboven die Bundesrepublik 1982 auf der Biennale in Venedig. Sv

Literatur:

H. D., Ein Monat, Ein Jahr, Ein Jahrhundert, Arbeiten von 1968–1974, Kunstmuseum Basel, 1974 – H. D., Bismarckzeit, Rheinisches Landesmuseum Bonn, 1979 – H. D., Biennale Venedig, 1982 – H. D., Wende ›80‹, Bonner Kunstverein, 1982 – H. D., Kunstraum München, 1988

1. buch
gedichte

1.*

2 einszwei
einszweidreivierfünfsechssieben 7
3 einszweidrei
einszweidreivierfünfsechssieben
acht 8
4 einszweidreivier
einszweidreivierfünfsechssieben
achtneun 9
5 einszweidreivierfünf
einszweidreivierfünfsechssieben
achtneunzehn 10
6 einszweidreivierfünfsechs
einszweidreivierfünfsechssieben
achtneunzehnelf 11
7 einszweidreivierfünfsechssieben
einszweidreivierfünfsechssieben
achtneunzehnelfzwölf 12
8 einszweidreivierfünfsechssieben
acht
einszweidreivierfünfsechssieben
achtneunzehnelfzwölfdreizehn 13
9 einszweidreivierfünfsechssieben
achtneun
einszweidreivierfünfsechssieben
achtneunzehnelfzwölfdreizehn
vierzehn 14
10 einszweidreivierfünfsechssieben
achtneunzehn

einszweidreivierfünfsechssieben
achtneunzehnelfzwölfdreizehn
vierzehnfünfzehn 15
11 einszweidreivierfünfsechssieben
achtneunzehnelf
einszweidreivierfünfsechssieben
achtneunzehnelfzwölfdreizehn
vierzehnfünfzehnsechzehn 16
12 einszweidreivierfünfsechssieben
achtneunzehnelfzwölf
einszweidreivierfünfsechssieben
achtneunzehnelfzwölfdreizehn
vierzehnfünfzehnsechzehnsieben
zehn 17
13 einszweidreivierfünfsechssieben
achtneunzehnelfzwölfdreizehn
einszweidreivierfünfsechssieben
achtneunzehnelfzwölfdreizehn
vierzehnfünfzehnsechzehnsiebze
hnachtzehn 18
14 einszweidreivierfünfsechssieben
achtneunzehnelfzwölfdreizehn
vierzehn
einszweidreivierfünfsechssieben
achtneunzehnelfzwölfdreizehn
vierzehnfünfzehnsechzehnsiebze
hnachtzehnneunzehn 19
15 einszweidreivierfünfsechssieben

achtneunzehnelfzwölfdreizehn
vierzehnfünfzehn
einszweidreivierfünfsechssieben
achtneunzehnelfzwölfdreizehn
vierzehnfünfzehnsechzehnsiebze
hnachtzehnneunzehnzwanzig 20
16 einszweidreivierfünfsechssieben
achtneunzehnelfzwölfdreizehn
vierzehnfünfzehnsechzehn
einszweidreivierfünfsechssieben
achtneunzehnelfzwölfdreizehn
vierzehnfünfzehnsechzehnsiebze
hnachtzehnneunzehnzwanzig
einundzwanzig 21
17 einszweidreivierfünfsechssieben
achtneunzehnelfzwölfdreizehn
vierzehnfünfzehnsechzehnsiebze
hn
einszweidreivierfünfsechssieben
achtneunzehnelfzwölfdreizehn
vierzehnfünfzehnsechzehnsiebze
hnachtzehnneunzehnzwanzig
einundzwanzigzweiundzwanzig 22
18 einszweidreivierfünfsechssieben
achtneunzehnelfzwölfdreizehn
vierzehnfünfzehnsechzehnsieb
zehnachtzehn
einszweidreivierfünfsechssieben

achtneunzehnelfzwölfdreizehn
vierzehnfünfzehnsechzehnsiebze
hnachtzehnneunzehnzwanzig
einundzwanzigzweiundzwanzig
dreiundzwanzig 23
19 einszweidreivierfünfsechssieben
achtneunzehnelfzwölfdreizehn
vierzehnfünfzehnsechzehnsiebze
hnachtzehnneunzehn
einszweidreivierfünfsechssieben
achtneunzehnelfzwölfdreizehn
vierzehnfünfzehnsechzehnsiebze
hnachtzehnneunzehnzwanzig
einundzwanzigzweiundzwanzig
dreiundzwanzigvierundzwanzig 24
20 einszweidreivierfünfsechssieben
achtneunzehnelfzwölfdreizehn
vierzehnfünfzehnsechzehnsiebze
hnachtzehnneunzehnzwanzig
einszweidreivierfünfsechssieben
achtneunzehnelfzwölfdreizehn
vierzehnfünfzehnsechzehnsiebze
hnachtzehnneunzehnzwanzig
einundzwanzigzweiundzwanzig
dreiundzwanzigvierundzwan
zigfünfundzwanzig 25

1.*

Martin Disler
Geboren 1949 in Seewen (Schweiz)
Lebt in Zürich, New York und Harlingen (Holland)

Schon als Schüler eines katholischen Internats im Kanton Nidwalden zeigte Martin Disler eine außergewöhnliche Sensibilität und den Hang zu einem nonkonformistischen Eigenwillen. Seine individuelle Lebensgestaltung führte 1968 zum vorzeitigen Verlassen des Gymnasiums.

Da er sofort tätig sein und keine Ausbildung anfangen wollte, begann Disler für 6 Monate als Hilfspfleger in einer psychiatrischen Klinik zu arbeiten. ›Ich bin dort in den Patienten völlig aufgegangen. Ich kam nachts aus der Klinik nach Hause, und ich begann mit Malen. Ich malte nachts, am Tag war ich bei den Patienten, so hat alles begonnen.‹ Die Eindrücke und Bilder, die Disler dort in sich aufnahm, prägten ihn und die Thematik seiner Bilder nachhaltig. Ab 1969 begann er hier seine teilweise exzessive künstlerische Produktion von Zeichnungen und Büchern. Disler verfaßte zahlreiche Gedichte und mit Zeichnungen versehene Flugblattgedichte, durch deren Verkauf er seinen Lebensunterhalt in Olten bestritt. Mit Arthur Rimbaud fühlte er sich eng verbunden, eine Wahlverwandtschaft, die auch in seinen Bildern zum Ausdruck kommt.

Die Zeichnungen Anfang der 70er Jahre sind geprägt von weichen, runden Formen, die z.T. durch weiße Höhungen plastischen Charakter bekommen. Ein immer wiederkehrendes Motiv taucht hier zum erstenmal auf: Hände und Finger in den verschiedensten Formen, die auf späteren Bildern in Köpfe eindringen und so nach der Beziehung und Abhängigkeit von denkendem Kopf und ausführender Hand fragen.

Von 1973 bis 1977 ist Disler ständig auf Reisen, ohne seine künstlerische Produktion einzuschränken. 1973/74 entstehen sogenannte *Sehnsuchtslandschaften*, feine Darstellungen mit Wolken, Vulkanen, Eruptionen und Inseln.

Gegen Ende der 70er Jahre werden die Darstellungen immer dunkler, und Disler entwickelt die für ihn typische Technik, die mit dem dicken Pinsel schnell und spontan ausgeführte Gouachezeichnung. So ergeben sich z.T. wischende, zerfaserte Linien und Flächen, die in Kontrast zu den dunklen, gedeckten stehen und der Zeichnung Lebendigkeit und teilweise räumliche Wirkung verleihen.

Ab 1982/83 werden die Körper und Köpfe immer beherrschender, sind aber nie isoliert, sondern miteinander verbunden. Dem entspricht die zwar starke Konfrontierung, aber dennoch untrennbare Verklammerung von Schwarz und Weiß.

1984 fing er nach 10jähriger Unterbrechung wieder an, mit Öl zu malen, was er aus Kostengründen aufgegeben hatte. Hier wird in besonderem Maße die erregte Emotionalität Dislers deutlich. Intensive Farben – Rot spielt eine herausragende Rolle – werden mit unruhigen Pinselstrichen aufgetragen, verstärkt durch eine Beimischung und Übermalung mit Weiß, so daß sich wie bei den Zeichnungen zerfaserte Flächen und Linien ergeben.

Ungewöhnlich ist die Verschmelzung von Werk und Person. Nicht das Resultat, sondern der Arbeitsvorgang, der auch eine wesentlich erotische Komponente hat, steht für Disler im Vordergrund. Er versetzt sich in halluzinatorische Zustände, in Erregung, bis er alles um sich herum vergißt, zu tanzen und aus dem Unbewußten heraus zu malen beginnt.

Das existentielle Bedürfnis nach absoluter Erkenntnis evoziert eine immer härter werdende Formulierung der Darstellung.

Zu den Arbeiten:

Diese Härte und Schärfe drückt er auch in seinen Radierungen aus, z. B. in der Mappe *Endless modern licking of crashing globe by black doggie time bomb*, 1981, der sogar ein Taschenmesser beigelegt ist. Die Härte wird nicht nur durch die Motive hervorgerufen, sondern auch durch die einheitlich schwarzen Flächen, die sich scharf von dem weißen Papiergrund abheben. ›In der Radierung habe ich das schwärzeste Schwarz gefunden. Dem schwärzesten Schwarz gehört meine ungeteilte Sympathie.‹ Die Farbe Rot bekommt in Verbindung mit dem Schwarz und Weiß einen schreienden Charakter und wird mit Blut, Aggression und Unheil assoziiert.

Su

Literatur:

M. D.: Bilder vom Maler, Dudweiler 1980 – M. D., Museum Folkwang, Essen, u. a., 1985 – M. D., Zeichnungen und Gouachen, Kestner-Gesellschaft, Hannover 1987

2

3

7

Jiří Georg Dokoupil

Geboren 1954 in Bruntál (ČSSR)
Lebt in Köln, New York und Santa Cruz (Teneriffa)

1968, unmittelbar nach dem Einmarsch der Roten Armee in die Tschechoslowakei, kam Dokoupil mit seinen Eltern über Wien in die Bundesrepublik. 1975 machte er das Abitur, und 1976–78 studierte er an der Fachhochschule für Kunst und Design in Köln, dann in Frankfurt, später in New York an der Cooper Union bei Joseph Kosuth und Hans Haacke, den beiden Mitinitiatoren der Konzeptkunst. Schon aus diesen frühen Lebensabschnitten lassen sich einige Tendenzen seiner Malerei erklären. In der Kindheit nahm er die visuellen Eindrücke der spezifischen kulturellen Tradition seines Landes (Barock, Manierismus, Surrealismus) ganz selbstverständlich auf, auch die Begegnung mit dem tschechischen Zeichentrickfilm gehört dazu. Das Erlebnis der berauschenden Atmosphäre des ›Prager Frühlings‹ und seiner brutalen Zerstörung durch die Panzer lehrte den damals 14jährigen, allen vorbestimmten Programmen zu mißtrauen. Die folgende Emigration setzte viel neue Energie frei, die für die Anpassung an die ihm fremde Umgebung auch erforderlich war. Die bei Dokoupil immer präsente Tendenz zu konzeptuellen Kunstgriffen, die sich z. B. auch in seinen planmäßigen Stilveränderungen widerspiegeln, läßt sich wiederum von seiner New Yorker Erfahrung ableiten. 1980 wurde Dokoupil Mitbegründer der Gruppe Mülheimer Freiheit. Seine Bilder hatten entscheidenden Anteil an der blitzartigen Veränderung des Kunstbewußtseins zu Beginn der 80er Jahre. An die Stelle der objektivierten Aussagen in den Werken seiner New Yorker Lehrer setzte er in seiner Malerei auf Subjektivismus, Spontaneität und ›Inhalt‹. Von entscheidender Bedeutung war für ihn die Begegnung mit Walter Dahn, mit dem er viele Gemeinschaftsbilder produzierte, in denen sich die neue, ›wilde‹ Malerei zur Methode und Ästhetik verfestigte. 1983/84 übernahm Dokoupil einen Lehrauftrag an der Kunstakademie in Düsseldorf.

Zu den Arbeiten:

Die Arbeiten zeugen von der Auseinandersetzung Dokoupils mit der sogenannten ›primitiven‹ Kunst des Schwarzen Afrika, die ihn in den letzten Jahren gemeinsam mit Walter Dahn beschäftigte. Die gezeichneten/gemalten Formen sind keine direkten Reproduktionen symbolgeladener afrikanischer Zeichen. Vielmehr sind sie im Gegensatz zu diesen nur leere spielerische Hülsen, die allein Dokoupils Imagination hervorgebracht hat. Trotzdem verführen diese Formen den Betrachter zum Versuch, diese angeblichen Idole, Masken etc. zu entschlüsseln. Da sie aber oft symmetrisch geordnet und damit in die Nähe der (ost)europäischen Volkskunst gerückt sind, schickt uns Dokoupil eindeutig in die Irre. Hier zeigt sich, daß seine Kunst nicht nur Ausdruck der ›wilden‹ Spontaneität ist, sondern auch das kalte ironische Kalkül kennt.
Sv

Literatur:

Dahn/J. G. D., Die Duschbilder, Galerie Paul Maenz u. a., Köln 1983 – J. G. D., Arbeiten 1981–1984, Museum Folkwang, Essen, u. a., 1984 – Dahn/J. G. D., Die Afrika-Bilder, Groninger Museum, Groningen 1984 – Dokoupil, Corporation & Products – The Sculpture – Die Skulptur 1985, Galerie Paul Maenz, Köln; Galerie Paule Anglim, San Francisco; Galerie Asher/Faure, Los Angeles, 1985 – J. G. D., Ernst A. Busche/Galerie Paul Maenz, Berlin/Köln 1987

5

16

17

1

Gerald Domenig

Geboren 1953 in Villach (Österreich)
Lebt in Frankfurt am Main

Nach zweijährigem Studium an der Staatlichen Kunstakademie in Düsseldorf bei Professor Sackenheim wechselte Gerald Domenig 1974 an die Städelschule in Frankfurt, wo er bis 1978 der Klasse von Reimer Jochims angehörte. Obwohl dies eine Klasse für freie Malerei und Kunsttheorie war, setzte er sich hier fast ausschließlich mit dem Medium Zeichnung auseinander, später auch mit Photographie. Erst 1978 begann Domenig auch zu malen. Derzeit arbeitet er verstärkt mit photographischen Techniken und stellt Bezüge her zwischen graphischen Elementen seiner Photographien und entsprechenden Zeichnungen.

Charakteristisch für Domenigs Arbeiten ist die Gegenüberstellung von unterschiedlichen Motiven. Seine sogenannten *Kipper-Zeichnungen*, für die er bis 1984 Blätter in Postkartengröße verwendete, stellte er zu Serien zusammen, wobei die formalen Gegensätzlichkeiten Spannung erzeugen. Domenig zeichnet Elementarformen, Zitate von Gegenständen – Wellen, Knie, Ellenbogen, Berge etc. –, die als solche nicht eindeutig bestimmbar sind, sondern verschiedene Bedeutung haben können, und die er einander gegenüberstellt als Positiv- und Negativform, Variation oder einfach formale Ergänzung. Typisch ist die Art der Strichführung, kurze, energische und spontane Bleistiftstriche, Schraffuren, die zu kleinen kompakten Einheiten werden. Häufig trifft man auf die Herzform oder seine ›Wortzeichnung‹. Seit Anfang 1986 arbeitet Domenig verstärkt an Architekturzeichnungen, die eine räumliche Tiefe betonen oder die Architektur auf die Bildfläche transponieren. Bestimmte Photographien ergänzt Domenig mit einer Zeichnung, indem diese ein ornamentales Detail der Photographie aufnimmt und verdeutlicht. Die Umrisse und dunklen Flächen eines Regenschirmes, der umgeklappt über einem Straßengeländer hängt, werden gleich in verschiedenen Variationen graphisch reflektiert. Auch bei seinen ›ornamentalen‹ Photoarbeiten stellt Domenig zwei Motive meist im Querformat zusammen, die sich z.T. verschränken oder ineinander übergreifen. Bei anderen photographischen Arbeiten ist nicht das Hauptmotiv wichtig, sondern das, was häufig übersehen oder nicht sichtbar gemacht wird. Oft wirft man diesen Photographien eine Überbelichtung vor, aber diese ist weder technische Unzulänglichkeit noch Stilmittel, sondern das Resultat der zur Ausleuchtung der Schatten verlängerten Belichtungszeiten, damit die Schatten einsichtbar werden und der Raum auf die Fläche geholt wird.

Domenig zeigt die Möglichkeiten einer ästhetischen Wahrnehmung unserer alltäglichen Umwelt. Unter dieser Voraussetzung fordert er mit seinen Arbeiten den Betrachter zum genauen Hinsehen auf. Er verlangt von ihm assoziatives Wahrnehmen und ein hohes intellektuelles Kombinations- und Einfühlungsvermögen. Domenig bildet mit Christian Hanussek und Nicole Van den Plas eine Künstlergemeinschaft, die inhaltlich nur lose zusammenhängt, jedoch durch gemeinsame Aktivitäten verbunden ist.

Der Künstler war 1978 Träger des Preises des Kulturkreises im Bundesverband der Deutschen Industrie. 1982 erhielt er das Jahresstipendium der Frankfurter Künstlerhilfe und 1983 den Förderpreis der Jürgen-Ponto-Stiftung. Seit 1989 ist Domenig Mitarbeiter für Künstlerische Photographie am Städel

Zu den Arbeiten:

Die sogenannten *Kipper-Zeichnungen* Domenigs, Abbreviationen vorgefundener Formen, die spiegelbildlich einander gegenübergestellt werden, schließen schon die Ästhetik der Alltagsformen ein, die der Künstler zum Thema einer Reihe seiner photographischen Arbeiten macht. So zum Beispiel stellt er den eleganten Schwung von Riemen und Auslöser eines Photoapparates, die sich um das Stativ legen, einer zeichnerischen Aufnahme dieses Motivs gegenüber. Die Architekturphotographien leuchten die sonst verschatteten Stellen so weit aus, daß ungewohnte ›Einsichten‹ möglich werden. Su

Literatur:

G. D.: Reise auf der Stelle, Friedrichsdorf 1980 – domenigs ordnung. Zeichnungen 79/80, Galerie Herzer, München 1981 – Vom Bett aus, Museum am Ostwall, Dortmund 1985 – Das Auge des Künstlers – Das Auge der Kamera, Frankfurter Kunstverein, 1986 – Abbildung – Einbildung, Museum am Ostwall, Dortmund 1986 – G. D., Portikus Frankfurt; Kunstverein München, 1988

11

12

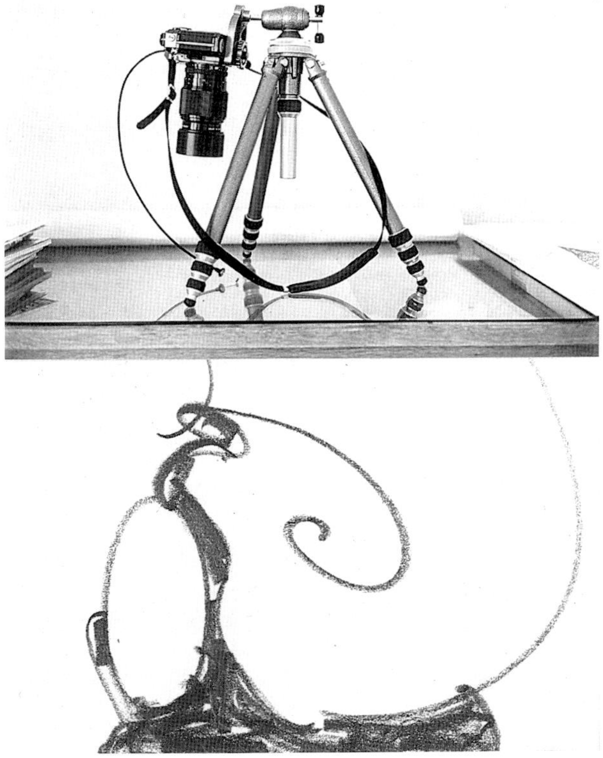
13

16

Helmut Dorner

Geboren 1952 in Gengenbach (Baden)
Lebt in Düsseldorf

Von 1976 bis 1982 Studium an der Staatlichen Kunstakademie in Düsseldorf bei Prof. Gerhard Richter.

Helmut Dorner ist Bildhauer und Maler, ohne daß seine Bilder reine Bildhauerzeichnungen oder ähnliches sind. Folgerichtig hieß die erste wichtige Ausstellung, an der er sich 1982 beteiligte, im Untertitel auch ›Skulpturen von Malern‹. Diese eigentümliche Spannung bestimmt das Werk von Dorner bis heute. Die unterschiedlichen, sehr spezifischen Möglichkeiten von Malerei und Plastik hat er gegeneinandergesetzt und versucht, sie miteinander zu kombinieren. Ursula Peters hat das in ihrem Katalogtext für die Wuppertaler Ausstellung im Jahre 1984 auf folgenden Nenner gebracht: ›Dabei geht es Dorner um den Versuch, zu einer Synthese zu gelangen: zu einer Form der Plastik, die ihren Gegenstand wie ein gemaltes Bild leben läßt, zu einer Malerei, die sich wie eine Skulptur im Raum vergegenständlicht.‹

Dorners bevorzugtes Material für seine plastischen Arbeiten ist Gips, ein Material, mit dem er seine Hohlkörper sehr frei gestalten kann und das sich auch sehr gut färben läßt. Seine Skulpturen wirken wie Ummantelungen, sind materialisierte Erinnerungen an Räume und Körper, die nicht mehr da sind, nicht mehr existieren. Und doch führen diese Skulpturen durchaus auch ihr Eigenleben über die Erinnerungsaufgabe hinaus; sie spielen mit der spannungsvollen Beziehung von drinnen und draußen, mit dem sehr reizvollen Motiv der Höhle und allen darin enthaltenen Assoziationsmöglichkeiten. Das Verborgene, nur zum Teil Sichtbare und Erkennbare reizt Dorner immer wieder. Daneben ist es der Mensch, der ihn interessiert und ihn Menschen oder anthropomorphe Formen zeichnen oder plastisch gestalten läßt. Das geht so weit, daß Dorner in seinen sogenannten ›Mehlskulpturen‹ seinen eigenen Körper als Gestaltungsmittel einsetzt: Er legt sich in loses, auf den Boden geschüttetes Mehl, das seine Bewegungen, sein Atmen, das Dehnen und Strecken angenommen und bewahrt hat. ›Ein gelebter Moment bleibt als Negativform im Material zurück, eine Negativform, die mit der Erinnerung an den gelebten Moment zu füllen ist‹ (Ursula Peters). In den Zeichnungen ist vor allem der menschliche Körper Thema für Dorner. Seine Ölskizzen sind sehr reduzierte Pinselzeichnungen, die zum Teil stark farbig sind, zum Teil aber auch sehr erdhafte Farben bevorzugen. Es geht ihm dabei nicht um die möglichst exakte Wiedergabe individueller Personen. Seine Zeichnungen haben eher allegorischen Charakter, erfassen überindividuelle Situationen.

Daneben spielen die Erfahrungen, die Dorner mit seinen Skulpturen gemacht hat, eine gewichtige Rolle. In einer Zeichnung wie *Kopfbein* aus dem Jahre 1984 beispielsweise ragt ein Kopf aus einem Hohlkörper heraus, der einerseits etwas von einem menschlichen Bein hat, aber andererseits auch an Dorners Skulpturen erinnert. Durch die diagonale Komposition dieses Blattes wird darüber hinaus noch eine sehr eigenwillige Variation zum Thema ›Schreiten‹ geliefert. Menschliche Körper in Bewegung werden für ihn zunehmend wichtiger. HiS

Literatur:

H. D., Skulpturen, Ölzeichnungen, Kunst- und Museumsverein Wuppertal, Von-der-Heydt-Museum, Wuppertal 1984 – Dorner, Kasseböhmer, Meuser, Mucha, Galerie Grässlin-Ehrhardt, Frankfurt 1987

2

3

4

5

Felix Droese

Geboren 1950 in Singen (Hohentwiel)
Lebt in Düsseldorf und Paesens (Niederlande)

Nach Abbruch der Schule und Tätigkeit als Landvermessungsgehilfe begann Droese 1970 an der Staatlichen Kunstakademie Düsseldorf sein Studium bei Peter Brüning. Unterbrochen durch den Wehrersatzdienst in der psychiatrischen Landesheilanstalt Grafenberg (Rheinland), nahm er 1973 das Studium (bei Joseph Beuys) wieder auf. Er beendete es 1976, nachdem seine Bewerbung als Meisterschüler abgelehnt worden war. Danach übte er mehrere Jahre lang eine Aushilfstätigkeit als Landschafts- und Friedhofsgärtner aus. 1986/87 lehrte Felix Droese für ein Semester an der Städelschule in Frankfurt.

Droeses Werk umfaßt insbesondere Zeichnungen und Aquarelle, die oft einen objekthaften Charakter haben, skulpturale Installationen aus unterschiedlichen Materialien (*Schöne Unschuld Hegel,* 1982; *Wir sind keine amerikanischen Lampenschirme,* 1984, letzteres entstand für die Biennale in Sydney) sowie großformatige Papierschnitte, mit denen er das traditionelle Medium des Scherenschnittes aufnahm und aktualisierte. Diese vor allem 1979–1981 entstandene Werkgruppe basierte auf dem sehr einfachen Prinzip, aus einer dunklen, großformatigen Papierfläche als Positiv-Form einzelne Flächen herauszuschneiden oder herauszureißen und die entstandenen negativen Leerflächen – vor beliebigem Hintergrund – zum gleichwertigen Bestandteil werden zu lassen (z. B. *Hunger,* 1980; *Jeder Buckel krümmt sich tiefer,* 1981). Dabei beansprucht das Thema nicht die kleine eingerahmte und damit von der Realität abgesonderte Fläche, sondern greift in den Raum: in Richtung des Betrachters.

Zu den Arbeiten:

Von ganz unterschiedlicher Art sind die Blätter von Felix Droese, die alle in den letzten sechs Jahren entstanden. *Meine Haare I + II,* eine 1980 entstandene Arbeit, vereint zwei künstlerische Ebenen seines Werkes, den Papierschnitt (wenn auch nur in kleinem Format) und – durch Hinzufügen des abgeschnittenen Haarbüschels – den objekthaften Charakter. Wie in allen anderen Blättern auch gelingt Droese eine sensible, verschlüsselte Aussage, die über die persönliche Selbstreflexion zur allgemeinen Botschaft vorstößt, wie sie gleichfalls in den auf Packpapier gedruckten Holzschnitten enthalten ist. Was in der frühen Arbeit eher noch spröde und unverständlich wirkt, wird in den spontanen, linear graphischen Blättern der folgenden Jahre (*Kopfblütler,* 1981; *Auge,* 1981) und in den neueren Werken (*Brennende Bäume, Schiff,* beide 1983; *Begegnung mit Rosa,* 1984), die einen ganz anderen, malerischen Ausdruck haben, zur unmittelbaren sinnlichen Erfahrung. Lu

Literatur:

F. D., infelix lignum, Kunstraum München, 1983 – F. D., Mangelmutanten überleben Kapitalismus, Museum Haus Lange, Krefeld 1984 – F. D., Über die menschliche Fleischfarbe, Städtisches Kunstmuseum, Bonn, 1985 – F. D., Drucke vom Holz, Rathaus Reutlingen; Mannheimer Kunstverein, 1985/86 – F. D., Übereinander, gegeneinander, durcheinander und zugleich, Kunstmuseum Luzern; Württembergischer Kunstverein, Stuttgart, 1986 – F. D., Farbige Blätter (die von mir abgefallen), Kunsthaus Zürich, 1986/87 – F. D., Abdruck, Skulpturen und Drucke 1984–1986, Produzentengalerie, Hamburg 1987

10

15

16

Petra Falk
Geboren 1949 in Lübeck
Lebt in Frankfurt am Main

Als Petra Falk von 1971 bis 1973, damals wenig mehr als zwanzig Jahre alt, an der Offenbacher Hochschule für Gestaltung in die Grundlehren ästhetischer Formulierungsmethoden eingeweiht wurde, beschäftigte sie sich nebenbei intensiv mit Psychologie – nicht anders als viele ihrer Kommilitonen. Neben sachbezogenen Wahrnehmungsproblemen beschäftigte sie die Frage nach dem Standort von Kunst und Künstler heute, da alles und jedes machbar ist, austauschbar, reproduzierbar und der Computer selbst im bildkünstlerischen Bereich die ausübende Hand ersetzt. In gleicher Weise interessierte sie die Frage nach der dauerhaften Gültigkeit eines Artefaktes. Bleibt Materie – verwandelt – erhalten wie Energie? An der Städelschule, wo Petra Falk im Anschluß an ihre Offenbacher Lehrzeit bis zum Abschluß weiterstudierte, fand sie in den Theorien von Professor Reimer Jochims viele befruchtende Anregungen für ihre Entwicklung als Malerin. Diese Entwicklung führte zunächst auf dem Wege von Performances zur Spurensicherung von ästhetischen Ereignissen, die sie selbst ausgelöst hatte. Von Beginn an hatte die junge Künstlerin die Realität des Bildes als überliefert statisches, im Rahmen auf den Raum bezogenes Werk in Frage gestellt. Dennoch: Der Umgang mit Farbe blieb das Ziel der koloristisch hochbegabten Petra Falk.

Erste Station ihrer Selbständigkeit nach Entlassung aus dem bergenden Schutz der Städelschule war der Verzicht auf Malerei – nicht auf Farbe! – und festen Bildträger. Mit einfarbigen, über einen Draht fallenden und faltenbildenden Tuch-Objekten löste sie ihre damaligen raumbezogenen Probleme. Schon der zweite Schritt führte über gestische Malerei, die aus der Bewegung des ganzen Körpers entstanden war, sowie über einfache Übungen von Spurensicherung in gerader Linie zu ihrem jetzigen, vielfach variierten Programm: das Bildwerk, komponiert als ein Ganzes, bestehend aus austauschbaren Einzelelementen – gleichsam das tradierte ästhetische Ideal von der Harmonie divergierender Einzelheiten – dargestellt mit neuen Methoden.

Dazu experimentierte Petra Falk zunächst mit ihren alten Arbeiten, die sie zerschnitten und in Streifen andersartig zusammengesetzt hatte. Daraus entwickelte sie vom Beginn der 80er Jahre an ihr konsequentes, intellektuell und malerisch wohl fundiertes Programm. Sie konzipiert ihre Arbeiten aus mehreren gleich hohen, unterschiedlich breiten Bildelementen. Diese werden nicht eng an eng gesetzt, sondern sind jeweils voneinander durch einen schmalen Spielraum getrennt, so daß auch die um den Teilrahmen geführten Teile in die gemalte Komposition einbezogen sind. Dem Betrachter erlaubt diese Arbeitsmethode zunächst einen ganzheitlichen Eindruck, wie den der ineinandergehenden Bewegung. Zudem vermag er selbst, das kompositionelle Gefüge nach Belieben zu verändern, indem er die einzelnen Teile untereinander austauscht. Jede einzelne Tafel ist im Hinblick auf einen möglichen Zusammenhang mit anderen Nachbartafeln angelegt. Austauschbarkeit und Konstanz, Ambivalenz und Entschiedenheit bilden keinen Widerpruch. Sie formen sich mit dieser Methode zur Einheit. In den Jahren 1984 und 1985 ist die so erfindungsreiche, intellektuell wie sinnlich mit ihrer Malerei operierende Künstlerin für ihre Leistungen ausgezeichnet worden, einmal mit dem Reinhold-Kurth-Kunstpreis der Frankfurter Stadtsparkasse und zum anderen mit dem Jahreskunstpreis des Frankfurter Vereins für Künstlerhilfe. He

Literatur:

P. F., Malerei, Forum Stadtsparkasse Frankfurt, 1985 – Klaus Gallwitz: Künstler in der Stadt, in: Katalog Jahreskunstpreis, Frankfurter Verein für Künstlerhilfe, Frankfurt 1985 – P. F., Bilder, Städtisches Museum Abteiberg, Mönchengladbach 1989

3

2

Rainer Fetting

Geboren 1949 in Wilhelmshaven
Lebt in Berlin und New York

Nach einer Tischlerlehre und gleichzeitigem Volontariat als Bühnenbildner an der Landesbühne Niedersachsen begann Fetting 1972 in Berlin sein Studium an der Hochschule der Künste bei Hans Jaenisch. 1977, ein Jahr vor seinem Abschluß als Meisterschüler, gründete er zusammen mit Helmut Middendorf, Salomé und Bernd Zimmer die Galerie am Moritzplatz, in der 1977 und 1978 die ersten Einzelausstellungen seiner Arbeiten stattfanden.

Neben Figurenbildern und Porträts entstanden um 1978 Berliner Stadtlandschaften, in denen die Mauer als zentrales Motiv in den Mittelpunkt rückte. Der großzügige, flächige Aufbau und die zumeist abgetönten Farbkontraste dieser Kompositionen wurden in den folgenden Jahren, angeregt durch Erfahrungen in New York 1978/79, um eine dynamische Linienschrift der Pinselstrukturen erweitert, die den Duktus der Malerei als spontanen Akt künstlerischer Äußerung sichtbar werden ließ. Gleichzeitig wandelte sich Fettings Palette zu leuchtenderer Farbigkeit, in der neben dem Hell-Dunkel-Kontrast komplementäre Farbwerte zur Dynamisierung von Inhalt und Form benutzt wurden (*Another Murder at the Anvil,* 1979; *f–m Tanz,* 1982). Hierbei verwendet er die serielle Wiederholung einzelner Themen (*Dusche,* 1980/81; *Indianer,* 1982, oder *Bügler,* 1983), die nicht zur Wiederholung ihrer selbst, sondern zu neuen Bildfindungen führt. Seit 1984 entstehen Arbeiten, in denen Fetting vorgefundene Treibhölzer auf die Leinwand montiert und in die Kompositionen als übermalten zweiten Bildträger integriert. Lu

Literatur:

Heftige Malerei, Haus am Waldsee, Berlin 1980 – R. F., Studio d'arte Cannaviello, Mailand; Galerie Silvia Menzel, Berlin; Raab Galerie, Berlin, 1983 – Heinrich Klotz: Die Neuen Wilden in Berlin, Stuttgart 1984 – – R. F., Museum Folkwang, Essen; Kunsthalle Basel, 1986 – R. F., Bilder und Plastiken, Galerie Würthle, Wien 1987 – R. F., Galerie Kaj Forsblom, Helsinki 1988

3

2

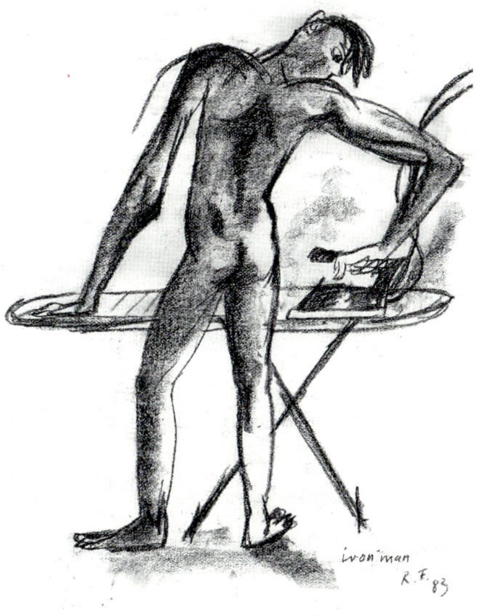

4

5

Bernd Fischer
Geboren 1954 in Offenbach am Main
Lebt in Frankfurt am Main und Offenbach

Bernd Fischer studierte von 1974 bis 1980 an der Hochschule für Gestaltung bei Hans Peter Münch und von 1976 bis 1982 an der Städelschule in Frankfurt am Main bei Michael Croissant. Diese Studienzeit versteht er ›im nachhinein als eine Zeit des Versuchens verschiedener Ansätze, eines intensiven Kennenlernens des Mediums und meiner selbst‹.

Eine Zeitlang experimentierte er mit Objekten aus Abfallhölzern, ein Weg, der ihm bald ›als Sackgasse erschien‹. Deshalb ›nahm er wieder die Malerei auf, mit der er seine Vorstellung von Figur realisieren zu können‹ glaubte. An die Zeit der Objekte erinnert Fischers Malerei trotzdem, weil er konventionelle Formen des Farbträgers wie regelmäßige Rechtecke ablehnt. Die Arbeiten auf Nessel, Leinwand oder Holz haben asymmetrische Formen oder bestehen aus mehreren Teilen. Stets wird auch Figur oder Gegenstand in ein Verhältnis zur reinen Farbfläche gesetzt. Fischer deutet damit an, daß das Thema Figur heute neu durchdacht und formuliert werden muß.

Die Entwicklung der Farbträgerformen erstreckt sich von gerade aneinanderschließenden Tafeln über extreme Quer- oder Hochformate, serielle Reihungen von Einzeltafeln, zur Farbfläche zusammengezogene schmale Latten, bis zu asymmetrisch verschobenen Rauten, aus denen noch Flächen für die Einfügung von kleineren Teilflächen herausgesägt sind. Die Hinwendung zur Malerei bedeutet also für Fischer nicht nur ein Experiment mit der Farbe, sondern besonders mit der Form. Daß gerade die Form auch eine wichtige Auswirkung hat, kann man im beispielhaften Vergleich zweier Arbeiten erkennen. Auf einem aus zehn schmalen Hochrechtecken bestehenden Bild behandelt Fischer eines seiner zentralen Themen, das Fliegen in unbestimmtem Raum. Hierbei wird die die Farbkontinuität trennende Form durch den Bildinhalt (Vogelflug) wieder zusammengefügt. Anders stellt sich bei der aus schmalen Latten bestehenden, ununterbrochenen Bildfläche eine Farbkontinuität auch ohne inhaltlichen Bezug her, weil dort die Farbe allein das Bild gleichsam nach rechts ausstößt. Wie wichtig die Form für Fischers Arbeiten ist, zeigt die Tatsache, daß der Eindruck von Instabilität vor allem durch die Abweichung der Formen von symmetrischer Geometrie entsteht. Längere und kürzere, breitere und schmalere Tafeln werden in so spitzem Winkel aneinandergefügt, daß schmale Spalten entstehen, die den Arbeiten in ihrer Gesamtausdehnung den Ausdruck von Fragilität verleihen. Hinzu kommt, daß sich die Zusammengehörigkeit der Einzelteile eher über die Malerei als über die Form erschließt, wenn zum Beispiel die Form des Rechtecks der kleineren Tafel auf der dazugehörigen größeren als Malerei wiederholt wird. Bei Fischers Arbeiten ist also die Form veränderlich, und die Farbe wird erst zu ihr in Beziehung gesetzt. In Umkehrung traditioneller Tafelmalerei ist das stabilere Moment nicht die Form, sondern die Farbe. In dieser Austauschbarkeit des Verhältnisses der Formteile zueinander drückt sich ein gegenwärtiges Bewußtsein von Irreversibilität und Instabilität aus.

Fischers bevorzugte Themen sind Vogel, Hand, Astronaut. So selbstverständlich das Fliegen des Vogels ist, so abhängig von der Technik macht es den Menschen. Was zunächst als Befreiung schien, wird ihm zur Fessel. Eingepackt wie ein Kokon, muß er sich mit technischen Hilfsmitteln künstlichen Bedingungen unterwerfen, die ihn zur Mensch-Maschine *Astronaut* machen. Gerade die den Menschen konstituierenden physischen und psychischen Bedingungen werden verkapselt. In diesem Zusammenhang bekommt die Hand als Träger direkter Motorik, von Tastsinn und unmittelbarer menschlicher Wärme den Charakter eines Symbols für die Sehnsucht nach manuellem Gleichgewicht in einer Welt entmanualisierter Technizität. Da Technik die Ablösung der über die Hand vermittelten direkten Motorik des einzelnen Menschen zur Folge hat, ist ihre zentrale Darstellung ein Zeichen für die Trauer über den Verlust an individuellen Möglichkeiten. Mö

Literatur:

Kunst in Frankfurt 1985, Frankfurter Kunstverein, 1985 – Um das Sichtbare ist das Unsichtbare – 6 Bilder, Frankfurt 1987 – B. F. und Ingrid Puganigg: Asynchrone Bewegungen, Frankfurt 1989

2

1

3

4

Lothar Fischer
Geboren 1933 in Germersheim (Pfalz)
Lebt in Berlin und München

Durch seine Eltern, die beide Kunsterzieher waren – sein Vater zugleich Bildhauer –, wurde Fischer schon früh mit Künstlerischem konfrontiert. Nach dem Abitur besuchte er von 1952 bis 1958 die Münchener Akademie, wo er sich ab 1953 unter seinem Lehrer Heinrich Kirchner auf die Skulptur konzentrierte. Fischer war unter den Mitgliedern der SPUR, die er 1958 mitbegründete, der einzige Bildhauer. Analog zu den Malern der Gruppe entwickelte er, allerdings weniger ausgeprägt, seine Figurationen aus einem informellen Impetus heraus. Ein Beleg dafür sind die um 1958 in den Sand gezeichneten und mit Gips ausgegossenen bizarren Gebilde, die in den folgenden Bronzeplastiken fortlebten. Zu diesem Zeitpunkt verfügte Fischer bereits über eine hohe handwerkliche Präzision, die er an Vorbildern wie Marino Marini und Toni Stadler geschult hatte.

Eine stark spielerische Komponente bestimmte seine Werke aus der ersten Hälfte der 60er Jahre – Architekturphantasien, bunt bemalte Kobolde, Henkelköpfe und Reiterschiffe. Die dynamisch ausgreifenden Gestänge der Gruppe GEFLECHT, der Fischer 1966 kurzzeitig angehörte, bedeuteten für ihn eine Sackgasse. Ihr entzog er sich durch die vorübergehende Aufnahme von Elementen der Pop Art, so 1968 in überdimensionalen, ausgedrückten Zahnpastatuben – den einzigen Großplastiken Fischers. Im Grunde aber war ein dem Ton angemesseneres kleines Format das für den sensibel und zügig schaffenden Künstler adäquate Mittel.

Auf eine geschlossene Formenbildung und ein den Raum einbeziehendes Mehrschalensystem folgten ab 1969 die sogenannten Hüllenplastiken. ›Der Mensch ist für mich ein so diffiziles Gebilde, daß ich ihn nicht direkt darzustellen wage. Ich schaffe eine Hülle, in der man ihn sich vorstellen kann.‹ Fischers Hauptthema blieb bis heute der weibliche Körper, vorgeführt in einem unendlichen Variationsreichtum – trotz deutlich erkennbarer stilisierender Archaik. Im Gegensatz zu seinen Mitstreitern fand Fischer schon früh Anerkennung. Seit 1975 ist er Professor an der Hochschule der Künste in Berlin. Ba

Literatur:

L. F., Plastiken und Zeichnungen, Kunsthalle Darmstadt, 1973 – L. F., Plastiken, Lempertz Contempora, Köln 1978 – Cobra – Spur – Wir – Geflecht – Kollektiv Herzogstraße, Galerie im Ganserhaus, Wasserburg am Inn; Galerie der Künstler, München; Bonner Kunstverein; Gesellschaft für aktuelle Kunst, Bremen 1983/85 – L. F., Plastiken aus 10 Jahren, Galerie Thomas, München 1984 – Gruppe Spur 1958–1968, Städtische Galerie Regensburg; Städtisches Museum Mülheim; Museum Ulm, 1986/87

1

2

Galli

Geboren 1944 in Heusweiler (Saar)
Lebt in Berlin

Gallis Bilder scheinen von ihren Titeln zu leben, die sich hintergründig humorig anhören, oft mehr Verwirrung stiften als zur Aufklärung beitragen, auf falsche Fährten führen, etwas behaupten, das sich aus den Arbeiten nicht erschließt etc. Die Verwirrung wird perfekt, wenn man erfährt, daß die Titel nichts mit den Bildern zu tun haben, zumeist hinterher gegeben werden, nichts beisteuern, um die Arbeiten thematisch zu deuten, daß am liebsten auf sie verzichtet würde. Aber: ›Um sich auf größere Entfernungen zu verständigen, ist es halt besser, wenn man einen Titel hat.‹

Nur praxisbezogene Notwendigkeit also? Doch wohl kaum, denn sie werden insofern zum Bestandteil des Bildes oder der Zeichnung, als sie nicht ein Thema angeben – Galli arbeitet nicht thematisch –, sondern die Haltung charakterisieren, die hinter Bild und Titel steckt. Aber so, wie uns Galli mit den Titeln narrt, so tut sie dies auch mit den Bildern selbst: Wir sollen nichts erkennen, womit wir uns vorschnell und vordergründig identifizieren können. Wir können und sollen uns diesen Kreationen assoziativ nähern und so gleichermaßen Bild und Titel miteinander verbinden.

Galli, die von 1962 bis 1967 die Werkkunstschule in Saarbrücken besuchte und von 1969 bis 1976 an der Hochschule der Künste in Berlin (1975 als Meisterschülerin von Martin Engelmann) studierte, zeichnet viel. Am liebsten, wenn sie Radio hört. Das konzentrierte ›Schweben‹ über dem Background des nur unkonzentriert Gehörten schafft eine Atmosphäre, die einem fast automatischen Zeichnen den ruhigen Drive gibt. Wegen ihres eigenartigen Klanges einem klingenden Wortspiel ähnlich, werden aus dem gleichmäßigen Fluß der Rede herausschwappende Worte zu Kondensationskernen von Assoziationsketten, zum Schriftzug, der als Linie seine kompositorische Bedeutung erhält, Eingang in Bild oder Zeichnung findet und hintergründig das Gewusel determiniert: Geist und Hand die Richtung gibt, die das Geschehen auf dem Blatt, auf der Leinwand bestimmt.

Gallis Arbeiten sind so bitter ernst wie (Stumm-) Filme von Charlie Chaplin oder Dick & Doof, in denen wir uns manchmal totlachen wollen.

Wenn Galli sagt, daß sie spontan ein Bild, eine Zeichnung beginnt, indem sie ›an irgendeiner Stelle anfängt‹ und ›kontrapunktisch etwas dagegensetzt, dann das nächste kommt und sich daraus dann wieder etwas ergibt‹, so zeigt dies nicht die Planung, nicht die erzählerische, sondern die malerische Absicht, die in jeder Arbeit verwirklicht werden soll und die sie mit Cobra und vielleicht dem Informel verbindet. Diese malerische Absicht muß sich an solchen Kriterien auch messen lassen und kann sich nur im ständigen Tun selbst erfüllen. Daß daraus dann doch Geschichten entstehen, melancholisch manchmal, oft übermütug heiter – doch mit erstarrendem Lächeln, bringt uns diese Arbeiten menschlich nahe und lassen sie uns als persönlichen Befreiungsakt erkennen, der auch uns helfen kann.

Für 1990 erhielt Galli den Villa Romana-Preis, Florenz.

Zu den Arbeiten:

Bei Gallis Zeichnungen handelt es sich, wie auch bei ihren Bildern, zumeist um figürliche, menschliche oder kreatürliche Formen. Sie befinden sich in traumhaft verschrobenen, zwar meist skurrilen, aber zugleich schmerzhaften Situationen, weil ihnen mal der Leib, ein andermal der Kopf fehlt, die Gliedmaßen an Stellen sitzen, wie sie uns vielleicht aus zerbrochenen Spiegeln bekannt sind, vielleicht aus Kinderzeichnungen – denen sie ansonsten sehr unähnlich sind. Dazu sind die Verhältnisse zu anarchistisch, in denen sich diese Figuren ansiedeln, die Tücke der Objekte zu kalkuliert, der sie ausgesetzt werden, und die Gesten des Aufschreies – die in einigen Bildern den aufgereckten Armen ähneln, wie sie uns von Arbeiten Picassos bekannt sind – nachempfindbar, mit denen sie die Aufmerksamkeit auf sich lenken. Schw

Literatur:

G., Arbeiten aus den Jahren 1977 bis 1982, Galerie Nothelfer, Berlin 1982 – G., Galerie Nothelfer, Berlin 1985

7

8

9

10

16

17

Gotthard Graubner
Geboren 1930 in Erlbach (Vogtland)
Lebt in Düsseldorf

Die für sein Werk wichtigsten Erfahrungen hat Graubner noch vor dem Kunststudium gemacht. Seine Kindheit auf dem Lande, das Verwachsensein mit der Natur waren neben den ersten Begegnungen mit der Religion die prägenden Erlebnisse. Dazu kam bereits mit 14, 15 Jahren die Begegnung mit der asiatischen Philosophie. Diese stellte für ihn (der auch lyrische Gedichte schrieb) eine Art von Gegengewicht zu den mit dem Ende des Krieges verbundenen existentiellen Problemen dar. Das Studium, das ihm ›eher Verwirrung als Klärung‹ brachte, begann Graubner 1947 in Berlin an der Hochschule für Bildende Künste. 1948–52 war er Schüler von Wilhelm Rudolph an der Kunstakademie in Dresden. 1954 wechselte er über zur Kunstakademie in Düsseldorf, wo er bis 1959 studierte. Nach einer kurzen gegenständlichen Phase (1946–50, Selbstporträts und Landschaften) entstanden einige Jahre lang (etwa bis 1957) Bilder mit großen, farbig sich vom Hintergrund abgrenzenden Einzelformen. In diesen Bildern schritt Graubner den Weg von einer tachistisch-kalligraphischen Linie bis hin zur Farbfläche ab.

1958 beteiligte er sich an der 7. Abendausstellung in Pienes Düsseldorfer Atelier. Obwohl er der Gruppe Zero nicht angehörte, verkehrte er in ihrem Kreis. Der Unterschied zwischen seiner Malerei und der am Bild an sich orientierten Kunst der Zero-Mitglieder wurde schon 1960 sichtbar, als er seine ersten monochromen Farbräume in der Galerie Schmela ausstellte. Durch die zarten farbigen Unregelmäßigkeiten dieser mit trockener Farbe gemalten Bilder wurde eine Raumempfindung hervorgerufen, die in direkter Verwandtschaft zu der symbolgeladenen Landschaftsmalerei Turners, Caspar David Friedrichs oder des späten Monet gesehen werden kann. Als Konsequenz der Schaumstoffbenutzung beim Farbauftrag entstanden nach 1963 *Farbkörper* bzw. *Kissenbilder,* deren Oberfläche gewölbt wurde. Ab 1968 folgten dann *Nebelräume,* und ab 1971 entstanden *Farbraumkörper.* Seine Grundeinstellung zur Malerei hat Graubner 1973 so formuliert: ›Der Künstler sucht sich ein Stück Natur, das er, indem er es darstellt, aus dem Gesamtzusammenhang isoliert. Dieser Prozeß ist eine Art Selbstdarstellung, durch die objektive Erkenntnis möglich wird.‹ 1969 wurde Graubner Professor an der Hochschule für Bildende Künste in Hamburg, 1976 folgte er einem Ruf an die Düsseldorfer Kunstakademie. Sv

Literatur:

G. G., Staatliche Kunsthalle Baden-Baden, 1980 – Fifth Triennale – India, New Delhi 1981 – G. G., Zeichnung – Aquarell 1946–1986, Städtisches Kunstmuseum Bonn, 1986 – G. G., Malerei aus den Jahren 1984–1986, Kunstsammlung Nordrhein-Westfalen, Düsseldorf 1987

1

2

3

Otto Greis

Geboren 1913 in Frankfurt am Main
Lebt in Ockenheim (Rhein)

Nach Aufgabe des Architekturstudiums 1933 studierte Greis fünf Jahre Malerei in Frankfurt. Wesentlich war in der ersten Nachkriegszeit die Begegnung mit Ernst Wilhelm Nay, dessen Einfluß bis etwa 1949 spürbar blieb. Unter dem Gruppennamen Quadriga stellte Greis 1952 gemeinsam mit Bernard Schultze, K. O. Götz und Heinz Kreutz in Frankfurt aus. Von dem in dieser Zeit bestimmenden informellen Gruppenstil, der spontan-aggressiven Gestik, begann der Künstler sich jedoch schon bald zu lösen, um durch konsequente Verdichtung der Materie bis zu mauerartigem Zusammenschluß der Farbschicht zu bewußt gefestigter, straffer Ordnung des Bildgefüges zu gelangen. Die dumpf-bedrückende Evokation von Materie ließ Greis, der sich 1957 nach La Frette-sur-Seine in der Nähe von Paris zurückzog, mit der 1958 entstandenen Serie von Aquarellen auf Japanpapier hinter sich. Der leichte, tänzerische Eindruck der Arbeiten, der aus der rhythmisch über den lichten Grund geführten, dünn aufgetragenen Farbe resultierte, wies auf die seit 1960 beibehaltene aufgehellte Palette des Malers voraus. Die Verbindung zwischen den Stilphasen bestand einerseits in der besonderen Bewertung des Lichts, das auch die düsteren Arbeiten strukturierte und mit der Form zusammenarbeitete. ›Um das Bildlicht zu realisieren, brauche ich die Form. Sie ruft nach dem Licht. Durch sie und mit ihr wird es ebenso Formteil, wie sie selbst es ist. Es wird zu einem Strukturelement. Ich bekomme das Licht sozusagen in den Griff.‹

Ausschlaggebend für dieses ›In-den-Griff-Bekommen‹ war andererseits die kontinuierlich zunehmende Metrik des Bildgefüges. Gliederten sich seit 1964 die weichen Modulationen der Fläche zuerst durch kubistische Prismenformen, so wurden im folgenden die Prismen zu kristallinen Massen zusammengefaßt, um schließlich, auf der Fläche ausgebreitet, zu einem atmenden, facettierten Fluidum zu werden. Mit anfänglich kühler Farbskala, die seit 1970 dann wärmeren Tönen wich, ging es Greis in den Arbeiten der letzten 20 Jahre darum, die vielfältigen Erscheinungsweisen des Lichts in eine Form zu fassen. Bis

Literatur:

O. G., Gemälde, Aquarelle, Handzeichnungen 1946–1977, Kunsthalle Bremen; Staatliche Kunstsammlungen Kassel, Neue Galerie, Kassel 1978 – K. O. Götz/ O. G., Museum Wiesbaden, 1984 – O. G., Bilder, Aquarelle und Zeichnungen aus den Jahren 1970–1985, Städtische Kunsthalle Mannheim, 1985 – Ursula Geiger: Die Maler der Quadriga und ihre Stellung im Informel, Nürnberg 1987 – O. G., Retrospektive, Mittelrheinisches Landesmuseum Mainz, 1989

1

Johannes Grützke

Geboren 1937 in Berlin
Lebt in Berlin und Hamburg

Mit Ausnahme eines Zeitraums von vier Jahren während der Kriegs- und Nachkriegswirren ist Grützke in Berlin aufgewachsen, und zwar als viertes Kind und einziger Sohn einer stark von der Mutter geprägten Familie. 1957–64 studierte er an der Hochschule für Bildende Kunst in Berlin, zuletzt als Meisterschüler bei Peter Janssen. Schon in seinen ersten Bildern als freier Künstler zeigte sich Grützkes unverwechselbarer Malstil. Orientiert an den kunsthistorischen Vorbildern Overbeck, Füßli, Caravaggio, Rubens usw., befand er sich in krassem Gegensatz zu den damals herrschenden Kunsttrends. Nur für kurze Zeit – in der Atmosphäre des Jahres 1968 – schien Grützkes Malerei auf der aktuellen Welle zu schwimmen. Grützke benutzte zwar politische Themen wie z. B. *Demonstration, W. Ulbricht, Benno Ohnesorg,* in den Bildern selbst gibt es jedoch kaum Spuren von politischem Engagement oder sog. ›Fortschrittlichkeit‹. ›Der Zukunftlose ist der Vergangenheitsreiche. Er ist glücklich, er sieht klar, er läßt sich nicht täuschen. Er ist frei, frei von dem Wahn, der da sagt, die Zeit habe eine Richtung‹, schrieb Grützke 1984. Diese Äußerung könnte über seinem gesamten Werk stehen. Die Abkehr von politischen Themen zu mehr von psychischen Beziehungen durchdrungenen Figurenkompositionen vollzog sich 1970, nach seiner Scheidung. Dies ist es auch – die Betonung der inneren Organisation des Bildes auf Kosten der plakativen Aussage –, was seine Kunst von der seiner Kollegen aus der ›Schule der Neuen Prächtigkeit‹, 1973 gegründet, am meisten unterscheidet. Seit dem Ende der 70er Jahre widmete sich Grützke mehr und mehr der Bühnenbildnerei, meist in Zusammenarbeit mit dem Regisseur Peter Zadek. 1965 gründete er die Berliner Musikgruppe ›Erlebnisgeiger‹ mit. Er versuchte sich überdies als Autor einiger Theaterstücke (›Im Watt‹; ›Die Schaukel‹ – gemeinsam mit Barbara Naujok). Seit 1985 arbeitet er als freier Mitarbeiter und künstlerischer Berater bei Peter Zadek in Hamburg. Sv

Literatur:

J. G., Gemälde 1964–1977, Kunstverein Braunschweig, 1977 – Bernhard Holeczek: J. G. Druckgraphik 1964–1978, Städtische Galerie Wolfsburg, 1978 – J. G., Neuer Berliner Kunstverein, 1979 – J. G., Misch Du Dich nicht auch noch ein!, Frankfurt 1979 – J. G., Unser Fortschritt ist unaufhörlich. Skizzen zu Bildern, Nationalgalerie Berlin, 1984 – J. G., Neue und frühe Bilder, Galerie Gunzenhauser, München 1984 – J. G., Kunzes Freunde, Gifkendorf 1985 – J. G., Ölbilder, Pastelle, Zeichnungen, Galerie Gunzenhauser, München 1987

2

3

4

Friedemann Hahn

Geboren 1949 in Singen (Hohentwiel)
Lebt in Brandenberg (Schwarzwald)

›Hauptsächlich beschäftigt mit meinen Sehnsüchten und Träumen, sehe ich meinen Reiz in der Darstellung dessen, was mir täglich begegnet.‹ Ein Widerspruch? Und was, wenn er sich dadurch auflöst, daß die Sehnsüchte und Träume unsere Realität sind – das, was uns täglich begegnet: in uns, in den anderen? Worin liegt denn die Anziehungskraft und Faszination des Kinos, wenn nicht darin, daß es unseren Träumen Gesicht und Gestalt gibt, unsere Sehnsüchte anschaulich, sichtbar macht? Durch unser Tun verraten wir uns eher als durch unsere Sprache, die wir oft zum Verschweigen benutzen. Indem Friedemann Hahn Stars der Leinwand malt, ihr Leinwand-Dasein quasi ›verdoppelt‹, wird er zum ›Realisten‹ unserer Träume, unserer, also auch seiner, Sehnsüchte. Denn er malt sie nicht irgendwie, in irgendeiner Haltung oder Pose, sondern zugleich in der, die die Verdichtung der Sehnsucht ist. Er spielt also nicht mit der Nostalgie, wie man vorschnell schließen könnte angesichts der Bogarts, Monroes, Gabels, Garbos und wie sie alle heißen, profitiert nicht vom Boom der Evergreens, sondern durchbricht mit seinen Star-Porträts auf ernste und zugleich ironisch-distanzierte Weise die Grenze unseres Schweigens, bringt unsere Einsamkeit ›zur Sprache‹. Denn dies ist das Verblüffende: Die – auch technisch bedingte – Starre der Figuren wird zwangsläufig zum Aussageträger: Projektion eines Wunschbildes, die Pose entlarvt sich als psychischer Zustand, signalisiert Einsamkeit. Im laufenden Bild des Films ist dies so nicht feststellbar, der Augenblick der Erkenntnis wird von den Fluten des Geschehens ins Unbewußte gespült.

Nach dem Besuch des Gymnasiums 1969 war Hahn bis 1970 Balletteleve in Frankfurt a. M., eine Zeit, in der er die Surrogate des Kinos und dieses als eine Zuflucht kennenlernte. Von 1970 bis 1974 studierte er Malerei an der Staatlichen Akademie der Künste in Karlsruhe bei Peter Dreher und war von 1974 bis 1976 Meisterschüler bei K. O. Götz in Düsseldorf. Während seine Arbeiten der frühen 70er Jahre noch Anklänge an die Malerei der Pop-Zeit durch eine mehr flächenhafte Auffassung haben, aus deren Hintergründen sich die Figuren fast schablonenhaft herausschälen, werden sie in den späten 70er Jahren zusehends pastoser, im Farbauftrag expressiver, in der Pinselführung gestischer. Durch lässige Verzerrung und groteske Pointierung der zeichnerischen und malerischen Mittel erhalten seine Bilder einen sehr persönlichen Platz innerhalb einer expressiven Figuration. Seit seinem Villa-Romana-Aufenthalt 1979 entstehen häufiger mehr-, zumeist dreiteilige Bilder. Zwei schmale, monochrompastos gemalte Streifen, auf denen sich der abstrakte Pinselduktus wie eine labyrinthische Bewegung durch einen Farbdschungel verfolgen läßt, greifen koloristische Details des Mittelfeldes auf, wodurch der Eindruck des Außerordentlichen des Dargestellten noch gesteigert wird. Angeregt durch die Van-Gogh-Porträtstudien Bacons, erweiterte sich sein motivisches Repertoire durch Darstellungen von Maler-Stars, so z. B. van Gogh, Monet, Cézanne u. a. Sie entstehen in einer unterschiedlich großen Zahl von Variationen, zu denen etwa zeitgleich expressive Indianerporträts hinzukommen. In diesen versucht er, weniger porträthafte Züge darzustellen, als ›große Gesichter, . . . fast wie Landschaften‹.

Zu den Arbeiten:

Unabhängig von den Gemälden entsteht eine Vielzahl von Zeichnungen und Graphiken, in denen die Direktheit der Farben durch einen fahrigen, vibrierenden Strich ersetzt wird. Die Motivwahl der Zeichnungen und Graphik – zumeist Radierungen – entspricht der seiner Malerei. Die Beschäftigung mit Leben und Werk van Goghs, mit dessen Selbstbildnissen oder dem imaginären Totenbild des Malers führt in unregelmäßigen Abständen zu einer Reihe von Variationen dieses Themas. Die heftige, bisweilen gewaltsame Behandlung der Platte spiegelt die Anspannung und Erregung während der Prozedur des Zeichnens. Kurze abgehackt nebeneinanderliegende Linien verbinden sich zu Gefüge, zu Darstellungen. Teile der Auflage werden dabei mit Aquarellfarben und Kreide unterschiedlich überarbeitet: mit Farbtupfen, heftigen Pinselhieben oder sorgsamen Ausmalungen (Jürgen Schilling), wodurch die Köpfe wie auf einem Vexierbild sich erst bei intensiver Betrachtung herausschälen. Schw

Literatur:

F. H., Die Radierungen 1976–1985, Galerie Hans Barlach, Hamburg 1985

1

5

5

5

Christian Hanussek

Geboren 1953 in Frankfurt am Main
Lebt in Frankfurt am Main

Christian Hanussek studierte von 1973 bis 1979 an der Städelschule in Frankfurt bei Raimer Jochims.

Die künstlerische Entwicklung Hanusseks verläuft in Umkehrung des Erwarteten von der abstrakt-spontanen zeichnerischen Geste zur Figur. Zunächst dominiert als künstlerisches Medium die Zeichnung. Hanussek arbeitet mit farbigen und schwarzen Kreiden, Farbstiften und Bleistift, unter Hinzufügung malerischer Mittel wie Deckweiß, auf Papier. Die nervös-fragilen Linien verdichten sich gelegentlich zur geschlossenen Fläche. Dieser Typus von Zeichnung, der seinen Ursprung im von surrealistischem Automatismus ableitbaren Strichgefüge hat, erinnert in manchen Phasen an Cy Twombly. Der Zufallscharakter spontan erzeugter Linien scheint Hanusseks gestalterisches Mittel zu sein. Seine Zeichnungen sind aber trotz dieses Augenscheins weniger Ergebnisse psychischer Verfassungen als die von Beobachtung. Anregend waren ihm zum Beispiel die Wahrnehmungen von Gesprächsverläufen: ›...im Gespräch gibt es auch so bestimmte Linien, die irgendwo anfangen, einen bestimmten Charakter haben und in verschiedene Richtungen gehen, Linien, die sich mal treffen oder so, oder Linien, die man kennt und so...‹

Die Zeichnungen haben den Rhythmus von Gesprächslinien, beobachtet von einem nichtbeteiligten, zufälligen Zuhörer. Hanusseks Zeichnungen sind also nur formal Zeugnisse eines inneren Monologs. Ihn interessiert eher die Außen- als die Innenwelt. Nicht ohne Grund greift er deshalb auch ab 1978 zum genauesten Beobachtungsmittel, zum Film (Aufführung Galerie am Promenadenplatz, München, 1980). Der Film präfabriziert Haltungen und Posen, die Hanussek jetzt nicht in die Zeichnung, sondern in die Malerei überträgt. Der Film ersetzt das statische Modell durch ein technisch bewegtes. Er vermittelt zwischen dem spontan-flüchtigen der Zeichnung und der statischen Komposition. Das bewegte Bild des Filmes enthält scheinbar beobachtbare Realität, ist aber doch schon Bild. Gleichzeitig kann das gefilmte Modell Haltungen mitbestimmen und ist damit aus seiner passiven Rolle befreit. ›Ich versuchte ihr zu erklären, was ich wollte, konnte dabei die Situation nur negativ bestimmen: Sie sollte Eigenes tun, dabei vermeiden in stereotype Posen und verselbständigte Handlungen zu fallen.‹ Aus dieser Beobachtung von in Bewegung sich befindenden Haltungen entwickelte Hanussek raffinierte Figurkompositionen, die zum Teil an die kühnen perspektivischen Verkürzungen manieristisch-barocker Deckengemälde erinnern. Konsequenterweise hat er deshalb bei einer Ausstellung im Kunstforum der Stadt München und im Filmmuseum Frankfurt die Bildtafeln an die Decke gehängt und damit auf diesen Zusammenhang hingewiesen. Selbstverständlich ist das Ziel nicht der in sich geschlossene Illusionsraum, sondern es wird mit ihm als kunsthistorischem Zitat spielerisch umgegangen. Zusätzlich verfremdend, hat Hanussek noch Diaprojektionen mit Bildern aus der beobachtbaren Wirklichkeit hinzugefügt.

Hanussek verwendet zum Teil grellbunte, manchmal weiß gehöhte Farben auf schimmerndem Grund, was den illusionären Charakter der Darstellung noch erhöht. Die Konturlinien sind mehrfach durchbrochen und mit der unterschiedlichen Stärke des Striches rhythmisiert. Die Schraffur setzt sich meist aus mehreren, parallel verlaufenden Konturlinien zusammen. Gelegentlich aber macht sie sich von der Umrißlinie selbständig und verdichtet sich zu abstrakten Flächenpartien. Das Motiv Figur erhält dadurch eine Brechung ins Unbestimmte. Hanusseks bildnerische Absicht bei der Darstellung der menschlichen Figur ist ja auch nicht die Erzählung einer Handlung, sondern das Festhalten von flüchtigen Körperhaltungen: ›Der Körper wird auf das Bild übertragen: ganz allgemein und durch Gesten, Farbkörper, Körperausdruck. Malerei als körperliche Verschmelzung mit dem Bild, das Erkennen der Bilder der gleiche Vorgang. Wie die Bilder dem Maler, so gleichen die Betrachter den Bildern.‹ Mö

Literatur:

ars viva, Tübingen, Leverkusen 1978 – ars viva, Coburg, München, Kornwestheim, Leverkusen 1980/81 – Malerei und Film, Galerie am Promenadenplatz, München 1980 – Vom Bett aus, Museum am Ostwall, Dortmund 1985 – C. H., Die Stadt, Kunstforum München, 1985 – Filmmuseum Frankfurt, 1986

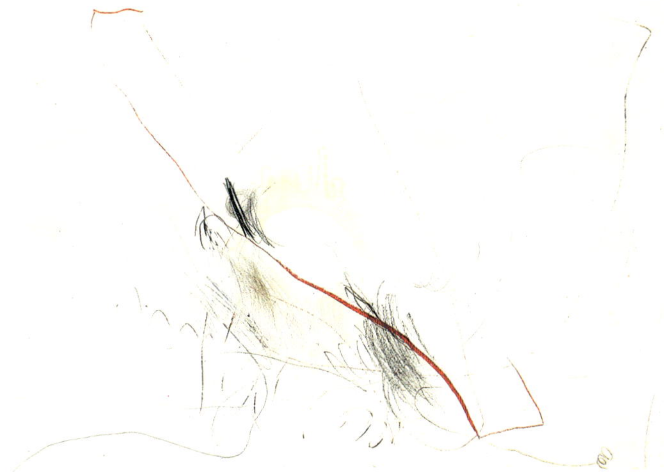

1

2

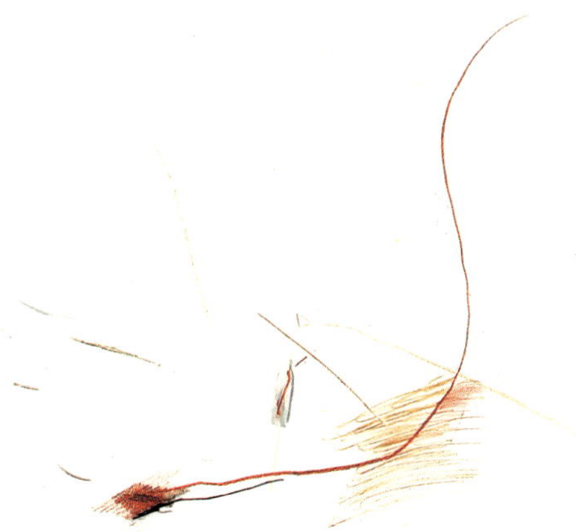

3

4

Erwin Heerich

Geboren 1922 in Kassel
Lebt in Meerbusch

Direkt nach Kriegsende 1945 begann Heerich ein Studium bei Ewald Mataré an der Staatlichen Kunstakademie Düsseldorf (bis 1954). Der Künstler war jedoch nicht von den Strömungen der Nachkriegszeit oder dem Schaffen seines Lehrers beeinflußt. Seine Inspirationsquellen lagen weiter zurück; die Bewegung der Gruppe De Stijl und die des Bauhauses vor dem Zweiten Weltkrieg könnten von geistiger Verwandtschaft zeugen. Die frühen, in den 50er Jahren entstandenen Kartonplastiken, die noch stark figurative Elemente aufwiesen, erinnern an Spielzeug, ordnen sich aber schon ihren stereometrischen Grundformen unter.

Ab 1961 war Heerich Lehrer am Werkseminar in Düsseldorf (bis 1968). In diese Zeit fällt auch die Loslösung von jeglichem gegenständlich-figurativen Vorwurf. Ganz einer konzeptuellen künstlerischen Haltung verbunden, entwickelte er nach ›Regelstrukturen‹ (Heerich) seine kleinen Kartonplastiken, im Laufe der Jahre wurden auch Plastiken aus dünnem Stahl oder anderen Materialien ausgeführt. Der Künstler entwirft seine Arbeiten in der Fläche, er sieht seine künstlerische Leistung nicht in dem fertiggestellten Produkt, sondern in der ihm vorausgehenden Idee. Zeichnung, Kartonmodell und Stahlplastik haben so ebenbürtigen Rang. Heerichs Tätigkeit ist nicht formend im überlieferten Sinne. Er entwirft nach geometrischen Regeln Zentralfiguren, Gruppen oder auch Progressionen. Kein Gegenstand weist inhaltlich über sich hinaus. Die Form an sich, als rational nachvollziehbares, ja nachmeßbares Produkt ohne jegliche individuelle Handschrift beschäftigt den Künstler. Das unterscheidet ihn letztlich auch von der amerikanischen Minimal Art, die die Form als unpersönliches, industriell vorgefertigtes Element zur Raumdefinition benutzt. Insofern ist Heerich noch einem traditionellen Plastikbewußtsein, dem Bemühen um eine autonome Raumform, verhaftet, mit dem er dann Primärstrukturen bezeichnet.

1969 erhielt Heerich eine Professur an der Staatlichen Kunstakademie Düsseldorf, 1974 wurde er Mitglied der Akademie der Künste. Seit 1978 bekam er auch öffentliche Aufträge, und es entstanden zudem größere Plastiken. 1987 wurde ihm der Max-Beckmann-Preis der Stadt Frankfurt verliehen.

Zu den Arbeiten:

Erwin Heerichs Kartonskulpturen und Graphiken stellen häufig die gleichen konstruierten Formengebilde dar. Rhythmisch gegliederte oder gereihte Kuben in perspektivischen Verkürzungen, auch in Verbindung mit Kugel- und Zylinderformen, bilden die Formengrundlage. Den architektonischen Gebilden liegt ein lineares Ordnungssystem zugrunde, das selbst bei den Skulpturen noch als Liniengeflecht auf der Oberfläche liegt und somit das Werk (bei den Zeichnungen ist es ähnlich) nachrechenbar und wiederholbar macht. Die Skulpturen Heerichs erscheinen jedoch als eine endgültig ausgesprochene Form, die Ansichten muß der Betrachter durch ein Umschreiten erfahren. Die als Segmentaufteilung angedeutete Konstruktionsstruktur hilft bei der Nachvollziehbarkeit, ersetzt aber nicht die direkte körperliche Erfahrung. In den Zeichnungen und Kartonschnitten ist das anders. Paradoxerweise läßt gerade die zweidimensionale Zeichnung beim Betrachter ein mehrdeutiges und mehransichtiges dreidimensionales Gebilde entstehen. Der Blick kann ›springen‹ zwischen Vorn und Hinten, Oben und Unten. Mit der Zeichnung ist es möglich, mehrschichtige Aussagen über Körper im Raum auf einem Blatt darzustellen. Der schwarze Hintergrund (oder Vordergrund?) mancher Kartonschnitte und Druckgraphiken macht die Illusion perfekt. MHe

Literatur:

E. H.: Arbeiten auf Papier. Bd. 1, Düsseldorf 1978; Arbeiten aus Karton, Bd. 2, Düsseldorf 1978; Arbeiten im Raum, Bd. 3, Düsseldorf 1980; Arbeiten in Farbe, Bd. 4, Düsseldorf 1980 – E. H., Städtisches Museum Leverkusen, 1980 – E. H., Plastische Modelle und Diagrammzeichnungen, Mannheimer Kunstverein, 1981 – E. H., Räumliche und flächige Diagramme, Museum Haus Esters, Krefeld 1982

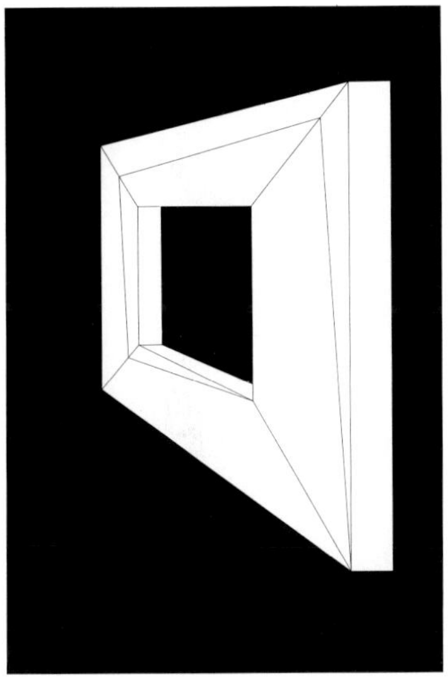

4

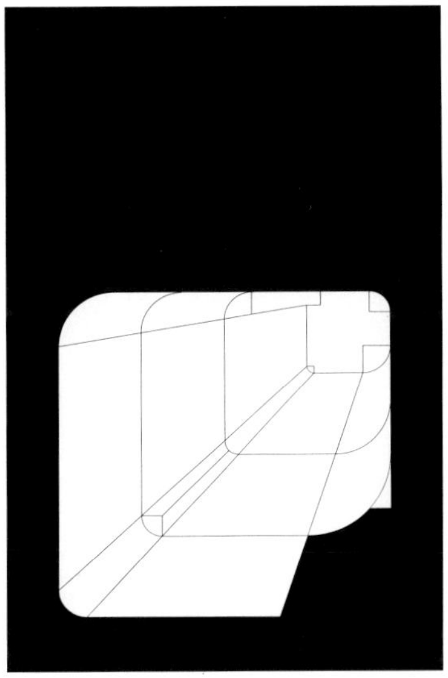

4

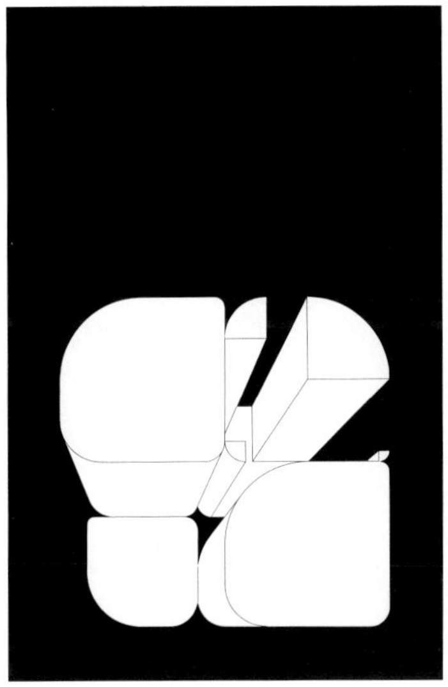

4

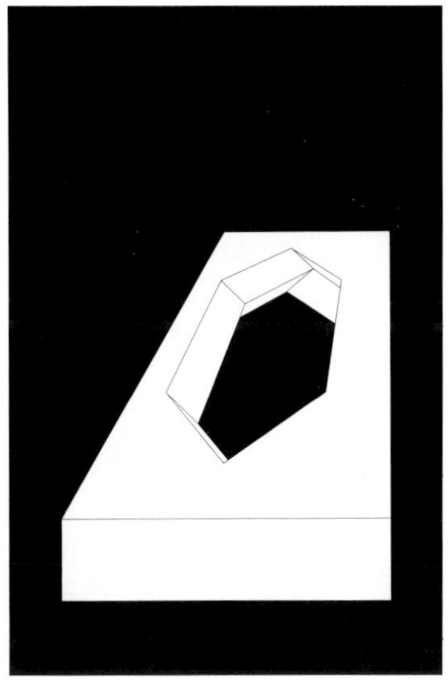

4

Franz Hitzler

Geboren 1946 in Thalmassing (Bayern)
Lebt in München

Franz Hitzler studierte von 1962 bis 1964 an der Kunstschule in Augsburg und von 1967 bis 1972 an der Akademie der Bildenden Künste in München. Noch während der Studienzeit wandte er sich von der Abbildung äußerer Realitäten ab.

Franz Hitzler entwickelte von da an Bilder, auf denen sich Formauflösung und eine Offenheit der Form begegnen. Der Künstler beschreitet offensichtlich zwei entgegengesetzte Wege, die zum Bild führen. Das ist einmal die Zerstörung des Gegenstandes als Reaktion auf die inzwischen abgelehnte Abbildfunktion der Kunst und zum anderen eine gegenstandsfreie Offenheit der Form, die ihren Ursprung in der Tradition des psychischen Automatismus hat. Diese Offenheit der Form drückt sich nicht nur in der Freiheit der Farbverwendung und dem die Bildflächen bedeckenden Liniengeflecht aus, sondern auch darin, daß Hitzler mehrere Teile zusammen- und übereinandermontiert. Bei manchen Arbeiten fühlt man sich deshalb an den Typus der ›shaped canvas‹ (= geformte Leinwand) erinnert. Außerdem wird die Offenheit der Form durch künstlerische Mittel, wie verschiedene Papiere und Mischtechniken, die sich aus Öl-, Acryl-, Aquarellfarben, Tuschen, Kohle, Fett- und Pastellkreiden, Bleistift und Plextol zusammensetzen, unterstützt. Zur Erweiterung der bildnerischen Mittel gehört auch, daß Hitzler sich nicht nur mit Zeichnung und Malerei, sondern auch mit Skulptur beschäftigt.

Bei Hitzlers vorwiegend gestischer Malerei schälen sich Figurationen zeichenhaft heraus. Rhythmische Verflechtungen der Bildelemente, Archaisches, Abstrakt-Formales und Expressives sind zu einer Einheit verbunden. Diese Ausdrucksmittel lassen Beziehungen zu einer Münchener Malertradition erkennen, die sich in Gruppen wie ›Spur‹ (1957/58), ›Wir‹ (1965), ›Geflecht‹ (1966) und ›Kollektiv Herzogstraße‹ (1975–82) artikuliert. Dabei verbinden sich übernational-informelle Formfindungen wie ›Abstrakter Expressionismus‹ und ›L'art brut‹ zu einer neuen Bildsprache, in der auch Franz Hitzlers Arbeiten wurzeln.

Linie und Farbe, Körpergeste und Farbfluß, Gegeneinander von warmen und kalten Farben, Steuerung und Zufall des Malduktus verflechten sich bei Hitzler zu einem persönlichen Diagramm. Die Bilder wirken expressiv, weil der Künstler ursprüngliche Verhaltensweisen wie Ausdruck und beschreibende Bewegung als gestalterische Mittel einsetzt. Dadurch wird der motorische Aspekt des bildnerischen Prozesses hervorgehoben und dessen unmittelbare Auswirkung auf die Darstellung offengelegt. Denn Form, Reichweite und Richtung der Striche sind sowohl durch die mechanische Konstruktion des Armes und der Hand wie auch durch die psychische Verfassung des Künstlers bestimmt. ›Das Bild entsteht in mir aus dem, was sich in der Zeichnung zeigt, und dem, was in mir war.‹ Hitzler versucht also, kollektiv erfahrbare Innenwelten zu gestalten. Dies erreicht er, indem er Strich- und Farbgeflechte so übereinanderlagert, daß sich verschieden tiefe Räume mit unterschiedlicher Sogwirkung bilden. Oft scheinen Augen den Betrachter anzublicken oder Hände ihm zuzuwinken. Gesten, die als Aufforderung zur Reise in die dargestellten Innenwelten interpretiert werden können. In jedem Fall überziehen vibrierende, Unruhe verbreitende Liniennetze die Bildfelder, die nur gelegentlich von betont festen, durchgehenden Strichen oder kleinen, geschlossenen Flächen unterbrochen sind und dem Betrachter Halt bieten. Selbst bei Arbeiten, auf denen menschliche Figuren und Tiere dargestellt sind, ist die psychische Unruhe nicht ausgetrieben. Hitzler erreicht diesen Eindruck, indem er nie mit geschlossenen, sondern mit offenen Parallelkonturen arbeitet, die zusätzlich noch von Farbe überschritten werden. Außerdem verweigert er seinen Figuren einen eindeutigen Hintergrund und läßt sie frei und scheinbar beliebig im Raum schweben. Zusätzlich wird im wahrsten Sinne des Wortes der feste Rahmen verlassen, indem unregelmäßig geformte Bildteile die herkömmlichen Rechteckformen nach allen Seiten überschreiten. Hitzler verzichtet auf den Versuch, mit seinen Bildern eine Ordnung vorzutäuschen und klar zu strukturieren, was nicht überschaubar ist. Insofern bilden Franz Hitzlers Bilder jenseits des Augenscheins die Kompliziertheit von Wirklichkeit ab. Mö

Literatur:

F. H., Arbeiten auf Papier 1984/85, Galerie Fred Jahn, München 1985 – F. H., Gemälde und Gouachen, Augsburger Kunstverein, 1989

3

4

Antonius Höckelmann

Geboren 1937 in Oelde (Westfalen)
Lebt in Köln

Die Ausbildung zum Holzbildhauer, die Höckelmann von 1951 bis 1957 in einer Werkstatt seines Geburtsortes Oelde absolvierte, war prägend für die weitere künstlerische Laufbahn. Es ist bezeichnend, daß Höckelmanns erste bildnerische Erfahrungen von dem Kontakt mit dreidimensionalen Gestaltungen herrühren. Von 1957 bis 1961 studierte er an der Hochschule für Bildende Künste in Berlin bei Karl Hartung. Es entwickelte sich parallel zur Arbeit am dreidimensionalen Gebilde ein zeichnerisches Werk, das sichtlich von plastischem Denken geprägt ist.

Während eines mehrmonatigen Neapel-Aufenthaltes gelang Höckelmann die erste wirklich eigenständige Ausformung eines dreidimensionalen Gebildes. Die graphisch-malerischen Arbeiten wie auch die Plastiken Höckelmanns sind jedoch nicht vollkommen abstrakt. Anklänge an weibliche Physiognomie, allerdings ohne abbildenden Charakter, sind spürbar. Die Gebilde des Künstlers wachsen nicht nach der Natur, sondern parallel zur Natur. Höckelmann setzte sich zu Beginn der 60er Jahre mit den geschichtlichen Anfängen moderner Plastik auseinander, ihn interessierten die Raumauffassung Bellings wie auch die Oberflächenbehandlung der Skulpturen Freundlichs. Aber der Künstler beschäftigte sich ebenso mit dem Manierismus des 16. Jahrhunderts wie auch mit der künstlerischen Arbeit von Baselitz.

Höckelmann wehrte sich in den 60er Jahren gegen die Vermarktung seiner Kunst. Zum Lebensunterhalt arbeitete er als Postarbeiter (bis 1979). Im Übergang zu den 70er Jahren entwickelte sich zunehmend ein ikonographisches Moment, es tauchten menschliche Gestalten in den Werken auf. Zur Inspiration benutzte der Künstler u. a. auch Photos oder Zeitungsseiten. Die Gegenstände werden aber nie zum Vorwurf für die Komposition, sondern ordnen sich einer innerbildlichen Dynamik unter. In letzter Konsequenz werden die bisherigen Gestaltungselemente im plastischen Bereich zu einer großen symbolischen Gesamtkonzeption gefügt (*Großer Ring*, 1976–78), die auch aus verschiedenen Materialien, z. B. Styropor, Stroh u. a., bestehen können. Entwicklungen in der Zeichnung und im plastischen Bereich befruchten sich in Höckelmanns Werk gegenseitig.

Zu den Arbeiten:
Antonius Höckelmann sagt von der Zeichnung, sie sei ›plastischer als die Plastik‹. Seine Zeichnungen können diese Aussage nur bestätigen. Die Arbeiten suggerieren in ihrer Eindimensionalität eine Tiefenräumlichkeit, die in der Plastik nur durch einen Wechsel des Betrachterstandortes erfahrbar ist. Die wurzelhaften, organoiden Strukturen der Bilder aus den 60er Jahren ziehen sich in den Zeichnungen der 70er Jahre stärker zu spannungsgeladenen Strömungen innerhalb der Bildfläche zusammen. In dramatischen Wirbeln, manchmal auch nur in gestisch geschwungenen Tuschstrichen rhythmisiert Höckelmann die Bildfläche. Es gibt keine Anhaltspunkte für die Lage der Elemente im Raum, lediglich die Plastizität der sich zu Wucherungen verfestigenden Strömungen und gerundeten Formen ist in manieristischer Weise in hellen Strichlagen als Höhung betont. Die Räumlichkeit ist mit dem Auge in ihrer Vielansichtigkeit erfaßbar. Die wirbelnden, gespinstartigen Strukturen sind in ihrer Oberfläche sowie auch in ihrer plastischen Allansichtigkeit erkennbar.

In den 80er Jahren entwickelte sich aus zusammengeballten Strichlagen, Kräftefeldern und vereinzelt auftauchender Gegenständlichkeit die verstärkte Konzentration auf ein Bildmotiv. Die dargestellten Figuren scheinen sich, wie z. B. im Fall der Schafe, Pflanzen und Köpfe, dem Bildformat anzupassen. Nie zeigt sich das Motiv selbstbewußt und selbständig, es wird dominiert von äußeren formalen Gegebenheiten, den Blattgrenzen, denen es sich zu beugen hat. Zudem bleibt die Erscheinung der Dinge in Höckelmanns Bildern immer in das Gespinst der Linien und Schlingstrukturen eingebunden; die tatsächlich abgebildeten Pflanzen scheinen mit einer abstrakten Kraft zu kämpfen, künstliche, vegetabile Wachstumsstrukturen stehen den abgebildeten Lebensformen gegenüber und bilden ein spannungsvolles Gleichgewicht. MHe

Literatur:

A. H., Kunsthalle Köln, 1980 – A. H., Bildhauer und Zeichner, Galerie Zimmer, Düsseldorf 1987 – A. H., Städt. Galerie Albstadt; Leopold Hoesch – Museum, Düren; 1989

2

3

5

Karl Horst Hödicke

Geboren 1938 in Nürnberg
Lebt in Berlin

Hödicke studierte von 1959 bis 1964 an der Hochschule für Bildende Künste in Berlin bei Fred Thieler. 1960–64 war er Mitglied der Gruppe Vision; 1964 gründete er mit anderen die Selbsthilfegalerie Großgörschen 35 in Berlin, in der er im selben Jahr seine erste Einzelausstellung veranstaltete. Unter dem Einfluß seines Lehrers Thieler entstanden Anfang der 60er Jahre vehemente Kompositionen auf der Grundlage des Tachismus, die jedoch figürliche Motive wiedergaben (*Zinnober,* 1962). Trotz gegenständlicher Darstellungen standen gestischer Duktus der Malerei und der Eigenwert der Farben im Vordergrund dieser Arbeiten. Um 1964, in den *Passage*-Gemälden, wurde Hödickes Malerei flächiger. Sein Interesse richtete sich nun auf ausschnitthafte Straßenszenerien mit Neonreklamen und spiegelnden Schaufenstern – Alltäglichkeiten, zu deren künstlerischer Wiedergabe die Erfahrungen der Pop Art beitrugen. Wesentliches Element war dabei, neben der Auseinandersetzung mit künstlichem Licht und dessen Spiegelungen, die Bewegung. Zwischen Mitte der 60er und Anfang der 70er Jahre entstanden vor allem Objekte, in denen er sich mit Duchamp und Magritte auseinandersetzte (u. a. zusammengefaßt als *Der europäische Koffer,* 1967 bis 1976). Höhepunkt seiner objektkünstlerischen Beschäftigung waren die Installationen mit gefüllten, an der Wand hängenden Teertonnen, aus denen der fast erstarrte schwarze Teer langsam, über Wochen hinweg, in Bahnen auf den Boden floß und so eine zeitliche Dimension sichtbar werden ließ (*Kalter Fluß,* 1969; *Großer kalter Fluß,* 1971).

Anfang der 70er Jahre begann Hödicke wieder intensiv mit der Malerei, die zunächst an den früheren Bildern anschloß (*Selbstporträt,* 1973). 1974 entstand die Serie *Schöneberger Himmel,* in der er den Blick aus umbauten Hinterhöfen auf den durch aufgetragenes Blattsilber metallisch glänzenden Himmel wiedergab, im folgenden Jahr die Reihe der regennassen *Kopfsteinpflaster.* Überwogen in ihnen der formal strenge Aufbau und der an der Wirkung der Lichtreflexe orientierte Pinselstrich, löste sich in den danach entstandenen Bildern die Komposition in große Flächen aus expressiven, weniger detailorientierten Pinselschwüngen auf (*Im Gegenlicht,* 1976). Nach einer Serie von Berliner Stadtlandschaften (*Gobi,* 1977) trat Ende der 70er Jahre die menschliche Figur in den Mittelpunkt, die er in alltäglichen Szenen (*Die Schöne und das Biest,* 1979) wie auch in mythologischen Kompositionen (*Argonauten,* 1981; *Medea,* 1982) darstellte.

Zu den Arbeiten:

Die in der Sammlung vorhandene umfangreiche Werkgruppe von Arbeiten Hödickes umspannt den Zeitraum von 1973 bis 1983, u. a. mit den frühen Aquarellen *ARAG* und *Turm*, und gibt in exemplarischen Werken einen umfassenden Überblick über sein Schaffen dieser Jahre. Schon in der flüssig linearen Darstellung *Beach Ball* (1975) und der noch zeichnerisch angelegten *Potsdamer Straße* (1978), bei der die Farbe als Kolorierung der Zeichnung dient, dann in den zwei Jahre später entstandenen Blättern *Tanzende Kali* sowie in dem großformatigen Gemälde *Kusamba* aus dem gleichen Jahr werden thematisch die Reiseerlebnisse eines Südostasienbesuchs verarbeitet – ähnlich wie bei den aus fließenden Pinselschwüngen bestehenden *Schafen* (1982), die nach Irlandaufenthalten entstanden. Im Zusammenhang der Beschäftigung mit antiker Mythologie steht das großformatige Blatt *Narziß (Kolumbus),* dessen eigentümlicher, doppeldeutiger Titel Schlüssel für die Mehrschichtigkeit der Darstellung sein kann: zum einen die Geschichte des schönen Jünglings, der sein Spiegelbild selbstverliebt im Wasser betrachtet, zum anderen die Gestalt des aufgestützt kauernden Mannes (dessen Vorbild deutlich in Lehmbrucks Skulptur ›Der Gestürzte‹ zu sehen ist), der mit seinem langgestreckten Körper Kontinente zu überbrücken scheint.

Lu

Literatur:

K. H. H., Badischer Kunstverein Karlsruhe, 1977 – K. H. H., Bilder 1962 bis 1980, Haus am Waldsee, Berlin 1981 – K. H. H., Berlin & Mehr, Kunstverein Hamburg, 1984 – K. H. H., Gemälde, Skulpturen, Objekte, Filme, Kunstsammlung Nordrhein-Westfalen, Düsseldorf; Kunsthalle Mannheim, 1986/87 – K. H. H., Fuchsien, Galerie Gmyrek, Düsseldorf 1989

1

4

12

Ottmar Hörl

Geboren 1950 in Nauheim bei Groß-Gerau
Lebt in Frankfurt am Main

Studium an der Staatlichen Hochschule für Bildende Künste in Frankfurt bei Prof. Johannes Schreiter und an der Staatlichen Kunstakademie in Düsseldorf bei Prof. Klaus Rinke.

Der Bildhauer Hörl ist zunächst an räumlichen Problemen interessiert, am Spannungsverhältnis von Drei- und Zweidimensionalität, an perspektivischen Möglichkeiten und verschiedenen Arten der Wahrnehmung. Er hat Skulpturen aus Wellscobalit geschaffen, die farbig bemalt wurden und so den eindeutigen Wellencharakter des Materials einbüßten. Der Betrachter reagiert irritiert auf die nur augenscheinliche Vermischung von Material und Farbe. Hörl hat diese Spannung in seinem Ausstellungskatalog ›Plastik‹ so beschrieben: ›Die entstandenen Formen und Strukturen sind zueinander als Einheit zu verstehen, ohne daß sie ihre jeweilig unterschiedlichen Merkmale aufgeben. Sie vermitteln sich, wie sie sind und durch das, was sie sind.‹

Um die Irritation des Betrachters geht es Hörl auch in seinem zweiten Betätigungsfeld, der Photographie. Auch hier reizen ihn die Fragestellungen, die sich aus der räumlichen Wahrnehmung in der Bewegung ergeben. Die vier Werkgruppen, die in dem Ausstellungskatalog ›Ohne Untertitel Konzepte‹ aus dem Jahre 1983 dokumentiert sind, knüpfen zum Teil bereits im Titel an den bildhauerischen Kontext, von dem sie beeinflußt sind, an: *Die große Vertikale, Die große Diagonale* und *Horizontale Rotation.* Für diese Arbeit hat Hörl die Kamera mit einem automatischen Transportmotor ausgerüstet, der 3,5 Aufnahmen pro Sekunde ›schießen‹ kann, ohne daß die Kamera jeweils vom Photographen ausgelöst werden muß. Die eigentliche Arbeit des Künstlers hat vor der Realisierung seines Konzeptes stattgefunden. Hörl hat sich sehr extreme Möglichkeiten von Stadt- oder Umwelterfahrung ausgesucht, das selbständige Agieren seiner Kamera kalkuliert, den Auslöser der automatischen Kamera betätigt und die Kamera danach ›machen lassen‹.

In *Die große Vertikale* wurde die Kamera vom Dach eines 160 Meter hohen Hauses in der Frankfurter Innenstadt geworfen. Sie lichtete zunächst, willkürlich angeschnitten, den Photographen und danach die wirbelnden Bilder ihres Absturzes bis zum Aufschlag ab. *Die große Diagonale oder Hommage à Beckmann* ist eine Auseinandersetzung mit dem von Max Beckmann so eindringlich gemalten Eisernen Steg. Hier hat ein Hammerwerfer die automatische Kamera von der Mitte des Eisernen Stegs diagonal in Richtung Frankfurter Innenstadt geschleudert. Die Kamera hat den gesamten Wurf bis zum Sturz in den Main festgehalten.

Für *Horizontale Rotation* wurde die Kamera auf die Radfelge eines Autos montiert, um so die Fahrt über die Obermainbrücke in Richtung Sachsenhäuser Ufer zu dokumentieren.

Das Konzept *Duell im Stadtwald* geht dem Ausdruck ›ein Bild schießen‹ nach: Ein Schütze zielte mit dem Gewehr auf das Objektiv der Kamera, die durch Fernbedienung gleichzeitig mit dem Schuß ausgelöst wurde. Die einzelnen, willkürlich entstandenen Bilder zeigen überraschende, zum Teil verfremdete Ausschnitte aus einer Wirklichkeit, die tagtäglich tausendfach gesehen, aber nicht mehr bewußt wahrgenommen wird. Der Automatismus ihrer Entstehung schafft dem Betrachter einen neuen Zugang zur alltäglichen Umgebung. HiS

Literatur:

O. H., Plastik, Galerie ak, Frankfurt 1982 – O. H., Ohne Untertitel – Konzepte, Galerie ak, Frankfurt 1983 – Kunst aus Frankfurt, Kulturzentrum Kammgarn, Schaffhausen 1987

1

1

1

1

Rebecca Horn
Geboren 1944 in Michelstadt
Lebt in Berlin, Paris und New York

Nach ihrem Studium an der Hamburger Hochschule für Bildende Künste war Rebecca Horn 1971/72 zunächst in London tätig, lebte und arbeitete danach vor allem in New York (unterbrochen von zeitweiligen Berlin-Aufenthalten und einer Gastdozentur am California Art Institute, 1974). Für eine Filmproduktion in Italien und anläßlich größerer Ausstellungsbeteiligungen (ab 1979) kehrte sie nach Europa zurück. 1989 erhielt Rebecca Horn eine Professur an der Hochschule für Bildende Künste in Berlin.

Ihre seit 1968 vorgeführten Körperplastiken (*Einhorn,* 1971; *Handschuhfinger,* 1972; *Kopf-Extension,* 1972) ließen als Zusammenwirkung von Instrumenten und Trägern Bewegungsabläufe entstehen, in denen Menschen und Gegenstände miteinander agieren. Photo- und Filmversionen (*Performances I + II,* 1972/73) dokumentierten diese prozessualen Arbeiten. Ein bevorzugtes Material Horns wurden später Pfauenfedern, die, in Gestalt von ›Fächerflügeln‹ und Gewändern gebraucht, Körper-Raum-Erfahrungen vermittelten.

Der Rhythmus von Öffnen und Verschließen dieser Apparate ist, an Max Ernsts ›Einkleidung der Braut‹ erinnernd, bereits in den Videobändern *Paradieswitwe* (1975) allegorisch deutbar. Anstelle von Operateuren erforderte *Die chinesische Verlobte* (New York 1976) die Teilnahme des Betrachters, der beim Eintritt in eine sechseckige Kabine von sich schließenden Türen kurzfristig eingesperrt wurde und in der entstandenen Dunkelzelle die Stimmen zweier chinesischer Mädchen zu hören bekam, bevor er wieder in den hellen Galerieraum entlassen wurde. Seitdem inszenierte Horn räumliche Handlungssequenzen gleichermaßen beteiligter Subjekte und Objekte für die Kamera – für ihre komponierten Filme, die, wie Träume und Fabeln es vermögen, Figuren, Dinge und Tiere in poetischen, symbolgeladenen Bildern verbinden. Für *Der Eintänzer* (1978) ließ sie in ihrem New Yorker Atelier improvisierende Rollendarsteller und einbezogene Gerätschaften kommunizieren, tanzen und musizieren, maschineschreiben und Telefondialoge führen, schaukeln und kochen. Alle Ereignisse entfalteten sich im Raum und verdichteten sich zu einer Geschichte in einer Ballettschule.

In *La Ferdinanda – Sonate für eine Medici-Villa* (1981) ritualisieren die – monadenhaft in einer Scheinwelt lebenden, von einer alternden Operndiva protegierten – Personen ihre Obsessionen. Requisiten ihrer Filme zeigte Horn in umfangreichen Rauminstallationen. In dem von ihr gestalteten Karlsaue-Tempel der ›documenta 7‹ bewegte sich, durch Lockrufe lebender Pfauenmännchen akustisch erregt, eine Maschine, deren Schweif aus Metallfühlern sich spreizte und den Raum durchstreifte. Horns Installation *Körper-Raum-Reflexe* (Düsseldorf 1984) kombinierte in einer Kammer eine Quecksilberlache mit drei Hämmerchen und einem auf ein Gänseei gerichteten dünnen Eisenstab, die zusammen regelmäßig wiederholte, maschinell ausgelöste Bewegungsabläufe vollzogen. Di

Literatur:

R. H., Zeichnungen, Objekte, Video, Filme, Kölnischer Kunstverein, Köln 1977 – R. H., Der Eintänzer, Kestner-Gesellschaft, Hannover 1978, R. H., La Ferdinanda – Sonate für eine Medici-Villa, Staatliche Kunsthalle Baden-Baden, 1981 – R. H., Kunsthaus Zürich u. a., 1983/84 – Musée d'Art Moderne de la Ville de Paris, 1986

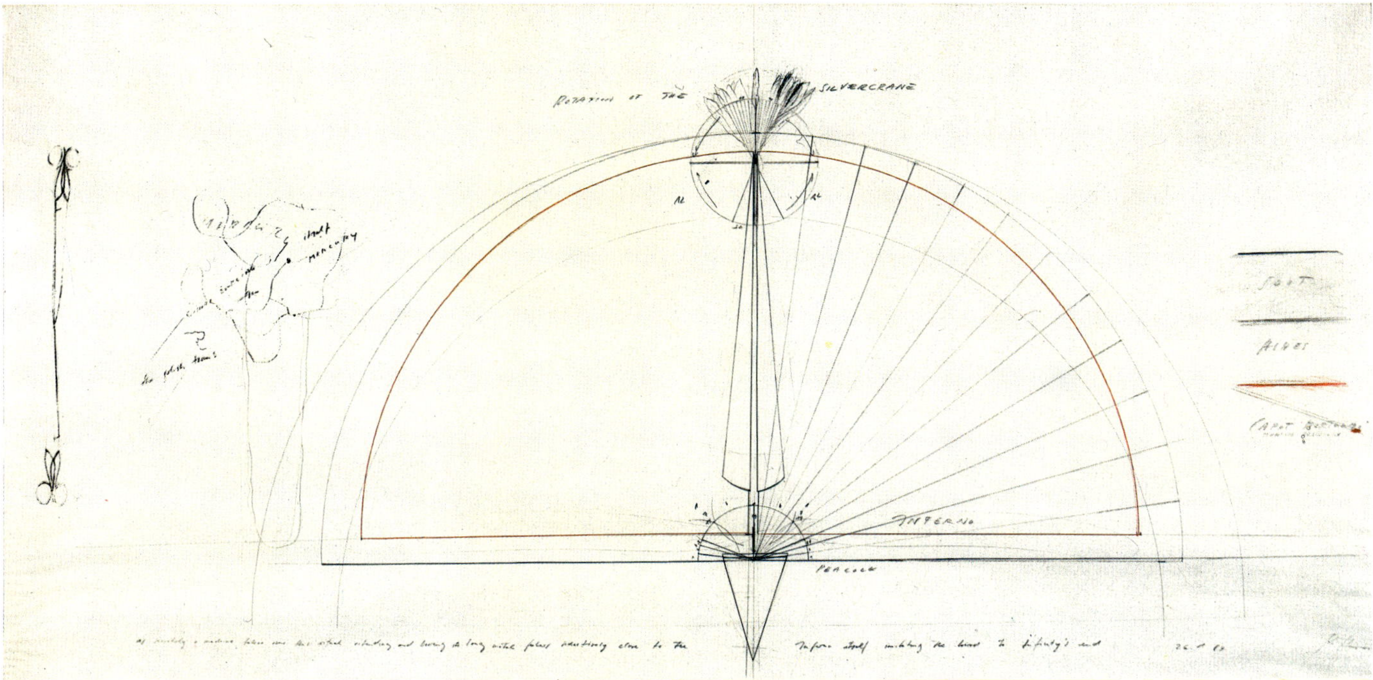

1

Leiko Ikemura
Geboren 1951 in Tsu Mie (Japan)
Lebt in Köln und Zürich

›Ich bin ein einzelnes Schiff, das ohne Zögern in den europäischen Kulturhochmut eindringen will. Hiermit möchte ich ein Beispiel sein, um neue Kraft zu gewinnen durch das Zusammentreffen zweier Welten.‹ Diese Sätze Leiko Ikemuras spiegeln ihr Selbstverständnis als Künstlerin, die in einer ihr zunächst fremden kulturellen Welt lebt, recht genau wider. Die Künstlerin lernte die Tradition und Denkweisen Japans in ihrem japanischen Elternhaus kennen, wandte sich jedoch schon bald, bedingt auch durch die Amerikanisierung Japans nach dem Zweiten Weltkrieg, der westlichen Kultur zu.

1970–1972 studierte sie spanische Literatur und Sprache an der Universität von Osaka und belegte nebenher Kurse in Malen und Zeichnen. Zur Vertiefung ihrer Studien verließ sie Japan und ging nach Salamanca und Granada. Dort verstärkte sie ihre künstlerischen Aktivitäten so weit, daß sie 1973 ein Kunststudium an der Kunstakademie in Sevilla beginnen konnte. Die provinzielle Enge des dortigen Kunstlebens veranlaßte Ikemura 1979, in die Schweiz überzusiedeln. Hier hatte sie ab 1980 ihre ersten Ausstellungen und Erfolge, die sich auch in die Bundesrepublik Deutschland auswirkten. Neben mehreren Schweizer Kunstpreisen wurde sie 1983 ›Stadtzeichnerin von Nürnberg‹ und konnte mehrere Einzelausstellungen auch in der Bundesrepublik durchsetzen.

Die Bilder Ikemuras, die geprägt sind durch die Berührung zweier entgegengesetzter kultureller Pole, zeigen fast immer Tiere, Menschen oder Zwitterwesen, Tiermenschen. Das Tier bringt Ikemura in Verbindung mit Sinnlichkeit, Unverdorbenheit und Spontaneität, während der Mensch von der Zivilisation verdorben ist und den Intellekt vor seine intuitiven Emotionen stellt. Daher wünscht sich Ikemura in ihren Bildern den Menschen mit diesen ›tierischen‹ Eigenschaften versehen und schafft ein ahistorisches, menschliches Wesen, das sich in Einklang mit der Natur und dem Kosmos fühlt. So, wie sie Mensch und Tier zu einem Wesen verbindet, so verbindet sie häufig Männliches mit Weiblichem und läßt ein androgynes Wesen entstehen, das die Eigenschaften beider Geschlechter vereinigt.

Bestimmte Bildthemen und Darstellungen Ikemuras verweisen auf altes japanisches Gedankengut, das dem Buddhismus und Schintoismus verpflichtet ist. Die Menschen, Tiere und Gegenstände auf ihren Bildern sind eingebunden in die Natur und Teil einer sie bewegenden kreisenden Kraft. Sie sind dem Kosmos ausgeliefert, mit dem sie verschmelzen wollen. Dem entspricht, daß die Menschen und Tiere, vor allem in ihren früheren Bildern, fliegend, schwebend, ohne festen Boden unter den Füßen, dargestellt wurden. Diesem zirkularen Denken der östlichen Welt ist das hierarchische Denken der abendländischen Kultur diametral entgegengesetzt.

In Ikemuras letzten Bildern wird jedoch eine neue Raumauffassung deutlich. Die Figuren durchziehen nicht mehr den Raum, sondern sind diesem stärker verhaftet. Parallel hierzu entwickelt sie eine unruhigere und differenziertere Pinselführung und Farbgebung.

Noch etwas anderes erinnert auf den Bildern Ikemuras an japanisches Lebensgefühl. Die Gesichter ihrer Bildgestalten drücken häufig Trauer, ja Schmerz aus. Schmerz bedeutet für Ikemura nicht Leiden, sondern einen kontemplativen Zustand in der Erfahrung von Vergänglichkeit. Dieses Gefühl darf nicht mit dem christlichen Vanitas-Gedanken verwechselt werden. ›Ich glaube, daß das Vergänglichkeitsgefühl in Japan mehr auf den Alltag bezogen ist. Es ist die sentimentale Konfrontation mit dem Alltags-Tod. Es ist ein ‚Ach'-Gefühl z. B. gegenüber einer verwelkenden Blume.‹ Auch die Erotik, eine wichtige Komponente in den Bildern Ikemuras, ist bei ihr, obwohl sie als Energiequelle betrachtet wird, mit Trauer verbunden.

Das Medium der Zeichnung sieht Ikemura als ›eine autonome Sache‹ und ›das bessere Mittel, um Gedanken auszudrücken‹. So zeichnet sie häufig mit Kohle, schnell, spontan und assoziativ. Charakteristisch für die Darstellungsweise von Leiko Ikemura ist die Verbindung von privater und allgemeiner Mythologie, mit der sie versucht, den östlichen und den westlichen Geist in eine für sie gültige Form zu bringen.

Su

Literatur:

L. I., Bonner Kunstverein, 1983 – Noemi Smolik, in: ›Kunst Köln‹ 3/1986 – L. I., Gemälde, Zeichnungen 1980–1987, Museum für Gegenwartskunst, Basel 1987

1

2

3

4

Jörg Immendorff

Geboren 1945 in Bleckede bei Lüneburg
Lebt in Düsseldorf, Hamburg und Frankfurt

Von 1963 bis 1964 studierte Immendorff an der Kunstakademie Düsseldorf in der Klasse für Bühnenkunst bei Theo Otto. Nach 1964 trat er in die Klasse Joseph Beuys' ein, wo er 1965/66 verschiedene Aktionen mit sozialem Inhalt an der Kunstakademie veranstaltete. Zwischen 1968 und 1969 beteiligte sich Immendorff an neodadaistischen Aktionen unter dem Namen Lidl in Düsseldorf und anderen Städten. Er verfaßte Texte, die er im Offsetverfahren herstellte und als Lidl-Botschaften verbreitete. Gleichzeitig arbeitete er während der Zeit von 1968 bis 1980 als Kunsterzieher an einer Düsseldorfer Hauptschule. Er erhielt 1981 eine Gastprofessur an der Kunsthochschule Stockholm, 1982/83 weitere Lehraufträge an der Kunstakademie Hamburg, der Klasse F+F in Zürich und der Kunstakademie Trondheim (Norwegen). Seit 1989 ist Immendorff Professor an der Städel-Schule in Frankfurt.

Sein Diktum ›Hört auf zu malen‹ entstand 1965, und Immendorff lehnte zunächst für längere Zeit Malerei als Mittel künstlerischen Ausdrucks tatsächlich ab. Er beteiligte sich aktiv an den politischen Auseinandersetzungen der frühen 70er Jahre und malte agitatorische und propagandistische Bilder und Plakate im Stil des sozialistischen Realismus. 1977 fand eine Begegnung mit A. R. Penck in Ost-Berlin statt, der verschiedene gemeinsame künstlerische Aktivitäten folgten, die die deutsch-deutsche Freundschaft zum Thema hatten. Die erste gemeinsame Ausstellung in Köln 1977, ›Penck mal Immendorff, Immendorff mal Penck‹, fand in der Galerie Michael Werner statt. 1978 begann er mit der Arbeit am *Café Deutschland*, einem Zyklus von Bildern und Gouachen, die voller Symbolik eines geteilten Deutschland sind. In seiner Malerei nahm er in einer ironischen Scheinnaivität zu politischen Situationen und zum Problem künstlerischen Tuns Stellung. Er antwortete mit den ersten *Café Deutschland*-Bildern auf das berühmte Bild *Caffé Greco* des von der italienischen KP geförderten Künstlers Renato Guttuso. Sowohl in der künstlerischen Auseinandersetzung stellte er sich in Gegensatz zu Guttuso als auch darin, daß Immendorff die konkrete politische Situation im geteilten Deutschland zum Thema machte.

Zu den Arbeiten:

In den Linolschnitten bekommen die Szenen eine ganz eigene Intimität. Die lebendigen Darstellungen, die eine gewisse Unruhe hervorrufen, sind – wie in den großen Ölbildern auch – voller Symbole und Personen, die für die beiden kontrastierenden politischen Systeme stehen. Er benutzt bestehende und ›vorbelastete‹ Symbole wie den Adler, das Brandenburger Tor, die Quadriga mit der Siegesgöttin, Hammer und Sichel bzw. Zirkel und führt neue Symbole ein, wie die Naht (für das getrennte Deutschland), die Systemklemme, die Eisschollen – ein ganz bewußter Umgang mit unserer Geschichte, unseren Monumenten und deshalb auch mit unserer Identität. Er bedient sich dieses Symbolvokabulars, wo und wie sie inhaltlich und kompositorisch im Bild am sinnvollsten plaziert sind, und möchte die ›Inhalte‹ seiner Bilder mehrdeutig belassen, was durch die oft eingeschriebenen Titel noch unterstrichen wird. Die überwiegend in Braun-, Blau- und Violettönen gehaltenen Linolschnitte haben deshalb keine eindeutige Lesart. ›Je intensiver ich meinen Standort formuliere, je eher empfängt ein anderer Material, mit dem er arbeiten kann. Ich gehe heute mehr von mir als Betroffenem aus und stelle meine Welt zur Verfügung, die aufgebaut und genährt ist von der realen Erfahrung und die authentisches optisches Informationsmaterial liefert‹ (J. Immendorff im Interview mit J. Huber, Katalog, Zürich 1983).

Schm

Literatur:

J. I., Café Deutschland, Galerie Michael Werner, Köln 1978 – J. I., Café Deutschland, Kunstmuseum Basel, 1979 – J. I., Teilbau, Galerie Neuendorf, Hamburg 1981 – J. I., Café Deutschland/Adlerhälfte, Kunsthalle Düsseldorf, 1982 – J. I., Café Deutschland Gut – Linolschnitte 82/83, Kunsthalle Hamburg, 1984 – J. I., Kunstverein Braunschweig, 1985 – J. I., Zeichnungen – Eine Retrospektive, Roemer und Pelizaeus-Museum, Hildesheim 1989

2

8

Horst Janssen
Geboren 1929 in Hamburg
Lebt in Hamburg

In Oldenburg aufgewachsen, kam Janssen 1945 nach Hamburg, wo er im folgenden Jahr mit seinem Studium an der Landeskunstschule bei Alfred Mahlau begann. Hier wandte er sich unter dem Einfluß seines Lehrers schon früh Illustrationen, Holz- bzw. Linolschnitten und vor allem der Zeichnung zu, die sein weiteres künstlerisches Werk bestimmte. 1952, ein Jahr nachdem er die Kunsthochschule verlassen mußte (und 1954/55), erhielt er in Aschaffenburg die Möglichkeit, großformatige Lithographien zu zeichnen, in denen er die gesamte ihm zur Verfügung stehende Fläche für die Darstellung ausnutzte. In den monumentalen Farbholzschnitten der 50er Jahre gelang Janssen eine eigenständige Bildsprache, in der großflächige figural-gegenständliche Abstraktionen mit kleinteilig strukturierten Flächen kontrastiert wurden (*Die Brücke,* 1958, *Chamäleon,* 1961).

Mit dem Beginn der Radierungen Ende der 50er Jahre wurde die bisher überwiegende Flächenhaftigkeit von den graphischen Möglichkeiten der Linien verdrängt, die sich bis Mitte der 60er Jahre stilistisch und, in der Verdichtung der Formen, auch formal kompositorisch an den Arbeiten von Jean Dubuffet orientierte. Thematisch waren es, neben Porträts und Selbstbildnissen, groteske figürliche Szenen (*Tischgesellschaft,* 1959) aus dem Kneipen- und Prostituiertenmilieu. Einen Hauptschwerpunkt im Werk Janssens bildeten seit Anfang der 60er Jahre die obsessiv entstandenen Selbstporträts, in denen er sich auf unterschiedlichste Weise, z.T. in selbstzerstörerischer Sezierung, darstellt (z.B. Radierungen zu *Hannos Tod,* 1972; *Paranoia,* 1982). 1970 wandelte sich sein Werk grundlegend, wenn auch die Selbstbildnisse weiterhin in großer Anzahl entstanden. Nun wurden ›die krüppelhaften Gnome, die geilen Sybillchen‹ des Frühwerkes gegen die Darstellung von Landschaften und gegen sogenannte Kopien ausgewechselt, die in umfangreichen Serien entstanden und publiziert wurden. In den Kopien eignete sich Janssen stilistische und motivische Merkmale von kunstgeschichtlichen Vorbildern (u. a. Botticelli, Piranesi, Meryon, Goya sowie ostasiatische Kunst) an, die er im folgenden paraphrasierte und immer wieder variierte. Dabei erhält insbesondere in den neueren Arbeiten die Farbe ein stärkeres Gewicht.

Zu den Arbeiten:

In einem wichtigen Hauptwerk der letzten Jahre, den 15 blattgroßen Radierungen der 1980 entstandenen Suite *Nigromontanus,* vereinen sich unterschiedliche, für das Werk Janssens typische Elemente. Grundlage bildet Ernst Jüngers Text, der, abgeschrieben – also kopiert – und im Druck spiegelbildlich wiedergegeben, zur unlesbaren graphischen Struktur wird. Immer wieder durchsetzt und überlagert von Stilleben unterschiedlicher Größe und kaum erkennbaren figürlichen Details aus historischen Anatomien, legt diese virtuose Text-Bild-Symbiose die subtilen, höchst persönlichen, aber ebenso verschlüsselten Symbole eines spielerischen wie tragisch existentiellen Werkes offen. Lu

Literatur:

H. J., Kunstverein Hamburg, 1979 (4 Bde.) – H. J., Retrospektive auf Verdacht, Museum für Kunst und Gewerbe, Hamburg 1982 – H. J., Zeichnungen, Albertina, Wien 1982 – Stefan Blessin: H. J., Eine Biographie, Hamburg 1984 – H. J., Farbholzschnitte, Werkverzeichnis 1957 – 1961, Hamburg 1987

2

3

Magdalena Jetelova

Geboren 1946 in Semily (Tschechoslowakei)
Lebt in München und Düsseldorf

Von 1965 bis 1971 Studium an der Akademie der Bildenden Künste in Prag. 1967 bis 1968 Studium an der Academia di Brera in Mailand bei Professor Marino Marini. 1984 erhält sie das Arbeitsstipendium der Landeshauptstadt München in der Villa Walberta. 1986 ist sie Preisträgerin des Wettbewerbs ›dimension V‹ der Philip-Morris-GmbH, 1988 wird ihr der Kölner Kunstpreis Glockengasse und 1989 der Darmstädter Kunstpreis verliehen.

Magdalena Jetelova ist in erster Linie Bildhauerin, sie hat große Skulpturen aus roh behauenem Birnenholz und anderen Harthölzern geschaffen. Ihre Skulpturen sind archaisch, kraftvoll, versperren den Blick des Betrachters, schrecken ihn auf und erinnern gleichzeitig an frühzeitliche, überschaubare und damit verstehbare Zusammenhänge menschlichen Lebens, weshalb auch ein Gefühl von Geborgenheit aufkommt.

Das Werk Magdalena Jetelovas spiegelt die Beschäftigung mit den einfachen Formen menschlichen Lebens, das dem Menschen der hochtechnisierten Welt abhanden gekommen ist. Nicht zufällig hat Magdalena Jetelova an der Ausstellung ›Der Stuhl im 20. Jahrhundert‹ 1982 im Museum für Angewandte Künste in Prag teilgenommen. Ihre Skulpturen sagen dem Betrachter: ›Seht her, das haben die Hände eines Menschen gemacht!‹ Sie haben nichts gemein mit dem perfekten Design der technischen Ästhetik von Erzeugnissen der Computerindustrie, die in ihrer Winzigkeit oder ihrer gigantischen Größe den menschlichen Maßstab verloren haben.

Wenn es so etwas wie die Postmoderne in der Bildhauerei gibt, gehört Magdalena Jetelova – bei aller Fragwürdigkeit des Begriffs – dazu. Ihre Skepsis gegenüber dem technischen Zeitalter, die elementare Freude am Material und der entschiedene Umgang damit, der nichts Glättendes, Beschönigendes an sich hat, gehören in diesen Kontext.

Eine zusätzliche Inspirationsquelle muß in der Herkunft der Künstlerin aus der ČSSR gesehen werden. Barbara Catoir hat das in ihrer Würdigung des ersten Preises für Magdalena Jetelova im Wettbewerb ›dimension V‹ betont: ›Wie immer man diese Skulpturen der aus der Tschechoslowakei stammenden Jetelova sehen und interpretieren mag, zu leugnen ist bei ihnen wohl kaum die drohend verkörperte totalitäre Macht, das Bild von den gelenkten Massen.‹

Beispielhaft für diese Haltung sei hier auf Magdalena Jetelovas Beitrag *Der Marsch* verwiesen, ein monumentaler Stuhl, über drei Meter hoch und breit, der auszuschreiten scheint. Eine festgefügte Form gerate in Bewegung und setze symbolische Ängste frei, heißt es interpretierend dazu in der Preisbegründung der Philip-Morris-Jury.

Die politischen Intentionen der Künstlerin haben folgerichtig auch zu der Beteiligung an der Ausstellung ›Biennale des Friedens‹ in Hamburg im Dezember 1985 geführt. Hier hat sie Hausskulpturen als gegen den Sturm gebaute Symbole des Friedens ausgestellt, auch ein Rückgriff auf archetypische Lebensformen als Alternative zur hochtechnisierten Gegenwart.

Daneben und unabhängig davon hat Magdalena Jetelova Zeichnungen geschaffen, die einen ganz anderen Charakter haben. Hier arbeitet sie überwiegend abstrakt, experimentiert mit verschiedensten Techniken, kombiniert sie miteinander. Dann wieder arbeitet sie mit Fett als Malmittel und versucht, ihren Blättern durch Unterlegen und Collagieren Tiefe zu geben. HiS

Literatur:

M. J., Skulpturen, Galerie Sylvia Menzel, Berlin 1986 –
M. J., Staatliche Kunsthalle Baden-Baden, 1986

1

2

3

4

Tina Juretzek
Geboren 1952 in Leipzig
Lebt in Düsseldorf

1958 Umsiedlung nach Essen, nach dem Abitur Studium an der Staatlichen Kunstakademie Düsseldorf bei Prof. Günter Grote von 1971 bis 1978. Seit 1979 ist sie als freie Künstlerin tätig. 1986 stellten ihre Arbeiten den offiziellen Beitrag der Bundesrepublik Deutschland auf der Triennale in Neu-Delhi dar.

Tina Juretzek malt mit Intensität und Lust an der Arbeit, und das teilt sich auch dem Betrachter ihrer Arbeiten mit. Die starkfarbigen Bilder sind expressiv gemalt, Farbtropfen, Pinselschwünge u. ä. sind Arbeitsspuren und gleichzeitig wichtiger formaler Bestandteil der Bilder. Dazu kommen collagierte Elemente. Zu ihrer sehr eigenen Anwendung der Collage-Technik hat sich Tina Juretzek geäußert: ›Mein ganzer Atelierboden liegt voll mit Papieren. Ich wate darin herum. Es sind Papiere, die ich auf dem Boden bemale, um sie später in großen Bildern weiterzuverwenden.

Es ist ein sehr freies, lustvolles Spiel, in dem ich technische Möglichkeiten ausprobiere, mit Schablonen arbeite, spritze, tropfe, sprühe; auch zeichne ich auf dem Boden, wende mich Motiven zu, die mir spontan einfallen und die ich bearbeite, ohne daß gesichert sein muß, daß sie später in einem Bild Verwendung finden.

Die Papiere, die ich auf dem Boden bemale und in die Bilder einklebe, sollen überraschend im Bild auftauchen, ihre Schnitt- und Rißkanten so unkonstruierte Brüche im Bildganzen hervorrufen, daß man sich freut.‹

Die Spontaneität und Freude beim Entstehen des Bildes bleibt auch für den Betrachter noch erkennbar. Er muß sich auf die Farben und Formen einlassen, mit dem Blick im Bild herumwandern, die verschiedenen Farbschichtungen aufspüren, den Ritzungen und Verletzungen der oberen Farbschichten, die den Blick auf Darunterliegendes freigeben, folgen, um so das Prozeßhafte dieser Malerei nachvollziehen zu können.

Heinz Thiel hat das in seinem Aufsatz für den Katalog einer Ausstellung Tina Juretzeks in Ludwigshafen auf diesen Nenner gebracht: ›Jedes Bild hält den Betrachter, will er sich intensiv mit ihm auseinandersetzen, beständig in Bewegung.‹ Die Entschlüsselung der Bildinhalte fällt demgegenüber viel schwerer. Zwar kann der Betrachter einzelne Gegenstände, Tiere oder auch Menschen erkennen, doch ihre bildliche Bedeutung kann nur zum Teil enträtselt werden. Mit dem häufig auftretenden Dreieck beispielsweise wird einerseits an die uralten Symbole für Menschen angeknüpft: das auf der Spitze stehende Dreieck als Bild für das Weibliche, das umgekehrte Dreieck als Bild für das Männliche. Andererseits ist das Dreieck aber auch ein Hinweis auf die für Tina Juretzek so wichtige Reise nach Stromboli, die italienische Vulkaninsel. Die Erfahrung dieses auch heute noch tätigen Vulkans, das kraftvolle, eruptive Aufbrechen aus glatter oder starrer Oberfläche ist zum wichtigen Erlebnis für die Malerin geworden, hat Bilder und ganze Serien von Zeichnungen ausgelöst. Dabei steht aber nicht so sehr das Inhaltliche, der symbolische Gehalt dieser Eruption im Vordergrund, sondern vielmehr hat die technische Seite dieser Eruption, das Aufbrechen, seine Entsprechung in den Bildern gefunden.

Die Künstlerin findet einen sehr eigenen Umgang mit etablierten Symbolen am Beispiel von Flaschen und Gläsern – den traditionellen Hinweisen auf das christliche Abendmahl: ›Tina Juretzek besetzt ihre Stilleben-Relikte nicht mit dieser Bedeutung. Sie versteht ihre Bildmotive alltäglicher: Flaschen und Gläser sind Zeichen dafür, daß Menschen bereit sind, sich näherzukommen. Gläser und Flaschen als vertraute Gegenstände, ein Stück eigene Welt, das man überall, wo man auf andere Menschen trifft, wiederfindet‹ (Heinz Thiel).

Zu den Arbeiten:

Die eher kleinformatigen Mischtechniken spiegeln ebenso wie die großformatigen Bilder, die zum Teil mehrere Meter breit sind und der Malweise der Künstlerin in besonderem Maße entsprechen, die Intensität ihrer Malerei. Sehr deutlich wird, wie Collagen, Lackfarben, Ritzungen und Kratzer als zusätzliche Gestaltungsmittel eingesetzt werden. HiS

Literatur:

T. J., Stromboli, Galerie Zimmer, Düsseldorf 1984 – T. J., Malerei, Collage, Zeichnung, Ludwigshafen 1985

4

5

6

1

Hubert Kiecol

Geboren 1950 in Bremen-Blumenthal
Lebt in Köln

Kiecols Skulpturen thematisieren Architektur. Nicht nur in ihrem Material, z. B. Beton, sondern auch in der Alltäglichkeit von Gegenstand und Material. ›Man braucht gar nichts Außergewöhnliches zeigen, es geschieht ja genug.‹ Trotz oder wegen ihrer geringen Größe sind die seit 1979 entstandenen Standardhäuser Prototypen einer Geometrisierung vorgefundener und benutzter Architektur. Aus der Reduktion ihrer Größe ergibt sich nicht die zwangsläufige Verkürzung, sondern eine Verdichtung und Verfestigung der Formen zu massiver Schwere: zu zunächst emotionslosen Monumenten, die jedoch einen bewußt sakralen Charakter enthalten und ausstrahlen. Emotionen, Erinnerungen an Erfahrungen mit Architektur stellen sich erst beim Rezipienten ein. Nur in wenigen Ausnahmen stehen Kiecols Häuser auf einem Postament, sind auf einem Tisch oder einem Stuhl arrangiert. Denn ihr Bezugspunkt ist das räumliche Umfeld, mit dem sie korrespondieren und in dem sie sich in der immer variablen Zusammenstellung gleicher (oder ähnlicher) Formen zu neuen, individuellen Konstellationen fügen.

Neben graugrünem Beton, der nur in frühen Arbeiten gelegentlich eingefärbt oder nachträglich bemalt wurde, benutzt Kiecol für seine größeren Plastiken massive Holzbalken (Eisenbahnschwellen) und rötliche Ziegelsteine in gemauertem Verbund. In diesen stelenartigen Monumenten aus norddeutschem Klinker wird bewußt der Rückgriff auf Architekturen der Backsteingotik und der Kriegerdenkmäler des Ersten Weltkrieges deutlich gemacht. Die geradlinigen Figurationen der Häuser, ihre Statuarik, wird in der Kombination mit anderen Bauelementen, etwa durch Treppen, spannungsreich aufgeladen. Dabei ist die Treppe als Teil des Gebäudes oder auch als Einzelobjekt funktionslos und endet im Nichts. Sie wird, im barocken Sinne, zum gestalterischen Element und zur Kulisse. Ebenso die Fensteröffnungen, die die abstrakte Form der Kuben beleben und deren Flächen schematisch aufbrechen. Die dadurch neu entstehenden Strukturen sind wiederum Form und Ausdruck kalkulierter Massivität. Die Statuarik der Gebäude wird jedoch fast aufgelöst, wenn die Blöcke mit der ihnen innewohnenden Schwere, leicht gekippt, in den Boden zu versinken scheinen. Die Masse, Ausdruck der Verdichtung durch Reduktion, bleibt davon allerdings unberührt.

Zu den Arbeiten:

Hubert Kiecol wird als Zeichner und Graphiker präsentiert. Dadurch wird deutlich, daß er das klassische Medium der Bildhauerzeichnung zwar thematisch mit seinen plastischen Arbeiten verbindet, es andererseits aber zu einer Selbständigkeit innerhalb seines Werkes führt. Zeigen einige der Blätter kleinformatige Entwürfe zu Hausskulpturen und stelenartigen Monumenten, werden diese in anderen, teilweise großformatigen Zeichnungen zu dunklen, gelegentlich auch hellen Silhouetten auf der Fläche reduziert, deren räumliche Massivität bewußt unklar bleibt. In den Serien der Holzschnitte, 1983 und 1984, läßt sich diese Tendenz ebenso erkennen, selbst wenn hierbei die Häuser, Treppen und Stelen mehr in flächige, schwarzweiße architektonische Strukturen umgesetzt werden. Lu

Literatur:

H. K., Kunstverein Braunschweig, 1984 – H. K., Museum Haus Esters, Krefeld 1985 – Annemarie-und-Will-Grohmann-Stipendium 1985, Staatliche Kunsthalle Baden-Baden, 1985 – H. K., Städtisches Kunstmuseum Bonn, 1988

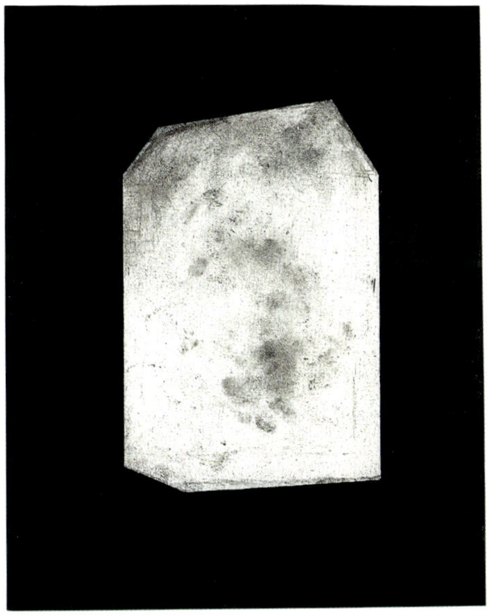

13

13

5

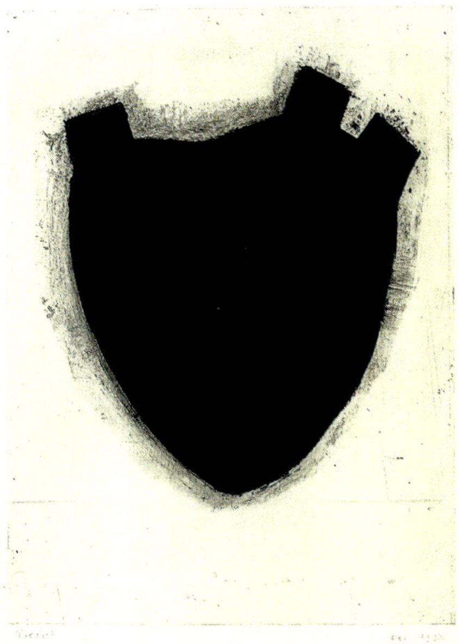

10

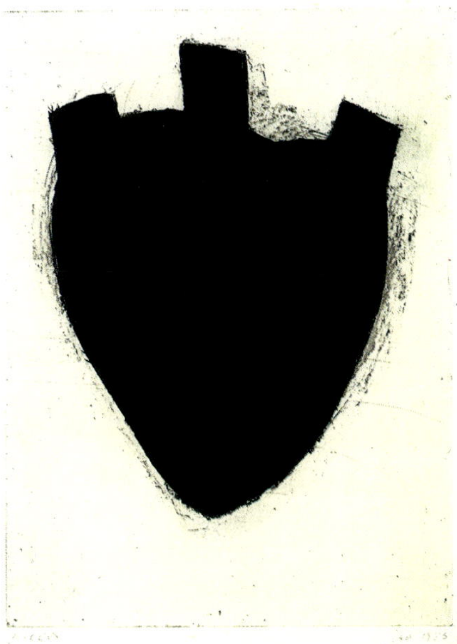

10

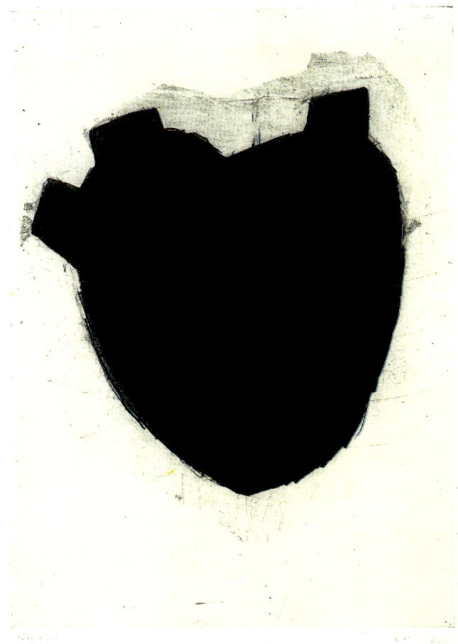

10

Anselm Kiefer
Geboren 1945 in Donaueschingen
Lebt in Hornbach (Odenwald)

Kiefer studierte zunächst Jura (ab 1965), bevor er sich dem Malereistudium bei Peter Dreher in Freiburg (1966–68) und bei Horst Antes an der Kunstakademie Karlsruhe zuwandte. 1970–72 studierte er an der Düsseldorfer Kunstakademie unter Joseph Beuys. Kiefer projiziert sein Geschichtsverständnis auf Landschaften. Doch er malt weder Historien- noch Landschaftsbilder. Die Landschaft wird in seinen Bildern zur Bühne. Die deutsche Vergangenheit kann ebenso gemeint und dargestellt sein wie Mythologisches, deutsche Legenden aus den Gegenden, in denen Kiefer aufgewachsen ist und lebt. Auch philosophische und existentiell den Künstler betreffende Themen füllen Kiefers Landschaften. Menschliche Belange, Lebenswege und -situationen verbinden sich symbiotisch mit der Landschaft zu einer Einheit. Formal werden diese Zusammenhänge in verschiedenen Bildraumebenen verwirklicht. Die Darstellung der räumlichen Gegebenheit – neben Landschaften sind es auch Innenräume – ist nie abbildend im porträtierenden Sinne gemeint. Er gestaltet eine Szenerie als Metapher für Landschaft, wobei diese durchaus Natur- wie auch Kulturlandschaft bedeuten kann.

Die oft pastos verwendete Farbe schafft sich ihren eigenen Wirkungsraum. Die zitierend eingesetzten Materialien, so z. B. Rupfen, Photos, Sand oder Tonbrocken, behaupten ebenfalls einen eigenen Raum, den ihrer gelebten Vergangenheit. Die zunehmende Stofflichkeit in den Arbeiten Kiefers tritt seit dem Beginn der 80er Jahre auf, collagierend bezieht er Stoffe in die Bilder ein, z. B. in die Folge der Bilder *Märkischer Sand,* 1981/82. Aber auch papierene Fragmente mit Worten können integriert sein. Literarische Inhalte werden durch ihre eigene spezifische Aussageform, die Sprache, als Inschriften im Bild selbst angegeben. Kiefers Bildaussagen sind geheimnisvolle, verschlüsselte Botschaften, die unter Zuhilfenahme des Titels oder von Inschriften Assoziationen im Beschauer wachrufen. Mit den Mitteln seiner Malerei gelangt Kiefer zu einer sinnlich sichtbar gemachten Bildaussage: der Landschaft als räumlichem Träger von Geschichte und Tradition.

Kiefer beschäftigte sich auch mit alttestamentarischer und jüdischer Thematik. Neben neuen großen Landschaften tritt als Technik die Collage in der Photographie hinzu MHe

Literatur:

A. K., Kunsthalle Bern, 1978 – A. K., Stedelijk Van Abbemuseum Eindhoven, 1979 – A. K., Verbrennen, Verholzen, Versenken, Versanden, Biennale Venedig – Deutscher Pavillon, 1980 – A. K., Städtische Kunsthalle Düsseldorf; ARC/Musée d'Art Moderne de la Ville de Paris; The Israel Museum Jerusalem, 1984 – A. K., Galerie Paul Maenz, Köln 1986 – A. K., Art Institute of Chicago; Philadelphia Museum of Art; Museum of Contemporary Art, Los Angeles; Museum of Modern Art, New York, 1987/88

1

Rolf Kissel
Geboren 1929 in Frankfurt am Main
Lebt in Frankfurt am Main

In seiner Vaterstadt zählt Rolf Kissel zu der nicht eben großen Zahl der Bodenständigen unter den Künstlern. An einen Ortswechsel hat er nie gedacht; Anregungen holt er sich auf Reisen; in seiner großen Werkstatt findet er alle technischen Möglichkeiten für sein vielseitiges Arbeitsprogramm. Der Kreis seiner Sammler und Freunde reicht weit über Frankfurt hinaus – und sie kommen alle gern zu dem ruhigen, besonnenen Künstler, der er auch schon in den 60er Jahren gewesen ist, als er zu der schmalen Gruppe der Frankfurter Avantgarde gehörte und gegen das damals beherrschende Informel mit monochromen Tafeln und kinetischen Objekten antrat, um den Konstruktivismus als geistiges Ordnungsprinzip mit neuen Mitteln wieder in die Bildkunst einzuführen. Sein Studium hat Kissel relativ spät, erst mit siebenundzwanzig Jahren, an der Städelschule aufgenommen. Er verließ sie 1961 als Meisterschüler des erfahrenen Pädagogen Albert Burkart. Seitdem lebt er als freischaffender Künstler – niemals gestützt von einem Lehrauftrag, dafür schon in frühen Jahren ausgezeichnet mit dem Preis ›Junge Kunst in Hessen‹, zweimal mit dem ›Kunstpreis der Jugend‹, Stuttgart, und anschließend mit einer bemerkenswerten Anzahl von architekturbezogenen Aufträgen. Denn Kissel übertrug die Reduktionen, die er auf dem Feld der Malerei mit blauen, roten, weißen Tafeln praktiziert hatte, auch auf die Zone der Dreidimensionalität. Seine schönen, kühlen Reliefkonstruktionen, in der Regel aus Holz und weißbeschichtet, aber auch aus Aluminium oder Edelstahl, nehmen die Wirkungen der Kinetik auf, wenn sie im wandernden Licht ihren ästhetischen Reiz durch das Schattenspiel der zumeist aus Lamellenstrukturen bestehenden Kompositionen auf ebenem Grund entfalten. Diese schmalen Lamellen sind charakteristisch für Kissels Arbeitsweise geworden. Sie sind gezackt oder konkav, auch konvex gebogen, senkrecht zur Objekttafel gestellt und greifen bisweilen auf eine zweite Bildebene über. So gelingt Kissel überzeugend die Rhythmisierung auch großer Flächen als Voraussetzung für monumentale Gestaltungen wie etwa im Rosengarten-Kongreßzentrum von Mannheim (1973/74).

Dabei war es Kissel nie um die eigene ›Handschrift‹ gegangen, vielmehr einzig um die Absicht, Architektur und bildende Kunst in logischer Einheit zu verschmelzen. Dieser Grundgedanke bestimmte schon zuvor sein Lichtrelief in der Waldschule Leverkusen (1964) und sein Pendelobjekt in der Ziehenschule Frankfurt (1970). Sein bisher letztes Großobjekt ziert unter dem Titel *Blechharfe* die Alte Oper in Frankfurt. Andere kleinere Reliefs und Skulpturen dieses Puristen unter den Frankfurter Künstlern sind eingegangen in öffentliche und private Sammlungen, und stattlich ist die Liste seiner Ausstellungen seit seinem Debüt auf der Szene vor einem Vierteljahrhundert. Parallel zu seinen dreidimensionalen Arbeiten hat sich Kissel auch stets als Zeichner beschäftigt. Erst in jüngster Zeit sind großformatige, knappe Zeichnungen und Zeichnungsobjekte aus Holz entstanden als ästhetisch-esoterische Warnzeichen einer bedrohlichen Gegenwart und der in ihrer gesamten Existenz gefährdeten Zukunft. Dem mittlerweile gestandenen Mittfünfziger geht es mit diesen Arbeiten sehr ernst darum, ›historische Realität konkret in die konstruktive Zeichnung einzubringen‹. Mit anderen Worten: Bewußtseinserweiterung nicht nach der heutigen Methode mit dem Faustkeil des Realismus, sondern dem feinen Ritz des Degens aus der Werkstatt konkreter Kunst.
He

Literatur:

R. K., Galerie am Dom, Frankfurt 1968 – R. K., Zeichnungen, Städtisches Museum Schloß Morsbroich, Leverkusen 1977 – Bilder für Frankfurt, Museum für Moderne Kunst, Frankfurt 1985

1

2

3

Konrad Klapheck
Geboren 1935 in Düsseldorf
Lebt in Düsseldorf

Von 1954 bis 1958 studierte Klapheck als Schüler von Bruno Goller an der Staatlichen Kunstakademie Düsseldorf. Angeregt durch Salvador Dalís Bild ›Der Brotkorb‹ (1945), entstand 1955, im Rahmen eines von Goller gestellten Stilleben-Themas, die erste malerische Abbildung einer Schreibmaschine. Für Klapheck war dies eine Reaktion auf das an der Akademie vorherrschende Informel. 1955 und in den folgenden Jahren entwickelte sich in seinen Arbeiten ein ikonographisches Repertoire von Gegenständen (1955: *Schreibmaschine, Wasserhahn;* 1956: *Schuhspanner, Telephon;* 1957: *Nähmaschine, Duscharmaturen, Fahrradklingel),* die im weiteren Werk immer wieder variiert aufgegriffen wurden oder aus denen sich andere Objekte inhaltlich ableiten ließen.

In der Reduzierung des Bildes auf die Darstellung einzelner alltäglicher Gegenstände näherte sich Klapheck formal Tendenzen der Pop Art, vor allem Claes Oldenburg. Im Unterschied dazu hatten seine Objekte weniger ikonen- oder idolhaften Charakter, sondern waren in ihrer Abbildung symbolhafte Umsetzung klar definierter Themen. Dabei steht die Schreibmaschine immer als Symbol der Männlichkeit, was sich in den nachträglich hinzugefügten, Assoziationen erzeugenden Bildtiteln niederschlägt (*Der Supermann,* 1962; *Der Diktator,* 1967). Demgegenüber steht die Nähmaschine als Synonym für Weiblichkeit. ›Sie erscheint als Braut, Mutter und Witwe.‹ Die Objekte aus Klaphecks Bildwelt werden nicht nur als einzelner Gegenstand, sondern auch in der Wiederholung in einem Bild (*Die Abstimmung,* 1967; *Law and Order,* 1972) oder als Ausschnitt aus einem größeren technischen Zusammenhang (*Vergessene Helden,* 1965; *Schicksale,* 1973) dargestellt. Bei beiden Möglichkeiten erreicht Klapheck eine Monumentalisierung des Alltäglichen zum Denkmal, die sich gleichwohl durch die assoziative Interpretation des Titels wieder relativiert. In ihrer Darstellung verlieren die Objekte durch partielle Reduzierungen der Formen und gelegentliche perspektivische Verzerrungen (*Die Stimme des Gewissens,* 1965; *Die Gastgeberin,* 1972) den funktionalen Maschinencharakter, bleiben als Gegenstand jedoch erhalten. Lu

Literatur:

José Pierre: K. K., Köln 1970 – K. K., Museum Boymans-van Beuningen Rotterdam; Palais des Beaux-Arts Bruxelles; Städtische Kunsthalle Düsseldorf, 1974/75 – K. K., Werkverzeichnis der Druckgraphik 1960 – 1977, Galerie Zwirner, Köln 1977 – K. K., Werkverzeichnis der Druckgraphik 1977–80, Wolfgang Wittrock Kunsthandel, Düsseldorf 1980 – K. K., Retrospektive 1955–1985, Hamburger Kunsthalle; Kunsthalle Tübingen; Staatsgalerie Moderner Kunst im Haus der Kunst, München, 1984/85

1

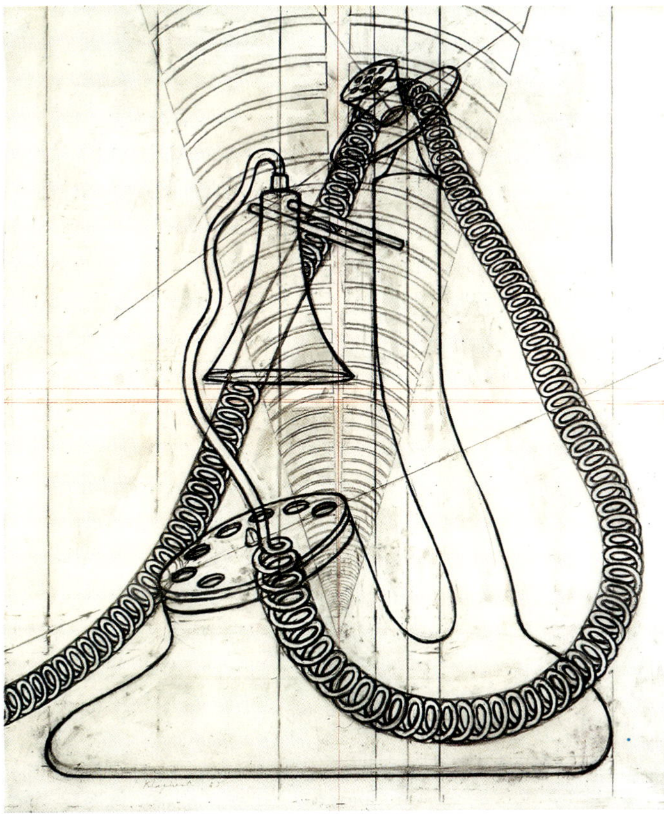
2

Jürgen Klauke

Geboren 1943 in Kliding bei Cochem
Lebt in Köln

Nach dem Studium der freien Graphik an der Fachhochschule für Kunst und Design in Köln begann Klauke 1970 mit tagebuchartigen Zeichnungsnotierungen, die den Anfang zu der seine gesamten Arbeiten bestimmenden Thematik, der Beschäftigung mit der eigenen Person, bildeten. Dabei gelangte Klauke in den inszenierten Selbstdarstellungen und Selbstporträts über den Testfall der Eigenerkenntnis hinaus zu allgemeinen überindividuellen und psychologischen Fragestellungen. Neben zeichnerischer Notierung dient ihm hierbei die Photographie, die er, zunächst als Polaroid zur Dokumentation, später in konzeptuell gegliederter Reihung von Abläufen als künstlerisches Medium benutzt.

Hatten die seit 1972 entstandenen Intim-Performances vor allem eine Auseinandersetzung mit männlichen und weiblichen Rollenklischees und deren beliebiger Austauschbarkeit zum Inhalt (*Self-Performance; Transformer,* beide 1972/73), veränderte sich Klaukes Thematik Mitte der 70er Jahre zu teilweise inszenatorisch aufwendigen, inhaltlich erweiterten Fragestellungen menschlicher Existenz bzw. Bedrohung (*Alleinsein ist eine Erfahrung von immer weniger,* 1975; *Bi-Gott, Grüße vom Vatikan,* 1976). In *Begegnung* und *Einzelgänger,* beide 1974, benutzte er dabei erstmals die photographische Doppelbelichtung in einer Aufnahme, die ihm die Abbildung einer Konfrontation mit sich selbst ermöglichte.

1980/81 entstand seine umfangreiche Arbeit *Formalisierung der Langeweile.* Sie beschäftigt sich in zehn aus bis zu 17 verschiedenen Einzelphotos zusammengesetzten Komplexen unterschiedlicher Ausgangssituationen (u. a. ›Zeit schinden‹, ›das ewig männliche – als ewig langweiliges‹ oder ›usw. . . .‹) mit dem Thema Langeweile. In der symmetrischen Komposition der einzelnen Darstellungen und in der Anordnung der Photographien griff Klauke bewußt auf tradierte Altarformen zurück. Neben Intim-Performances für Photoaufnahmen im Atelier unternimmt er gleichfalls öffentliche Performances (*Im Schatten des Domes [Ritual Trinken],* 1977; *Made in Germany [Hinsetzen – Aufstehen],* 1979), die in jüngster Zeit einen multimedialen Charakter aufweisen (*Jede Gesellschaft hat die Kultur, die sie verdient,* 1984). Über die Photographie hinaus tritt in den letzten Jahren verstärkt die zum Teil großformatige Zeichnung in den Mittelpunkt der Arbeit Klaukes. Lu

Literatur:

J. K., Formalisierung der Langeweile, Kunstmuseum Luzern; Rheinisches Landesmuseum Bonn; Neue Galerie am Landesmuseum Joanneum, Graz, 1981/82 – J. K., Fotosequenzen 1972–1980, Die Schwarz-Weiß-Sequenzen, Frankfurt 1982 – J. K., Neue Fotoarbeiten und Zeichnungen, Nationalgalerie, Berlin 1986 – J. K., Eine Ewigkeit ein Lächeln. Zeichnungen, Fotoarbeiten, Performances 1970/86, Badischer Kunstverein Karlsruhe; Hamburger Kunsthalle; Museum Boymans-van Beuningen Rotterdam; Museum Ludwig Köln, 1986/87

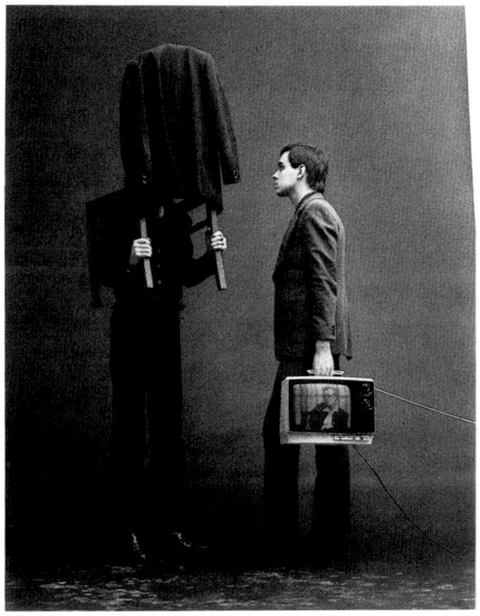

1

1

1

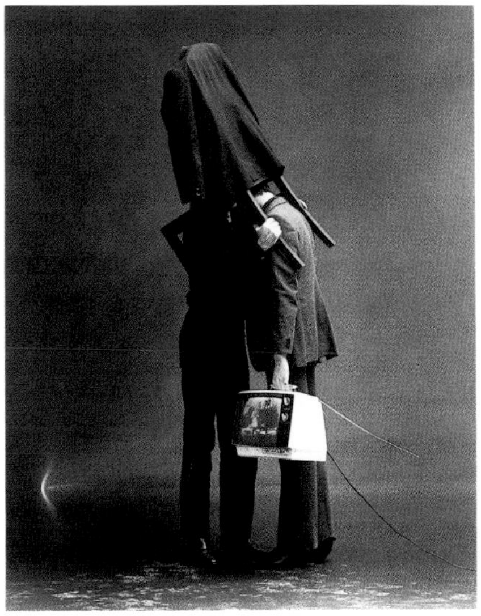

1

1

Imi Knoebel

Geboren 1940 in Dessau (Anhalt)
Lebt in Düsseldorf

Imi (Wolfgang) Knoebel kam 1964 zusammen mit Imi (Rainer) Giese (gestorben 1974) von der Werkkunstschule Darmstadt an die Staatliche Kunstakademie Düsseldorf, zunächst in die Gebrauchsgraphik-Klasse von Walter Breker. Anziehungspunkt war für die beiden jedoch Joseph Beuys. Durch gemeinsames extravagantes Auftreten erreichten die beiden ›Imis‹ es, in seine Klasse aufgenommen zu werden. Ihr wilder Lebensstil stand jedoch im Gegensatz zur Strenge ihrer eigentlichen künstlerischen Arbeit, die zu dieser Zeit von der Suche nach einer künstlerischen Grundhaltung bestimmt war. Während sich Imi Giese auf eine fast nur theoretisch verstandene Minimal Art konzentrierte, entwickelte sich Knoebels Werk aus dem laufenden Arbeitsprozeß weiter.

1964 begann auch seine enge Freundschaft mit Palermo, die bis zu dessen Tod 1977 dauerte. In dieser Zeit schuf Knoebel die *Linienbilder,* Tafeln mit Anordnungen vertikaler, teilweise auch horizontaler Linien, ausschließlich in Schwarzweiß, in Serien von zwei bis zehn Bildern. Um die Grenzen dieses klaren Projektes zu überprüfen, versuchte er 1969–1975, auf der unvorstellbaren Menge von 250 000 Blättern eine senkrechte oder waagerechte Linie zu ziehen. Als Leitbild für solche Bemühungen diente ihm das Werk Kasimir Malewitschs und dessen Versuch, mittels ›reiner‹ Elemente die Kunst vom Ballast der Gegenständlichkeit zu befreien. Im *Hartfaserraum* (1968), in einer für den jeweiligen Ausstellungsraum modifizierbaren Installation aus Hartfaserplatten, wurde diese Problematik auf den Raum ausgedehnt. Der *Hartfaserraum* stellt ein Ensemble von plastischen Elementen dar, dessen Funktion es ist, unter Verzicht auf irgendwelche Bedeutungen eine aus sich selbst strahlende Wirkung zu erzeugen. Er wurde auch zum Prototyp für mehrere spätere Installationen Knoebels, wie z. B. den *Genter Raum* (1980) und *Radio Beirut* (1982).

Zur gleichen Zeit beschäftigte er sich mit Lichtbildprojektionen. Weiße Zeichen werden auf den schwarzen Grund eines Diaglases gezeichnet und projiziert. Auf demselben Wirkungsprinzip beruhte 1972 das Videotape *Projektion X* für die Video Galerie Gerry Schum: Ein Lichtkreuz wurde während einer nächtlichen Fahrt durch die Straßen Darmstadts auf die Fassaden bzw. den urbanen Raum projiziert. In den Serien der *Weißen Bilder,* der *Konstellationen* bzw. in den *Mennige-Bildern* formulierte Knoebel Mitte der 70er Jahre das Problem des Zusammenwirkens und Zusammenwachsens von einfachen Rechteckformen. Ähnliches versuchte er 1977 in einer Serie von *Messerschnitten,* jedoch nicht mehr durch die bloße Form, sondern durch die Farbwirkung der an Matisse angelehnten Papiercollagen.

Die aktuelle Phase des Werkes von Imi Knoebel begann Anfang der 80er Jahre mit der Hintereinanderreihung von Zeichnungen auf durchsichtiger Folie, meist in drei Schichten hintereinander. In den nachfolgenden Bildern wurden dann dabei gemachte Erfahrungen in großformatige und mit dem Bohrer bekratzte Bildflächen umgesetzt, wodurch die ästhetischen Grenzen zwischen Zwei- und Dreidimensionalität in Frage gestellt wurden. Ab 1985 versuchte Knoebel, dies wieder mit rein malerischen Mitteln zu erreichen. 1986 kehrt er in einigen Arbeiten von der informellen wieder zu einer geometrisch gestalteten Form zurück.

Zu den Arbeiten:

Die Papierarbeiten veranschaulichen sehr deutlich alle wichtigen Schaffensperioden Imi Knoebels. In der ›Weiß auf Weiß‹-Serie aus dem Jahre 1971 spiegelt sich seine Auseinandersetzung mit dem Werk Kasimir Malewitschs und die Bemühung um das ausschließlich aus sich selbst wirkende Bild. In den Serien aus den Jahren 1977 bzw. 1977–79 untersucht Knoebel einmal die reine, zum anderen die durch Überlappungen gesteuerte Farbwirkung, wie in den *Messerschnitten* mit sechs Blättern von 1979. Im Gegensatz zum Konstruktivismus wird diese nicht an eine eindeutig definierbare Form gebunden. Die Arbeit aus dem Jahre 1984 zeigt in ihrer Spontaneität wieder eine andere Stufe von Knoebels künstlerischem Werk. Sv

Literatur:

I. K., Stedelijk Van Abbemuseum Eindhoven, 1982 – I. K., Kunstmuseum Winterthur und Städtisches Kunstmuseum Bonn, 1983 – I. K., Kunsthalle Baden-Baden, 1986 – I. K., Bonnefantenmuseum, Maastricht 1989

4

4

4

Bernd Koberling

Geboren 1938 in Berlin
Lebt in Berlin und Hamburg

Ehe Koberling 1958 sein Studium an der Hochschule für Bildende Künste in Berlin aufnahm, hatte er sich zwischen 1955 und 1958 zum Koch ausbilden lassen. Diesen Beruf übte er bis 1968 aus, d. h. bis zu dem Zeitpunkt, ab dem ihn das künstlerische Schaffen allein ernähren konnte. Von Anfang an spiegelte sein Werk die Auseinandersetzung mit dem Expressionismus, die angesichts der Tatsache, daß unter den in Berlin lehrenden Professoren auch Max Pechstein und Karl Schmidt-Rottluff waren, beinahe zwangsläufig erscheint. Bereits die frühen Bilder sind gegenständlich und direkt nach optischen Eindrücken gemalt.

1960 war Koberling Mitbegründer der Gruppe Vision, der sich wenig später auch Horst Hödicke anschloß. Nach dreijährigem Englandaufenthalt entstanden in Berlin seit 1963 Serien von Arbeiten, die den Angler, Berghütten oder Wasserfälle zum Thema haben. Sie reflektieren seine besondere Vorliebe für die nordische Landschaft Lapplands, Schottlands, Irlands und später auch Islands – Länder, die er seit 1958 wiederholt bereiste. Ebenfalls etwa ab 1963 begann Koberling mit selbstangerührten Kunstharzfarben zu arbeiten, die sich am besten für den schnellen, roh wirkenden Farbauftrag seiner Malerei eigneten. Die Arbeiten von 1963/64 stellte er 1965 als Gast bei Großgörschen 35 in seiner ersten, mit ›Sonderromantik‹ betitelten Einzelausstellung aus. In den in diesem Jahr gemalten Bildern wurde der Gestus der vorangegangenen Werke allerdings stark zurückgenommen.

In der 1965 gefundenen Technik der ›Überspannungen‹ – übereinandergespannte, dünn bemalte Nesselbahnen, die die Landschaftsdarstellungen räumlich und farblich verfremdeten – entstanden großflächige, meditative Bilder von Baumreihen und Flußläufen. Diese Technik fand ihren Höhepunkt und Abschluß in den ›Hochformaten‹ von 1971/72, die der Künstler im Anschluß an seinen Aufenthalt in Rom 1970/71 schuf.

Ab 1973 wieder in Berlin, verhärteten sich die Farbgegensätze, die Gestaltungsweise wurde erneut deutlich gestischer, und durch die Verwendung von grober Jute als Malgrund erlangten die Bilder eine neue Materialität. Die Landschaft blieb zentrales Thema. ›Landschaften zu malen war mir weiterhin ein Bedürfnis. Es steigerte sich noch, denn ich wurde mir immer bewußter, wie weit unkontrollierter technischer Fortschritt und der Gedanke nach ständigem Wachstum unser Leben gefährden.‹ Es verschob sich jedoch in den neuen Arbeiten der Blickwinkel vom Panorama zum Detail, zu Stein, Klatschmohn und Sumpflöchern. Diese Konzentration wandelte sich erst knapp zehn Jahre später wieder, in der Serie zum *Vulkanischen Raum* von 1982/83, in der eine Einheit von Nah- und Fernsicht hergestellt wurde. Gleichzeitig trat erstmals wieder die menschliche Figur ins Bild, die Koberling nach 1963 daraus verbannt hatte.

Das seine Arbeiten grundsätzlich charakterisierende Bemühen um Einheit wurde seit den 70er Jahren vor allem durch die Farbbehandlung getragen, welche nicht unter illustrierenden, sondern in erster Linie unter kompositorischen Gesichtspunkten eingesetzt wurde. Nachdem Koberling zwischen 1976 und 1981 als Gastdozent in Hamburg, Düsseldorf und Berlin gelehrt hatte, war er von 1981 bis 1988 Professor an der Hochschule für Bildende Künste in Hamburg. 1988 wurde er als Professor an die Berliner Hochschule der Künste berufen. Bis

Literatur:

B. K., Malerei 1962–1977, Haus am Waldsee Berlin; Städtisches Museum Leverkusen, 1978 – B. K., Moderne Peripherie, Galerie Gmyrek, Düsseldorf 1983 – B. K., Bilder 1978–1984, Bielefelder Kunstverein, 1984/85 – B. K., Malerei 1963–1985, Aarhus Kunstmuseum, Kunstverein Braunschweig, 1986 – B. K., Ausgewählte Bilder, 1963–1989, Galerie Neuendorf, Frankfurt 1989

10

12

13

Udo Koch

Geboren 1958 in Offenbach
Lebt in Frankfurt am Main

Nach einer Ausbildung als Farblithograph von 1974 bis 1977 und verschiedenartigen Tätigkeiten, die sich anschlossen, begann Udo Koch bald als Autodidakt künstlerisch zu arbeiten. Er kaufte z. B. alte Ölbilder auf Trödelmärkten, filterte bestimmte Bildinhalte durch Übermalung oder Hinzufügung von Figuren heraus und gab den Bildern damit eine zeitkritische Aussage. So konnte er auf der einen Seite gewisse Haltungen und Ansichten ironisieren, gleichzeitig jedoch den Betrachter zu einer veränderten, den Bildgegenstand reflektierenden Sehweise auffordern. Erst 1982 nahm Koch sein Kunststudium an der Städelschule bei Thomas Bayrle auf. Von 1984 bis 1988 war er Schüler von Johannes Schreiter.

1982 begann Koch, Photographien in schwarzweiße Rasterstrukturen aufzulösen, wie wir es ähnlich von Bildern Sigmar Polkes oder Gerhard Richters kennen, und in gedeckten Farben auf die Leinwand zu übertragen. Er bevorzugte Familienphotos, die er photokopierte, um dann diese Kopie wieder zu photokopieren usw. So entstand ein Gerüst von schwarzen und weißen Feldern und Punkten, die das photographierte Motiv – verfremdet – noch zu erkennen gaben.

Strukturen und Architekturen bzw. architektonische Gerüste waren auch weiterhin das eigentliche Thema seiner Arbeiten. Im Anschluß an die Rasterbilder malte Udo Koch in gedeckten, häufig graugelben Farben Architekturzitate und Raumvorstellungen, deren Strukturen auf die derzeitigen Papierarbeiten verweisen. Ausgehend von einem Zentrum, klebt Koch Papiere mit unterschiedlichen Formen und Formaten an- und übereinander. Die Collagen, materiell aufgebaut wie eine Architektur, wölben sich in den Raum, Schilden gleich, und bekommen Objektcharakter. Seine rechteckigen Arbeiten haben einen festen, vorgegebenen Rahmen, während die ovalen Formate von der Mitte nach außen wachsen.

Die Oberfläche dieser Objektbilder überzieht ein feines Netz von Umrissen und Überschneidungen der einzeln aufgeklebten Papiere. Da die teilweise auch dunklen Papierlagen durchscheinen, ergibt sich gleichzeitig eine gewisse Tiefenwirkung und Transparenz. Udo Koch nennt dies ›die Romantik‹ in seinen Arbeiten. Die Objekte werden mit sparsamen schwarzen Strichen, die sich zu dunklen Räumen verdichten können, bespannt. So entsteht ein Gerüst, das den Blick in Architekturen lenkt, in Räume, deren Vollendung als dreidimensionales Gebilde der Phantasie des Betrachters überlassen bleibt. Oder es wird wieder durch eine sich anschließende Form zurückgenommen. Man kann Landkarten imaginieren, Flußläufe, Straßen, die in die Tiefe führen und wieder zurückkommen. Diese Gerüste können auch als eine Konstruktion von Geraden aus Draht angesehen werden, an denen Gebilde wie Gewichte hängen und die der Zweidimensionalität verhaftet bleiben.

Die neuesten Arbeiten von Udo Koch betonen dieses konstruktive Prinzip stärker als zuvor. Der Objektcharakter ist aufgegeben zugunsten einer Rückkehr zum Tafelbild: Die Leinwand wird mit Papier beklebt und bemalt, eine materielle Tiefenwirkung ist damit ausgeschlossen. Udo Koch überstreicht seine Papierarbeiten mit Leim. Dieser wird im Laufe der Zeit gelblich und somit der Alterungsprozeß der Papierarbeiten als historischer Faktor akzeptiert.

Der Künstler erhielt 1985 den Jahreskunstpreis des ›Frankfurter Vereins für Künstlerhilfe‹ und 1990 das Arbeitsstipendium Stadtzeichner Alsfeld. Su

Literatur:

Gespräch mit dem Künstler in Frankfurt – Lothar Brügel, Petra Falk, Christian Hanussek, Andreas Kaps, U. K., Monika Schwitte, Malerei – Skulptur – Film, Frankfurter Verein für Künstlerhilfe/Galerie ak, Frankfurt 1986 – U. K., Galerie ak, Frankfurt 1988

1

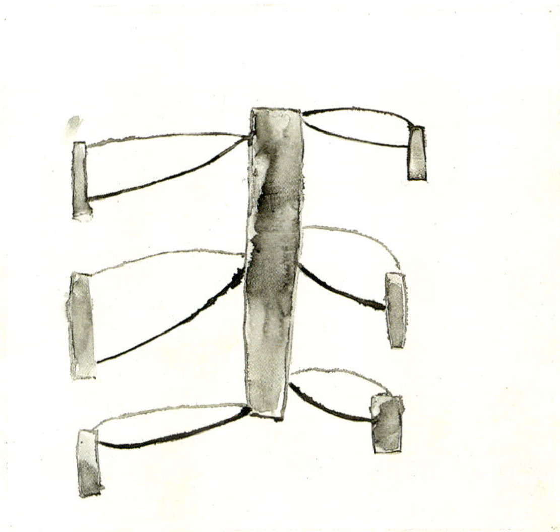
2

3

Heinz Kreutz

Geboren 1923 in Frankfurt am Main
Lebt in Antdorf (Oberbayern)

Bevor Kreutz zum Militärdienst im Zweiten Weltkrieg eingezogen wurde, hatte er sich zum Photographen ausbilden lassen. Mit den ersten malerischen Versuchen begann er als Autodidakt 1944. Paul Cézanne, Paula Modersohn-Becker und Max Beckmann dienten ihm als Vorbild für seine frühen Porträts und Tierzeichnungen sowie für die expressionistisch empfundenen Landschaften und biblischen Szenen.

Ab 1948 entstanden unter dem Einfluß von Bernard Schultze die ersten abstrakten Bilder. Dennoch stand Kreutz während seines Paris-Aufenthaltes 1951 den französischen avantgardistischen Strömungen distanziert gegenüber und reagierte auch nur zögernd auf die Hinwendung von Schultze und K. O. Götz zum Tachismus. Zusammen mit diesen beiden Künstlern und Otto Greis stellte Kreutz 1952 in der Zimmergalerie Franck in Frankfurt unter dem Gruppennamen ›Quadriga‹ aus. Das dort gezeigte Bild *Planetarische Landschaft* aus demselben Jahr bezeugt allerdings einen stilistischen Umbruch. Die bisher dunklen Töne wurden von helleren, klareren Farben abgelöst, der Pinselstrich wurde lockerer.

In den folgenden sieben Jahren konzentrierte sich der Künstler ganz auf die tachistische Malweise. Anstatt eines gleitenden Farbschmelzes blieben zunehmend die Faktur und die zügige Pinselführung erkennbar. Die Formen vergrößerten sich, Bewegung trat an die Stelle von Ruhe und Stille in der Gesamtwirkung, und mit der Reduktion der Palette intensivierten sich die einzelnen Farbtöne. Titel wie *Pan bläst abends die Flöte* von 1956 oder *Hymne an das Licht* von 1958 entsprachen dem lyrischen Charakter seiner Farbkompositionen.

1960 geriet Kreutz in eine künstlerische Krise. Der Holzschnitt, das der Spontaneität des Tachismus am stärksten widerstrebende Medium, wurde in den folgenden drei Jahren zu seinem Hauptausdrucksmittel. Die darin gewonnenen gestalterischen Erfahrungen, die festen Konturen und klaren Flächen, setzte der Künstler ab 1964 in Farbzeichnungen und Aquarellen um.

1966 schloß er das Manuskript für seine Farbenlehre ab, das er bereits 1954 begonnen hatte. Die systematische Einstellung zur künstlerischen Arbeit manifestierte sich auch in den seit 1968 entstandenen konstruktivistischen Werken. Von 1978 an bildeten die ›Farbfiguren‹, über- und nebeneinandergestellt, einzeln und in Gruppen, das zentrale Element seiner Bilder. 1971 und 1973 war Kreutz Gastdozent an der Hochschule für Gestaltung in Offenbach. Bis

Literatur:

Quadriga, Frankfurter Kunstverein, Frankfurt 1972
H. K.: Farbenlehre, ersch. in der Schriftenreihe: ›Berichte‹ der Hochschule für Gestaltung, Offenbach 1973 – H. K., Farbige Zeichnungen und Aquarelle 1959–1981, Städtische Kunsthalle Mannheim, 1981 – Ursula Geiger: Die Maler der Quadriga und ihre Stellung im Informel, Nürnberg 1987

1

2

Norbert Kricke

Geboren 1922 in Düsseldorf
Gestorben 1984 in Düsseldorf

Nach dreijährigem Kriegsdienst in der Luftwaffe studierte Kricke 1946/47 an der Hochschule für Bildende Künste in Berlin, die Stadt, in der er auch seine Schulzeit verbracht hatte. Seit 1947 lebte und arbeitete er, unterbrochen von längeren Auslandsaufenthalten, in Düsseldorf, wo er nach der Berufung zum Professor (1964) von 1972 bis 1981 Direktor der Staatlichen Kunstakademie war. Fasziniert vom Drahtgerüst für eine figürliche Plastik, begann Kricke 1949 ungegenständliche Raumplastiken zu bauen, deren lineare Stahlgestänge körperliches Volumen aussparen, um eine Vielfalt von Bewegungsrichtungen sichtbar zu machen: ›Mein Problem ist nicht Masse, ist nicht Figur, sondern es ist der Raum, und es ist die Bewegung – Raum und Zeit.‹ Aufliegend oder -stehend auf einer Grundfläche erstreben die rechtwinklig verbundenen dünnen Stäbe zugleich Höhe und Weite (*Raumplastik,* 1950). Aus der eingeschnürten, leeren Mitte dieser in sich abgeschlossenen Stangengebilde schnellten später pfeilartige Diagonalen heraus, die umbiegen, zurückgleiten und sich um ein scheinbares Kräftezentrum versammeln. Je nach Verlaufsform farbig bemalt, verschwindet das Trägermaterial zugunsten der zeichenhaften Raumlinien (Raumplastik *Weiß-Schwarz,* 1953). Eine Variante aus kurvenden Linien zeigt die Raumplastik *Grüne Kurve* (1952), aus deren zentraler Stahlspirale ein stählernes Lasso entspringt. In der Raumplastik *Große Mannesmann* (1958–61) kreisen zusammengeschweißte Stabbündel ringartig um einen hohlen Kern und ragen, von dort scheinbar aufgewirbelt, seitlich und aufwärts in den Raum, als virtuell unendliche Strahlen.

Seit 1955 reihte Kricke die metallenen Stäbe zu planen Linienflächen, die er an ihren Rändern zerfasern ließ, nachträglich knickte und in Gestalt von ›Kreuzungen‹ kombinierte. Die Schienenstränge des Reliefs *Große Flächenbahn in zwei Ebenen,* das er 1957–59 in bezug auf eine Arbeit von Yves Klein für das Stadttheater Gelsenkirchen anfertigte, erzeugen einen horizontalen Bewegungssog. Die gerippeartig aufgetürmten Stahlstangenplatten der Raumplastik *Große Kasseler* (1958) und Raumplastik *Große Reux* (1961–63) steigen und stürzen in divergierende Richtungen aus einer imaginären Mittelachse hervor, an der sie aufgespannt zu sein scheinen. Es folgte eine Serie pflanzlich anmutender Formschöpfungen, deren sanft gebogene Stäbe einzeln in den Raum sprießen, wie Blütenstengel oder Wurzeln, jedoch ohne Knollenkörper, da Kricke sie nur aneinanderlötete, um sie zusammen aufwachsen zu lassen (*Große Fließende,* 1965/66).

Nach einigen bildhauerischen Arbeiten, in denen Kricke Säulen von Wasserströmen überfluten ließ (*Wasserwald* vor der Bundesanstalt für Arbeit, Nürnberg, 1972/73), griff er um 1975 elementare Ansätze seines Frühwerkes auf und konstruierte nunmehr frei stehende oder liegende, offene Röhrengebilde, deren Schnittkanten als Anfang oder Ende einer Verlaufsform zu sehen sind. Die wenigen Teilstücke sind in rechtwinkligen Wendungen miteinander verbunden, verlaufen wie Leitlinien für den Betrachter durch den Raum und markieren die drei Dimensionen (*Raumplastik Weiß, 75/11; Raumplastik Weiß, 75/26,* beide 1975). ›Alles nimmt Raum weg . . . Meine Plastiken bringen, erzeugen Raum für den Menschen.‹ Die Gestänge zeichnen der Wahrnehmung Seh- und Gehbewegungen vor, bilden als Strichspuren des unbegrenzten Raums erfahrbare Zonen aus und zeigen über ihre Substanz hinausführende Bewegungstendenzen. Zu der teils lagernden, teils erhobenen, gebeugten Stahlstange seiner *Großen Kurve 1/1980* (1980) schrieb Kricke: ›Kurvende Linie Raum fassen Raum lassen immer wieder Offenheit‹ (Kricke, 1980). 1984 schied Kricke freiwillig aus dem Leben. Di

Literatur:

Eduard Trier: N. K. (Monographien zur rheinisch-westfälischen Kunst der Gegenwart, Bd. 28), Recklinghausen 1963 – N. K., Raumplastiken und Zeichnungen 1950–1975, Wilhelm-Lehmbruck-Museum der Stadt Duisburg und Städtische Kunsthalle Düsseldorf, Duisburg 1975 – Jürgen Morschel: N. K., Stuttgart 1976 (zur Ausstellung in der Staatsgalerie Stuttgart) – N. K., Raumplastiken und Zeichnungen, Städel, Frankfurt 1980

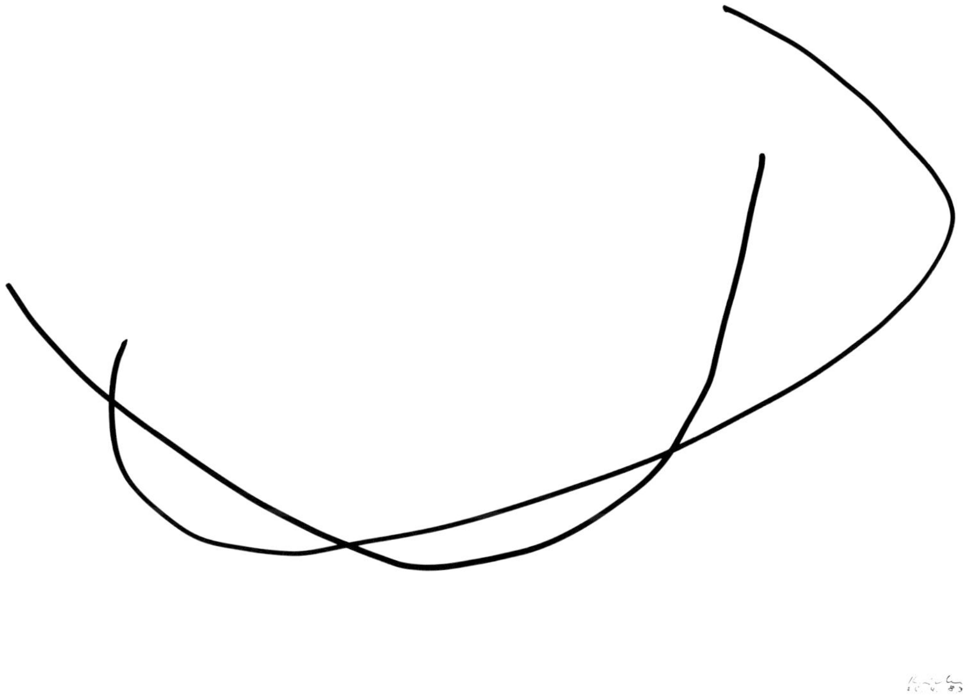

2

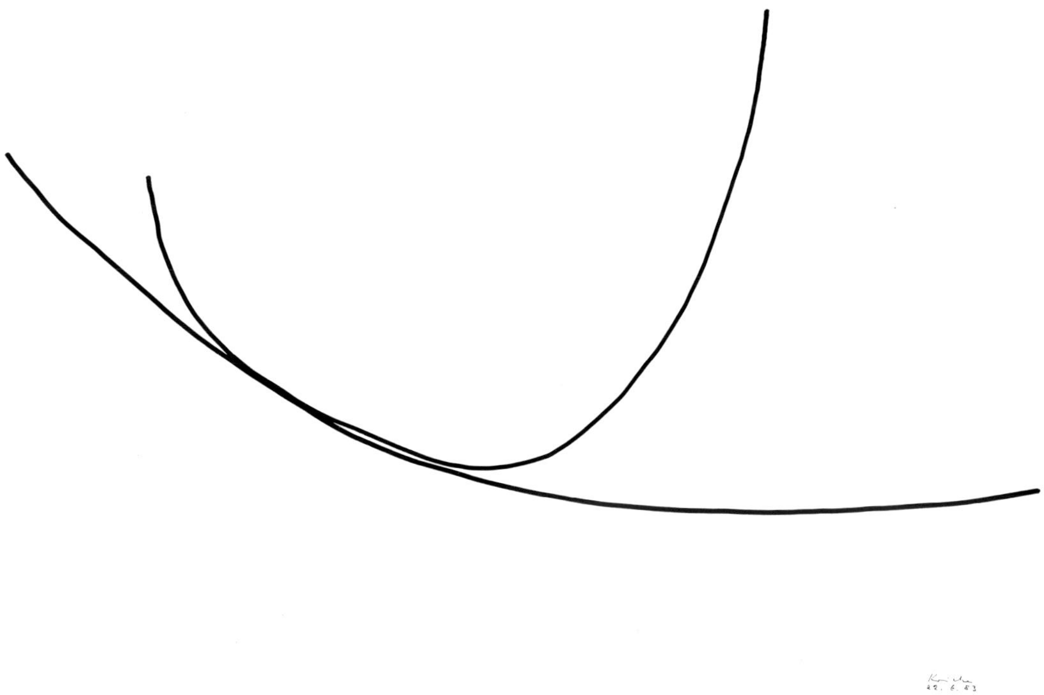

3

Dieter Krieg
Geboren 1937 in Lindau
Lebt in Köln

Kriegs künstlerischer Beginn reicht in die 50er Jahre, so daß sich in seinem Werk 30 Jahre Kunstgeschichte, aber auch ein Teil Sonderproblematik der Kunstentwicklung in Westdeutschland nach dem Krieg wiederfinden. Wer vom Künstler feste Vorsätze und eine gerade Entwicklungslinie erwartet, wird das gerade bei Krieg nicht antreffen. Wie auch andere seiner Jahrgangsgefährten schwankt er zwischen selbstgesetzten Zielen und der Orientierung an einflußreichen Kunstereignissen; zwischen kontinuierlicher Entfaltung und neuen Ansätzen. Öffentlicher Erfolg begleitete ihn ebenso wie phasenweise Stille. 1966 erhielt er den Deutschen Kunstpreis der Jugend, 1969 den Preis der Böttcherstraße.

HAP Grieshaber und H. Kitzel waren von 1959 bis 1962 an der Kunstakademie Karlsruhe seine Lehrer, beide starke Persönlichkeiten, die zwischen dem französischen Informel und der expressionistischen deutschen Kunsttradition eigenartig und unabhängig sich zu behaupten wußten. Sie entließen ihre Schüler in ein unruhiges neues Jahrzehnt, das seinen geistigen Schwerpunkt erstmals von Europa nach Amerika verlagerte. Kriegs frühe Arbeiten zeigen diese Veränderungen an: Aus ersten abstrakten Malaktionen konkretisierten sich zunächst figurative Kerne und schließlich ein wirklichkeitsbezogener Genauigkeitskult, der seine Gegenstände im vorgeblich ambitionslosen Feld der Alltagsobjekte fand. Eine emotionsfreie Grauskala verengt ihre sinnlichen Eigenschaften auf einen schmalen Grat, schränkt ihre momentanen Eigenschaften zugunsten der Konzentration auf eine Idee ein. Das Ewige am Begriff des Gegenstandes tritt an die Stelle des Flüchtigen seiner Erscheinung. Dieser Sinnlichkeitsverlust zugunsten gedanklicher Brechung führte Krieg in die konzeptuelle Richtung der 70er Jahre – eingeschriebene Kodierungen, verbale Mitteilungen, skizzierte Gedankenarbeit, Versuche mit Medien, Sprache, Photo beweisen das.

Mitte der 70er Jahre erleben wir einen neuen Ausbruch von Malerei, der bis zum Erfolg der Biennale in Venedig – Krieg vertrat 1978 die Bundesrepublik – neue Sprachmittel erprobte und sie bis heute immer bestimmter formulierte. Bilder entstanden jetzt aus spontanen Malakten als Variationen weniger, oft wiederholter gegenständlicher Vorwürfe, die titellos bleiben können, selbst wenn Koteletts, Mülleimer, Alltagsutensilien deutlich erkennbar sind. In dieser letzten, bis heute dauernden Phase sind die gegensätzlichen Impulse der Frühzeit aufgehoben: die elementare malerische Bewegung der expressiven Abstraktion mit ihrem personalen, psychischen Moment; die aus dem Realismus der 60er Jahre abgezogene Frage nach dem Gültigen in der Erscheinung des Gegenstandes; schließlich das konzeptuelle Interesse an der Möglichkeit eines eigenmächtigen Kunstwerkes. Krieg hat mithin gegenläufige Ansätze paraphrasiert und auf ihre Fruchtbarkeit für sein eigenes Profil geprüft. Er erreichte sein Ziel einer suggestiven, aus Bewegung, farblicher Stimmung und gegenständlicher Dynamik belebten Malerei gerade zu der Zeit, als eine Generation, die seine Schüler sein könnte – Krieg lehrt seit 1978 an der Akademie Düsseldorf –, mit einer Neuen Malerei Aufsehen auf die deutsche Kunstszene lenkt. Das ihn und die jungen Maler Trennende liegt im traditionellen Anspruch auf Meisterschaft hier, auf ironischer Distanz dort, auf Authentizität, die sich Krieg unter Selbstzweifeln in arbeitsamer Bemühung erringt, und eklektischem Konformismus. Sein Weg begleitet den aktuellen Kunstbetrieb immer in einiger Distanz zum Hauptgeschehen, so daß ihn weniger die Repräsentanz für Zeit und Richtung als die Verpflichtung auf das eigene Maß auszeichnet.

Zu den Arbeiten:

Wenn auch die Nahsicht kostbare und sensible farbliche Details offenbart – aus der Distanz einiger Meter erst schließen sich die auf Wirkung berechneten Arbeiten in Öl von 1982 zusammen. Die Reichweite des gestreckten Armes ist in allen Bildern sein Maß; die Spur des rapid geführten Pinsels mit allen Zufälligkeiten bis zu den Farbtropfen erzeugen den dynamischen, prozeßhaften Charakter. So klar sich Figur und Grund, Körper und Raum, Materie und Licht differenzieren – jeder Versuch der Bildergründung führt statt zu gegenständlichen Feststellungen zur Selbstergründung.

Sdt

Literatur:

D. K., Von-der-Heydt-Museum, Wuppertal 1983 –
D. K., Galerie T. Gierig, Frankfurt 1989

8

9

Martina Kügler

Geboren 1945 in Schreiberhau (Schlesien)
Lebt in Frankfurt am Main

Um Martina Küglers Bilder beschreiben zu können, müßte man neue Worte erfinden. Gespenstische, euphorische, verwirrte Worte, die die Wege ebnen in ihrem Land.

Was nützt es, wenn man Jean Dubuffet zu Hilfe ruft? Was nützen die kategorischen Notbremsen der kunstwissenschaftlichen Termini bei dieser Künstlerin?

Auf die Geburt im schlesischen Schreiberhau 1945 folgte die Flucht in den Westen. Wie viele, die versuchen, ihr Künstlertum auf dem Boden der Tatsachen zu verankern, machte sie eine Lehre als Farblithographin. Nach bestandener Gesellenprüfung bewarb sich Martina Kügler 1966 an der Frankfurter Städelschule. Johann Georg Geyger und Karl Bohrmann wurden während der sechsjährigen Ausbildungszeit ihre Lehrer.

1976 zeigte der Kunstraum München zarte, von sexuellen Phantasien bestimmte Zeichnungen: Tiere in Menschen- und Menschen in Tiergestalt. Die Linie treibt dabei ein eigenes Spiel; pointillistisch gebrochen, energisch, akribisch, exakt, wild und verwegen.

In Frankfurt sind Martina Küglers Arbeiten jährlich im Kunstverein in den Repräsentationen Frankfurter Künstler zu sehen (1983–86).

1984 zeigte sie im Münchener Kunstraum ihre riesengroßen *Haftfüßler,* aus Packpapier ausgeschnittene Zwitter zwischen Kyklop und Mensch, als Beitrag Frankfurter Künstler zum Ausstellungsprojekt ›Kunstlandschaft Bundesrepublik‹.

1985 gewährte der Frankfurter Galerist Timm Gierig ihr ein dreimonatiges Atelierstipendium. Sie wagt sich an das große Format, sie wagt sich an die Ölfarbe (mit der sie in ihrer kleinen Wohnung nicht arbeiten kann). Es entstehen in der kurzen Zeit atemberaubende Bilder. Soll man es Visionen nennen oder nicht besser von einem Tatsachenbericht aus dem Repertoire der menschlichen Natur sprechen?

Martina arbeitet nicht nach einem Konzept. Ihre Kunst hat kein ›Programm‹. Sie malt ihre Welt. Eine Welt nackter Personen. Einen neuen Garten Eden, in dem sich die Menschen, in dem sich Personen ineinander verhaken, verschlingen und verbeißen. Martina Kügler erzählt Geschichten. Sie sucht Bilder für die Worte, schreibt Gedichte, die Bilder entwerfen. ›Mein Puls fiebert Zeit / mein Schoß ist zerbrochen / an meinem Arm klebt Schlaf . . .‹ Die Heidelberger Galerie Rothe widmete 1986 Martina Küglers Gedichten – sie nennt das ›Verse‹ – *Kopf überm Dach* den Band 4 der ›Kleinen bibliophilen Reihe‹ (nach Büchern von Bernard Schultze, Hann Trier und K. O. Götz).

Wieder geht es um den Menschen, um dessen Vorstellungskraft, um die Wucht der Ideen. Um den Sinnspruch: Einer trage des anderen Last.

Füße sind der Künstlerin wichtig. Angeschnitten, aufgeschwollen, amputiert. Schuhe, Strümpfe, Pansfuß. Eine Sammlung von 22 Offsetlithographien, 1985 bei Omnibus Press in München erschienen, nennt sich *Grätig besohlt.* Der Wunsch, auf der Welt zu stehen und ihr zu entkommen, mag dahinterstehen. Aber was sagt das aus? Martina Kügler malt Bilder erbarmungslos für sich. Wer sehen will, entdeckt eine Arche Noah, auf der sich alle wiederfinden, die an Leib und Seele zittern, weil das Leben so viel Verborgenes hat. Auf

Literatur:

M. K., 30 Offsetlithographien, hrsg. von Karl Bohrmann, Omnibus Press, München 1971 – M. K., Zeichnungen, Kunstraum München, 1976 – M. K., Grätig besohlt, 22 Offsetlithographien, Omnibus Press, München 1985 – M. K., Offsetlithographien in ZET Zeichenbuch für Literatur und Graphik, hrsg. von Wolfgang Rothe, Heidelberg 1985 – M. K., ›Kopf überm Dach‹, Verse und Lithographien, Edition Rothe, Heidelberg 1986

4

6

9

Thomas Lange
Geboren 1957 in Berlin
Lebt in Berlin

Thomas Lange studierte an der Hochschule der Künste, Berlin, bei Wolfgang Petrick und Herbert Kaufmann. Ab 1978/79 wandte er sich mit abstrakten *Streifenbildern* gegen seine eigenen realistisch-gegenständlichen Anfänge. Er überdeckte die bis dahin entstandenen Arbeiten in einem gleichzeitigen Akt der Zerstörung und des Neuanfangs mit Schrubber und Farbe. Lange löst die Farbe vom Gegenstand, nimmt ihr damit die beschreibende Funktion und mißt ihr deshalb einen autonomeren Stellenwert bei. Diese Wendung zur reinen Farbmalerei kann man auch als bewußte Abwendung von seinem Lehrer Petrick interpretieren.

1980/81 deuten Figuren auf farbigem Hintergrund an, daß sich Thomas Lange am Scheideweg zwischen gegenstandsfreier Farbmalerei und figurativen Motiven für das Erzählerische und gegen die Farbabstraktion entschieden hat. Zunächst geschieht das eher vorsichtig. Die Figuren sind nur in Umrissen erkennbar und ruhen ornamentähnlich auf den darunterliegenden Farbschichten. Verglichen mit der Bewegtheit späterer Bilder spürt man in dieser Phase ein Innehalten und Umsichschauen. Bemerkbar macht sich dies am Charakter des Farbauftrages, der an pointillistische Methoden erinnert. Die Farbflächen setzen sich aus kurzen, starkfarbigen Strichen oder Punkten zusammen. Außerdem wirken die an antikisierend-klassizistischer Skulptur orientierten Figuren durch die Zurücknahme des Bewegungsmotivs statuarisch.

1982/83 wendet er sich dann wieder eindeutig dem erzählerischen Bild zu. Die Figur ist nicht mehr nur als schwarzer Umriß konturiert, sondern malerisch mit dem Hintergrund verbunden. Noch aber modelliert Lange die Figur nicht durch die Farbe allein, sondern schneidet sie mit Hilfe des Umrisses aus dem Farbhintergrund. Allmählich aber schwillt das Volumen der Figuren an; die erwähnte Neigung zur Skulptur und die Bewunderung für die Malerei eines Fernand Léger erklären diese Entwicklung.

1983/84 fallen der flächigere Farbauftrag und die Zertrümmerung der Formen auf. Der Aspekt der Zerstörung entfaltet sich diesmal nicht mit Hilfe der radikalen Übermalung, sondern dadurch, daß sich Torsi und einzelne Gliedmaßen über- und ineinanderschieben. 1984 nimmt das Volumen von Figuren und Figurenteilen erneut zu. Die Bildflächen wirken vehement bewegt. Es entsteht der Eindruck heftiger Torsion. Thomas Lange dreht die Bilder während des Arbeitens, so daß oben und unten austauschbar werden. Er wählt dies als Mittel gegen Eindeutiges und Festgelegtes. Gegen das Statische der Komposition soll der Zufall anwirken. Die Formen sind deshalb nie eindeutig. Man erkennt zwischen amorph-androgynen Verschlingungen Figurenteile, die in keine überschaubare Ordnung zu bringen sind.

Bei den 1985 entstandenen Arbeiten bemerkt man eine zunehmende Geometrisierung der Figuren. Dem unentwirrbaren Chaos scheint Lange nun eine Ordnung aufzuzwingen, die sich in klaren Umrissen und eckigen Formen ausdrückt. Figur und Hintergrund sind eindeutig geschieden, und die Formen betonen die Charaktere bestimmter Menschen. Im Unterschied zu den schwer definierbaren Farb- und Leibverschlingungen der vorangegangenen Arbeiten wirken diese Bilder präziser, klassischer, kühler und die darauf dargestellten Figuren isoliert.

Beobachtet man die Arbeiten von Lange seit 1978/79, so wechseln Phasen des flächigen und des volumenhaften Farbauftrages einander ab. Immer überlagern oder überschneiden sich mehrere flächige oder räumliche Schichten. Thomas Langes Arbeiten drücken eine ursprüngliche, durch erotisch-sexuelle Spannungen genährte Lebensenergie aus. Diese manieristisch gedrehten, räumlich gemalten Formen scheinen fast die Leinwände zu sprengen. Kein Wunder also, daß man von Lange zuletzt auch noch Skulpturen sehen konnte.

Thomas Lange lehnt für sich ein formales Konzept ab, weil er Kunst nicht für kategorisierbar hält. Sie ist für ihn die einzige Möglichkeit, individuell zu denken und zu handeln. Mö

Literatur:

T. L., Seestücke, Galerie Zimmer, Düsseldorf 1983 – T. L., Leibeigenschaften, Galerie Zimmer, Düsseldorf 1984 – T. L., Gemälde und Zeichnungen, Kunstverein Braunschweig u. a. 1985/86 – T. L., Frank Dornseif, Schatten der Liebe, Kunstverein Hannover, 1988

1

2

2

2

Istvan Laurer

Geboren 1948 in Budapest
Lebt in Frankfurt am Main

Weil er sich Mitte der 60er Jahre für die Pop Art begeisterte, mußte der Ungar Istvan Laurer die Budapester Akademie und die Stadt, in der er 1948 geboren wurde, verlassen. 1973 kam er mit einem Touristenvisum nach Deutschland, zuerst nach Mainz, dann nach Frankfurt. 1974 immatrikulierte er sich an der Frankfurter Städelschule, Johannes Schreiter wurde sein Lehrer.

Istvan Laurer empfindet sich als Maler ›im Niemandsland zwischen Abstraktion und Gegenständlichkeit‹. Er ist sein eigener Regisseur. ›Jedes Bild‹, sagt er, ›ist eine Drehbuchgeschichte.‹

Istvan Laurer sucht nach neuen oder, sagen wir besser, eigenen Symbolen – z. B. nach der Erforschung des Ich: Drei Jahre lang beschäftigte ihn die Thematik des Selbstbildnisses. Die eckige Kontur seiner eigenen Kopfform, ein Emblem, eine neue Spielart des Konstruktivismus dienten als ›Gefäß‹ für mancherlei signalhafte Botschaften. Die Welt, das haben die Konstruktivisten gesagt, existiert nur im Bewußtsein. Materie ist nicht die Welt. Laurers *Selbstbildnisse* umkreisen diese Behauptung. Laurer glaubt und mißtraut der Möglichkeit, die Welt aus der Leidenschaft und Erregung des Malers neu zu schöpfen. Er sagt: ›Ich bin der Meinung, daß der Künstler kein Weltveränderer ist.‹ Und er sagt: ›Mein Traum ist, daß ich verändern könnte.‹

Nach dieser Zeit der Besinnung auf das eigene Ich, auf das Geschlecht, auf die androgynen Verführungen, deren Ergebnisse man in einer ersten großen Einzelausstellung 1983 in der Galerie Loehr (Frankfurt, Niederursel) sehen konnte, unternahm Istvan Laurer den Versuch, von der Beschreibung des Individuums zur Beschreibung der Gesellschaft überzugehen. Er fühlt sich als ein Maler der Geschichte, als ein Maler, der Themen früherer Epochen (beispielsweise in der Gestalt des Predigers Savonarola) aufgreift und Analogien zur Jetztzeit herzustellen versucht. ›Ich bin ein Mensch, der über alles reden kann, so möchte ich auch malen.‹ Laurer schätzt Henri Matisse (›viel Phantasie‹), Urs Lüthi (›ist besser als ich‹) und die Schweizer Malerin Claudia Schifferle.

Die Rundbilder, die 1985/86 entstanden, zeigen, daß Laurer experimentiert. Experimentiert mit der (runden) Fläche, mit der Möglichkeit des ›intimen‹ Bildes: ›Ich glaube, ich mache Bilder nur für mich selbst. Jedes Bild ist eine Art Liebesbrief.‹ Sätze, in eckiger Schrift geschrieben, sind in diese Kreisbilder eingemalt. Das Gesehene, Erlebte wird mittels der Farbe in futuristischer Manier zum Ausdruck von Geschwindigkeit und Emotion.

In die Kopfumrißzeichnungen der frühen 80er Jahre hat Istvan Laurer die Gedanken eingebaut, die er jetzt auf die Leinwand entläßt. ›Lieber langsam sehen und denken als schnell und normal‹, heißt einer von Laurers Wahlsprüchen. Er ist kein spontaner Maler. Seine Bildwelten entstehen nach einem festen Programm. Nach den Kopfbildern hat er in den Rundbildern die Außenwelt gesucht, die Landschaft, die Historie, die Liebe.

Zu den Arbeiten:

Istvan Laurers Zeichnungen verfügen über ein aggressives Potential. Mahnungen, Warnungen, Botschaften werden sehr direkt in einer auf wenige Linien beschränkten Bildsprache formuliert, plakativ durch eingeschriebene Sätze betont. *Keep your fingers crossed,* ist ein Blatt betitelt, das in seiner kürzelhaften Eindringlichkeit keiner weiteren Worte bedarf. Als Anspielung auf seine vom Kommunismus beherrschte ungarische Heimat sind Hammer und Sterne auf zwei weiteren Arbeiten zu verstehen. Auf

Literatur:

Tango, Kunst im Philanthropin, Frankfurt 1981 – Lenin, ein Tango-Projekt, Kunst im Philanthropin, Frankfurt 1982 – Kunstlandschaft Bundesrepublik, Frankfurt und Hessen, Stuttgart 1984 – Kunst in Frankfurt 1987. Malerei, Frankfurter Kunstverein, 1987 – I. L., Arbeiten von 1982–1987, o. O. 1987

3

4

5

6

8

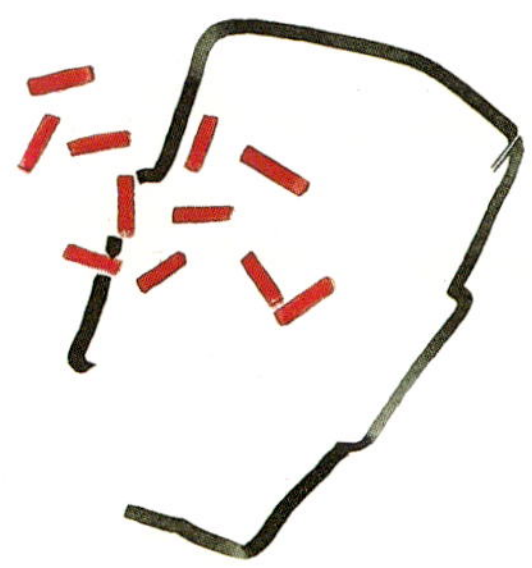
11

Uwe Lausen

Geboren 1941 in Stuttgart
Gestorben 1970 in Beilstein

Nachdem er schon als Kind durch seine musische Begabung aufgefallen war, begann Lausen 1960 in Tübingen ein Jura- und Philosophiestudium, das er ein Jahr darauf zugunsten künstlerischer Aktivitäten aufgab. In München schloß er Freundschaft mit Hans Peter Zimmer und den anderen Mitgliedern der Gruppe SPUR. Ohne je eine Kunsthochschule besucht zu haben, schuf er in dem knappen Dezennium von 1961 bis 1969 ein Œuvre, das die ganze Widersprüchlichkeit dieser Jahre spiegelt. Lausens stilistische Mittel wandelten sich dabei vom Informel zum Hyperrealismus, immer aber kreisten seine Bildthemen um Destruktion, Verzweiflung und Tod.

Einen ersten Werkkomplex bilden die von 1961 bis 1962 datierenden, in enger Verbindung mit Cobra und SPUR stehenden pastosen Farbexplosionen, in denen bereits gelegentlich fratzenhafte Gesichte auftauchen oder die sich durch ihre Titel auf pervertiertes menschliches Verhalten beziehen. Nach Heirat mit der Photographin Uta Heide Stolz 1962 wurde Lausens Aufmerksamkeit auf neue Medien gelenkt. Unter Einfluß des Nouveau Réalisme, von Francis Bacon und der Pop Art entstanden collageartige, mit realitätsbezogenen Bildzitaten versetzte Arbeiten, die trotz allem dem persönlichen Lebens- und Erfahrungsbereich zuzuordnen sind. In einer letzten Phase, von 1966 bis 1969, zeigte Lausen vornehmlich in Großformaten von verfremdeter Realistik den Menschen als leidendes und Leid zufügendes Wesen. Als Mitherausgeber der Zeitschrift *Ludus* und andernorts betätigte er sich auch schriftstellerisch und als Illustrator, ebenso als Comic-Zeichner und Bühnenbildner. Sein von Drogenkonsum begleitetes manisch-depressives Schaffen versiegte Anfang 1970, um schließlich in einem gedanklich lange vorbereiteten Freitod zu enden. ›ich sitze auf meinem stuhl an meinem schreibtisch in meiner wohnung in meinem münchen in meinem bayern in meiner bundesrepublik deutschland in meinem europa in meiner welt. ich sitze und fühle mich wohl. ich sitze und denke mich wohl. ich fühle und denke nichts.‹ Ba

Literatur:

U. L., Bilder, Zeichnungen, Texte 1960–1970, Städtische Galerie im Lenbachhaus, München 1984

3

4

4

Konrad Lueg
Geboren 1939 in Düsseldorf
Lebt in Düsseldorf

Unter dem Namen seiner Mutter studierte Konrad Lueg in den Jahren von 1958 bis 1962 bei Bruno Goller und Karl Otto Götz an der Staatlichen Kunstakademie in Düsseldorf. Seine erste ›Demonstrative Ausstellung‹ hatte Lueg zusammen mit Kuttner, Polke und Richter 1963 auf der Kaiserstraße in Düsseldorf in einem angemieteten ehemaligen Metzgerladen. Ihre Arbeiten spielten bereits mit Stilmerkmalen der Pop-Art. Zusammen mit Gerhard Richter machte Lueg im selben Jahr eine Aktion in dem Düsseldorfer Möbelhaus Berges: ›Leben mit Pop – eine Demonstration für den Kapitalistischen Realismus‹. In Verwandtschaft zu der von Richard Hamilton 1956 gefertigten Pop-Inkunabel ›Just What it is That Makes Today's Homes so Different, so Appealing?‹ präsentierte sich hier eine beißende, zugleich ironische Persiflage auf das gesellschaftliche und kulturelle Rezeptionsverhalten, in der sich beide Künstler selber, nebst dem gesamten Geschäft, in einem ›durchschnittlichen Wohnzimmer in Funktion‹ ausgestellt hatten. Es folgten Einzelausstellungen, so 1964 in der Galerie Schmela, 1966 bei René Block und der Galerie h, 1967 bei Heiner Friedrich und 1968 bei Denise René in Paris, sowie mehrere Gruppenausstellungen in diesen Jahren. Am 21. Oktober 1967 eröffnete Konrad Lueg eine Galerie in Düsseldorf, die er seither unter seinem bürgerlichen Namen, Konrad Fischer, führt. Der ›Kapitalistische Realismus‹, eine legendäre Episode innerhalb der Kunstereignisse jener Jahre – René Block erklärte bereits 1968 die Bewegung als beendet – ist eine Etikettierung bestimmter deutscher Parallelen zur englischen und amerikanischen Pop Art und als Stilbegriff eher irreführend und auch als Gruppenbezeichnung nur bedingt brauchbar. Im Gegensatz zu dem analogen ›Sozialistischen Realismus‹, der Akklamation meint, geht es hier, Mitte der sechziger Jahre, um eine neue künstlerische Auseinandersetzung mit der Realität, die Kritik an dem Gesellschaftssystem übt und nicht den Aufbau, sondern die Demontage seiner Grundwerte betreibt. Mittels einer zumindest partiellen Vereinnahmung von Stilelementen der Pop Art entgegnete die Gruppe um Lueg, Richter, Polke, Brehmer, Hödicke und Vostell den Auswüchsen der modernen Massengesellschaft. Ihre Arbeiten griffen allgemein soziologische Phänomene auf, wie das bundesrepublikanische Konsumverhalten oder herausragende tagespolitische Themen.

Gemeinsam war ihnen auch die Verwendung obgleich unterschiedlich veränderter Reproduktionsvorlagen, z. B. Rastervergrößerungen von Zeitungsvorlagen (Polke), Foto-Text-Montagen und TV-Verwischungen (Vostell), Vergrößerungsdrucke politisch bedeutsamer Personen und Ereignisse auf Postkarten oder Briefmarken (Brehmer).

Konrad Lueg übernahm Formen der Werbemalerei, um eine verständliche, klare Bildsprache zu entwikkeln. Seine bevorzugten Motive waren der Welt des Sports – so die Fußball- und Boxerbilder –, den Werbefotos – der hier abgebildete Siebdruck ›Babies‹ entstand nach einem von Lueg in der Druckerei zufällig gefundenen 2-Farb-Andruck einer Werbung für Babyartikel –, oder den beliebig häufig wiederholbaren Mustern billiger Konsumgüter – so die Tapeten- oder Handtuchsiebdrucke –, entlehnt. Seine Einfügungen schablonenartig vereinfachter Umrisse in serielle Motive, die Verwendung fotografischer Bilder in einer stilisierten Negativ-Positiv-Manier, oder die direkte Wiedergabe der Reproduktionsvorlagen dienen hier nicht einer unmittelbaren Darstellung der Wirklichkeit, sondern zielen in der behaupteten Identität von Wirklichkeit und Klischee auf deren grundsätzliche Hinterfragbarkeit. Die Seriegraphie, das aus der Werbung übernommene Druckverfahren, ist seit Rauschenberg und Hamilton zur spezifischen Technik der Pop Art und adäquaten Form ihrer Realitätsaneignung geworden. Luegs ironischer und persiflierender Gebrauch der Reproduktionsvorlagen macht es möglich, mit dem Bildgegenstand auch dessen Realität und Umgebung, den politischen Alltag, die gesellschaftliche Situation und zugleich auch die Kritik an ihr in das Abgebildete einbeziehen zu können. Fe

Literatur:

K. L., ›Waschlappen und Handtücher‹, Galerie René Block, Berlin 1966 – Figurationen, Württembergischer Kunstverein, Stuttgart 1967 – Neuer Realismus, Haus am Waldsee, Berlin 1967 – Jetzt., Kunsthalle Köln 1970 – René Block: Grafik des Kapitalistischen Realismus, Berlin 1971

2

1

Markus Lüpertz
Geboren 1941 in Liberec (Böhmen)
Lebt in Düsseldorf und Berlin

1948 siedelte Lüpertz' Familie von Böhmen nach Rheydt (Rheinland) über. Von 1956 bis 1961 studierte Lüpertz an der Werkkunstschule in Krefeld und an der Kunstakademie in Düsseldorf. 1962 zog er nach Berlin und gründete dort zwei Jahre später zusammen mit anderen die Selbsthilfegalerie Großgörschen 35. Zu diesem Zeitpunkt hatte er bereits einige konventionelle Stilversuche, von Konstruktivismus bis Expressionismus, durchgespielt und fand nun zu einer individuellen Ausdrucksweise, die er selbst als dithyrambisch bezeichnete. 1966 publizierte er das ›Dithyrambische Manifest‹. Damit nahm er auf die rauschhaft besessene Art seiner Arbeitsmethode wie auf den dionysischen Charakter seines Lebensgefühls Bezug. Von der sozialkritisch-realistischen Richtung, die die meisten Mitglieder von Großgörschen 35 gegen Ende der 60er Jahre einschlugen, distanzierte sich Lüpertz, der sich selbst als unpolitisch bezeichnete.

Seine Bildsujets – z. B. Baumstämme, Zelte oder Spargelfelder – gehörten einer alltäglichen, wertfreien Welt an, trugen allerdings in ihrer nahezu physischen Präsenz eine geheimnisvolle Spannung in sich. Durch diese Verfremdung konnte er sich von der urtümlichen Bedeutung des Bildgegenstandes lösen, ohne gleich in die Abstraktion flüchten zu müssen. Dazu trug auch die Wiederholung bestimmter Genres bei, die Lüpertz nicht als serielle Variationen, sondern als fast identische Repliken ausführte. ›Ich lehne Thematik ab. Ich mag den Terror der Thematik nicht. Ich will, daß das Bild so offen ist, daß der Betrachter die Thematik erfindet, um es ganz programmatisch zu sagen.‹

In der ›Motiv-Malerei‹ der Jahre von 1970 bis 1975 unterlegte Lüpertz die bisweilen pathetische Inhaltslosigkeit seiner Bilder mit Anspielungen auf eine im weitesten Sinne deutsche Ideologie. Danach ging er zur ›Stil-Malerei‹ über, wobei er, beliebig Stilzitate aufnehmend, wie auf einer imaginären Bühne Flächenformen, Lineaturen oder graphische Muster arrangierte. Virtuose Glätte kennzeichnet auch seine neueren Arbeiten, in denen er erneut Momente der deutschen Geschichte aufgriff. Die Monumentalität seiner Werke trug ihm mehrere Aufträge zur Gestaltung von Wandbildern ein, so in einem Krematorium und einem Krankenhaus in Berlin. Seit 1982 betätigt er sich auch als Bühnenbildner. Daneben traten ab 1981 als weiterer Werkkomplex bemalte Skulpturen.

1970 hielt sich Lüpertz als Stipendiat der Villa Romana in Florenz auf. 1974 wurde er Gastdozent und 1976 Professor an der Staatlichen Akademie der Bildenden Künste in Karlsruhe; 1986 erhielt er eine Berufung nach Düsseldorf, 1988 wurde er dort Rektor der Akademie.

Zu den Arbeiten:

Lüpertz ist u. a. mit Blättern aus den Linolschnittfolgen *Harlekin* (1984), *Vogue-Zeichnungen* (1984) sowie verschiedenen Gouachen, Aquarellen und Kreidezeichnungen, deren Technik zuweilen untereinander kombiniert wird, vertreten. Durch ein größeres Format sticht ein mit Pastell- und Deckfarben gemaltes Blatt von 1975 hervor, das in einer stilistischen Übergangsphase anzusiedeln ist. Der im Zentrum erscheinende Uniformierte erinnert, auch wenn seine Kluft eher französischer Provenienz zu sein scheint, an militärische Accessoires der ›Motiv-Malerei‹, wohingegen die ihm zugeordnete Ibo-Figur auf Neger-Plastiken anspielt, die vorzugsweise die deutschen Expressionisten in ihren Bildern und Skulpturen künstlerisch verarbeiteten und die somit zum Element einer ›Stil-Malerei‹ wird. Ba

Literatur:

M. L., Bilder, Gouachen und Zeichnungen 1967–1973, Kunsthalle Baden-Baden, 1973 – M. L., Hamburger Kunsthalle, 1977 – M. L., Gemälde und Handzeichnungen 1964–1979, Josef-Haubrich-Kunsthalle, Köln 1979/80 – M. L., Bilder 1970–1983, Kestner-Gesellschaft, Hannover 1983 – M. L., Skulpturen 1981–1986, Neuer Berliner Kunstverein, Berlin 1986 – Siegfried Gohr: M. L., Zeichnungen aus den Jahren 1964–1982, Bern/Berlin 1986 – M. L., Schilderijen/Bilder 1973–1986, Museum Boymans-van Beuningen, Rotterdam 1987 – M. L., Folgen, Haus am Waldsee, Berlin 1989 – M. L., Rétrospective 1964–1988, Abbaye Saint-André, Centre d'Art Contemporain, Meymac 1989

2

15

5

Bernhard Luginbühl

Geboren 1929 in Bern
Lebt in Mötschwil/Emmental, Schweiz

Tiere scheinen es Bernhard Luginbühl angetan zu haben – vielleicht weil sein Vater Metzger war und er etwas gutzumachen hatte? So zeigt z. B. seine erste Radierung aus dem Jahr 1945, das Jahr, in dem er eine Bildhauerlehre an der Kunstgewerbeschule Bern begann, einen weidwunden *Löwe(n) auf dem Felsen*.

Auch in der Folge sollen seine Eisenplastiken, denen er sich ab 1953 ausschließlich zuwendet, bevorzugt Tiernamen tragen: *Stier, Elefant, Giraffe, Frosch, Eisenfloh,* die in den späten 60er Jahren mit Namen aus der griechischen Mythologie ergänzt werden: *Zyklop, Pegasus, Atlas*.

Der ersten Eisenplastik von 1949 (ein Stier) folgen solche aus anderen Materialien (Holz, Gips. Beton, Stein): schwere, urplastische Arbeiten von (im positiven Sinne) primitiver Form, die bereits vom sicheren Empfinden für Volumen und Gewicht zeugen. Der größte Teil dieser frühen Arbeiten wurde jedoch von Luginbühl zerstört, so daß Luginbühl und Eisen zu einem untrennbaren Begriffspaar werden.

Ab etwa 1951 werden seine Arbeiten zusehends abstrakter, wobei er die Abstraktion auch in realen Maschinenteilen entdeckt. Für ihn war es ein eher bestätigendes als vielleicht auslösendes Moment, daß er eine Form aus Eisen entdeckte, die seinem ›Schönheitsideal‹ entsprach: die Vorderseite eines Dampfkessels. Seitdem läßt ihn das Eisen nicht mehr los, durchstreift er Schrottplätze nach großvolumigen Altteilen von Maschinen und findet in den 60er Jahren in Hamburg sein Eldorado. Tonnenweise schleppt er Schäkel, Winden, Ruderblätter, Ankerschlösser, Bullaugen und Poller von Abwrackwerften in sein Atelier, das er in der Nähe des Hafens bezogen hatte.

Die Charakterisierung von ›Luginbühl = Eisen‹ ist sicher nicht falsch, aber sie ist unvollständig. Denn gleichzeitig ist Luginbühl einer der exzessivsten Zeichner und Graphiker (besonders deutlich seit den 60er Jahren), der in der Graphik die Radierung, genauer: den Kupferstich, bevorzugt und oft jahrelang an einer Platte herumstichelt. Dabei sind die oft riesigen Zeichnungen und Graphiken nicht – wie es vielleicht vorstellbar wäre – eine Vorzeichnung, Entwurfsskizze oder technische Zeichnung zur Plastik, sondern sie entstehen sonderbarerweise zumeist, wenn die Plastik bereits fertig ist, weil er keine Zeit zum Zeichnen habe, da die skulpturalen Montagen meist so schnell entstünden (Luginbühl).

Was sich an der Skulptur als tonnenschweres Volumen erweist, kann in den Zeichnungen und der Graphik auf seine Spannungen untersucht werden, läßt sich neben der Masse auch ihr energetisches Potential darstellen, können Volumina aufgebrochen werden. Die statische Masse verwandelt sich zur dynamischen Vielfalt, reale Dreidimensionalität in eine nur fiktive auf der Fläche.

Bei aller Realität des Dargestellten haftet seinen zeichnerischen und graphischen Arbeiten stets etwas Utopisches an, ähnlich wie Leonardo da Vincis Kriegs- oder Flugmaschinen. Es sieht immer so aus, als könnten diese Gegenstände ihren künstlerischen Stellenwert verlieren, aus dem Rahmen heraustreten und zu bedrohlichen, sich verselbständigenden Gebrauchsgegenständen werden, deren wir nicht mehr Herr werden können.

Luginbühl wäre jedoch unvollständig beschrieben, wenn man nicht gleichzeitig auch sein manisches Schreiben, seine Vorliebe fürs Kochen, sein Filmen und sein engagiertes Eintreten gegen sinnlose Zerstörung gewachsener ländlicher und städtischer Strukturen erwähnen würde. Bei ihm wird jede Tätigkeit zum künstlerischen Exzeß, bei ihm ist jedes mit jedem untrennbar verwoben, – was ihn auch über weite Strecken zum idealen Partner für Tinguely macht.

Bernhard Luginbühl war Teilnehmer der Biennale Venedig 1956, 1964 und 1975 sowie der ›documenta 3‹, 1964. Er schuf Großplastiken für die EXPO 1966 in Kanada *(Tell)* und 1979 in Osaka *(Osaka Punch)* und war 1980/81 als Stipendiat des Deutschen Akademischen Austauschdienstes (DAAD) in Berlin.

Schw

Literatur:

B. L., Kestner-Gesellschaft, Hannover 1975 – B. L., Städel, Frankfurt 1979 – B. L., Zeichnungen 1946–1984, Hamburger Kunsthalle, Hamburg 1985 – B. L., Skulpturen, Galerie Littmann, Basel 1987

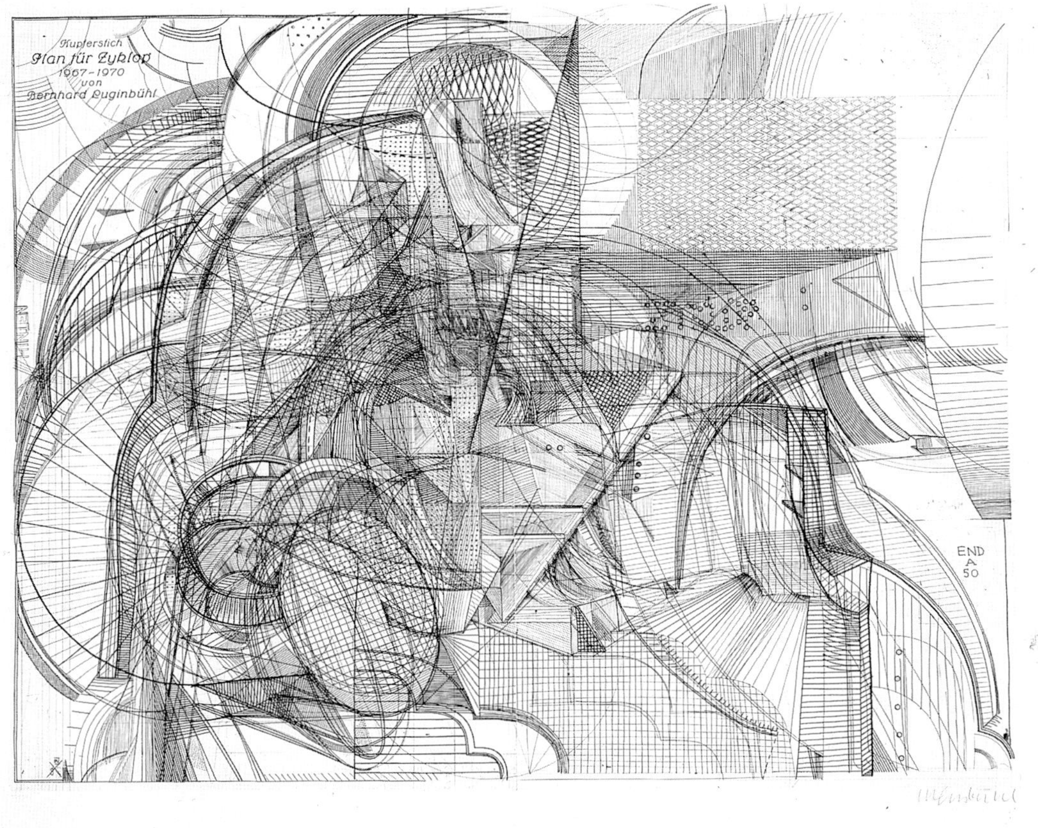
Kupferstich
Plan für Zyklop
1967–1970
von
Bernhard Luginbühl
END
A
50

2

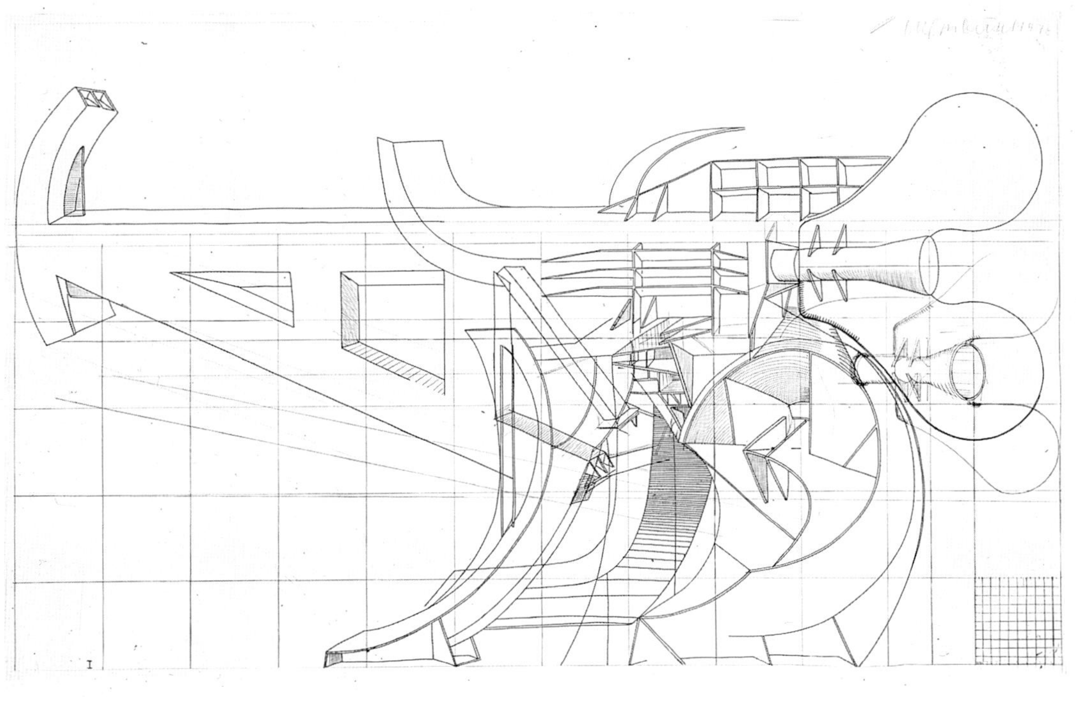

3

Heinz Mack

Geboren 1931 in Lollar (Hessen)
Lebt in Mönchengladbach

Von 1950 bis 1953 besuchte Mack die Staatliche Kunstakademie in Düsseldorf, an der er, neben einem Philosophiestudium an der Universität Köln, seine Kunsterzieherausbildung abschloß. In den Jahren 1956–1964 war er als Kunsterzieher und freier Künstler in Düsseldorf tätig. Mit Otto Piene gründete er dort 1958 die Gruppe Zero. Nach Auseinandersetzung mit dem Tachismus entstanden ab 1956 die ersten monochromen Zeichnungen und Bilder mit paralleler Rasterreihung (sog. *Dynamische Strukturen*), in denen die herkömmliche Komposition durch zufällige Strukturen abgelöst wurde (*Dynamische Struktur – Weiß auf Schwarz,* 1956/57). Die darin erzeugte Vibration der Fläche wurde seit 1958, ohne malerische Mittel, in *Lichtreliefs* aus gewellter Aluminiumfolie weiterentwickelt, in denen die Vibration und Reflexion des Lichtes einen immateriellen Charakter erhielt. In diesem Zusammenhang entstand, ebenfalls aus Aluminium, das erste kinetische Relief (*Winkelrelief,* 1958), aus dem sich 1959 die *Rotoren*, durch Motoren angetriebene Konstruktionen aus Aluminiumfolie und Wellglas, entwickelten. Mit den ersten Plänen zum *Sahara-Projekt* verband sich 1959 die Idee zu *Lichtstelen*, die, vergleichbar mit den *Lichtreliefs*, aus gewelltem Aluminium, später aus Glas, optischen Linsen oder Spiegeln bestanden und zu größeren Environments zusammengefaßt werden konnten (*Forest of Light,* 1966). Im folgenden Jahr kamen ineinandergestellte Kuben aus durchsichtigem und farbigem Glas hinzu.

Unter Einbeziehung der Naturelemente als Gestaltungsprinzip benutzte Mack neben dem Licht seit 1960 auch Wasser und Wind. Zunächst nur in nicht realisierten Projekten entwickelt, konnte er 1965 Wasser in zwei *Wassermauern* für ein deutsches Krankenhaus im Senegal in seine Arbeit integrieren (später u. a. Wasserplastik für den Olympiapark in München). Wind wurde ebenfalls 1965 in drei vibrierenden Plastiken aus Edelstahl (*Die drei Grazien)* als künstlerisches Mittel einbezogen.

Ein Teil des ›Sahara-Projektes‹ realisierte Mack 1968 im Rahmen eines Filmes in zehn stelenartigen Lichtobjekten, die ›zum Ausdruck von Licht, Raum und Zeit‹ wurden. ›Die beglückendste Überraschung für meine Augen aber war die Erkenntnis, daß Raum und Licht zwar stärker sind als meine artifiziellen Werke, daß aber meine verhältnismäßig kleinen Konstruktionen die unendliche Weite des Raumes in sich reduzieren und die allerfassende Helligkeit des Lichtes artikulieren und intensivieren können.‹ Lu

Literatur:

Margit Staber: H. M., Köln 1968 – H. M., Objekte, Aktionen, Projekte, Akademie der Künste Berlin, 1972 – Kurt Weidemann: H. M., Imaginationen 1953–73, Frankfurt/Berlin/Wien 1974 – Karin Thomas: H. M., Recklinghausen 1975 – Dieter Honisch: H. M., Skulpturen 1953–1986, Düsseldorf 1986 – H. M., Sehverwandtschaften im Werk von Heinz Mack, Skulpturen, Reliefs, Handzeichnungen, Collagen, Fotos, Galerie Neher, Essen 1989

1

5

Matthias Mansen

Geboren 1958 in Ravensburg
Lebt in London

Nach dem Schulbesuch, den er mit dem Abitur abschloß, leistete Mansen zunächst Zivildienst, anschließend studierte er von 1978 bis 1984 an der Akademie der Bildenden Künste in Karlsruhe. Darauf folgte 1986/87 ein DAAD-Stipendium in London. In Karlsruhe begegnete er Markus Lüpertz und Georg Baselitz, die einen großen Einfluß auf den jungen Künstler ausübten. Mansen hat betont, daß vor allem deren programmatischer Ansatz für ihn von entscheidender Bedeutung war. Neben den Anregungen auf theoretischem Gebiet ist er aber vor allem auch auf ganz praktische Art und Weise geprägt worden. Durch die sog. ›Neuen Wilden‹ und durch HAP Grieshaber, den dominierenden Holzschneider in der Mitte des 20. Jahrhunderts, wurde die Tradition des Holzschnitts wieder neu belebt. Die ›Neuen Wilden‹, vor allem Baselitz, Immendorff, Oehlen und Penck, haben ihn dann als Medium für sich entdeckt, wobei sie allerdings tradierte Formen und Formate für ihre Ausdruckszwecke sprengten. Matthias Mansen gehört mit seinen Holzschnitten in diesen Zusammenhang. Er hat großformatige Holzschnitte geschaffen, die zum Teil über zwei Meter hoch sind und nichts mehr mit dem intimen Charakter aus der Frühzeit der Holzschnitte – Dürers ›Schmerzensmann‹ beipielsweise ist nur knapp 20 x 19 cm groß – oder den traditionellen Buchillustrationen gemeinsam haben.

Mansen arbeitet vorwiegend in Serien, die ganz elementare Situationen zum Gegenstand haben, z. B. *Essen*, eine Serie aus sieben großen Drucken, variiert das Thema des gedeckten oder leeren Tisches, mal mit, mal ohne Personen. Dabei wird die Maserung des Druckstockes als Gestaltungsmittel für die Tischplatte eingesetzt. In der Serie *Stehende* wird die unterschiedliche Bearbeitung des Druckstocks bewußt zur Variation der gleichbleibenden Figur eingesetzt. Ein ähnliches Verfahren kennzeichnet auch die Serie *Sitzende,* wo die Variationen in der Bearbeitung des Holzes gleichzeitig unterschiedliche Abstraktionsstufen des Themas evozieren.

Mansens eigenständiger Weg auf dem Gebiet des Holzschnitts wurde 1983 mit dem 1. Preis beim Druckgraphik-Kunstpreis der Landesbank Stuttgart gewürdigt.

1986 publizierte Mansen ein Buch mit 24 Holzschnitten: *Das Haus,* in dem auch Textauszüge aus Andersens Märchen ›Die Schneekönigin‹ eingebracht wurden, ohne daß Mansen jedoch seine Holzschnitte zu bloßen Illustrationen werden läßt.

HiS

Literatur:

Sieben Karlsruher in Berlin, Badischer Kunstverein Karlsruhe, 1986 – M. M., Holzschnitte, Rathaus Reutlingen, 1988

1

2

Olaf Metzel

Geboren 1952 in Berlin
Lebt in Berlin

Zwischen 1971 und 1977 studierte Metzel an der Hochschule der Künste Berlin bei Ludwig Gabriel Schrieber. Anschließend hielt er sich mit einem DAAD-Stipendium ein Jahr in Italien auf. Eine der ersten Arbeiten, *Böckhstr. 7, 3. OG,* entstand 1981 in einem zum Abriß freigegebenen Fabrikgebäude in Berlin-Kreuzberg. Das 3. Obergeschoß war das Material dieser Skulptur. Die Lebendigkeit und ›Power‹ der Hausbesetzerbewegung im Winter 1980/81 stellten einen wesentlichen Kontext der Arbeit her. Die künstlerische Arbeit entstand aus der legitimierten Zerstörung und Verwüstung ganzer Stadtteile. Da die Arbeiten immer ganz eng zum umgebenden Kontext stehen, war eines ihrer wesentlichen Momente, daß sie sozusagen vor ›Ort‹ entstanden. Metzel bearbeitete dabei die Wände der Etage mit Trennscheibe und Stemmeisen und nahm verletzende Eingriffe in die Architektur vor.

Der unmittelbare Bezug zum Zeitgefühl war auch in der Arbeit *Türkenwohnung* in Berlin-Wedding 1982 gegeben. Er bediente sich der Materialien, die Berlin bietet und die diese Stadt von ihrer Substanz her von der Bundesrepublik unterscheiden. Die im gleichen Jahr entstandene Arbeit *Landsbergerstraße* ging auch von einer typischen, alltäglichen Situation aus: eine zum Abriß stehende Tankstelle an einer verkehrsreichen Straße, der Metzel einen ausgesprochen signifikanten Ausdruck gab. Alle drei Arbeiten bestehen nicht mehr, sie sind zerstört und nur noch in Dokumenten nachvollziehbar. Die Ideen und Vorstellungen zu den Arbeiten entstanden oft Jahre im voraus und wurden in zahlreichen Zeichnungen festgehalten, manchmal über Jahre anvisiert, bis der Augenblick der Realisierung tatsächlich eintrat. Metzel ist in diesen Arbeiten immer ein Einzelgänger, der durch den ›Zoomeffekt‹ von Annäherung und Distanz die Zusammenhänge und Brüche einkreist. 1983–84 entstanden *In die Produktion, 1984, Stammheim* und 1985 *Fünfjahresplan, Olympia* und – in einem Atelier in Bethanien, hart und eng an der Berliner Mauer – die *Eichenlaubstudien.* Diese Arbeiten in Beton, den er schon 1981 verwendete, sind beinahe schon symptomatisch für die sozialen und politischen Realitäten unserer Zeit, sie visieren stets den Komplex der deutsch-deutschen Themen an.

Für *In die Produktion, 1984* erhielt Metzel ein Arbeitsstipendium des BDI, 1985 vom Senat Berlin ein PSI-Stipendium, mit dem er sich ein Jahr in New York aufhielt.

Schm

Literatur:

O. M., Skulptur, Kunstraum München, 1982 – O. M., Berliner Künstlerprogramm des DAAD, 1984 – Skulpturenboulevard Kurfürstendamm Tauentzien, Kunst im öffentlichen Raum, Berlin 1987 – O. M., Galerie Fahnemann, Berlin 1989 – O. M., Galerie Zwirner, Köln 1989

1

2

Meuser
Geboren 1947 in Essen
Lebt in Düsseldorf

Meuser – er verzichtet auf den Gebrauch seines Vornamens wie Raffael auf den seines Familiennamens – zählt seinem Jahrgang nach zur jüngsten, um 1950 geborenen Generation von Künstlern, deren Arbeit öffentlich diskutiert wird. Er gehört zu jenen Künstlergruppierungen, deren Vorstellungen aus den politischen Erfahrungen der 70er Jahre, aus der Einsicht in die sich erschöpfende Substanz der Moderne, aus der Jugend- und Massenkultur der Großstädte stammen. 1947 in Essen geboren und 1968–1976 Student an der Staatlichen Kunstakademie Düsseldorf, ist er in einem geographischen Raum der Bundesrepublik zu Hause, der nicht nur ökonomisch und politisch, sondern im vergangenen Jahrzehnt mit seiner urbanen Dynamik zunehmend auch kulturell zu deren Zentrum geworden ist. Seine Lehrer waren Joseph Beuys und Erwin Heerich – zwei polare künstlerische Naturen, in deren Spannungsfeld sich zu begeben auf die prinzipielle Offenheit des Studenten Meuser deutet, undogmatisch nach allen Richtungen zu experimentieren und vom Konstruktivisten Heerich ebensogut zu lernen wie vom mystischen Denker Beuys. Nicht von ungefähr zitiert er statt eines eigenen Statements im Katalog zum Bremer Kunstpreis, den er 1985 erhielt, einen Exkurs über Spinoza, der die Identität von Denken und Evidenz lehrte. Spinozas Pantheismus nimmt für Meuser die Einsicht vorweg, daß Gefühl und Ratio, Sinnlichkeit und Intellekt, Beuys und Heerich, die ihrerseits einen gemeinsamen Lehrer hatten, zwei Erscheinungsformen der umfassenden Einheit sind. Sie als untrennbar aufzufassen, Beuys und Heerich zu akzeptieren – darin lag der Widerspruch des jungen Kunstadepten gegen die unsinnlich gewordene, in intellektuellen Konzepten erstarrte Kunst seiner Lehrjahre.

Entscheidendes Erlebnis war für ihn – wie auch für 300 andere Düsseldorfer Kunststudenten und darüber hinaus für eine ganze Jugendszene – 1972 die Entlassung von Beuys durch den Kultusminister von Nordrhein-Westfalen. Eine allein gelassene Jugend fand sich plötzlich auf der Straße wieder und setzte sich von nun an mit politischen und künstlerischen Ereignissen nicht mehr im akademischen Rahmen, sondern unbeschützt in Kneipen, auf Plätzen auseinander. Die Wirklichkeit vor den ästhetischen Schranken wurde Leitstern ihrer Überlegungen – politische Betroffenheit kam dazu. ›Wir wollten gar keine Kunst machen‹, sagte Meuser als Mitglied der ›Roten Zelle Kunst‹: Spaß an Musik in Kölner und Düsseldorfer Kneipen war den Gruppen wichtiger, als eine konventionelle, in ihren Augen überflüssige Kunstpraxis fortzusetzen.

Seit 1972 wuchs Joseph Beuys in die unangefochtene Rolle eines künstlerischen und moralischen Bezugspunktes für die Akademiestudenten in Deutschland. 1978 wurde die Galerie Arno Kohnen Sammelort für die jungen Künstler des Rheinlandes, während in Hamburg und Berlin sich andere gleichgesinnte Gruppen bildeten. Im Juni 1979 stellte Meuser in Kippenbergers ›Büro‹ in Berlin aus, fiel in der Pressekritik mit seinen verschiedenfarbigen großen Rechtecken als ›Mondrian-Epigone‹ durch und trennte sich infolgedessen davon, andere Künstler oder Kunstprozesse zu reflektieren. In der Gruppenausstellung ›Elend I‹ 1981 in Berlin, dann in ›Finger für Deutschland‹ bei Jörg Immendorff in Düsseldorf (zusammen mit Büttner, Oehlen, Herold, Barfuß, Wachweger, Dahn, Dokoupil) kamen die neuen Tendenzen zum erstenmal überregional zusammen. Für Meuser wurde aus der Trennung von seiner politischen Vergangenheit ein Aufbruch in eine selbstbestimmte, gedanklich und historisch unbelastete Kunst, die statt nach Professionalismus und intellektueller Strenge nach Phantasie, Spontaneität und Individualität fragte und nicht zuletzt in dem Vergnügen am Herstellen und Aufnehmen von Werken bestand. Regeln und Gattungen, Hierarchien und Bedeutungen verlieren ihren Rang – Werke entstehen aus einer offenen Vorstellung von Malerei, Plastik, Denken, Sprache, Erleben... Heute blicken wir bereits zurück auf ein Jahrfünft außerordentlicher Vitalität der deutschen Kunstszene zwischen 1979 und 1984, vergleichbar der Epoche des deutschen Expressionismus vor dem Ersten Weltkrieg. Die Sammlung ›Tiefe Blicke‹ in Darmstadt, das Resümee dieser fruchtbaren Jahre, repräsentiert Meuser mit dem *Denkmal für den 24. November 1983.* Sdt

Literatur:

M., Kunstraum München, 1983

1

2

3

Nanne Meyer
Geboren 1953 in Hamburg
Lebt in Frankfurt am Main

1975 begann Nanne Meyer für sechs Jahre an der Hochschule für Bildende Künste in Hamburg zu studieren. Sie besuchte die Klassen von Gerhard Rühm und für kurze Zeit auch von Tomas Schmit. Ihr eigentliches Medium wurde bald die Zeichnung, nicht nur aus ökonomischen Gründen, ›Papier und Stifte hat man immer‹, sondern weil ihre Körpermotorik hier am unmittelbarsten in die Bilder einfließen kann. Um sich eine Kontinuität der eigenen Arbeit zu gewährleisten, begann sie 1978 vier Jahre lang ein außergewöhnliches Tagebuch zu führen: Jeden Tag zeichnete sie auf einem DIN-A4-Blatt ihre alltäglichen Beobachtungen und Erfahrungen, die sie auf spielerische Art in ein Beziehungsgefüge von Bild- und Wortsprache übersetzte. Auch heute noch arbeitet Nanne Meyer häufig mit Heften, Leporellos und Serien. Dabei interessiert sie immer wieder das Verhältnis der Teile zum Ganzen. ›Grundsätzlich hat man bei Serien immer kleine Einheiten (Formate), die sich zu einem Ganzen verbinden, analog zum Leben: Viele Erfahrungen machen ein Lebensgefühl, die Tage ergeben ein Jahr, Worte einen Satz usw.‹ Nanne Meyer zeichnete auch eine *Telefon-von-unten-Serie*, bei der die Unterseite des Telefons als Stempel benutzt und auf einem Blatt abgedruckt wird. Dieser Abdruck wird als Ausgangspunkt zu den unterschiedlichsten Zeichnungen genommen.

Die Darstellung der vielfältigen Beziehungen von Sprache und Bild ist charakteristisch für ihre Werke. Hier werden Wortspiele und die Doppelsinnigkeit von Begriffen häufig wörtlich genommen und ausgedeutet. Dem Betrachter wird so auf oft witzig-ironische und vor Einfällen sprühende Art das Hinterfragen von gewohnten Begriffen und alltäglichen Wahrnehmungsweisen vor Augen geführt.

Ab 1984 ändert sich die bildnerische Konzeption der Zeichnungen. Zwar bleibt die Beziehung zwischen Wort und Bild als wichtige Voraussetzung bestehen, jedoch tritt die Schrift mehr in den Hintergrund. Die Zeichnungen werden abstrakter und intellektueller, ihre Ironie oder ihr Witz versteckter. Die Begrifflichkeit entwickelt sich oft erst aus der Kommunikation – einer Art Selbstgespräch – mit und während des bildnerischen Handelns. 1982 bekam Nanne Meyer ein Stipendium des Deutschen Akademischen Austauschdienstes (DAAD) in London. Aus dem geplanten einjährigen Aufenthalt wurden drei Jahre, während deren die Künstlerin viel im Land reiste und sich mit der Geschichte auseinandersetzte. In dieser Zeit entwickelte sich bei Nanne Meyer als grundlegendes künstlerisches Thema die assoziative Reflexion über den eigenen historischen Standort. Auf ihren Bildern versammeln sich Vorstellungen aus dem Unterbewußten und Erinnerungsfragmente, die durch abstrakte Kürzel, Chiffren und auch durch Gegenstände – mit bestimmten Gefühlen assoziiert – dargestellt werden. Jeder Mensch hat sein eigenes Assoziationsnetz, das jedoch mehr oder weniger zugedeckt ist durch den funktionalen Rahmen des alltäglichen Lebens. Aufgabe der Kunst ist es für Nanne Meyer, diesem assoziativen Denken Gestalt zu verleihen und den Betrachtern die Möglichkeit zu geben, in diese Bildwelt einzusteigen und sich selbst reflektierend und fühlend zu erfahren. Seit mehreren Jahren arbeitet Nanne Meyer mit Suse Wiegand zusammen. 1986 erhielt die Künstlerin das Villa Massimo-Stipendium und 1989 war sie ›Stadtzeichnerin von Nürnberg‹.

Zu den Arbeiten:

Die *Umwandlungszeichnungen* zeigen den ganzen Ideenreichtum Nanne Meyers. Aus der Mitte des Bildes heraus oder von oben links nach rechts unten gehend entwirft die Künstlerin assoziativ die Metamorphose eines bestimmten Gegenstandes.

Bei den kleinen beschrifteten Zeichnungen im DIN-A4-Format wird ihr intellektueller Witz besonders deutlich. Er kann leise kritische Töne haben *(Wenn das Kunst- zum Kraftwerk wird)* oder diese Kritik wiederum ironisieren *(Give your chair a chance)*, doktrinär jedoch wird Nanne Meyer nicht. Ihre neueren Zeichnungen sind autobiographisch und reflektieren die Situation der Künstlerin während ihres Englandaufenthaltes *(Tower-bridge, Knurz und Klein)*. Su

Literatur:

Gespräch mit der Künstlerin in Hamburg – Suse Wiegand/N. M., Galerie Petersen, Berlin 1986 – N. M., Zeichnungen, Hamburg/Düsseldorf/Berlin 1989

19

25

26

Robert Michel

Geboren 1897 in Vockenhausen (Taunus)
Gestorben 1983 in Eppstein (Taunus)

Der Absturz als Flieger im Weltkrieg, den er 1916 überlebte, war für Robert Michel der Beginn seines künstlerischen Weges. Nach dem Lazarett begann er ein Kunststudium an der Hochschule für Kunst und Gewerbe in Weimar und lernte dort Ella Bergmann kennen, die ihn dann als Künstlerin und Ehefrau begleitete. Im Kreis um Henry van de Velde opponierten sie gegen den hergebrachten akademischen Lehrbetrieb und suchten Anschluß an die modernen europäischen Richtungen. Technik und Industrie haben Michel von Kindheit an beschäftigt; in der elterlichen Schmelzmühle in Vockenhausen gab es Eisenverhüttung und Schwarzfarbenherstellung. Und im Gegensatz zu den italienischen Futuristen und den Dadaisten um Marcel Duchamp, die eine phantastische Schwärmerei für die Dynamik und Geschwindigkeit der Maschine kultivierten, war seine Bewunderung für deren Leben und Logik die des begeisterten Technikers.

Seine Arbeiten, oft neben Werbegraphik und Konstruktionszeichnungen entstanden, zeigen die Schönheit technischer Ordnung im verzahnten Räderwerk der Getriebe, in der komplizierten Mechanik von Transmissionen, Gewinden, Propellern. *Zwischen Himmel und Erde* besingt als Bildtitel nicht nur Fliegererlebnisse, sondern besagt nichts weniger als den Einzug der Maschine in das Reich der Kunst. Aber nicht nur der konstruktivistische Geist des Bauhauses, dessen Dogmatik ihn später mehr und mehr langweilte, auch der ironische Sinn Dadas und sein Antiillusionismus beeindruckten ihn. Michels Bildtitel beginnen Wortspiele und Mehrdeutigkeiten mitzuführen, technische Konstruktionen können heimlich in groteske oder absurde Konfigurationen umschlagen. Zwischen Kolben, Hebeln und Gestängen kann ein Kinderwagen daherrollen. Dampfschiffe fahren durch prismatische Stadtlandschaften, und eine Spinne, Verkörperung von System und Regelmaß, spinnt blanke Sägeblätter. Um 1920 hält das Stoffliche auch materiell Einzug ins Bild. Aus den Tuschzeichnungen entwickeln sich nach dem Vorbild der Collage Materialbilder, die mit ausgeschnittenen Werbeprospekten von Flugzeugfirmen einen technischen Sachverhalt nicht mehr erfinden, sondern nur noch demonstrieren. Die Realität von Uhrenzahnrädern, Tachometern, Photos, Bastelmaterial der Flohmärkte offenbart die Schönheit der technischen Welt ohne den Umweg über die illusionistische Scheinwirklichkeit. Ihre symbolische Dimension erhält diese Zurüstung von Realien durch beziehungsvolle Verweise und neue, vom Künstler gestiftete Ordnungen. Worte, Zahl, Bild bilden eine eng vernetzte Einheit aus sinnlichen, wissenschaftlich-objektiven und verbalironischen Elementen.

1920 verließ das Ehepaar Michel Weimar, um in das Anwesen in Vockenhausen im Taunus zu ziehen. Weimar hatte seine Bedeutung an Berlin verloren, so daß Michel als Architekt und Ingenieur in Frankfurt vom Bau von Tankstellen und Ladenentwürfen lebte. Die künstlerische Arbeit trat mehr und mehr zurück und hörte 1933 ganz auf. Er tauschte sie gegen die Tätigkeit eines Fischzüchters im Taunus. Erst 1960 griff er die alten Themen wieder auf, sie erweiternd und vollendend. In dieser Zeit entstanden nach den frühen Plänen die Drucke, in denen seine Vorliebe für das tiefe Schwarz auflebt. ›Das feinste Schwarz gewinnt man, indem man Elfenbein verkokt und mahlt. Dürer hat das schon gekannt.‹ Sdt

Literatur:

Herta Wescher: Die Geschichte der Collage, Köln 1974 – R. M., Ella Bergmann-Michel, Galerie Mühlenbusch, Düsseldorf 1986

1

1

1

1

Helmut Middendorf

Geboren 1953 in Dinklage
Lebt in Berlin

Während seiner Studienzeit an der Berliner Hochschule der Künste experimentierte Middendorf mit verschiedenen aktuellen künstlerischen Gestaltungsmöglichkeiten. Noch 1975 waren seine Arbeiten von scharfkantigen, stereometrischen Körpern geprägt. Mitbestimmt durch die Anregungen seines Lehrers Karl Horst Hödicke, wandte er sich in den späten 70er Jahren jedoch gegenständlicher, betont malerischer Darstellungsweise zu. In verschiedenen farblichen Kombinationen variierte der Künstler serienmäßig Themen, die aus der direkten Umgebung und der persönlichen Erfahrung gewonnen wurden. Monumentalisierte, in den Vordergrund gerückte Gläser und Pinsel wurden allmählich von der einzelnen menschlichen Figur, der Figurengruppe oder dem Kopf abgelöst. In vehementer Gestik und greller Farbigkeit, bei der die Führung des Lichtes eine zentrale kompositorische Funktion erfüllt, veranschaulicht Middendorf die zuckenden Bewegungen der Tanzenden in der Kreuzberger Diskothek SO 36 in Berlin oder bannt die Haltung des Rocksängers genau in dem Bewegungsmoment, in dem Statik und Dynamik in höchstes wechselseitiges Spannungsverhältnis treten. In dieser Präzision lassen sich die Bilder über den individuellen Charakter des Dargestellten hinaus typologisch, als ›Gegenwartsikonen‹, verstehen.

Das Spannungsmoment, für dessen Gestaltung die Auseinandersetzung mit aktueller Musik bestimmende Bedeutung hat, besitzt für den Künstler, wie er selber sagt, Priorität vor der eigentlichen Thematik des Werkes. Kunsthistorische Traditionen finden neue Interpretationen, seien es ikonographische Zitate von Hans Baldung Grien, Henri Matisse oder Pablo Picasso, sei es die Großstadtthematik der deutschen Expressionisten oder die spontane Gestik der amerikanischen abstrakten Expressionisten.

Eine zentrale Rolle für die unverschlüsselte Direktheit der Arbeiten spielt die Flächigkeit der Komposition, in der die Gegenstände und Figuren in den Bildvordergrund gedrängt werden. ›Ich eröffne nur selten den Bildraum nach hinten, baue kaum Perspektiven, verweigere dem Betrachter, daß er ins Bild ‚hineingehen' kann. Der Betrachter soll sich nicht im Bild verlieren. Mich interessiert eine Art ‚direkter Schlagabtausch' zwischen Bild und Betrachter. Es soll ihn penetrieren. Er soll keine Ausfluchtmöglichkeit haben...‹ Die direkte Betroffenheit, verbunden mit gleichzeitiger Wunschprojektion, die die Auseinandersetzung Middendorfs mit der Alltagswirklichkeit in Berlin und New York, wo er sich 1980 aufhielt, kennzeichnet, weicht in den jüngsten Arbeiten einer größeren emotionalen Abgeklärtheit. Von 1979 bis 1981 hatte Middendorf einen Lehrauftrag für Experimentalfilm an der Hochschule der Künste in Berlin, ein Medium, mit dem er sich parallel zur Malerei bereits während seiner Studienzeit beschäftigt hatte. Bis

Literatur:

H. M., Museum Groningen; Kunstverein für die Rheinlande und Westfalen, Düsseldorf, 1982/83 – H. M., Die Umarmung der Nacht. Wandmalerei, Staatliche Kunsthalle Baden-Baden, 1983 – H. M., Kunstverein Braunschweig; Galerie Gmyrek, Düsseldorf, 1984 – Heinrich Klotz: Die Neuen Wilden in Berlin, Stuttgart 1984 – H. M., Malerier – Peintures – Bilder, Aarhus Kunstmuseum; Musée des Beaux-Arts, Mulhouse; Neue Galerie – Sammlung Ludwig, Aachen, 1987 – H. M., Zeichnungen, Aquarelle, 1978–1988, Hans-Thoma-Gesellschaft, Reutlingen; Kasseler Kunstverein; Heidelberger Kunstverein; Musées d'Art et d'Histoire, Belfort; Berlin 1988

2

5

8

8

8

Gerhard Naschberger

Geboren 1955 in Poppichel (Österreich)
Lebt in Köln

1979 kamen sechs Künstler in einem Kölner Stadtteil, in Mülheim, zusammen und arbeiteten gemeinsam in einem Atelier unter dem Gruppennamen ›Mülheimer Freiheit‹. Einer von ihnen war Gerhard Naschberger. Bei seinen Bildfindungen geht er von archetypischen Formen und Motiven aus oder von Assoziationen zu ›verdrängten Themen‹, die schon vor dem eigentlichen Malprozeß rational vorweggenommen, bewußt aufgegriffen werden, als rationale bzw. organische Zeichen kontrastieren und als Träume, Visionen oder Beschwörungen interpretierbar sind. Seine Bilder werden so gelegentlich zu Wunschbildern einer unbekannten Realität, die sich im Gewebe der Malerei verflüchtigt und zugleich rekonstruiert (Zdenek Felix). Vielleicht eine der bemerkenswertesten Beobachtungen, die man bei der Betrachtung der Arbeiten dieser Maler machen kann, ist, daß es sich bei ihren Bildfindungen – bei aller Divergenz ihrer Motive – zumeist um Menschendarstellungen, um subjektive Aussagen über Menschen handelt. Diese jedoch in oft grausam verzerrten Formen als Abfallprodukte der Zivilisation und eines fragwürdigen Fortschrittsglaubens: der Mensch als Karikatur, als Ornament, verstümmelt oder ein Torso. Subjektivität als Bekenntnis zum eigenen Ich: alles sagen, zeigen, ausdrücken können und wollen, was gedacht und empfunden wird. Stillos und frei: Im Frei-Stil (Wolfgang Max Faust) korrespondiert Ungewißheit und Verunsicherung mit einer gesellschaftspolitischen Situation, wie sie von den jungen Malern empfunden wurde, ohne diese Situation didaktisch zu bezeichnen oder besserwisserisch zu verhöhnen. Die Bilder werden deshalb zu Projektionsflächen einer Individualität, die sich als offene Frage begreift und jeder einengenden Festlegung widerspricht (Wolfgang Max Faust). Sie werden so zum Ausdruck eines ästhetischen Anarchismus, gespeist von Mißtrauen und Skepsis gegen alles von der älteren Generation Behauptete: natürliche Generationskonflikte und Standortbestimmungen mit den Mitteln der Kunst – Wiederholungen der Kunstgeschichte, die aber mit Konsequenz vor einem gesellschaftlichen Hintergrund vorgetragen werden, der eine breite Basis von Sympathisanten für diese Haltung in der Kunst hervorbrachte.

Gerhard Naschbergers Bilder sind im Vergleich zu denen seiner Freunde eher malerisch und stärker auf einen Konsens mit dem Betrachter ausgerichtet, denn sie ›sollen den Betrachter ansprechen. Ich will ‚Liebe auf den ersten Blick'‹, und ›zugleich sollen sie einen doppelten Boden besitzen. Vor allem aber sollen sie faszinieren‹, ohne daß er dabei ein spezielles Publikum vor Augen hat. Konsequenterweise verzichtet er auf ›Originalität‹ und originelle Bilderfindungen, sondern will einfach nur Bildfindungen.

Gerhard Naschberger hatte – zusammen mit Georg Jiří Dokoupil – in New York bei Hans Haacke studiert. Seine dortigen Arbeiten waren konzeptionell ausgerichtete Arbeiten mit verschiedenen Materialien in verschiedenen Medien. Dabei gab es ›zuviel Theorie‹, sagt er heute, der Schritt zur Malerei sei deshalb ›eine Veränderung‹, ohne daß er das, was er heute macht, rechtfertigen will.

Naschberger nimmt Anregungen auf und verarbeitet sie zu Bildern, mit denen er nichts belegen und nichts verändern will. Dies wird an zwei Zitaten deutlich: ›Ein Impuls für unsere Arbeit ist vielleicht die Abkehr von konkret benennbaren Utopien, der Verzicht auf die Suche nach ihnen. Man kann keine neuen verbindlichen Ideologien ausarbeiten.‹ Und: ›Meine Bilder entstehen vor allem aus Assoziationen. Und zwar nicht nur das einzelne Bild, sondern ganze Reihen. Dabei wundere ich mich oft, wie stark Kindheitserinnerungen ins Spiel kommen.‹

Seit 1983 beschäftigt sich Gerhard Naschberger mehr mit dem Theater. Seine Bildfindungen werden abstrakter, es treten verstärkt Probleme der Auseinandersetzung mit der Farbe in den Vordergrund, z. B. wie ›unverträgliche‹ Farben miteinander korrespondieren und letztlich einen ›Konsens‹ erzielen können. Kantige Hohlformen auf blauen Leinwänden assoziieren stilisierte Köpfe. Seine Malerei ist ›kultivierter‹, ja ›schöner‹ geworden. Kalkül oder Überzeugung? Die Zukunft wird darauf eine Antwort geben.
Schw

Literatur:

Mülheimer Freiheit, Groninger Museum, Groningen 1981 – G. N., Galerie Leyendecker, Santa Cruz de Tenerife 1984

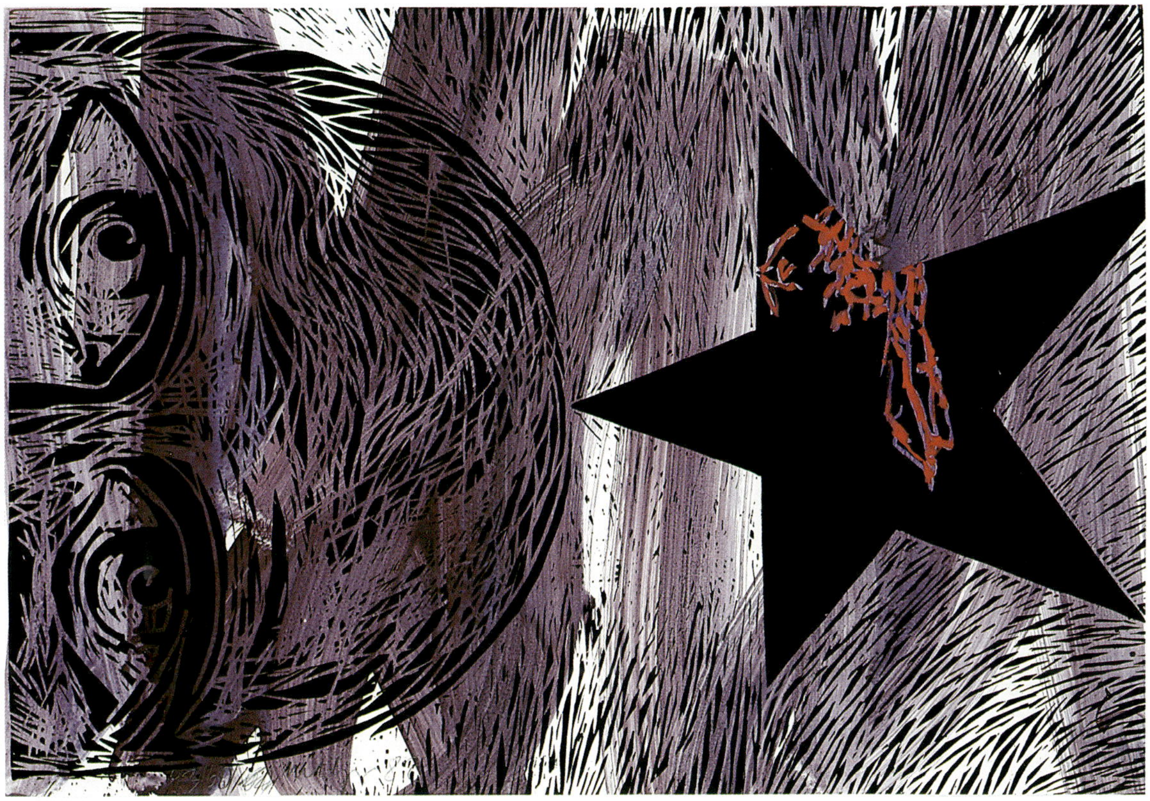

1

Hartmut Neumann

Geboren 1954 in Delmenhorst
Lebt in Köln

An der Hochschule für Kunst und Musik in Bremen studierte Neumann bei Rolf Thiele acht Semester Malerei und Graphik. Beiden Medien blieb er auch nach seiner Ausbildung treu. 1980 erhielt er einen Lehrauftrag für Druckgraphik an der Universität Osnabrück und vier Jahre später für Malerei an der Hochschule für Kunst in Bremen.

Die intensive Beschäftigung mit der Graphik prägte die Malereien Neumanns, die Strukturierung der Fläche, den Kompositionsaufbau und die Akzentuierung der Hell-Dunkel-Werte, entscheidend. Die Arbeiten zwischen 1980 und 1983 sind noch von einer spielerischen Leichtigkeit gekennzeichnet, in der die Figuren, Objekte und Farbfelder im Raum ohne feste oder ordnende Verankerung zu schweben scheinen. Zentrales Thema ist hier, wie auch in den späteren Bildern, der Mensch, der alleine oder in Beziehung zu einer anderen Figur als symbolische Manifestation einer psychologischen Problematik fungiert. Immer findet man ihn in Situationen der Verzweiflung oder Einsamkeit, in ungelöster Pose, die Leiden oder Zwanghaftes zum Ausdruck bringt. Das Ersehnte, Abwesende und Unerreichbare, ob erträumt oder erinnert, ist Inhalt des Bildes.

Während seines halbjährigen Paris-Aufenthaltes 1983/84 mit einem Stipendium der Cité des Arts klären sich die Bildstrukturen. Ein Gefüge nebeneinandergesetzter fester Farbflächen tritt an die Stelle der locker beweglichen Bildelemente. Der Bezug zur Graphik, zu mosaikartig aneinandergesetzten Strukturfeldern, die die Figur in ihr Gewebe einbetten, wird enger. In thematischer Hinsicht erhöht der Künstler damit das Unfreiwillige und Zwanghafte seiner Figuren. Sie werden zu Marionetten, die in ihrer gebundenen Handlungsmöglichkeit an Akteure des griechischen Dramas gemahnen. Nicht mehr die Beziehung zwischen Menschen, sondern zwischen Mensch und Natur steht im Vordergrund, wobei die Natur dieses Verhältnis dominiert. Neumann erweitert damit den Rahmen seiner dargestellten Problematik auf das übergreifende Thema des Kampfes zwischen Technik und Natur, Zivilisation und Ursprünglichkeit – eine Gegenüberstellung, die sich sowohl in formalen als auch in inhaltlichen Kontrastpaaren durch seine Arbeiten zwischen 1984 und 1986 zieht.

Die Arbeiten Neumanns, die während seines einjährigen Aufenthaltes in der Villa Massimo in Rom entstanden, führen die formale Verflächigung der Komposition und die Reduktion des eindeutig Erzählerischen in neuer geometrisierter Formensprache fort.

Zu den Arbeiten:

Die 1981/82 datierte Mappe *Wir tanzen alle zusammen den Tango* ist charakteristisch für die Arbeiten Neumanns vor 1983. Sie thematisiert die Beziehung zweier Menschen zueinander und kennzeichnet sie durch Verkrampfung und unfreiwilliges Handeln. Die drei Linolschnitte von 1983, *Paradiesische Wonnen erleben,* konzentrieren sich dagegen bereits auf den Dialog zwischen Mensch und Natur. Die folgende formale Entwicklung, in der zunehmende kompositorische Ordnung die strukturelle Dynamik ablöst, läßt sich in den ein Jahr später entstandenen Gouachen und Öl-Kompositionen verfolgen. Erst ab 1985 findet sich das Bewegungsmoment erneut, jetzt allerdings stärker aufgefangen und gedrosselt als in den früheren Arbeiten.

Bis

Literatur:

H. N., Galerie Poll, Berlin 1984 – H. N.s Linolschnitte, Gerhard Marcks-Stiftung, Bremen 1985 – H. N., Gesellschaft für Aktuelle Kunst, Bremen; Neue Galerie – Sammlung Ludwig, Aachen, 1987 – H. N., Galerie Der Spiegel, Köln 1987 – H. N., Kleine Paradieskunde – Arbeiten auf Papier, Haus Coburg, Delmenhorst 1989

4

4

A. R. Penck (Ralf Winkler)
Geboren 1939 in Dresden
Lebt in Düsseldorf, Dublin und London

Prägende Eindrücke der Kindheit von A. R. Penck waren das brennende Dresden (1945). Mit ca. 10 Jahren entstehen erste Bilder, ›richtige Ölbilder‹, zumeist Landschaften. Mit ca. 16 Jahren malte er Porträts von Menschen seiner unmittelbaren Umgebung und beginnt, 17jährig, mit ersten autodidaktischen Studien wissenschaftlicher und künstlerischer Art, die zu verstärkter Auseinandersetzung mit Philosophie, Mathematik, Physik, später Kybernetik, Informations- und Systemtheorie führten. Sein Interesse an Musik bleibt beeinflussend für die spätere Zusammenarbeit mit Musikern im Grenzbereich von Jazz und Pop.

Mitte der 50er Jahre besuchte Penck einen Malkurs an der Volkshochschule Dresden. Die intensive Auseinandersetzung mit Rembrandt und Picasso, mit Philosophie und den anderen o. a. Wissenschaften führte Penck nach einer Phase realistischer und noch ganz der Farbigkeit Rembrandts bestimmter Ölbilder zum *Weltbild 1*, 1961, das eine Abkehr von den traditionellen Methoden der Illusionserzeugung darstellt. Basierend auf dem *Weltbild 1*, entstanden Bilder von ›Systemen möglichen Verhaltens‹, die als *Systembilder* weltweit bekannt wurden. Sie sollten als visuelle Sprachformel grundlegende menschliche Beziehungen und Abhängigkeiten deutlich machen. Sie waren durch Konzentration auf den Signal- und Informationscharakter menschlichen Verhaltens gekennzeichnet und über die Darstellung bestimmter Verhaltensweisen (meist aggressiver Art) auf deren Veränderung gerichtet. Etwa zeitgleich entstanden Überlegungen zu *Standart* – ein System der Reduzierung menschlichen Verhaltens. Die aufs Äußerste reduzierte Metasprache des *Trainings mit Standart* wurde 1974 bis 1979 durch andere Konzepte unter anderen Pseudonymen (Y, Mike Hammer, TM) ergänzt und erweitert.

Die nie verlassene Zielsetzung der künstlerischen Arbeit Pencks verdeutlicht sich nach seiner Übersiedlung in die Bundesrepublik Deutschland (1980) durch das erneute Aufgreifen der unterschiedlichen Standart-Modelle seiner *Systembilder*, angereichert durch die grundlegend anderen Erfahrungen eines neuen Lebensraumes. Malerei bleibt auch unter diesen Bedingungen eine Methode, die, sich auf unterschiedlich variierte (Theorie-)Modelle beziehend, in der Erscheinung der Bilder von den jeweiligen sozialen und existentiellen gesellschaftlichen Erfahrungen abhängig ist. Denn ›jeder Raum erzeugt seine eigene Theorie, d. h. entweder die Umformung des Raumes, seine Konservierung oder seine Neutralisierung‹. Penck ist fast in stärkerem Maße Zeichner als Maler. So durchzieht ein nahezu ausuferndes zeichnerisches Werk alle Phasen seiner künstlerischen Laufbahn, die durch viele internationale Museumsausstellungen und Teilnahmen an der ›documenta‹ von 1972, 1977, 1982, den Biennalen Venedig 1976, 1980 und Sydney 1979, 1982, 1984 nur ungenau beschrieben ist. A. R. Penck erhielt u. a. 1980 den Rembrandt-Preis der Stadt Basel sowie 1985 den Kunstpreis der Stadt Aachen. Seit 1989 ist er Professor für Graphik an der Kunstakademie in Düsseldorf.

Zu den Arbeiten:

Relativ spät, seit 1976, beschäftigt sich Penck mit Radierungen. Sein gesamtes zeichnerisches und graphisches Werk bis etwa 1981 ist weniger durch *Standart* oder die Ikonographie der *Systembilder* als figurativ bestimmt. Fast erzählerisch werden erlebte Situationen reflektiert, das psychologische Umfeld der Figuren in das Geschehen mit einbezogen und Bezüge zu gesellschaftlichen Sachverhalten hergestellt. In den – meist größeren – Blättern, die nach seiner Übersiedlung entstehen, erscheinen verstärkt die aus der Malerei bekannten Elemente, die virtuos und medienspezifisch variiert werden. In den Inhalten thematisiert Penck – wie auch in seiner Malerei – Zeitgeschehen auf einer philosophisch-abstrakten Ebene und kreist auch hier um sein ständiges Grundthema: Der Mensch in den Zwängen des Systems – nicht eines speziellen, sondern auch der Systeme, die in uns sind. Schw

Literatur:

A. R. P., Y, Zeichnungen bis 1975, Kunstmuseum Basel; Nationalgalerie Berlin, 1978 – A. R. P., Gemälde, Handzeichnungen, Josef-Haubrich-Kunsthalle Köln, 1981 – A. R. P., Grafik West/Ost, Kunstverein Braunschweig, 1986 – A. R. P., Nationalgalerie Berlin, Kunsthaus Zürich; 1988

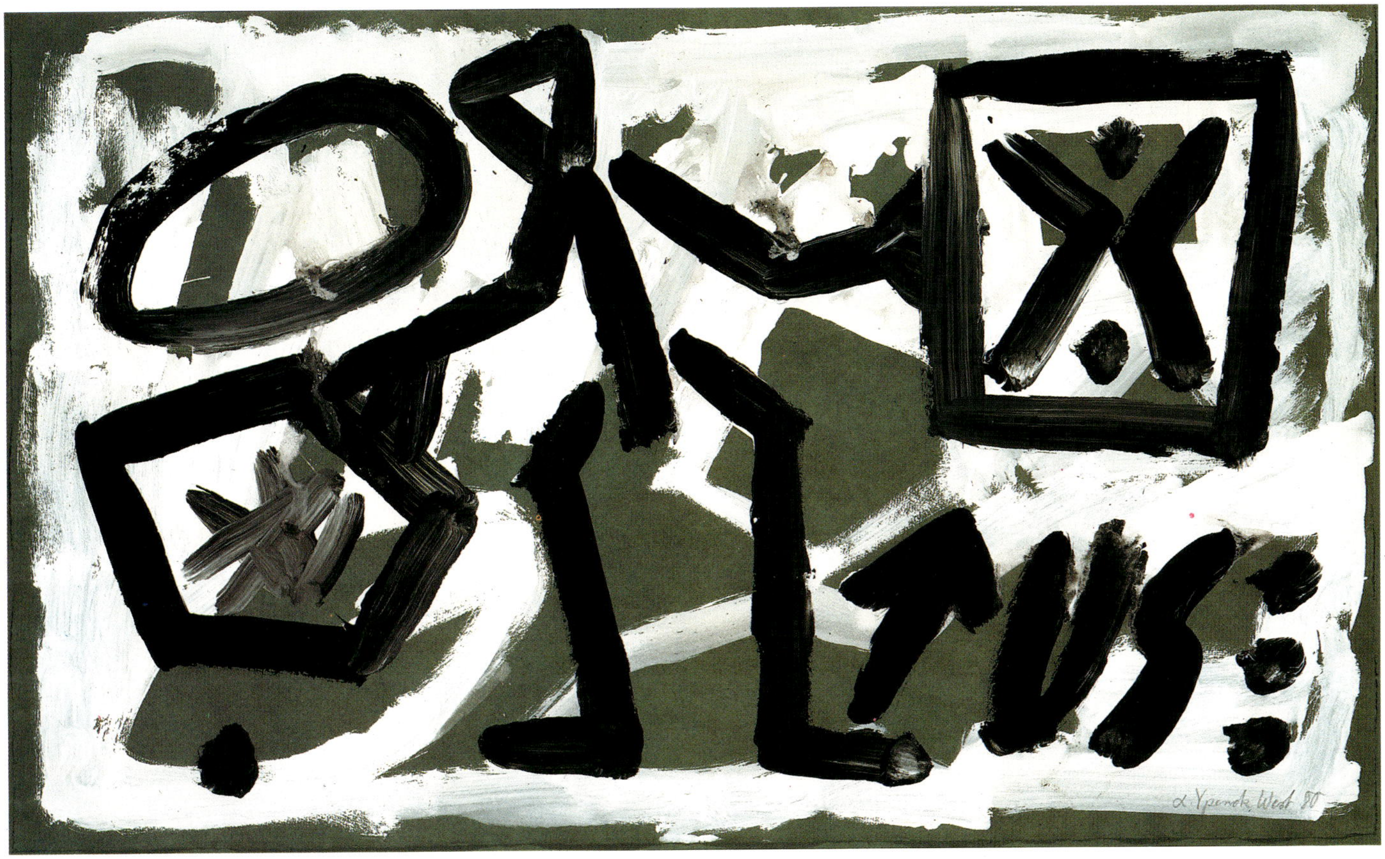
12

24

25

Georg Karl Pfahler

Geboren 1926 in Emetzheim (Weißenburg), Bayern
Lebt in Fellbach bei Stuttgart

Während seiner Studienzeit an der Stuttgarter Akademie wählte Pfahler das Fach Keramik. Als Maler war er daher Autodidakt. Allerdings war durch den Umgang mit der Keramik, den er 1954 einstellte, bereits der Schwerpunkt seiner künstlerischen Auseinandersetzung angelegt: die Erforschung des Verhältnisses zwischen Farbe und Raum bzw. in der Keramik zwischen Farbe und plastischer Form. Das Wort ›formativ‹, das er seinen Titeln ab 1958 beifügte, markiert die Loslösung seiner Malerei von einem informellen, durch Willi Baumeister beeinflußten Stil. Statt dessen suchten in Zeichnungen, Collagen, Gouachen und Gemälden jetzt verdichtete, blockhafte Formen Balance zu halten mit bewegten Strichfeldern oder eingefügten Realitätsfragmenten.

In den folgenden Jahren vereinfachten sich die Formen noch stärker, um ausschließlich zu Vehikeln der Farbe und ihrer Bezüge untereinander zu werden. ›Farbe ist vorwiegend Farbe und in Verbindung mit anderen Farben phänomenal und nicht Wasser, Blume, Licht, Finsternis, Erde usw. Farbe besitzt Eigenwert... Farbe schafft Fläche, schafft Form, schafft Raum. Farbe ist expansiv.‹ Um die Farbe in Bezug zum Raum treten zu lassen, um eine von hinten nach vorne verlaufende Bewegung zu erzeugen und nicht eine von links nach rechts ablesbare, wurde die Komposition seit 1963 symmetrisch aufgebaut. In einem weiteren Entwicklungsschritt verlor die Form, jetzt nur mehr Teilfläche des gesamten Bildfeldes, an Bedeutung. Die Farbe konnte zur Eigenschaft des Bildes werden, ohne kompositorische Funktion. Die einzelnen Entwicklungsstadien wurden durch sogenannte ›Präkonzeptionen‹ vorbereitet, in Filzstift und Kreide entworfene ›Ideenskizzen‹, mit denen 1963/64 der Grundstein für die folgenden Formbildungen in Pfahlers Werk gelegt wurde.

Mit dem Interesse an der räumlich-expansiven Qualität der Farbe war es nur konsequent, daß Pfahler um 1965 begann, seine Arbeiten in den Farbraumobjekten und um 1969 in den Farbräumen tatsächlich ins Dreidimensionale zu übersetzen. Seit 1965 gelangten auch seine Architekturprojekte zahlreich zur Verwirklichung. ›Kunst erscheint nicht als Zutat, sondern als Vollendung der Architektur. So wie ich früher ein Gefäß bemalt habe, das stark plastischen Charakter hatte, der erst durch die Bemalung zu einer Einheit, einem Gebilde geworden ist, das mich befriedigt hat, so habe ich jetzt das gleiche Problem im Raum selbst.‹ Seit 1972 lockerte Pfahler die strenge symmetrische Bildordnung. Die in klaren, ungebrochenen, teilweise nahezu aggressiven Tönen verwendete Farbe hatte mittlerweile die Kraft erlangt, ihre eigenen verschiedenen Bedeutungen gleichzeitig zusammenzufassen: das illusionistische Hintereinander, das zweidimensionale Nebeneinander, das räumliche Voreinander und das zeitliche Nacheinander. 1984 wurde Pfahler an die Akademie der Bildenden Künste in Nürnberg berufen. Bis

Literatur:

Dieter Honisch: Zur Funktion der Farbe in den Bildern von G. K. P., in: G. K. P.: Skizzen, Zeichnungen, Präkonzeptionen 1959–1971, Nierswalde 1972 – G. K. P., 1955–1975, Westfälischer Kunstverein Münster; Kunsthalle Tübingen; Kölnischer Kunstverein, 1976 – G. K. P., Zeichnungen, Collagen, Gouachen, Präkonzeptionen, Gemälde, Farbraumobjekte und Architekturobjekte, Kunsthalle Nürnberg; Kunstverein Ingolstadt; Ulmer Museum, 1977/78 – G. K. P., Präkonzeptionen, Bilder und Farbräume, Kunsthaus Zug, 1979 – G. K. P., Biennale São Paulo, 1981 – G. K. P., Neue Bilder, Städtische Kunsthalle Mannheim, 1985 – G. K. P., Bilder, Grafik, Objekte, Museum für moderne Kunst Chelm; Nationalmuseum Szczecin u. a., 1987

1

2

Otto Piene

Geboren 1928 in Laasphe (Westfalen)
Lebt in Groton (Massachusetts) und Düsseldorf

Nachdem Piene 1944 als ›Kindssoldat‹ noch die letzte Phase des Zweiten Weltkrieges miterleben mußte, studierte er 1949–53 Malerei und Kunsterziehung an den Kunstakademien in München und Düsseldorf. Anschließend absolvierte er ein Philosophiestudium und unterrichtete an der Düsseldorfer Modeschule. Bereits 1955 entdeckte Piene das Licht als eines seiner künstlerischen Medien. Mit Taschenlampen und perforierten Schablonen, später auch mit maschinell bewegten Rastersieben, fabrizierte er die ersten *Lichtballette* (seit 1959), die zugunsten optischer Phänomene den individuellen malerischen Duktus eliminierten – ein Kunstgriff, der damals zu Recht als Affront gegen den vorherrschenden Tachismus verstanden wurde.

In Verbindung mit Heinz Mack gründete Piene 1957 die Künstlergruppe Zero, deren programmatischer Name einen künstlerischen Neubeginn ankündigen sollte. Schon die puristisch weißen Rasterbilder (seit 1957), die eingestandenermaßen von Yves Kleins monochromer Malerei angeregt waren, offenbaren den Katharsis-Anspruch seiner Arbeit: ›Das Handgemenge der Formen und Farben, ... die Ballungen der Angst und Verzweiflung, ... die Poesie der Katastrophen – alles das weckte die Sehnsucht nach Stille, Freiheit, Ruhe, gelassener Einfühlung in den Rhythmus der Schöpfung, nach dem Immerwährenden; lenkte den Blick zum Himmel, zu den Sternen und in unberührte Zonen. So entstand *Die große Quarantäne, Zero, Die Stille vor dem Sturm, Die Phase der Beruhigung und Sensibilisierung.*‹ Seit 1959 bezog Piene elementare Naturenergien in den Gestaltungsprozeß ein – bildnerisch wirksame Spuren hinterließen sie in seinen *Rauchzeichnungen* und *Feuergouachen.* Bei der ersten Museumsausstellung (gemeinsam mit Heinz Mack und Günther Uecker, 1963 im Krefelder Haus Lange) rief Piene als Wortführer der Bewegung einen ›Neuen Idealismus‹ in der Kunst aus. Den Errungenschaften der Technik nicht abgeneigt, vielmehr bemüht, sie in seiner Kunst mit der Natur und dem Menschen zu versöhnen, folgte Piene einem Ruf in die USA (1964) und arbeitete seit 1968 am Massachusetts Institute of Technology. Nach seiner Ernennung zum Professor für Umweltkunst (1972) wurde er 1974 Direktor des dortigen Center for Advanced Visual Studies. In Teamarbeit mit Künstlern, Wissenschaftlern und Ingenieuren sowie mit den in Cambridge vorhandenen aufwendigen Apparaturen gelang es Piene, künstlerisch bislang ungenutzte Raumzonen zu erschließen. Seine expansiven Sky-Art-Projekte mit heliumgefüllten, farbigen, nachts beleuchteten Ballons und Schläuchen (fliegende Plastiken), *Olympia-Regenbogen,* München 1972, bewegten sich durch Windenergie. Mit einer Arbeitsgruppe des Center for Advanced Visual Studies schuf Piene für die Hamburger Hologramm-Ausstellung ›Mehr Licht!‹ (1985) die multimediale Installation *Monocle,* in der optisch reflektierende Fiberglasschalen, akustische Muscheln, Scanner, Video und Laserprojektionen zusammenwirkten. Di

Literatur:

O. P., Kölnischer Kunstverein, Köln 1974 – Jürgen Wißmann: O. P., Monographien zur rheinisch-westfälischen Kunst der Gegenwart, Bd. 49, Recklinghausen 1976 – O. P., Arbeiten auf Papier 1958–1986, Galerie Löhrl, Mönchengladbach 1986 – O. P., Feuerbilder und Texte, Galerie Löhrl, Mönchengladbach 1988

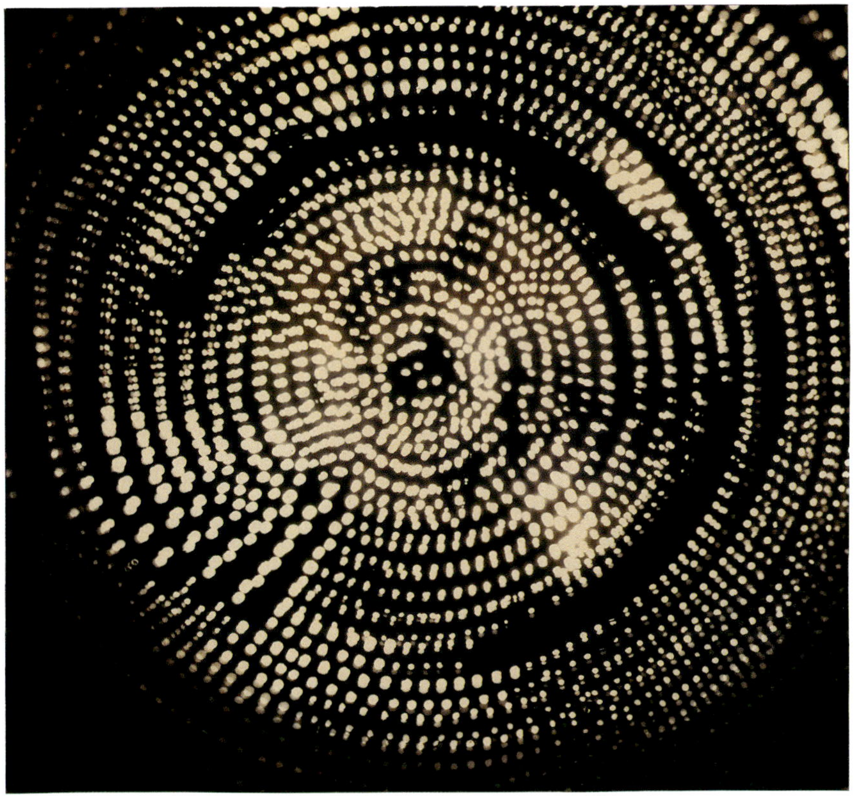
1

2

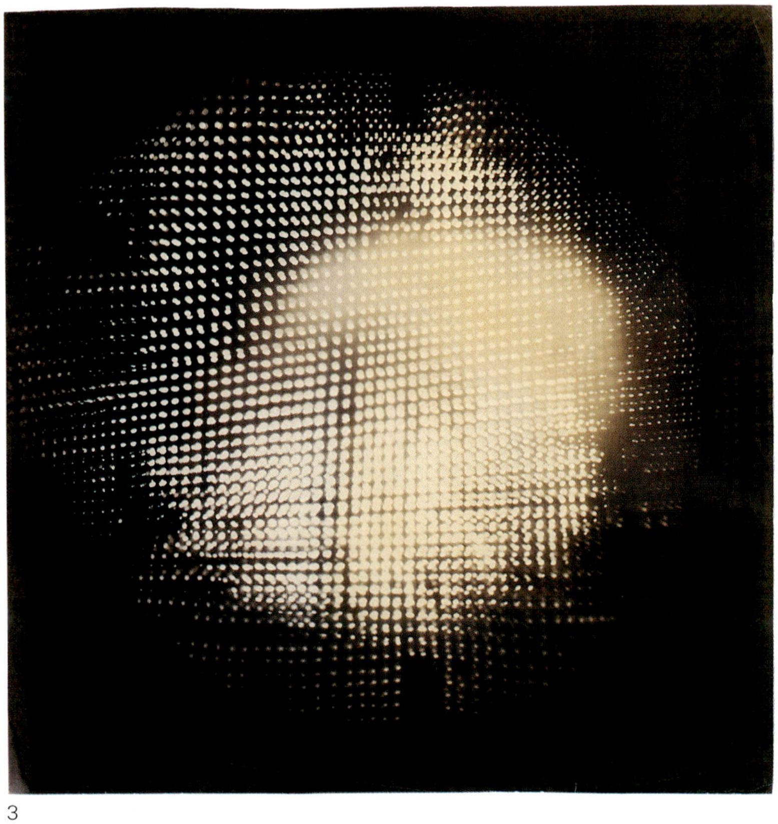
3

Sigmar Polke

Geboren 1941 in Oels (Schlesien)
Lebt in Köln

1953 übersiedelte Polkes Familie in die Bundesrepublik nach Willich bei Mönchengladbach. Nach Abschluß einer Glasmalerlehre begann er 1961 das Studium an der Kunstakademie in Düsseldorf bei K. O. Götz und Gerhard Hoehme. Während seiner Studienzeit begründete er gemeinsam mit Konrad Fischer-Lueg und Gerhard Richter den ›kapitalistischen Realismus‹. Ebenfalls um diese Zeit begann Polke mit seinen eher spröden Zeichnungen skizzierter Gesichter oder Szenen, in die Anregungen der Dada-Arbeiten Picabias einflossen.

Ein Jahr später entstanden die ersten Rasterbilder, nach Epidiaskopen oder Diaprojektionen meist grob gerasterter Zeitungsbilder gemalte Arbeiten. Das Massenmedium als manipulierte Wirklichkeit wurde zum Gegenstand des Bildes. Durch wiederholte Rasterung, Überlagerung oder nachträgliche zeichnerische Eingriffe löste sich der Bildgegenstand auf oder wurde bis zur Unkenntlichkeit verfremdet. Die Wahl von gemusterten Dekorationsstoffen als Malgrund war ein weiteres Mittel der Irritation von gängigen, im allgemeinen an die Kunst gestellten Erwartungen. Die Muster standen in ihrer Trivialität, die nicht selten an Geschmacklosigkeit grenzte, darauf aufgetragenen Gesten und Motiven gegenüber, die an das Vokabular der klassischen Moderne erinnerten.

Mit der Serie *Original und Fälschung* von 1973 faßte Polke die Beschäftigung mit solchen Wertvorstellungen zusammen. Ausgelöst durch den Diebstahl eines Rembrandt-Bildes, setzte er sich durch Entfremdung und bildliche Kommentare mit den Konzepten der Imitation, Kopie, Fälschung bis hin zum Diebstahl oder zur Zerstörung eines Kunstwerkes auseinander. Die Darstellung und Manipulation seiner eigenen Handlinie war in ähnlicher Weise als kritische Untersuchung der Vorstellung von Original, unaustauschbarer Individualität und dem Autorenanspruch des Künstlers zu verstehen. Ein von Ironie bis Kritik und Selbstkritik reichender humoristisch-leichter Zug war allen diesen Arbeiten eigen, der auch den irritierenden Charakter seines Umgangs mit Kenntnissen aus der Geschichte und Gegenwart ausmachte.

In Techniken, die sowohl traditionelle Malverfahren als auch neue Bindemittel verwendeten und kombinierten, setzte sich der Künstler seit etwa 1980 vermehrt mit Malmaterialien und mit experimenteller Farbschichtenmalerei auseinander. 1977 wurde Polke an die Hochschule für Bildende Künste in Hamburg berufen. 1986 vertrat er die Bundesrepublik auf der Biennale in Venedig und wurde für seine Bilder mit dem ›Goldenen Löwen‹ ausgezeichnet. 1989 erhielt er den Internationalen Preis des Landes Baden-Württemberg.

Zu den Arbeiten:

Die Auseinandersetzung Polkes mit den verschiedenen Möglichkeiten der Wirklichkeitswahrnehmung und ihrer Verfremdung findet Ausdruck in der technischen Vielfalt seiner Arbeiten, wie sie etwa in *Wochenendhaus* von 1967, in der Folge *Kölner Bettler* oder auch *Kanufahrer* (1978) vorgeführt wird. Die Gouachen von 1983 stehen als Beispiel für die malerischen Arbeiten der 80er Jahre. Hier verbindet sich der großzügige Farbauftrag mit Erfahrungen, die Polke Ende der 70er Jahre aus der Beschäftigung mit dem Comic strip gezogen hat. Bis

Literatur:

S. P./Achim Duchow, Franz Liszt kommt gern zu mir zum Fernsehen, Westfälischer Kunstverein, Münster 1973 – S. P./Achim Duchow, Original + Fälschung, Städtisches Kunstmuseum Bonn, 1974 – S. P., Museum Boymans-van Beuningen Rotterdam; Städtisches Kunstmuseum Bonn, 1983/84 – S. P., Kunsthaus Zürich; Kunsthalle Köln, 1984 – S. P., Athanor. Il Padiglione, Biennale Venedig – Deutscher Pavillon, Venedig 1986 – S. P., Zeichnungen, Aquarelle, Skizzenbücher 1962–1988, Kunstmuseum Bonn, 1988 – S. P., ARC, Paris 1988 – S. P., Photographien, Paris 1971, Jablonka Galerie, Köln 1989

20

15

16

Norbert Prangenberg

Geboren 1949 in Rommerskirchen
Lebt in Rommerskirchen und Köln

Direkt nach dem Schulbesuch absolviert er eine Goldschmiedelehre, die er mit der Gesellenprüfung abschließt. Danach besucht er die Goldschmiedeklasse der Werkkunstschule in Düsseldorf. In dieser Zeit beginnt er bewußt zu zeichnen, teils ›nach der Natur‹, teils aber auch frei. Seinen Zivildienst leistet er in einem Kinderheim. Nach dem Studium folgen zunächst drei Jahre Berufstätigkeit als Entwerfer für eine Glashütte. Erst 1978 beginnt Prangenberg mit kontinuierlicher künstlerischer Arbeit. Vorbilder dieser Zeit sind der Amerikaner Cy Twombly und Joseph Beuys, der vor allem mit seinen Schriften über den Zusammenhang von Leben und Arbeiten, der Einheit von Denken und Arbeiten zur zentralen Künstlerpersönlichkeit für Prangenberg wird. In der Anfangszeit entstehen die sog. *Schwarzen Bilder,* ab 1980 arbeitet er auch an Skulpturen. Im November 1983 wendet sich Prangenberg im Zusammenhang mit einer Reise nach Barcelona farbigen Aquarellen zu. 1982 ist er an der ›documenta 7‹ in Kassel beteiligt, 1984 erhält er das Mies-van-der-Rohe-Stipendium der Stadt Krefeld.

Die Bilder von Prangenberg sind einfach und doch sehr komplex, sie arbeiten mit einer klaren Formensprache, die sich aus Dreiecken, Rauten, Kreisen und Wellenlinien zusammensetzt. Trotz dieser Klarheit entziehen sich die Bilder dem Zugang des Betrachters.

Diese Verweigerung ist vom Künstler bewußt eingesetzt: ›Das Bild muß hermetisch sein, darf nirgends einen Einbruch haben, weder durch den Titel noch durch eine Erklärung von mir. Es ist meine Äußerung, die still und wortlos ist, die nur kraft ihrer Farbe, ihrer Existenz lebt.‹ An anderer Stelle aber hat er einen Zugang zu seinem Werk ermöglicht; er schrieb Gedichte, die zeigen, um was seine Arbeiten kreisen:

Es war 320 vor Christus
auf dem flachen Land
als mein Lebensfaden riß
ich lag
und sah
alle Monde
alle Sonnen
alle Sterne
und hörte
einen Schrei
der alle Schreie
aller Lebenden
aller Toten
in einem Schrei
zusammenschloß
und ich sank
auf den Mittelpunkt
der Erde
in den Mittelpunkt
in die Mitte
der Erde.

Die Bilder Prangenbergs sind gleichsam Einblicke in die Mitte der Erde. Die Kreise in seinen Bildern sind Öffnungen ins Bild, sie ziehen den Blick des Betrachters in die Tiefe, lenken von der Oberfläche ab und evozieren die Auseinandersetzung mit dem, was hinter dem Schein der Dinge liegt. So wie das lyrische Ich des Gedichts sich ohne Probleme in die Zeit 320 vor Christus versetzen kann, haben auch die Bilder Prangenbergs etwas Zeitloses, versuchen dem Transzendenten auf die Spur zu kommen und stehen damit abseits von aller Tagesaktualität.

Parallel zu den Bildern und Zeichnungen beschäftigt sich Prangenberg auch mit plastischen Arbeiten. Zunächst sind die Werkstoffe seiner Skulpturen Gips und Beton. Während seines Krefelder Stipendiums kommt Ton als Material dazu. Die farbig glasierten Keramiken sind abseits aller Nützlichkeit und traditionellen Hübschheit. Auch hier geht es um die Öffnung in eine andere Dimension, sind Assoziationen mit Gebrauchsgegenständen nicht erwünscht. HiS

Literatur:

N. P., Museum Haus Lange, Krefeld 1984 – N. P., Bilder, Zeichnungen, Skulpturen, Galerie Karsten Greve, Köln 1987

2

3

4

Heimrad Prem

Geboren 1934 in Roding/Oberpfalz
Gestorben 1978 in München

Prem studierte von 1952 bis 1957 zunächst an der Akademie der bildenden Künste in München u. a. bei Toni Stadler, dann an der Hochschule für bildende Künste in Berlin bei Ernst Schumacher. Diese beiden Namen stehen für die gegensätzlichen künstlerischen Positionen der Zeit, mit denen sich Prem kritisch, letztendlich aber auch schöpferisch auseinandersetzte. ›Die Form fehlt dem Informel, und sein Ausdruck ist erschöpft, was uns bliebe, wäre keine Form, kein Ausdruck, keine Dekoration, sondern nur neue Figuration d. h. verfaulte oder zersetzte Gegenstände. Die Struktur wird bleiben, der Nebel, die Fäulnis, die Bakterien der Zersetzung werden sich in bewußt verwendbare Strukturen und Stoffatome auflösen, welche man im Kampffeld des Bildes musikalisch gegeneinander ausspielen kann. Unsere Zeit wird nicht den Fibrationisten oder den Seriellen gehören, sondern denen, die im Bereich des Möglichen das Unmögliche anstreben. Der Künstler ist kein braver Forscher; er ist ein böser Forscher, er ist unberechenbar.‹ In München wurde Prem 1958 Mitbegründer der Gruppe SPUR. 1959–1962 war er Mitglied der Situationistischen Internationalen, 1966 trat er der Gruppe GEFLECHT bei. Innerhalb der SPUR galt Prem als Oppositionsgeist, der jeglicher Harmonie mißtraute. Er provozierte die Gruppe, brauchte sie aber auch, um provozieren zu können. Nach Auflösung von SPUR und GEFLECHT, Anfang der siebziger Jahre, griff er zu LSD in der trügerischen Hoffnung, eine – analog der Musik der Beatles – allen verständliche Kunst zu entwickeln. 1975 trat er einer späten Nachfolgeorganisation der SPUR, dem Kollektiv Herzogstraße, bei. Hier propagierte Prem eine Gruppenarbeit, durch die der einzelne Künstler sich im Entstehungsprozeß, der Spiel, Fest und zugleich Kampf bedeutete, sozialisieren könne. Ähnliches hatte bereits die SPUR in ihren Gemeinschaftsprojekten realisiert. Dem eigenen Anspruch nicht gerecht werdend, wählte Prem schließlich den Freitod. Sein Hauptwerk fällt in die Jahre der Existenz von SPUR. Hier brachte er einen seinem eigenen Gebaren ganz entgegengesetzten, heiter-poesievollen, manchmal sogar kindlich-naiven Tenor ein, sieht man einmal von den wenigen, von Beckmann beeinflußten Passionsbildern um 1960 ab. Ba

Literatur:

H. P., Galerie van de Loo, München 1963 – *H. P., Bilder 1959–1965*, Galerie van de Loo, München 1974 – Spur Dokumentation, Galerie van de Loo, München 1979 – Cobra – Spur – Wir – Geflecht – Kollektiv Herzogstraße, Galerie im Ganserhaus, Wasserburg am Inn; Galerie der Künstler, München; Bonner Kunstverein; Gesellschaft für aktuelle Kunst, Bremen; 1983/85 – Gruppe Spur 1958–1968, Städtische Galerie Regensburg, Städtisches Museum Mülheim, Museum Ulm, 1986/87

1

2

Joachim Raab

Geboren 1948 in Neu-Isenburg
Lebt in Frankfurt am Main

Joachim Raab studierte 1970/71 an der Hochschule für Gestaltung in Offenbach und von 1971 bis 1975 an der Städelschule in Frankfurt am Main.

Bilder sind für Joachim Raab Felder der Entwicklung abstrakter Zeichensysteme. Dazu gehört auch die Schrift als ein System zum Festhalten von Sprache. So verwendet Raab zunächst eigene Notizen und vergrößert Tagebuchseiten. Dabei geht er so vor, daß er einzelne Wörter ausstreicht und damit den Sinnzusammenhang zerstört. Im Unterschied zur Schriftsprache, die den Ausdruck von Gedanken und Gefühlen niederlegt, also Inhalte vermittelt, löscht Raab diese Funktion der Sprache und transformiert sie zum rein abstrakten Zeichen. Bald wendet er sich deshalb auch der Überarbeitung von Landkarten zu (1978/79), weil hier die Verbindung von Schrift und Bild von vornherein gegeben ist. Dann versucht Raab durch Rasterung von nach Photovorlagen entstandenen und frei erfundenen Formen auch das Bild als abstraktes Zeichensystem aufzufassen. Diese Bilder kombiniert er noch zusätzlich mit unterschiedlich großen Buchstaben, die sich nicht unbedingt zu Wörtern zusammenfügen. Er will damit darauf aufmerksam machen, daß wir an Realität nur noch als Vermitteltes, ob durch Schrift oder Bild, gewöhnt sind. Die Bedeutung von Schrift und Bild ist so mächtig geworden, daß sie das unmittelbare Erlebnis nicht nur verhindern, sondern sogar ersetzen. Schrift/Bild täuscht also Leben vor, wo es noch nicht oder nicht mehr stattfindet. Raab will diesen Zustand nicht verschleiern, sondern ihn emotionslos darstellen: ›Ich will den Verlust an Glaubwürdigkeit und Zusammenhang in dieser Gesellschaft nicht aufhalten. Das heißt, ich betreibe keine rituellen Harmonisierungen über das Medium Kunst.‹ Joachim Raab ist also eher Beobachter, der seine persönlichen Empfindungen zurückhält und nicht aus dem Unbewußten heraus gestaltet. Diese Entfernung des Individuellen wird unter anderem durch die Rasterung der Farbfläche und das Arbeiten mit Hilfe projizierter Vorlagen erreicht. Die Künstlerhandschrift wird, soweit wie möglich, zurückgenommen und anonymisiert. In diesen Zusammenhang gehört auch, daß Raab mit Kunstzitaten aus Bildern von Matisse oder Picasso arbeitet, denn auch Kunst ist vermittelte und nicht unmittelbare Realität. Raab weist auf die Doppelfunktion von Kunst hin, insofern als sie Erkenntnisse über Realität weitergibt, diese gleichzeitig aber wieder dadurch, daß sie Bild ist, verstellt. Formale Anregungen für seine Buchstaben-/Bildkombinationen bezieht Joachim Raab aus dem Dada oder dem russischen Konstruktivismus. Verglichen damit ist Raabs Ausdruckswille eher deskriptiv als von einem rebellischen Zukunftsoptimismus getragen.

Die Vertreibung der Realität durch das Bild führt bei Raab dazu, daß er Gegenstandsbezüge zugunsten einer Auflösung der Farbflächen in Punktraster immer mehr meidet. Aber auch mit zunehmender Abstraktion verzichtet Raab nicht auf Räumlichkeit und verwendet damit selbst das wichtigste Mittel der Wirklichkeitstäuschung: die Illusion des Raumes auf ebener Fläche.

Konsequenterweise hat sich Raab inzwischen anderen Zeichensystemen als der Schrift und dem herkömmlichen Bild zugewendet. Neuere Arbeiten weisen Bezüge zu abstrakten Zeichen aus dem technisch-elektronischen Bereich auf. Es ist der Versuch, darauf hinzuweisen, daß Kunst und Wissenschaft/Technik analoge, abstrakte Zeichensprachen sind, die Realität nur mittelbar erfahrbar machen.

Zu den Arbeiten:

Die Arbeiten von Raab stammen aus den Jahren 1982 bis 1984. Es handelt sich zumeist um Bilder mit Schrift-Bild-Kombinationen, die in Rastertechnik gemalt sind. Figuren, Gegenstände und Schrift wirken wie zufällig miteinander kombiniert. Auf die formale Herkunft von Dada wird auf einem Bild durch Einfügen des entsprechenden Wortes ausdrücklich hingewiesen. Joachim Raab, der sonst bevorzugt auf Leinwand und Nessel mit Acryl- und Dispersionsfarben und selbst angesetzten Pigmenten arbeitet, verwendete hier meist Mischtechnik auf Karton. Mö

Literatur:

Neue Kunst aus Frankfurt, Frankfurter Kunstverein, 1983 – J. R. u. a., XPO Galerie, Hamburg 1985 – J. R., Hartje Gallery, Frankfurt 1986

3

4

5

7

Arnulf Rainer

Geboren 1929 in Baden (Österreich)
Lebt in Wien, Enzenkirchen und Vornbach

›In der Kunst gelingt nie Direktes. Es wechselt nur die Stilistik der Verrätselung.‹

In einem Interview wurde Arnulf Rainer gefragt, ob die lokale Gegebenheit eines Landes, das weitgehend durch die Kulturform des Katholischen geprägt ist, von Einfluß auf seine Arbeit gewesen sei. Er antwortete, daß man dem nicht entkommen, aber neue Prägungen dazuerfinden kann. Die Frage scheint berechtigt, wenn man an die Werkkomplexe der *Kruzifikationen,* beginnend 1956/57, die *Christus-Übermalungen,* 1981, aber auch an seine Auseinandersetzungen mit dem Problem des Todes (*Totenmasken,* 1977/78; *Totengesichter,* 1979/80) denkt. Nur wäre dies unvollständig und einseitig, wollte man Rainers Werk allein daraufhin interpretieren. Ein Werk, das sich formal zwischen den Polen Ruhe und Stille, Ekstase und Aktion bewegt und sich in seiner Hermetik kurzschlüssiger und vordergründiger Interpretationen per se verschließt.

Bezug nehmend auf seine *Übermalungen,* 1953 bis 1965, äußerte Rainer einmal, daß er dadurch ›nie zerstören, sondern vervollkommnen‹ wollte. Diese Äußerung scheint so paradox wie Interpretationsversuche, die in den überzeichneten Photos der Werkreihe *Faces Farces* (etwa ab 1965) die ›Beschädigung‹, ja oft genug ›Zerstörung‹ der Gesichter durch Überzeichnung der Photos als Akt der Versöhnung, der Menschlichkeit (Johannes Cladders) bezeichnen. Eine Lösung dieses scheinbaren Widerspruches ist nur in einer expressis verbis im Christlichen wurzelnden Deutung möglich, wie sie Otto Mauer und Werner Hofmann versucht haben: Durch Niederungen zum Heil, durch Opferung zur Erlösung. Wenn Rainers ›Kunst als etwas [betrachtet wird], das den Menschen erweitern soll‹, und ›Kunst für Rainer eine Hilfe für den Menschen und eine Form, sich zu entfalten‹, ist, ist das Kunstwerk für ihn der Ort, an dem Selbstverwirklichung ohne Auflagen möglich ist. Dies führt zum ekstatischen Versuch, Dinge in Frage zu stellen, Verdecktes bloßzulegen, Masken, die durch Schein Sein vor-, aber gleichzeitig verstellen, von den Gesichtern zu reißen. Er tut dies nicht mit der Attitüde des Moralisten, sondern eher als ein Mensch, der auf der Suche nach Identität ist. Die Dialektik von Kunst, die Veräußerlichung im Werk bedeutet, um Innerlichkeit herzustellen, macht eigenes, an der Individualität des Künstlers festgemachtes Ringen dem Betrachter nachvollziehbar, vielleicht sogar übertragbar. So wird verständlich, daß eigene und fremde Arbeiten zum Ausgangs- und Ansatzpunkt der Übermalungen werden. Da sich das Verlangen nach Vervollkommnung nicht in einem Bilde erschöpfen kann, sondern immer prozeßhafte Erneuerung und Aufsuchen neuer Ansätze ist, arbeitet Rainer meist in Serien. Ein solcher Weg von der Entfremdung zur Wiederversöhnung (Werner Hofmann) als Folge und ständige Notwendigkeit der Beschäftigung mit Religion(en), Philosophie und Mystik mußte zwangsläufig über Stationen des Verletzens und Vernichtens von Bildern und der eigenen Person gehen.

Arnulf Rainer war Teilnehmer der ›documenta‹ 1959, 1972, 1977, 1982 sowie der Biennalen Venedig 1978 und 1980. 1966 erhielt er den Österreichischen Staatspreis für Graphik, 1981 den Beckmann-Preis der Stadt Frankfurt. Seit 1981 lehrt er als Professor an der Akademie der Bildenden Künste in Wien.

Zu den Arbeiten:

Die graphischen Blätter sind meist Kaltnadelradierungen, z.T. über Heliogravure gearbeitet. Die Technik der Kaltnadel, bei der mit dem Stichel unmittelbar in die Metallplatte geritzt und gegraben wird, ist für Arnulf Rainer eine Arbeitsweise, bei der er seine Emotionen und Heftigkeit sichtbar machen kann.

Gezeigt werden neben frühen monochromen Arbeiten mit teilweise leuchtenden Farben (wie z. B. *Rotes Kreuz,* Selbstübermalungen) Blätter aus der Mappe *Schreckversteck,* die den Künstler in extremen Körperhaltungen zeigen. Die *Rembrandtübermalungen* zeigen die Auseinandersetzung Rainers mit einem alten berühmten Künstler. *Beethoven (Totenmaske)* ist ein Beispiel für die permanente Beschäftigung Rainers mit dem Thema Tod. Schw

Literatur:

A. R., Nationalgalerie Berlin u. a., Berlin 1981 – A. R., Werkübersicht der Papierarbeiten, Kunstverein Braunschweig, 1989

16

19

20

21

Ann Reder

Geboren 1946 in Tromsö (Norwegen)
Lebt in Frankfurt am Main

Ann Reders Thema als Bildhauerin und als Zeichnerin ist die menschliche Figur. Der Körper als Umriß, als Linie, als Kontrast von Rundbogen und Ecken. Ann Reder, die 1946 im norwegischen Tromsö geboren wurde und von 1967 bis 1972 an der Frankfurter Städelschule bei dem Bildhauer Michael Croissant studiert hat, interessiert sich für die Dramatik der Bewegung. Den Körper benutzt sie dabei als Hülle, als Hohlform, als Schatten. Deutlich läßt sich an ihren Bronzearbeiten von 1980 bis 1983 noch der Einfluß Michael Croissants ablesen. Dann beginnt Ann Reder mit Sperrholz zu arbeiten. Ein Material, das ihr die Möglichkeit eröffnet, in die ›Tiefe‹ zu gehen, das heißt, Abdrücke zu simulieren oder, anders ausgedrückt, einzubrechen.

Aufstieg und Fall heißt die monumentale Arbeit, die 1984 aus Sperrholz und ›etwas weißer Farbe‹ entstand. Das Tryptichon (200 x 80 x 10 cm) führt exemplarisch vor, was die in Frankfurt lebende Künstlerin bewegt: die Körperform als geometrisches Exempel, als eine Unterteilung von geraden und gebogenen Flächen. Bewegung, Bewegtheit drückt sie – und dieses Motiv kehrt in ihrem Werk immer wieder – als Sturz oder Flug in den Abgrund aus. In *Nacht* (1983) hat Ann Reder die ausgehöhlte, stürzende Figur (170 x 110 cm) unter einem vehementen Schwung schwarzer Farbe ›beerdigt‹. Der Sog nach unten, den viele ihrer Bildhauerarbeiten und Zeichnungen auslösen, wird hier durch den Farbauftrag bekräftigt. Die gebremste Bewegung, nur scheinbar ein Paradox, ist das inspirierende Moment ihrer Arbeit. So stehen als Gegengewichte, keinesfalls als Gegensätze zu ihren figürlichen Darstellungen, strenge, erratische Arbeiten, die sich *Tiefe, Fahrt, Flügel* und *Wellen* nennen und etwas ebenso ›Unfaßbares‹ wie einen in die Tiefe stürzenden Menschen zum Thema haben: die Bewegung des Wassers oder dessen Verdrängung durch die konvexe Form eines Schiffbugs! Seit 1977 hat Ann Reder einen Lehrauftrag für Plastik an der Abendschule Städel inne. 1978 war sie als Stipendiatin an der Cité Internationale des Arts in Paris. Auf dem Kölner Kunstmarkt 1983 richtete die Heidelberger Galerie Rothe für Ann Reder eine Fördereinzelausstellung ein. 1984 gehörte sie zu den Künstlern, die innerhalb des Großprojektes ›Kunstlandschaft Bundesrepublik‹ Frankfurter Künstler im Münchener Kunstverein repräsentierten. 1988 erhielt sie ein Stipendium für das Künstlerhaus Edenkoben.

Ann Reders zeichnerischer Ansatz hat sich in den vergangenen Jahren stark verändert. Aus dem freien Spiel der Linien hat sich eine Reduzierung auf die Positiv- und Negativform herausgebildet. Die Linie entsteht durch den Kontrast von Farbe und leergelassener Fläche.

Die Künstlerin sagt, sie sei nur an der Bewegung interessiert. An der offenen Bewegung. Am Fluß der Linien, am ›Movement‹. Der Kopf hat keinen Schädel, die Beine haben keine Füße, die Arme keine Hände. Sie entdeckt, indem sie verschweigt. Das eigentliche ist das ungemalte Bild: das weiße Papier. Ihre Arbeiten reiben sich am Widerspruch. Innen kämpft mit Außen. Schwer mit Leicht.

Zu den Arbeiten:

Die Körperform ist das beherrschende Thema der gezeigten Arbeiten. Mit Bleistift, schwarzer, blauer und grauer Tusche wird der ›Sitzende‹, ›Kniende‹, ›Stürzende‹, wird die Schablone, Arm, Rumpf, Hals zu Papier gebracht. Das Gewicht der Welt – hier ist Peter Handkes Satz zu überprüfen – offenbart seine Kraft in der Gegenüberstellung von Stoff und Materie. Auf

Literatur:

Kunstlandschaft Bundesrepublik, Frankfurt und Hessen, Stuttgart 1984 – Kunst in Frankfurt, Frankfurter Kunstverein, 1985 – A. R., Plastiken – Neue Zeichnungen, Dominikanerkloster und Galerie Britta Heberle, Frankfurt 1986 – Oktogon, Museum Wiesbaden, 1987

1

2

3

4

Gerhard Richter

Geboren 1932 in Dresden
Lebt in Köln

Nach seiner Tätigkeit als Photolaborant, als Plakat- und als Bühnenmaler studierte Richter 1952–57 an der Dresdner Kunstakademie Malerei. Der Übersiedlung in die Bundesrepublik folgten 1961–63 weitere Semester an der Düsseldorfer Akademie in der Klasse von K. O. Götz. Seit 1971 lehrt Richter dort als Professor für Malerei, nachdem er 1967 Gastdozent an der Hamburger Hochschule war. Seine informellen, an Dubuffet orientierten Bilder löste Richter 1962 durch eine photographische Malerei ab, deren Vorbilder illustrierten Zeitungen, privaten Alben, Werbeprospekten und dokumentarischen Schnappschüssen entstammten. Die Hell-Dunkel-Werte, durch die solche Photos ohne Kunstanspruch Ausschnitte von Wirklichkeit ›ohne Stil, ohne Komposition, ohne Urteil‹ abbilden (Richter, 1972), stellte er auf der Leinwand mit lasierten Ölfarben her, die er in Graunuancen gleitend vermalte, so daß Figuren, Gegenstände und Raum im Bild nivelliert und verschleiert erscheinen. Auch mit *Ema (Akt auf der Treppe)*, 1966, einem frühen farbigen Photo-Gemälde, bezog Richter als Maler eine kritische Position gegenüber historischer Kunst. Er verwarf die Rolle des Modells, indem er ein Lichtbild als Malvorlage anfertigte.

In der folgenden Gruppe der *Alpen-* und *Städtebilder* (1968/69), die Richter nach Luftaufnahmen von Häuserblocks, Straßenschluchten, Gebirgs- und Gletschermassiven malte, erscheint die photographisch vorgegebene Struktur als puzzleartiges Gefüge grob aufgeschmierter, schwarzweiß kontrastierender Farbstreifen.

Dagegen malte Richter seine *Landschaften* (ab 1969) in changierenden, zu einer glatten Filmschicht verschmelzenden Farben, die das Motiv verdunstet aufschimmern und in vibrierender Schwingung erscheinen lassen. In den korrespondierenden Serien der *Farbfelder* (1971–74) und der *Grau-Bilder* (1972 bis 1975), die auf Vorarbeiten seit 1966 basieren, thematisierte Richter einzelne Komponenten der Malerei. Er facettierte die vier Grundfarben in bis zu 1024 Farbtöne, die er, durch Auswürfeln zufällig verteilt, reihenweise in ein Rechteckraster einmalte. Diese bunten Tableaus (*Vier Farbfelder*, 1973) negieren tradierte Farb- und Kompositionslehren.

Dagegen entbehrt die Arbeit *Acht Graue Bilder* (1975) jeglicher Farbdifferenzierung. Die Leinwände wurden mit einem opaken Malmaterial beschichtet, die Bilder lassen den jeweiligen Vorgang des Farbauftrags erkennen, Künstlerspuren in grauer Masse.

›Bilder sind um so besser, je schöner, klüger, irrsinniger und extremer, je anschaulicher und unverständlicher sie im Gleichnis diese unbegreifliche Wirklichkeit schildern‹, schrieb er 1982 in bezug auf seine *Abstrakten Bilder*, eine 1976 begonnene Werkreihe. Statt faßlicher Darstellungen der Wirklichkeit versuchte Richter ›Analogien zu schaffen‹. Seinen *Abstrakten Bildern* legte er eigene Ölskizzen zugrunde, die er zu großformatigen Gemälden ausarbeitete. Hier vereinigte Richter fein vermalte dünne Farbschichten, die schwebende Bildräume suggerieren, mit illusionistisch aufgemalten bunten Röhrenelementen sowie mit Farbspuren breitgelagerter Pinselschwünge und mit sperrigen Farbschlieren, die als pastose Spachtelreste ihre Materialität und Machart zeigen.

Zu den Arbeiten:

Die Arbeiten von Gerhard Richter repräsentieren sein Werk in ganzer Breite, von den ›unscharfen‹ Photobildern, wie z. B. *Mao*, mit denen Richter den Scheincharakter der durch das Photo übermittelten Wirklichkeit herausstellt, über die nach Lackmusterkarten entworfene Farbfeldtafel, die die Indifferenz Richters auch gegenüber der Farbe demonstriert, zu den Blättern mit grauer Fingermalerei. Als Studien zu seinen stark farbigen abstrakten Bildern der letzten Jahre sind einige kleinformatige zarte Aquarelle mit intensiven, bewegten Farbräumen zu sehen. Di/Su

Literatur:

G. R., Biennale Venedig – Deutscher Pavillon, 1972 – Ulrich Loock/Denys Zacharopoulos: G. R., München 1985 – G. R., Bilder – Paintings 1962–1985, Städtische Kunsthalle, Düsseldorf 1986 – G. R., ›18. Oktober 1977‹, Museum Haus Esters; Portikus, Krefeld/Frankfurt 1989 – G. R., Atlas (Hrsg. Fred Jahn), München 1989 – G. R., 1988/89, Museum Boymans-van Beuningen, Rotterdam 1989

5

13

14

27

Dieter Roth

Geboren 1930 in Hannover
Lebt in Basel und Reykjavik

1943 übersiedelte die Familie Roth in die Schweiz, woher die Mutter stammte. Schon während der Gymnasialzeit entstanden Zeichnungen, Pastelle, Gedichte, schließlich auch Gemälde und eine erste Radierung, auf Dosenblech geritzt – was für den späteren Meister der Abfallverwertung durchaus charakteristisch war. Bis 1951 machte Roth eine Graphikerlehre bei Friedrich Wüthrich in Bern. Danach schlug er sich mit Gelegenheitsarbeiten durch. 1953 schloß er mit Daniel Spoerri Bekanntschaft. 1954 buk Roth seine erste Plastik, eine Spirale aus Brotteig. Außerdem experimentierte er mit Op Art und stellte im Laufe der 50er Jahre Gebrauchsgraphik, Textilentwürfe, Goldschmiedearbeiten und Kurzfilme her.

›D. R. ist von Natur aus ein flüssiges Aggregat‹, so kennzeichnete später Arnulf Rainer, mit dem Roth ab 1973 zusammenarbeitete, dessen Stilpluralismus als Prinzip, seine Freude am Auffinden immer neuer Ausdrucksmittel und den permanenten Bedeutungswandel seiner Werke. 1959 ging Roth als Graphiker nach New York. Anfang der 60er Jahre schuf er kinetische, Raster- und konstruktivistische Stempelbilder sowie Photogramme. Daneben betätigte er sich als Buchautor und -hersteller, so 1961 in Reykjavik, wo er u. a. Bücher aus Makulatur und Tageszeitungen fertigte.

Auch später arbeitete er intermedial, musikalisch, literarisch, aktionistisch und mit Video. 1963 entstanden Zeitungsillustrationen und sogenannte ›negative Bilder‹, die mit dem Prozeß des Abblätterns und Schimmelns spielten, 1964 ein Schablonenkasten zum Selbermalen mit Farbe, Schuhwichse und Nagellack. 1969 stellte er *Gewürzbilder* zusammen, 1970 kreierte er den *Banalromantischen Monumentalismus* mit Behältern voll Verkümmertem und Zerrieselndem, 1973 sammelte er zweidimensionalen Abfall, 1974 wandte er den ›Scheiß‹-Stil an, 1976 komponierte er zusammen mit Richard Hamilton *Hundelieder*, 1977 produzierte er *Schnellzeichnungen*, begann ein Wandbild in neobuddhistischem Stil und führte 24 Stunden Hundegebell vor. 1978 machte er Skulpturen von verschwommenen Schnellzeichnungen, 1979 versuchte er zu zeigen, daß Affen nicht malen wollen, 1981 schuf er *Gummibandbilder*.

1964–1966 lehrte Roth – Nicht-Unterricht als Unterricht – an den Kunstschulen von Philadelphia, New York, New Haven und Providence. 1968 hatte er eine Gastdozentur an der Watford School of Art in London inne, im selben Jahr wurde er zum Professor an die Kunstakademie in Düsseldorf berufen. 1979 unterrichtete er an der Kunstschule von Reykjavik.

Zu den Arbeiten:

Die Mischtechnik-Blätter der sechsteiligen Serie *Six Piccadillies* sind, 1970 entstanden, ein typisches Kind der Pop-Ära. Sie bilden eine in sich abgeschlossene Folge ein und derselben Stadtvedute, nämlich des Piccadilly Circus in London, wobei jedoch die szenischen Hauptstrukturen in jeweils unterschiedlicher Betonung verfremdend herausgehoben werden. Die ungewöhnlichen Ansichten einer millionenfach photographierten und abgebildeten Touristenattraktion können so zu ganz neuen Einblicken führen. Ba

Literatur:

D. R., Bilder, Zeichnungen, Objekte, Bücher, Druckgraphik, Postkarten, Kunstverein Braunschweig, 1973 – D. R., Gesammelte Werke, Bd. 40, Kunstmuseum Luzern, 1980 – D. R., Museum of Contemporary Art, Chicago 1984 – D. R., Hamburger Kunsthalle, 1988 – D. R., Bilder, Zeichnungen, Objekte, Galerie Littmann, Basel 1989

5

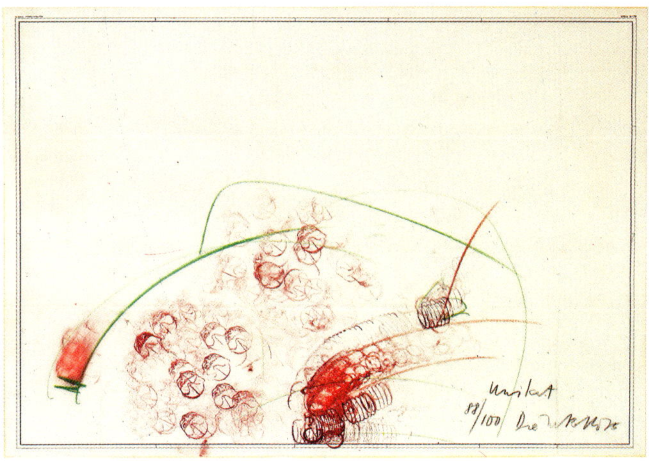

10

11

Salomé

Geboren 1954 in Karlsruhe
(bürgerlicher Name: Wolfgang Cilarz)
Lebt in Berlin und Los Angeles

Bevor er 1973 in Berlin als Salomé auftauchte, absolvierte er in Karlsruhe eine Lehre als Bauzeichner im Tiefbau und wurde als solcher auch kurze Zeit in der Karlsruher Stadtverwaltung angestellt.

1974–1980 studierte Salomé Malerei an der Hochschule der Künste in Berlin. Anfangs bei Ulrich Knispel, später als Meisterschüler von Karl Horst Hödicke. 1977 beteiligte er sich zusammen mit Helmut Middendorf, Rainer Fetting und Bernd Zimmer an der Gründung der Selbsthilfegalerie am Moritzplatz. Ab 1978 trat er mit Selbstdarstellungen und Performances auf, z. B. in Robert van Ackerens Filmen ›Die Reinheit des Herzens‹ oder ›Die flambierte Frau‹ sowie in Filmen Rainer Fettings und einem gemeinsam mit Luciano Castelli produzierten Hörspiel für Radio Basel. Die Bandbreite seiner künstlerischen Tätigkeit umfaßt auch Auftritte mit der Rockgruppe ›Geile Tiere‹ sowie mit Nina Hagen in Berlin. Die meisten Themen der Bilder Salomés haben ihre Wurzeln in seinem Konflikt als Homosexueller mit den moralischen Konventionen der Gesellschaft. Das permanente Unverständnis, das ihn, wie er sagt, von Karlsruhe nach Berlin trieb und heute von Berlin nach New York, versucht er, mit erhöhtem Subjektivismus seiner Bilder zu überwinden. ›Grenzenlose Freiheit, die Freiheit, die mir eigentlich im Leben versagt wird, die habe ich in der Malerei. Da bin ich für mich, und ich kann machen, was ich will. Ich kann mich austoben.‹ Mehr als allen anderen seiner Generation ist es Salomé gelungen, maximale Freizügigkeit in die gegenwärtige Malerei einzubringen. Und zwar sowohl auf der formalen (Auflösung der geschlossenen Bildfläche; den Spätimpressionisten, Bonnard oder dem Wiener Jugendstil verwandte Nähe zum Kitsch), als auch auf einer existentiellen, erotischen und romantischen Ebene. Jedoch dies alles nur als Provokation zu verstehen, wäre eine grobe Verfälschung. Salomé sagt: ›Wenn man den Menschen zeichnet, so ist das immer auch der Versuch, den Menschen zu verstehen. Das hat auch etwas mit der Nächstenliebe und solchen Sachen zu tun, mit Liebe, mit Sentimentalität, auch mit Sensibilität. Das ist für mich wichtig.‹ Sv

Literatur:

S., Selbstdarstellung, Gemälde/Fotos/Video, Neue Gesellschaft für Bildende Kunst, Berlin 1979 – Heinrich Klotz: Die Neuen Wilden in Berlin, Stuttgart 1984 – S., Bilder und Zeichnungen 1974–1984, Galerie Thomas, München 1984 – S., Wasserschau, Davies Long Gallery, Los Angeles 1985

1

2

3

4

Tomas Schmit

Geboren 1943 in Thier
Lebt in Berlin

Den Begriff ›Autodidakt‹ auf Tomas Schmit anzuwenden entspräche zwar dem formalen Sachverhalt, würde jedoch ein Werk belasten, das seine Kraft und Stärke gerade aus einem künstlerischen Werdegang jenseits aller akademischen Ausbildungswege heraus entwickelt hat.

Im Vorwort des Kataloges zur Ausstellung im Kölner Kunstverein 1978 heißt es: ›. . . Seine Werke sind nach den Fluxusanfängen mit einigen besten ‚Boredom-Arbeiten' (Langeweile, Ausdauer, Ruhe, Nichts-Tun, Verweigerung) immer persönlicher geworden, immer direkter . . . Seine Arbeiten, sein Lebensstil sind präzis, klar, freundlich . . . Er arbeitet nicht für Schau und nicht für die große Kunstszene. Mit seinen Büchern und den Arbeiten für die Edition Hundertmark hat er sich einen eigenen kleinen Kunstmarkt geschaffen, das andere interessiert ihn nicht, er zieht sich da lieber zurück. Er ist ein phantasievoller Tüftler mit vielen Ideen . . .‹ (Wulf Herzogenrath).

Seine Zeichnungen, die ja neben den zumeist in der Hochzeit von Fluxus (1962–1967) entstandenen Objekten nur einen Teil seiner künstlerischen Persönlichkeit offenbaren, sind so gezeichnet und koloriert, als seien sie speziell für Kinder gemacht worden. Nicht nur zur Belustigung, sondern zugleich auch zur Belehrung – etwa nach dem Motto ›Seht her, wie lustig doch das Lernen sein kann!‹ Da werden spezielle Erfahrungen, Widrigkeiten und Folgen bestimmten Tuns gezeigt, die ein Pandämonion unseres täglichen Lebens in vollendeter Absurdität ergeben – im Stil kindlicher Gebrauchsanweisungen. Alles scheint bei genauer Betrachtung irgendwie bekannt, auch selbstverständlich zu sein, weil ›beim Wort genommen‹. Den Dingen und Erscheinungen wird ihr Doppelsinn in der Schmitschen Darstellung zum Hintersinn, der zur Eindeutigkeit wird, wenn man seine Zweideutigkeit im ›Heureka‹-Verfahren begriffen hat. In aller philosophischen Unschuld werden uns Wahrheiten ›verklickert‹, die wir schon lange nicht mehr wahrgenommen haben, weil wir doch immer so schnell ›zur Tagesordnung‹ übergehen, die Dinge nicht mehr selbst befragen und sprechen lassen. Im ›Nachdenken‹ wird Tomas Schmit zum ›Vordenker‹, der den Ernst seiner Message in Rätseln versteckt, die doch so einfach zu lösen wären, sofern man dazu bereit ist. Ein Satz Schmits, gleichzeitig eine Zeichnungssequenz im Katalog der Ausstellung ›von hier aus‹, Düsseldorf 1984, kennzeichnet vielleicht am deutlichsten seine Haltung: ›die dinge, die aus der kunst verschwinden müßten, sind wohl gerade die, die kunst ausmachen.‹ Die Reihe solcher Texte mit Zeichnungen/Zeichnungen mit Texten, hintersinnig wie alle seine Pieces aus der Fluxus-Zeit, sowie zeichnerischen und schriftstellerischen Kreationen ließe sich beliebig fortsetzen. Sie würden zwar Aufschluß über ihn geben, von dem man nicht genau sagen kann, ob er Schriftsteller oder Zeichner ist, da er seinen Zeichnungen fast immer Texte beifügt, aber sie würden keine Biographie ergeben.

Also: 1962 lebte Tomas Schmit in Köln. Als knapp 18jähriger nahm er an einer der ersten Fluxus-Aufführungen teil und war seitdem beobachtender, aktiver, kritischer und immer vorantreibender Teilnehmer des großen europäischen Fluxus-Festivals. Daneben und zugleich entstanden immer Pieces, Konzepte, ›Sprachdinge‹, Texte, Bücher, Zeichnungen und Bilder sowie eigene Aktionen mit Addi Koeppke, Ludwig Gosewitz, Nam June Paik, George Maciunas u. a. 1964 organisierte er das ›Festival fluxorum‹ in der Mensa der TH Aachen. 1965, nun schon in Berlin, gründete er mit Ludwig Gosewitz einen ›eintagesverlag‹: ›das gesamte verlagswesen (autoren um werke bitten; die werke produzieren, anbieten, ausliefern; das geld kassieren) in 24 stunden abgewickelt!‹

1979/80 erhielt Schmit eine zweisemestrige Gastdozentur an der Hochschule für Bildende Künste Hamburg, danach verschiedene Stipendien und Preise. Sein Katalog zur Kölner Ausstellung 1978 – selbst ein kleines Kunstwerk, von vorn bis hinten von ihm geschrieben – umfaßt 208 WV-Nummern. Alle Werke zeigen: Tomas Schmit ›denkt‹ in seinen Arbeiten die Dinge zu einem Ende, das für uns der Anfang sein sollte.

Schw

Literatur:

T. S., Werke 1962–1978, Kölnischer Kunstverein, Köln 1978 – T. S., Was ist das Zeichen für ›Kein Zeichen‹?, Galerie Werner, Köln 1986

SOCKEL ZUM RAUFKUCKEN UND SOCKEL ZUM RUNTERKUCKEN.
ALTE KUNST
("wie ihr seht: Kunst ist was hehres!")
NEUE KUNST
("ihr müßt wissen: Kunst ist was hehres!")
: ERSTREBENSWERT IST ALLERDINGS WEDER DAS
("ich höre es durchs dach der philharmonie dröppeln.")
NOCH DAS,
("ich höre beethoven in der bade wanne.")
ABER VIELLEICHT DAS
(so schwer es auch ist, das Konkrete.)
UND NATÜRLICH DAS.

Christa von Schnitzler
Geboren 1922 in Köln
Lebt in Frankfurt am Main

Christa von Schnitzler ist in den Niederlanden, Italien und Frankreich aufgewachsen. Das durch den häufigen Umzug ihrer Eltern sich entwickelnde weltbürgerliche Lebensgefühl machte sie von Anfang an gegen faschistische Denk- und Gestaltungsmodelle gefeit. Dies führte dazu, daß sie sich besonders von dem an Maillol orientierten Bildhauer Toni Stadler angezogen fühlte, bei dem sie zuerst an der Städelschule in Frankfurt und von 1947 bis 1952 an der Münchener Kunstakademie studierte. Christa von Schnitzler steht deshalb in der Tradition der von Hildebrand und Hans von Marées ausgehenden ›Münchener Schule‹, bei der die Figur trotz der immer größer werdenden Entfernung von der Natur im Zentrum des künstlerischen Gestaltungswillens steht. Das erklärte Ziel der Bildhauerin, die Reduzierung der Figur auf das ›Wesentliche‹, ist zwar von Anfang an gesteckt, wird erst allmählich, dann aber in konsequenter Weise erreicht.

Christa von Schnitzler modellierte zunächst in Wachs und experimentierte mit ausladenden Volumen am Beispiel etwa von Köpfen. Bald jedoch verlor sie das Interesse an ›Hülle‹, wandte sich immer intensiver dem ›Kern‹ zu und wechselte auch das Material. Seither arbeitet sie bevorzugt mit Holz. Holz war im 19. Jahrhundert in den Verruf eines minderwertigen bildhauerischen Mittels geraten, bis es im 20. Jahrhundert allmählich unter dem Einfluß außereuropäischer Skulptur unter anderem durch Brancusi wieder aufgewertet wurde. Christa von Schnitzler bezieht sich also nicht nur in der Reduktion auf den Kern, sondern auch in der Verwendung des Materials Holz auf wichtige bildhauerische Positionen des 20. Jahrhunderts. Sie verwendet für außerkünstlerische Zwecke maschinell vorbearbeitetes Holz wie Balken oder Latten und Säge und nicht etwa Schnitzmesser oder Schäleisen. Dünne Bretter leimt sie in mehreren Schichten zusammen, so daß die Breite des Brettes, aber nicht seine Dicke bestimmend für die Ausdehnung der Figur wird. Das Volumen entsteht nach und nach durch Hinzufügen und nicht durch das raumumschließende Modellieren. Zunächst war die menschliche Figur bei aller Abstraktion noch erkennbar. Die Verhältnisse von Breite zu Höhe und der Körperteile zueinander waren deutlich an ihr orientiert. Christa von Schnitzler verwendete dementsprechend breite und dicke Latten. Allmählich aber wurde die stehende Figur immer mehr zur reinen Vertikalen überdehnt, und die Kanten wurden so weit eingeschliffen, daß sie sich in einigen Fällen der Form von Rundstäben nähern. Nie jedoch, und das sei hier betont, geht Christa von Schnitzlers bildnerisches Denken von der Geometrie aus. Trotz aller durch das Ausgangsmaterial bedingten Strenge wirken ihre Stelen organisch wachsend. Feinste Bewegungen in Kurvatur und Profil, besonders bei den neueren Skulpturen, scheinen dem Material das ihm durch industrielle Bearbeitung entzogene Leben wieder einzuhauchen. Als weiteres Mittel der Verlebendigung dienen leise Drehungen, die die Ansichtsseiten vervielfachen und so den Eindruck des Organischen verstärken. Christa von Schnitzler evoziert die in der Latte oder dem Balken verlorengegangene Erinnerung an den Baum. Dabei hat sie ein unpathetisches Verhältnis zu ihrem Material. Sie verwendet es auch, weil es leichter zu transportieren und zu bearbeiten ist als zum Beispiel Stein. Die Maserung des Holzes unterstreicht sie nicht durch Beizen, sondern überdeckt sie mit schwarzer, seltener mit weißer Farbe. Damit erreicht sie einen Grad der Anonymität, die die individuelle Künstlerhandschrift, das im Einzelfall verwendete Holz vergessen und an eine Figur nur noch als vertikale Aufrichtung denken läßt. Besondere Aufmerksamkeit verdienen die meisterhaft gelösten Sockel der Figuren. Höhe, Breite und Tiefe des Sockels und die Plazierung der Figur auf ihm sind in feinstem Verhältnis ausponderiert. Die melodischen Vor-, Rück- und Seitwärtsbewegungen werden so aufgefangen, daß bei aller gotisierenden Überlängung der Eindruck von Harmonie und Ruhe entsteht. Christa von Schnitzler hat mit ihren Figuren eine Klassizität der Form erreicht, die sich aus der Balance zwischen Gestalten und Nichtgestalten, Kunstwerk und Rohmaterial herstellt. Mö

Literatur:

C. v. S., Galerie Meyer-Ellinger, Frankfurt 1976 – C. v. S., Galerie Appel und Fertsch, Frankfurt 1980 und 1986

1

2

Eugen Schönebeck
Geboren 1936 in Dresden
Lebt in Berlin

In Dresden absolvierte Schönebeck eine Malerlehre, ging dann nach Ost-Berlin, wo er Wandmalerei betrieb und siedelte kurz darauf, 1955, nach West-Berlin über. Hier studierte er bis 1961 an der Hochschule für bildende Künste unter Hans Jaenisch und Hans Kuhn. 1961 traf er auf den ebenfalls aus Sachsen stammenden Georg Baselitz. Im November des Jahres verfaßten sie gemeinsam das 1. Pandämonische Manifest, das 2. folgte im Frühjahr 1962. Es begleitete eine von kaum jemandem besuchte Ausstellung in einem Wilmersdorfer Abrißhaus – die etablierten Berliner Galerien konnten mit der figurativen Gestik der beiden nichts anfangen. Das Pandämonium spiegelt zum einen die in Aggression umgeschlagene Isolation im Westen, zum andern die Auseinandersetzung mit der existentialistischen Literatur und damit verbunden die geistige Orientierung nach Frankreich hin. Seine erste, für ihn bedeutungsvolle Einzelausstellung hatte Schönebeck 1962 in der Galerie in der Hiltonkolonnade. Zu dieser Zeit begann er, sich vom Vorbild der Ecole de Paris zu lösen und die menschliche Figur zum eigentlichen Thema seiner Bildwelt zu machen. 1962–64 entstand eine Serie von in gedämpft erdigen Tönen und in klumpigen Formen gehaltenen Passionsszenen allgemein menschlichen Charakters. Diese Phase wurde von einem poesievolleren Zug durchsetzt, um Mitte der sechziger Jahre in den bewußt pathetischen, wenngleich eher malerisch und zeichnerisch als politisch ambitionierten Porträts berühmter Kommunistenführer zu münden. Seit Ende der sechziger Jahre ist Schönebeck, verunsichert durch den bahnbrechenden Erfolg des Kritischen Realismus, nicht mehr mit neuen Arbeiten an die Öffentlichkeit getreten.

Es ist sicher problematisch, bei einem Werk, das sich über weniger als ein Jahrzehnt erstreckt, von einer Entwicklung zu sprechen. Doch läßt sich ein künstlerisches Spektrum erkennen, das von psychisch improvisierter bis zu bewußt idolisierender Figuration reicht. Schönebeck, in der Rolle eines Wanderers zwischen zwei konträren politischen Systemen, trägt dem unterschiedlichen Kunstgeschmack Rechnung – nicht adaptierend, eher voller Zweifel kommentierend. So wirken seine Typen-Porträts, zu denen die Deutsche Bank drei Vorstudien besitzt, wie eine Anspielung auf den moralisierenden ›Sozialistischen Realismus‹ einerseits und auf die durch ihre ikonographische Nivellierung alles in Frage stellende ›Pop Art‹ andererseits. Ersterer beherrschte seit dem II. Kongreß des Verbandes Bildender Künstler 1952 unangefochten die Malerei der DDR, letztere schwappte Mitte der 60er Jahre gerade aus den U.S.A. nach Westeuropa über. Noch kurz zuvor hatte sich Schönebeck formal an der Methode der ›Ecriture automatique‹ orientiert, mit Vorliebe auf herausgerissenen Notizblättern ein Gespinst nervöser Tuschfederstriche gesetzt, die sich freilich immer zu Figuren fügen, was zuweilen durch einen dunkel lavierten Hintergrund betont wird. Hiervon sind im Bestand der Bank sechs eindrucksvolle Blätter vorhanden. Möglich, daß sich Schönebeck dabei von Dubuffet inspirieren ließ; die obsessive Bedrängnis, die aus diesen Zeichnungen spricht, wirkt jedenfalls höchst authentisch.

Ba

Literatur:

E. S., Galerie Abis, Berlin 1973 – Christos M. Joachimides: ›Qui est Eugen Schönebeck?‹, in: Peinture en Allemagne, Palais des Beaux-Arts, Brüssel 1981, S. 204–206 – Carla Schulz-Hoffmann: E. S., in: Carla Schulz-Hoffmann und Peter-Klaus Schuster, Deutsche Kunst seit 1960. Aus der Sammlung Prinz Franz von Bayern, Bayerische Staatsgemäldesammlungen moderner Kunst, München 1985, S. 197 – E. S., Zeichnungen 1960–1963, Galerie Silvia Menzel, Berlin 1986

4

5

6

8

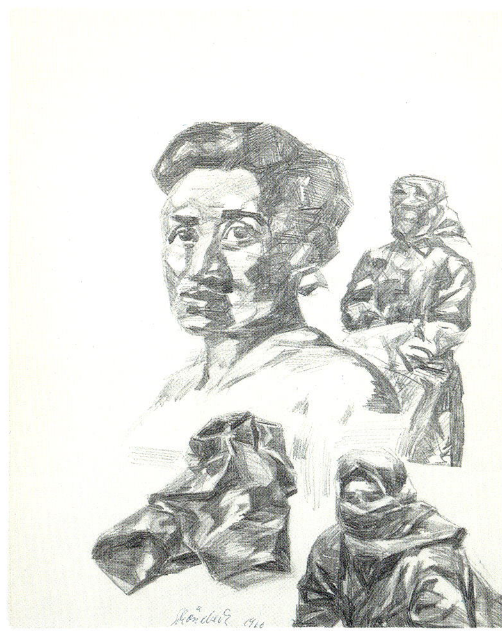
9

Bernard Schultze

Geboren 1915 in Schneidemühl (Westpreußen)
Lebt in Köln

Als Schüler von Willy Jäckel begann Schultze 1934 seine künstlerische Ausbildung an der Berliner Hochschule für Kunsterziehung, die er nach zwei Jahren verließ, um an der Kunstakademie in Düsseldorf zu studieren. 1938 kehrte er nach Berlin zurück, wo er bis zu seinem Kriegseinsatz wiederum an der Hochschule für Kunsterziehung lernte. Nach dem Zweiten Weltkrieg, in dem alle bis dahin entstandenen Arbeiten verbrannten, lebte er bis zu seiner Übersiedlung nach Frankfurt 1947 (bis 1968) als Flüchtling in Flensburg.

Sein in den ersten Jahren nach dem Krieg entstandenes Werk zeichnete sich durch surreale, assoziative Gegenständlichkeit aus, die sich schon nach kurzer Zeit in fließende, ungegenständliche Formen auflöste (*nach glinkascher Musik,* 1947) und einen irrealen Landschaftscharakter entfernt erahnen ließ. Angeregt durch einen ersten Paris-Aufenthalt, wandte sich sein Werk 1951 zum abstrakten Informel. Waren in *Aus der Welt Ensors* (1951) die leuchtend farbigen Flächen gitterartig miteinander verflochten, so entwickelte sich im folgenden Jahr die Farbe zum autonomen Mittel, die er, tachistischen Einflüssen folgend, übereinanderschichtete und durch partielles Abkratzen bzw. lineares Aufreißen der Fläche mit spontanen graphischen Elementen erweiterte (*insektenhaft; Altweibersommer; spontan in grau,* alle 1952).

1952 war Schultze Gründungsmitglied der Gruppe Quadriga, der u. a. K. O. Götz angehörte. Die scheinbar ungeordnete Komposition löste sich 1955 in ineinanderfließende Farbstrukturen auf, die sich in der Bildmitte verdichteten (*Rosengeschwüre,* 1955). Ab 1956 entstanden Bilder mit plastischen Einklebungen aus Stoffresten und Abfällen, die, in die Farbe eingelassen, eine reliefartige Wirkung erzielten (*Hegitraf,* 1957). In den seit 1959 ausgeführten *Tabuskris,* den geschriebenen Bildern, verwendete Schultze über die gesamte Bildfläche ausgebreitete, scheinbar halbdurchlässige Farbnuancierungen.

Die konsequente Weiterführung der Verdichtung von Farbe zum Stofflichen, in den Reliefbildern bereits entwickelt, führte Anfang der 60er Jahre zur *Migof*-Reihe, die als dreidimensionale raumplastische Malerei zum zentralen Thema seines künstlerischen Werkes wurde. Als amorphe, farbige Gebilde blieben sie dabei sowohl im Zusammenhang mit Gemälden (*Migof-Triptychon,* 1964), wie sie gleichfalls auch als frei stehende geschwulstartige Wucherung eine losgelöste skulpturale Form bekamen (*Sitting Migof,* 1963). Diese wurden oftmals zu umfangreichen Installationen und bühnenartigen Arrangements verbunden (*Großes Migof-Labyrinth,* 1966; *Migof-Environment* in der Hamburger Kunsthalle, 1980). Seit Mitte der 60er Jahre collagierte Schultze in den *Kombinationsbildern* die organisch gewachsen erscheinenden *Migof*-Strukturen mit eingeklebten Zeitschriftenabbildungen. In den 70er Jahren entstanden großformatige Gemälde und Zeichnungen, in denen er die *Migof*-Thematik in dramatische, an historische Kompositionen angelehnte Szenerien umsetzte (*Migof-zentaurisch,* 1975), die in den letzten Jahren auch antike Mythologien thematisierten (*Circe,* 1980). Lu

Literatur:

B. S., Die Welt des Migofs, Staatliche Kunsthalle Baden-Baden, 1974 – B. S., Städtisches Museum Leverkusen, Schloß Morsbroich, 1979 – B. S. im Labyrinth: Werke von 1940 bis 1980, Städtische Kunsthalle Düsseldorf; Akademie der Künste Berlin; Frankfurter Kunstverein; Moderne Galerie des Saarlandmuseums, Saarbrücken, 1980/81 – B. S., Papier-Arbeiten 1946–1983, Albertia Wien; Rheinisches Landesmuseum, Bonn; Kunsthalle Tübingen; Wilhelm-Hack-Museum, Ludwigshafen; Kunsthalle Nürnberg, 1984/85 – Ursula Geiger: Die Maler der Quadriga und ihre Stellung im Informel, Nürnberg 1987

2

3

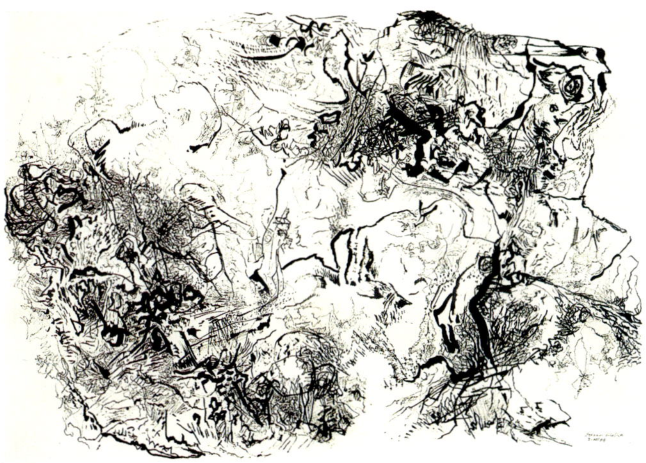

4

Andreas Schulze
Geboren 1955 in Hannover
Lebt in Köln

Andreas Schulze begann 1976 ein Malereistudium an der Gesamthochschule Kassel, wechselte dann aber 1978 an die Kunstakademie Düsseldorf, wo er bis 1983 bei Dieter Krieg studierte. Nach anfänglichen Landschaftsmalereien entstanden um 1981 die ersten abstrakten Bilder.

Die Kugelbilder sind das Ergebnis einer Auseinandersetzung mit der jüngeren Kunstgeschichte. ›Gegenstand der Arbeit ist für mich die Kunstgeschichte mit ihrem Formenrepertoire‹ (Schulze). Schulze bewundert die Bilder E.W. Nays und überführt die Farbflächen in räumliche Darstellungen in einer unbegrenzten Atmosphäre, die mit ihrer grenzenlosen Perspektive an Bilder Kiefers erinnert. Schulzes frühe Abstraktionen erfolgten zu einer Zeit, in der Deutschland von der Welle der ›jungen Wilden‹ erfaßt war. Der Künstler sieht seine Arbeiten jedoch weit entfernt von den figural-expressiven Bildern der ›Wilden‹.

Andreas Schulze war mit der Gruppe der ›Mülheimer Freiheit‹ befreundet, er teilte die Haltung dieser jungen Kölner Künstler, der Konzept- und Minimalkunst der 70er Jahre mit stärker individuell geprägter Malerei entgegenzutreten. Sein Werk ist aber in seiner Erscheinungsform vollkommen singulär, er nimmt eine Stellung zwischen den narrativ arbeitenden ›Wilden‹ und den im Gegensatz dazu entstehenden neukonstruktiven Strömungen ein. Seine Kompositionen arbeiten nicht mit bekannten konstruktivistischen Formen, die abstrakten Formengebilde sind Eigenschöpfungen, ›Inhalte spielen weniger eine Rolle, sie ergeben sich aus der Arbeit mit den Formen‹ (Schulze). Die Gegenstände in Schulzes Bildern wirken banal, und nur die Kenntnis der Vorbilder läßt Schlüsse auf die intellektuelle Auseinandersetzung des Künstlers mit der Kunstgeschichte zu. Ironisch reflektierende Verweise auf die minimalistischen Skulpturen eines Donald Judd finden sich in den Kastenbildern von 1983. Auch Richard Longs Steine kehren in Schulzes Bildern (1982) modifiziert wieder. Der Betrachter wird formale Verweise auf die gesamte Kunstgeschichte des 20. Jahrhunderts finden, von Arp bis Stella, an den besonders die Bilder mit Streifen und in Schneckenform gedrehte Wulste erinnern. In neuester Zeit treten zu der Auseinandersetzung mit abstrakten Formgebilden auch stilisierte Tier- und Menschendarstellungen.

Zu den Arbeiten:

Das Arbeiten mit räumlich-plastischen Formulierungen in Bildern und Skulpturen ist charakteristisch für Schulze. Tiefenraum wird nie klar definiert, spielerisch wird Perspektive aufgebaut und gleichzeitig durch Aperspektivität wieder aufgelöst (Gouache von 1982; Darstellungen von sphärischen eiförmigen Körpern mit zylindrischen Fortsätzen, 1983). Das spielerische Moment ist auch in gestalterischer Hinsicht von Bedeutung. Schulze bezieht Dinge aus seiner nächsten Umgebung in die Bilder ein, z. B. seine Brille, Süßigkeiten oder physiognomische Andeutungen von Plüschtieren (die er sammelt). Auch zitiert sich der Künstler häufig selbst aus seinem mittlerweile riesigen Formenrepertoire. Andreas Schulze arbeitet auf großen Formaten (meist 2 x 4 m, auf zwei Bildträger geteilt), trotzdem strahlen auch die kleineren Arbeiten auf Papier die gleiche ruhende Monumentalität und romantische Sehnsucht nach uneingrenzbarem Raum und unendlicher Weite aus.

Die farbigen Zeichnungen sind von dem gleichen dünnen, gleichmäßig verteilten Farbauftrag wie die großen Bilder gekennzeichnet. Das Spiel mit Perspektive und mit Formen folgt den in den großen Bildern angeschlagenen Themen, die in zeitlicher Abfolge als motivisch zusammengehörige Bilderserien entstehen. Der souveräne Umgang mit den bildnerischen Mitteln Form, Farbe und Illusion sowie der Kunstgeschichte läßt ein harmonisches Resultat entstehen, das keine festschreibbaren Inhalte vermittelt, sondern zum Manifest der Freude an Malerei und Dekor wird, und das – so Andreas Schulze – eine ›offensive Freundlichkeit‹ verbreitet. MHe

Literatur:

A. S., Galerie Six Friedrich, München; Galerie Monika Sprüth, Köln 1985 – A. S., Galerie Bärbel Grässlin, Frankfurt 1985 – Wilfried Dickhoff: Interview mit A. S., in: Flash Art, Nr. 129, 1986 – A. S., Bilder 1980–1988, Kunstmuseum Luzern; Kunstverein München u. a., 1989

1

7

K. R. H. Sonderborg
Geboren 1923 in Sonderborg (Dänemark)
Lebt in Stuttgart, Paris, Berlin und Chicago

Kurt Rudolf Hoffmann, der sich den von seinem Geburtsort abgeleiteten Künstlernamen K. R. H. Sonderborg zulegte, verbrachte seine Schulzeit und eine 1939 anschließende kaufmännische Lehre in Hamburg. Wegen seines anglophilen Lebenswandels wurde er 1941 zeitweilig von der Gestapo inhaftiert. 1946 bezog er gemeinsam mit Künstlerfreunden eine verfallene Ausflugsstätte an der Elbe und erprobte in diesem Kreis Möglichkeiten der abstrakten Malerei. Ergänzend studierte er 1947–49 an der Hamburger Landeskunstschule, bevor er 1953 auf Anregung von Willi Baumeister und Fritz Winter Mitglied der Gruppe Zen 49 wurde.

Fasziniert vom Geschehen im Hamburger Hafen, dessen Verladekräne er täglich vor Augen hatte, zeichnete und malte Sonderborg seit 1952 mit Tusche und Tempera auf gräulich grundiertem Papier pfeilförmig gestreckte und gitterartig sich überlagernde Lineamente und kalligraphische Signaturen, die er in hastigem Duktus mit dem Pinsel verteilte. Fast zur gleichen Zeit wie Pollock und Kline, wie Wols, Hartung, Mathieu und Michaux, deren Arbeiten er 1953 während einer Graveurausbildung in Paris kennenlernen konnte, versuchte Sonderborg, dynamische Bewegungsabläufe und intensive Empfindungszustände als Spur von Gestikulation sichtbar zu machen (*Nautisch,* 17.8.1952; *Plus vite que le son,* 15.9.1953; *Hamburg, 4.12.55, 20.06–20.56 Uhr,* 1955).

Später griff er auch in die zurückgebliebenen, verschlungenen Farbstreifen und -bahnen ein, indem er sie aufkratzte oder anriß und dabei spannungsvolle Schwarzweißkontraste erzeugte. Helle Gründe erschienen ihm bald geeigneter für seine nun mit Kadmiumrot durchsetzten Farbfelder, die er in steilen Diagonalkompositionen bündelte, so daß sie kometenartig durch die Bildfläche zu stürzen scheinen.

Sonderborg löste sich von traditionellen Arbeitsmethoden durch einen spontanen Farbauftrag, dem er eigenständige bildnerische Elemente abgewann: lasierende Rückstände breit gelagerter Pinselschwünge, Flecken und Spritzer. Später hantierte er auch mit Spachteln, Uhrfedern, Kautschukstreifen, Eisen- und Stahlstücken, Scheibenwischern und Rasierklingen, um die Farben auf dem Bildträger zu verstreichen oder sie aufzudrücken. Es entstanden Schlierenzonen, abgeschabte Oberflächen, Rasterstrukturen, halbmondförmige Wischspuren, die, ineinandergeschichtet, scheinbar gleiten und kreisen und mit Narben durchzogen sind. In derart unmittelbaren Entstehungsprozessen fixierten sich momentane Impulse Sonderborgs, der seine Bilder in seltenen Phasen absoluter Konzentration niederlegte, in einem Zustand ›der Leere, die der Hand totale Freiheit gibt, die Erinnerung zum Handeln bringt und die in ihr registrierten Erlebnisse ans Licht hebt‹. Offenbar mischten sich in die Arbeit, deren visuelles Produkt im Titel meist die jeweilige Herstellungssituation nachweist, auch die Weltstadtimpressionen Sonderborgs, der seit 1958 vorrangig in Paris, zeitweilig in London und New York arbeitete. *Paris, 10. 8. 58, 19.27–21.30 Uhr* (1958), *New York, 22. 1. 61, 22.07–23.25 Uhr* (1961), *Paris, 17. 10. 61, 23.53–1.10 Uhr* (1961) und *New York, 17. 3. 65, 22.23–22.58 Uhr* (1965) wecken – von Sonderborg bestätigte – Assoziationen an Eisengerüste, Hängebrücken, Telegraphenmasten, Stromkabel, Transformatoren oder Wolkenkratzerfassaden.

1965 wurde er als Professor für Malerei an die Stuttgarter Akademie berufen, wo er seitdem, unterbrochen von längeren Auslandsaufenthalten, lehrt. Die ehemals eher spröde Farbigkeit wurde nun ersetzt durch bunte Farbfeld-Konglomerate, die Sonderborg flächendeckend zusammenwachsen ließ, in Strahlenform überlagerte oder zu konkreter Gegenständlichkeit verdichtete (*Ohne Titel,* 1968; *Ohne Titel* 1971; *Elektrischer Stuhl,* 1974). Seine neueren Tuschzeichnungen auf Papier zeigen sparsam gegliederte Figurationen; auf einem Blatt, dem er in bezug auf die Stammheimer Selbstmorde den Titel *Spur von Andreas B.* (1980) gab, ist ein kantiges Gestänge zu erkennen, auf dem eine aus verlaufender Tusche gebildete organische Form lagert. Di

Literatur:

Otto Hahn: K. R. H. S., Stuttgart 1964 – K. R. H. S., Kölnischer Kunstverein, Köln 1965 – K. R. H. S., Ulmer Museum, Ulm 1977 – K. R. H. S., Staatsgalerie Stuttgart 1986 – K. R. H. S., Werke 1948–1986, Moderne Galerie des Saarland-Museums, Saarbrücken 1987

1

2

Walter Stöhrer
Geboren 1937 in Stuttgart
Lebt in Berlin

Wie Antes war Stöhrer Schüler von HAP Grieshaber an der Staatlichen Akademie der Bildenden Künste in Karlsruhe, entfernte sich aber noch mehr als dieser von der Figuration des Lehrers. Bereits 1959 siedelte er nach Berlin über, wo die informelle Malerei damals eine wichtige Rolle spielte. Das Werk Stöhrers, beginnend mit den 60er Jahren und bis heute fortdauernd, zeichnet sich durch seltene Konstanz aus. Es umfaßt große Formate der Öl-Aquatec-Technik, Gouachen, Radierungen und Lithographien. Seine Arbeitsweise erinnert an die écriture automatique, wird aber vor allem von einer rauschhaften Gestik getragen, in die intellektuelle und sinnliche Bewußtseinszustände einfließen. Wichtig ist die materielle Beschaffenheit der Bildoberfläche, in die die Gedankengänge des Künstlers eingeritzt sind. Graphismen kreuzen so dynamisch aufgetragene, leuchtende Farbfelder.

Seit Mitte der 60er Jahre versah Stöhrer seine Werke häufig mit in die Komposition integrierten Anagrammen, die der Literatur – u. a. Lautréamont, Breton, Bataille, Artaud, Bukowski und Unica Zürn – entlehnt sind. Stöhrer selbst bezeichnet seinen Stil als ›intrapsychischen Realismus‹, man könnte ihn auch programmatisch mit dem Titel einer Bildserie von 1980 umschreiben, die ihrerseits einen Satz Bretons zitiert: ›Die Schönheit wird konvulsiv sein, oder sie wird nicht sein.‹ Nach einem Studienaufenthalt 1973 in der Cité des Arts in Paris erhielt Stöhrer 1977 den Villa-Romana-Preis, Florenz. Seit dieser Zeit fließt auch Landschaftliches neben menschlich Physischem in seine höchst subjektiven Figurationen ein. Nachdem Stöhrer bereits 1981/82 als Gastprofessor an der Hochschule der Künste in Berlin gelehrt hatte, erhielt er dort 1986 eine Professur.

Zu den Arbeiten:

Über das graphische Werk Stöhrers kann man sich einen guten Überblick verschaffen, ist er doch mit der 1977 entstandenen, 15 Radierungen umfassenden Mappe *Die Bewegung der Zähne und der Wörter* sowie den mit Deckfarben übergangenen Radierungen aus der Mappe *Vitus Bering* von 1976 und aus der Serie *Schwarze Toscana* von 1978/80 vertreten. Die Disziplin, die der drucktechnische Prozeß dem Künstler abverlangt, wird hier durch die explodierenden Farbschichten, die darübergelegt wurden, ausgeglichen Ba

Literatur:

W. S., Württembergischer Kunstverein, Stuttgart 1980 – W. S., Arbeiten aus Sina Lunga, Toscana 1981, Galerie Nothelfer, Berlin 1981 – W. S., Malprozeß, Städtische Galerie Nordhorn, 1982 – W. S., Arbeiten 1962–1983, Kunsthalle Bremen; Kunstverein Braunschweig; Moderne Galerie des Saarlandmuseums, Saarbrücken, 1983/84 – W. S., Arbeiten 1962–1983, Kunstmuseum Düsseldorf, 1984 – W. S., Malerei, Galerie Hermeyer, München 1987 – W. S., Lithographien, Radierungen, Übermalungen, Galerie Slutzky, Frankfurt 1989 – W. S., Retrospektive, Berlinische Galerie im Gropiusbau, Berlin 1989

4

11

12

Artur Stoll

Geboren 1947 in Freiburg i.Br.
Lebt in Freiburg i.Br.

Artur Stoll stammt aus der oberrheinischen Region mit ihrer Neigung, neben den kulturellen Zentren Westdeutschlands und den Großstädten ein Eigenleben zu führen. Abitur und Kunstgeschichtsstudium brachten ihn nicht wie geplant auf den wissenschaftlichen Weg, sondern zur künstlerischen Selbstdarstellung. Seit 1968 studierte er Kunst in Freiburg und Karlsruhe bei P. Dreher, H. Antes, F. Bernhard; 1974 ging er mit dem Villa-Romana-Preis nach Florenz, 1977 an die Villa Massimo in Rom. Stoll würde es ablehnen, die Umstände seiner Biographie als Hintergrund für die Beschäftigung mit seiner Arbeit heranzuziehen. Mitteilungen über sich selbst pflegt er nicht anders als in Form gemalter Bilder oder gestalteter Objekte zu machen. Das Werk gilt als einziger Beweis für das Künstlerleben, so daß die Kenntnis biographischer Abläufe und persönlicher Haltungen für das Urteil unerheblich ist. Dieser Standpunkt zeugt von äußerster Subjektivität und angestrebter völliger Übereinstimmung von Werk und Künstler. Stoll wählt die Bildform, weil sein Inhalt in keiner anderen Sprache ausdrückbar erscheint. Als einzige Realität steht er selbst hinter seinen Bildern, die somit seine Autobiographie, Psychologie, sozialen Charakter, ästhetische und moralische Haltung umfassen.

Über Artur Stoll als Autor zu handeln erscheint widersinnig; alle Ein- und Ausgänge seiner Person sind hermetisch verschlossen, von Seelenwächtern mißtrauisch bewacht. Allein in den Bilderfindungen objektiviert sich etwas von den Bewegungen des Innern, psychischen wie geistigen, indem der Malakt eine magische Verbindung zwischen den inneren Vorstellungsbildern und den abgelösten Artefakten herstellt. Die Zwänge, die Träume, die Süchte, die Rätsel verlassen die Innenwelt durch diesen einzigen nach außen führenden Kanal. Jedoch entströmen die Bilder nicht als automatische Handlungen dem Unbewußten, sondern sie entstehen als Strukturformeln, den eigenen Empfindungen abgelauscht. Zwangsvorstellungen werden dem Innersten in Form von Zeichen abgerungen, die zum Selbstschutz verschlüsselt oder verrätselt sein müssen, deren wenn auch schwierige Lesbarkeit aber letztlich erst das Opfer der künstlerischen Extraversion rechtfertigt. Neben der abstrakt-expressiven Malergeste fließen gegenständliche Assoziationen ebenso in den Bildzusammenhang ein wie die Fetische gesellschaftlicher Kulthandlungen, Erinnerungsstücke aus dem eigenen Lebenskreis oder die bekannten Symbole historischer Bildung.

Der Fluß intrapsychischer Vorgänge nach außen gehört als Resultat eigentlich dem Autor. Zum Allgemeingut werden seine Transpositionen im ästhetischen und öffentlichen Zustand des Kunstwerkes, das als neues Primärgebilde jetzt selbst das Wesen der Sache ausmacht. Stolls Bilder reflektieren nach ihrem qualitativen Sprung nicht mehr sein Selbst, sondern stellen es mit dem Anspruch auf Gültigkeit her. Die Bilder begründen den Künstler und nicht mehr er sie. Solche Malerei beansprucht nicht, die Grenzen der Erfahrung zu überschreiten, wie das ihr unberechtigt zugebilligt wurde, denn sie selbst ist das Produkt konzentrierter Selbsterfahrung. Ihr Thema ist viel menschlicher, ist das diesseitige Bewußtsein.

Zu den Arbeiten:
Wie in einer romantischen Strophe entsteht Stolls Form aus Verdichtungen, unbestimmbar nach Beginn, Mitte und Ende. Ihre unendliche Eigenbewegung kann ebenso Wolkenwirbel, Wasserstrudel, Maschinenrotation oder Schneckenwindung assoziieren, sie kann zart oder gewaltsam, kompreß oder aufgelöst, zentrifugal oder zentripetal verlaufen, immer schwingt sie wie ein Ornament, das sich aus wiederkehrend Ähnlichem speist. Ornamentalisierender Formenbau zerlegt Tier- oder Pflanzenvorbilder in abstrakt-organische Figuren und gelangt durch die Sparsamkeit der Mittel zu heraldischen und kalligraphischen Abbreviaturen.

Alle Figur ist bei Stoll von natürlichen Kräften in lebendiger Bewegung gehalten; der rechte Winkel und das abstrakt-rationale Gegengewicht finden sich allein in der rechtwinkligen Anlage und reinen Belassenheit des Bildgrundes. Wie der Grund die Gewichte der Form stützt, wird zum erregenden Moment des Bildes.

Sdt

Literatur:

A. S., Das zeichnerische Werk 1969–1974, Städtisches Museum Leverkusen, Schloß Morsbroich, 1987

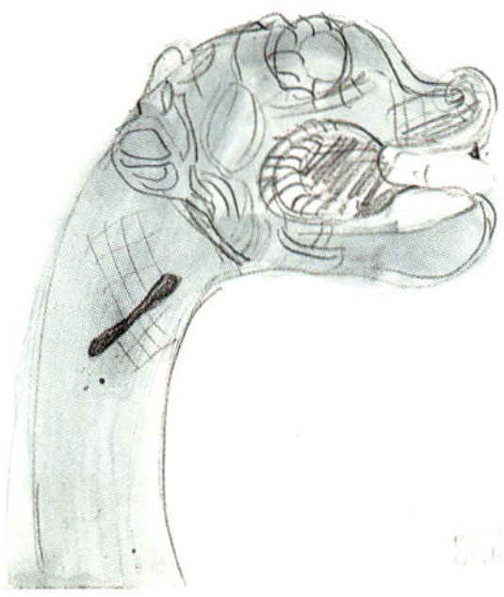

4

6

23

Manfred Stumpf
Geboren 1957 in Alsfeld
Lebt in Frankfurt am Main

Die Frage nach der Wirklichkeit der Dinge ist für den 1957 in der hessischen Stadt Alsfeld geborenen Manfred Stumpf gleichbedeutend mit der Frage nach der Wirklichkeit der Welt. In seinem zeichnerischen Œuvre hat er sich die Aufgabe gestellt, Antworten zu finden, oder besser, die eine einzige, für ihn gültige Antwort.

Er beobachtet die Gegenwart und denkt an die Zukunft. Bei der Erklärung des Begriffes ›Zeit‹ hat Bazon Brock während Stumpfs Studium an der Wiener Hochschule für Angewandte Künste 1979 den entscheidenden Hinweis gegeben. Brock hat das Erleben von Zeit als eine Möglichkeit definiert, sich die Zukunft vorzustellen. Das tut der spartanische Zeichner, der auf einem Bauernhof aufgewachsen ist und, bevor er 1976 mit dem Studium der Malerei und Graphik an der Frankfurter Städelschule begonnen hat, das Handwerk des Maschinenbauers erlernt hat.

Wir leben in einer ›gezeichneten Welt‹, sagt Stumpf; wer darüber nachdenkt, muß zugeben, daß er recht behält. Manfred Stumpf, man könnte ihn als einen Apologeten einer neuen Einfachheit beschreiben, zeichnet immer mit einem Isographen auf ein DIN A4 großes Format. Wert legt er auf die Reproduzierbarkeit seiner Arbeiten. All seine Zeichnungen sollen vergrößer- und verkleinerbar sein. ›Weiterhin können ca. 1000 Zeichnungen durch ein Microfiche-Lesegerät abgerufen werden‹, war 1984 im Ausstellungsverzeichnis der Düsseldorfer ›von hier aus‹-Schau zu lesen.

Zwei Traditionen macht Stumpf zum Gegensatzpaar und zugleich zur Formel für seine Weltexegese: die christliche Religion und die Technik. Für diese Rollenübertragungen sucht er Bildformen. Die Vergangenheit wird, man könnte das Science-fiction nennen, mit den Vorstellungen von einer Zukunft verquickt. So haben wir uns das Bild eines Mönches im Astronautenlook zu erklären oder den Mönch am Computer. Seit 1982 beschäftigt Stumpf sich mit einem Thema, von dem er sagt, er habe sich vorgenommen, ›sein Leben lang‹ daran zu arbeiten: am *Einzug in Jerusalem.* Palme, Esel und Mann mit Palmwedel (Jesus) sind die Bildkomponenten. Die Sehnsucht nach der Form erfüllt sich hier den Wunsch, an einem Sujet alle ästhetischen Variationen durchzudenken. Denn es ist das Denken, was Manfred Stumpf in erster Linie beschäftigt. Das Nachdenken und Empfinden von transzendentalen und spirituellen Erfahrungen und Vorstellungen. Man könnte sagen, die Zeichnungen von Manfred Stumpf sind Essenzen gedanklicher Arbeit.

Seine *Linienzeichnung* verzichtet auf den Ausbruch in die Farbe. Es geht nicht um den Zufall, um das malerische Experiment, sondern einzig und allein um einen asketischen Ausdruck und die Erklärung für die Verbindung der vergangenen mit der zukünftigen Welt. Vom ständigen Finden und Erfinden neuer Bildgeschichten, wie wir sie an seinen Zeichnungen aus den letzten Jahren ablesen konnten, hat er sich losgesprochen. Manfred Stumpf möchte nicht ›unterhalten‹, er möchte Zeichnungen ›konstruieren‹. Die Entscheidung liegt in der Linie: ›Man kann alles zeichnen‹, sagt der in Frankfurt lebende Manfred Stumpf. ›Jeder Strich kann zur Bereicherung werden in bezug auf die Zukunft.‹

Zu den Arbeiten:

Die Zeichnungen des Künstlers setzen sich mit der Frage nach den Werten der Zukunft auseinander. Der Astronaut, der Mann vor dem Computer, der Mann im Spiegel, der Mann, der mit den Steinen wirft – sie alle haben das stereotype Aussehen eines Mönchs. Die Funktionen der Kirche, das will der Künstler damit zum Ausdruck bringen, sind von der Technik übernommen worden. Die Gläubigkeit hat einen anderen Inhalt bekommen.

Auf

Literatur:

Neue Kunst aus Frankfurt, Frankfurter Kunstverein, 1983 – Kunstlandschaft Bundesrepublik, Frankfurt und Hessen, Stuttgart 1984 – Der heilige Kosmonaut, Edition Robert Wilk, Frankfurt 1984 – NEU, Museum am Ostwall, Dortmund 1985 – Vom Zeichnen, Frankfurter Kunstverein, 1985 – Autobahn – Autobaum, Edition Robert Wilk, Frankfurt 1986 – Oktogon, Museum Wiesbaden, 1987

3

2

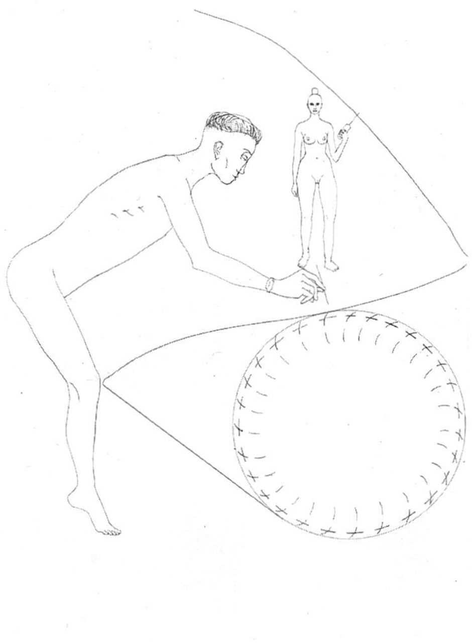

4

6

Helmut Sturm

Geboren 1932 in Furth im Wald
Lebt in Pullach

Nach dem Abitur studierte Sturm von 1952 bis 1958 an der Akademie der Bildenden Künste in München, zuletzt als Meisterschüler von Erich Glette. 1958 war er Mitbegründer der Gruppe SPUR und 1959–1962 Mitglied der Situationistischen Internationale. Von 1966 bis 1968 gehörte er der Gruppe GEFLECHT an. Sturm war wesentlich an der Schaffung der Neuen Figuration aus einem informellen Impetus heraus beteiligt.

Um 1960 setzte er sich mit Beckmann auseinander und entwickelte dabei eine dynamische, teilweise abstrahierende Formensprache, wie sie später auch in die Anti-Objekte der Gruppe GEFLECHT einfloß. Im weiteren Verlauf der 60er Jahre entstanden der Cobra und Dubuffet verwandte Figurationen.

1969–1978 übte Sturm eine Tätigkeit als nebenberuflicher Kunsterzieher aus und half 1970 bei der Installierung eines Kinderforums in den Räumen der Forumgalerie van de Loo in München. Vom Nutzen der Gruppenarbeit überzeugt, begründete er zusammen mit Heimrad Prem 1975 das Kollektiv Herzogstraße, eine späte Nachfolgeorganisation der SPUR. Während Sturm hier an seine Bilder aus den 60er Jahren anknüpfte, trat er zu Beginn der 80er Jahre mit Gemälden hervor, deren vehementer Duktus und deren Zurückdrängung des Figurativen eine Kongenialität mit Emilio Vedova ahnen lassen, den Sturm zu dieser Zeit wiederentdeckte. ›Das Bild ist für mich aber nicht mehr Abbild der Realität, keine Projektion einer fertigen Vorstellung auf die Fläche, sondern ein räumlich bewegtes Spielfeld: Mit Farbflecken, darübergelegten Linien, dazwischengeworfenen Versatzstücken und allerlei Gerümpel aus der ›Spielzeugkiste‹ der Wirklichkeit wird ein bildnerisches Geschehen stimuliert, dessen Ausgang noch Raum genug für die Imagination des Betrachters läßt.‹ Ba

Literatur:

H. S., Ölbilder, Gouachen, Galerie Rolf Ohse, Bremen 1983 – Cobra – Spur – Wir – Geflecht – Kollektiv Herzogstraße, Galerie im Ganserhaus, Wasserburg am Inn; Galerie der Künstler, München; Bonner Kunstverein; Gesellschaft für aktuelle Kunst, Bremen, 1983/85 – Gruppe Spur, 1958–1968, Städtische Galerie Regensburg; Städtisches Museum Mülheim; Museum Ulm, 1986/87

1

2

Stefan Szczesny
Geboren 1951 in München
Lebt in Köln

Nach dem Studium an der Akademie der Bildenden Künste in München in den Jahren 1969–1975 lebte Szczesny ein Jahr lang als Stipendiat des DAAD in Paris. Seit 1980 hielt er sich mehrmals in Italien auf, 1980 in der Villa Romana in Florenz, 1982/83 in der Villa Massimo in Rom. Die Ikonographie seiner Bilder wie auch der wenigen Skulpturen speist sich aus Versatzstücken der unterschiedlichsten Kulturepochen. Nach dem Vorbild eines Matisse und des späten Picasso griff Szczesny bereits Mitte der 70er Jahre die klassischsten Motive der Malerei, wie Frauenakt, Torso oder Badende, auf, um gerade dadurch das ›auszudrücken, was er nirgendwo ausgedrückt sieht‹. Seine Arbeit ist bewußt eklektisch angelegt. Er schöpft aus sämtlichen verfügbaren Quellen: Alltägliche Erlebnisse verknüpfen sich mit Erfahrungen der Kunstgeschichte; die Anschauung der technisch fabrizierten Bilderwelt (Photo, Film, Video) mit der Frucht intensiver Lektüre. Zusätzliche Anregung gibt ihm häufig das Hören zeitgenössischer Musik (Coltrane, Miles Davis u. a.). In Szczesnys Überlegungen nehmen die Begriffe ›Tradition‹ und ›Malerei‹ eine zentrale Stellung ein. ›Tradition bedeutet für mich Identifikation mit den eigenen kulturellen Wurzeln. Darüber hinaus beantwortet sie auch die Frage nach dem Zeitlosen: Es gibt keinen Fortschritt in der Kunst, nur ständige Verwandlungen, Transformierungen immer derselben, sich um den Menschen und das Universum drehenden Themen.‹ – ›Ich will die Ausdrucksmöglichkeiten der Malerei frei von jeder Ideologie bis ins Extrem ausschöpfen‹, schrieb er 1983. Szczesny bemüht sich mehr als andere um den Begriff dieser neuen Malerei. Ihren Schwerpunkt sieht er allerdings nicht auf der Bedeutungsebene, sondern in der Erfüllung der ästhetischen und dekorativen Funktion. Seit 1985 gibt er die Zeitschrift ›malerei, painting, peinture‹ heraus.

Zu den Arbeiten:

Szczesnys Zeichnungen, Skizzen und Collagen sind Vorstufe zu den Bildern. Hier erprobt er sein Bilder-Arrangement, wobei Wert auf das dekorative Gleichgewicht (Matisse) gelegt wird. Die Methode der Collage ermöglicht es ihm, die flächigen Farbüberlappungen in eine komplex begriffene Räumlichkeit umzugestalten. Diese Arbeiten spiegeln alle Stufen des Umwandlungsprozesses von der Idee zum Bild wider. Sv

Literatur:

Klaus Honnef: S. S. (Monographie), in: Kunstforum international, Bd. 68, Köln 12/1983 – S. S., Metamorphosen – 5 Bilder, Glyptothek München, 1984 – S. S., Galerie Silvia Menzel, Berlin 1986 – S. S., Stilleben – Stillife – Nature Morte, Galerie Barlach, Hamburg; Galerie Holtmann, Köln; Galerie Pfefferle, München, 1986 – S. S., Bilder 1978–1987, Rheinisches Landesmuseum Bonn, 1988 – S. S., Keramische Arbeiten, Hiltrud Jordan Galerie, Köln 1988 – S. S., Malerei und Zeichnung auf Papier 1969–1989, Mannheimer Kunstverein, 1990

1

4

24

Volker Tannert

Geboren 1955 in Recklinghausen
Lebt in Köln und Italien

Der Künstler wuchs im Ruhrgebiet auf und besuchte dann von 1975 bis 1979 in Düsseldorf die Staatliche Kunstakademie. Er studierte bei Klaus Rinke und Gerhard Richter. 1979 schloß sich ein New-York-Aufenthalt an. Das Jahr darauf war Tannert in Paris.

Die Entwicklung des Künstlers durchlief seit der Akademiezeit verschiedene aufeinanderfolgende Werkphasen. Bis etwa Mitte 1982 waren Tannerts Arbeiten linear, graphisch. Menschliche Wesen treten in bildnerischen Chiffren ihrer selbst in meist szenischen Darstellungen auf. Die Darstellung ist auf die kürzelhafte Abbildung des eigentlichen Handlungsmoments reduziert. Die Bilder schildern Anekdotisches, zu Formeln verkürzt auf Allgemeingültigkeit und Verständlichkeit gebracht. Skizzenhafte Umrißzeichnungen und der vollkommene Verzicht auf Räumlichkeit kennzeichnen diese Phase anthropologischer Bilder. Die riesigen Formate und die auf Formeln gebrachte karge Bildaussage weisen aber schon auf ein Pathos hin, das auch die folgenden Werkphasen durchzieht. Tannerts Bilder sind geplant und nicht gestisch spontan, wie man es vielleicht aus dem schnell geführten, spröden Pinselstrich folgern könnte. Die *Scheinwerfer-Bilder* (z. B. *Unsere Wünsche wollen Kathedralen bauen,* 1982) entstanden, bevor sich Tannert intensiver mit dem Thema Landschaft auseinandersetzte. Dieser Entwicklungsschritt wird auch von einem Wechsel der Arbeitsmaterialien bezeichnet: Statt der bisher praktizierten Technik von Acryl- und Kunstharzfarben auf Nessel benutzte der Künstler nun Öl auf Leinwand. Die Formate blieben in ihren Dimensionen gleich. Die Bildsprache aber wandelte sich in eine ausgesprochen malerische, es wird Tiefe illusioniert, und die Objekte sind plastisch durchformuliert. Bezeichnend ist der Gebrauch der Perspektive, aus einer Frosch- und Fluchtpunktperspektive erschließen sich dem Betrachter die Bilderwelten, ziehen ihn gleichsam hinein. Schlauchartig verfremdete Menschenkörper winden sich in atmosphärischer Tiefe. Häufig benutzt Tannert Zitate aus der Kunstgeschichte, besonders gern von Caspar David Friedrich.

Tannert, als großstadtgewöhnter Mensch, setzt sich intensiv mit der Natur auseinander, ohne vor ihr selbst zu malen. Er definiert sie neu, im Sinne der 80er Jahre unseres Jahrhunderts, ohne sie jedoch mit zusätzlichen Aspekten zu belasten (im Gegensatz zu Anselm Kiefer). Tannert bezeichnet seine Schau der Dinge selbst als ›Meta-Romantizismus‹. MHe

Literatur:

V.T., Evolutionen, Bilder und Zeichungen 1980–82, Neue Gesellschaft für Bildende Kunst, Berlin 1983 – V.T., Bilder und Zeichnungen 1981–1985, Badischer Kunstverein Karlsruhe; Kunsthalle Bremen, 1985 – V.T., Ausstellungshallen Mathildenhöhe, Darmstadt 1985

1

2

3

Jean Tinguely
Geboren 1925 in Fribourg (Schweiz)
Lebt in der Schweiz und in Frankreich

Jean Tinguelys Interesse für maschinenähnliche Gebilde und an eigenen (Draht-)Konstruktionen rührt von den kleinen Wasserrädern her, die er aus metallenen Fundobjekten bereits mit 14 Jahren im Walde gebaut hat und durch deren Antrieb mechanische Geräusche verursacht wurden.

Während seiner Lehrzeit, 1941–1945 als Dekorateur in einem Warenhaus, besucht er unregelmäßig Kurse der Kunstgewerbeschule Basel, wo er mit dem Werk von Schwitters, Klee und dem Bauhaus bekannt wurde. Mit Kenntnis des Futurismus und Surrealismus entwickelte sich durch diese beiden Kunstrichtungen eine der Traditionslinien seines späteren Werkes. Etwa zur gleichen Zeit beschäftigt er sich intensiv mit sozialistischer Literatur, wendet sich jedoch 1950 vom Marxismus ab und sympathisiert mit trotzkistischem und anarchistischem Ideengut.

Nach seiner Heirat übersiedelt er nach Paris. Es entstehen eine Reihe von Drahtkonstruktionen, zuerst handgetrieben, später mit Elektromotoren versehen, sowie eine Serie von Reliefs, bei denen die Bildelemente – hinter dem Bildträger mittels technischer Manipulationen angetrieben – eine Vielzahl von Variationen ermöglichen. Da sich durch eingebaute Asynchronisationen das gleiche Muster erst nach Monaten oder Jahren wiederholt, wird an ihnen die zentrale Bedeutung des Zufalls und der Veränderbarkeit für Tinguely deutlich. Der Schwerpunkt seiner Arbeiten sind in der Folge Plastiken und Reliefs, die maschinenmäßig funktionen. Über das spielerische Moment dieser Maschinen hinaus war jedoch von ihm eine durchaus ernstgemeinte, wenn auch ironisch formulierte Kritik auf die sich inflationär ausbreitende informelle bzw. tachistische Malerei bezweckt, ohne wie Duchamp und DaDa – eine andere Traditionslinie seines Werkes – diesen Protest als eine Anti-Kunst-Demonstration bezeichnen zu wollen.

Sein künstlerisches Credo legte er bereits in einem Manifest von 1959 nieder, indem er zum permanent beweglichen und dadurch kreativen, lebensbejahenden Einsatz des menschlichen Geistes auffordert.

In Paris verbindet ihn Freundschaft und Zusammenarbeit mit Yves Klein, Pierre Restany u. a., die zur 1961 von Restany gegründeten Gruppe des ›Nouveaux Réalistes‹ gehörten. 1960 stellt er erstmals in New York aus, wo er die erste Assemblage von Gegenständen und Maschinen präsentiert, die sich unberechenbar bewegen und letztendlich selbst zerstören. Durchaus ein Reflex auf eine aktuelle Situation der ›Großen Verschwendung‹ (Buchtitel von Vance Packard, 1960), der einer Mischung von Faszination und Desillusionismus angesichts der amerikanischen Konsumkultur entsprang.

Seit 1961 lebt er mit Niki de Saint-Phalle zusammen, mit der er auch einige Großprojekte realisiert.

In den Jahren 1960–1963 wurden sog. ›objets trouvés‹ mehr und mehr die Grundmaterialien seiner Maschinen (alte Räder, Schrott, rostiger Abfall), die in ihrer bewußten Absurdität die eigentümliche Faszination von der Maschine, von der Technik zum Ausdruck bringen, sie aber zugleich entlarvt und dadurch den Betrachter zum Nachdenken über den Sinn einer dem Menschen entfremdeten Technik zwingt. Seine Lust an der spielerischen Provokation, die Betonung der Kreativität des einzelnen kommt auch in den Aktivitäten Tinguelys zum Ausdruck, die er in Europa und den USA realisiert. Von Straßenaktivitäten mit Publikumsbeteiligung bis zu Aktionen auf der Bühne unter Einbeziehung der verschiedenen Künste im Sinne des Gesamtkunstwerkes sowie zur Durchbrechung des elitären Kunstbereiches ›Museum‹.

Nach 1963 vergrößern sich seine Maschinen und werden in ihren Bewegungsabläufen immer absurder: Mit viel Aufwand und höchstem ingeniösem Wissen wird eine Riesenapparatur in Bewegung gesetzt, die u. U. nichts anderes produziert als Geräusche. Sie bewegen sich, ohne jemals ein Ziel zu erreichen: Sisyphos des Maschinenzeitalters.

Eine der bekanntesten Arbeiten Tinguelys im öffentlichen Raum ist der Theaterbrunnen von 1977 in Basel – ein Arrangement von neun Einzelmaschinen, die mit ihren komischen Aktivitäten menschliche und tierische Tätigkeiten karikieren. Im gleichen Jahr wird er mit dem Kunstpreis der Stadt Basel ausgezeichnet.

Schw

Literatur:

J.T., Kunsthaus Zürich, 1982 – J.T., Kunsthalle der Hypo-Kulturstiftung, München 1986 – J.T., Palazzo Grassi, Venedig 1987 – J.T., Centre Pompidou, Paris 1989

2

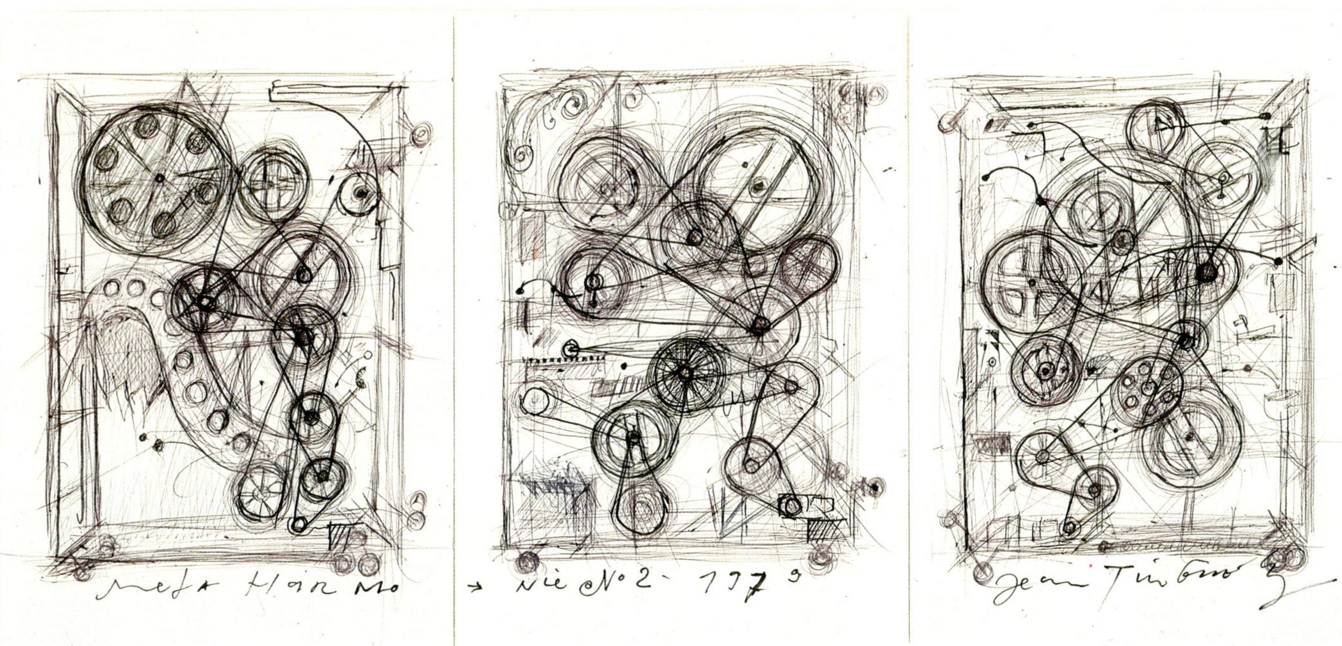

4

Nicole Van den Plas
Geboren 1943 in Mol (Belgien)
Lebt in Frankfurt am Main

Nach mehrjähriger Unterrichtstätigkeit als Sprachlehrerin und dem Engagement in einer Musikband kam Nicole Van den Plas 1971 nach Frankfurt. Zwei Jahre später nahm sie ihr Kunststudium an der Städelschule auf, wo sie bis 1978 blieb und Schülerin von Reimer Jochims und Karl Bohrmann wurde. In den ersten Jahren beschäftigte sie sich fast ausschließlich mit dem Medium der Zeichnung und begann erst 1977 Öl- und Acrylbilder zu malen.

Ihr eigentliches Metier jedoch ist die Zeichnung geblieben. Nicole Van den Plas bevorzugt den Bleistift, den sie spontan und temperamentvoll über das Papier führt.

Raum und Raumtiefe sind ein zentrales Thema bei ihr, das sie besonders in den zahlreichen Landschaftsdarstellungen beweist. Die Bildräume sind weit, ohne sichtbare Grenzen. Mal zeigt sie einzelne, isoliert stehende Bäume, die immer vom Wind und Sturm bewegt sind, mal säumt eine Reihe von Bäumen einen Weg, der in die Bildtiefe führt. Charakteristisch für ihren spannungsgeladenen Bildaufbau ist die Verbindung von Linienspiel und Einheiten gebündelter Energie, d. h. dunklen und dichten Schraffuren. Dies ist besonders häufig auf den Darstellungen zu beobachten, die den Menschen in Verbindung mit Tieren zeigen. In einem durch Begrenzungen nicht näher definierten Raum befindet sich z. B. ein menschenähnliches Wesen, vor sich ein affenähnliches Tier. Beide kommunizieren miteinander, wenden sich ab, nähern sich, greifen nacheinander. Einer von beiden ist immer Träger der Einheit gebündelter Energie, der andere des freien Linienspiels. Dieses Linienspiel ist oft verschnörkelt, ornamental, erzählerisch und voll märchenhaften Witzes. Die Zeichnungen und auch die späteren Bilder von Nicole Van den Plas erzählen phantasievolle Geschichten und rufen im Betrachter den Wunsch hervor, diese Geschichten weiterzuspinnen und fortzusetzen.

1983 bekam die Künstlerin den Villa-Romana-Preis und ging für zehn Monate nach Florenz. In dieser Zeit beschäftigte sie sich eingehend mit der italienischen Renaissancemalerei und der etruskischen Plastik. Beides hinterläßt in ihren Bildern nachhaltigen Einfluß sowohl in bezug auf die Motive als auch auf die Maltechnik.

In Florenz begann Nicole Van den Plas, auf großen Papierformaten mit stark verdünntem Acryl zu malen, um ein ähnliches Ergebnis wie die Freskomalerei zu erreichen. Diese Bilder sind anfangs noch von der Zeichnung bestimmt, werden dann aber malerischer. Die angedeuteten Architekturen ebenso wie die Formation der Baumkronen weisen auf die Formensprache des Quattrocento. Ähnlich wie bei den Zeichnungen entwickelt sich der Bildinhalt während des Malens, nur der Farbraum steht von Beginn an fest.

In vielen Arbeiten von Nicole Van den Plas werden die Menschen allein und isoliert dargestellt, ohne Bezug zu der sie umgebenden Natur. Nur das Tier – in die Natur integriert – stellt eine Verbindung zu ihr her. Selten finden sich zwei Menschen zusammen, um miteinander zu kommunizieren. Einige Zeichnungsserien der Künstlerin zeigen feuerspeiende, Städte zerstörende Vulkane.

Nicole Van den Plas erhielt auch den Kunstpreis ›Forum Stadtsparkasse, Frankfurt a. M.‹ (1975) und den Förderpreis des Kulturkreises im BDI (1978).

Zu den Arbeiten:

Die frühen Farbstiftzeichnungen von 1978 zeigen zarte Landschaftsdarstellungen auf bräunlichem Papier. Mit spontanen Strichen werden Bäume und Sträucher angedeutet und in den unbegrenzten Raum gestellt.

Die Bleistiftzeichnungen bringen die Spannung zwischen den Einheiten gebündelter Energie und dem freien ornamentalen Linienspiel zum Ausdruck. Das Phantasiewesen, das am Tisch sitzend hantiert, könnte eine Darstellung aus einem Märchen sein, ebenso die Reiter oder das Paar mit Tier in einer Landschaft. Eigentümlich ist diesen Figuren jedoch, daß sie dem Betrachter nie ganz vertraut werden, sondern eine Sphäre der Würde und Ernsthaftigkeit um sich haben.

Su

Literatur:

Gespräch mit der Künstlerin in Frankfurt – Vom Bett aus, Museum am Ostwall, Dortmund 1985 – Kunst aus Frankfurt, Kulturzentrum Kammgarn, Schaffhausen 1987

1

2

3

Bernd Voßmerbäumer

Geboren 1950 in Oldenburg
Lebt in Frankfurt am Main

Bernd Voßmerbäumer besuchte von 1973 bis 1978 die Städelschule in Frankfurt am Main. In ersten eigenständigen Arbeiten beschäftigte er sich mit reiner Farbmalerei auf ebener Fläche. Zu dieser Zeit bevorzugte er lasierend aufgetragenes Weiß, das den Ostfriesen an in Nebel getauchte Landschaften am Meer erinnerte. Bereits früh bildeten sich aber bei allem Unterschied zu späteren Arbeiten die drei Faktoren heraus, die Voßmerbäumers künstlerisches Schaffen bestimmen: die Form der bildtragenden Fläche, das Verhältnis der Farbe zu ihr und die assoziativen Inspirationen gelebter Erfahrung.

Die größte Aufmerksamkeit gilt zunächst der bildtragenden Fläche. Sie wird aus Teilen zusammengesetzt, mit der Säge ausgeschnitten, nach oben und unten gekrümmt, nach vorne und hinten gebogen. Wie groß jedoch die Abweichung vom herkömmlichen Tafelbild auch sein mag, der Bezug zur Wand bleibt erhalten und damit auch der traditionelle Begriff Bild gültig. Denn das Ziel Voßmerbäumers ist nicht, wie man beim flüchtigen Hinsehen meinen könnte, das Objekt, sondern die Befreiung des Typus ›Bild‹ aus seiner althergebrachten und damit in Erstarrung befangenen Form. Unterstützt hat diese Entwicklung das Nachdenken über die verwandten Bezeichnungen Bild und Schild. Voßmerbäumer geht also nicht nur intuitiv, sondern auch denkend vor. Form und Begriff werden untersucht und so weit ausgedehnt, daß sie sich treffen. Das germanische Wort Schild, das sich im holländischen ›Schilderkunst‹ für Malerei erhalten hat und ursprünglich Brett, also eine ebene Fläche, bedeutete, veränderte zwar als Schutzwaffe, Erkennungs- oder Abzeichen vielfach seine Form, bewahrte aber über alle Zeiten und Regionen hinweg ein Gemeinsames, den Bezug zum Träger. In dieser Vielfalt der Form bei stetem Bezug zur Wand als Träger fand Voßmerbäumer eine Bestätigung seines bildnerischen Denkens. Eine weitere Inspirationsquelle, ja geradezu ein Schlüsselerlebnis war für den Künstler der Besuch im Ostasiatischen Museum in Köln. Dort faszinierten ihn die beweglichen Bildträger, wie Rollen, Flächen, Schirme ostasiatischer Maler. Farbe mußte also nicht notwendig auf starrem Rechteck ruhen, sondern konnte, ohne ihren Bezug zum Bild zu verlieren, auf den unterschiedlichsten Formen aufgetragen werden. Er will nämlich das Bild als eine ›Fläche vor der Wand, deren Umrisse frei sind und deren äußere Form nicht dem traditionellen Rechteck folgt‹, verstanden wissen.

Der Künstler lehnt ein weiteres Merkmal abendländischer Maltradition ab, den Illusionsraum: ›Bilder sollen Raum nicht darstellen, sondern ihn bilden, das heißt, sie müssen selber Raum sein.‹ Voßmerbäumers gewölbte Flächen veranlassen den Betrachter, sich in Beziehung dazu und zur Wand dahinter zu setzen und dadurch ein Raumgefühl zu entwickeln, das diese drei Ebenen in Balance hält. Es kommt zu einer Verschränkung des Realraumes des Betrachters mit dem realen Bildraum vor dem Bezugspunkt Wand.

Voßmerbäumers Bilder haben keinen Zeichencharakter im Sinne von Symbolträgern. In diesen Zusammenhang gehört auch, daß er Ölfarbe ablehnt und Acryl verwendet, ›das ist das Material der Zeit, Ölfarbe ist mir zu kulinarisch‹. Die Farbe ist der Fläche gleichgeordnet, sie wird mit Spachtel in abwechselnd gestischem oder homogenem Duktus aufgetragen. Gelegentlich gibt es auch Gegenstandsbezüge, die aber als Formanregung dienen und nicht Darstellungszweck sind. An ihnen wird die Abstraktionsfähigkeit geschult, das heißt die Entfernung des Gegenstandes so weit vorangetrieben, daß nur noch die Form übrigbleibt. Das hierbei bewiesene Reduktionsvermögen hat seine Entsprechung in der Zurückführung des traditionell-abendländischen Bildes auf Farbe, Fläche und Wand als Träger.

Zu den Arbeiten:

Bei den zwischen 1983 und 1985 entstandenden Arbeiten Voßmerbäumers fällt der sichere Umgang mit Farben und Formen auf. Beide sind in raffinierter Weise einander zugeordnet. Eckige werden mit runden Formen verschränkt, Linien durch Sägeschnitte ersetzt, Raumwirkungen angedeutet, aber auch wieder durch das Kippen in die Fläche in Frage gestellt.

Mö

Literatur:

Lenin, Kunst im Philanthropin, Frankfurt 1982 – Kunst aus Frankfurt, Kulturzentrum Kammgarn, Schaffhausen 1987 – B.V., Tercio de Varas, Frankfurter Kunstverein, 1988

2

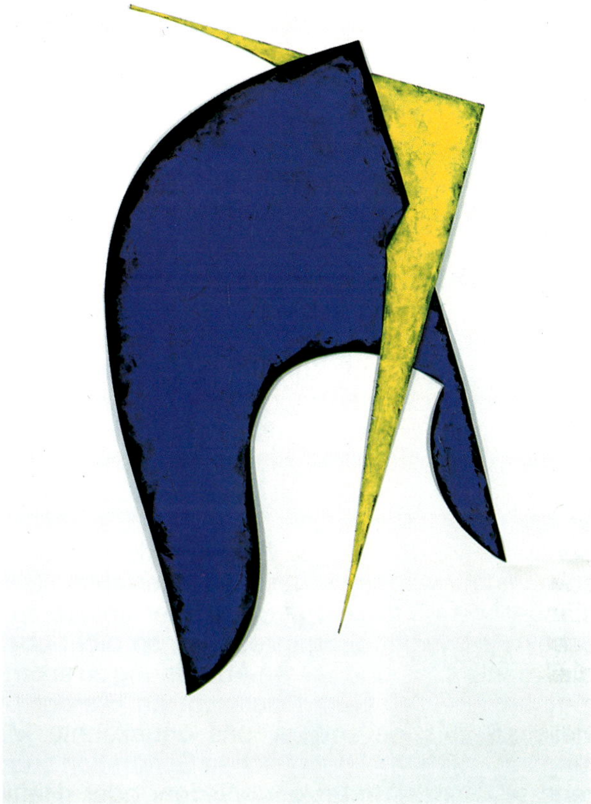

3

6

7

8

Stefan Wewerka
Geboren 1928 in Magdeburg
Lebt in Köln und Berlin

Ikea, das ›verrückte‹ schwedische Möbelhaus, verkauft Stühle, die man zusammengepackt, platzsparend mit nach Hause nehmen kann. Die Idee könnte von Stefan Wewerka ›geklaut‹ sein, ein mühsames und funktionell aufgepäppeltes Plagiat seines *Wanderstuhles,* 1968: mit einem Riemen zusammengehaltene Stuhlteile und – damit man auch in die richtige Richtung läuft – mit einem Kompaß versehen. Überhaupt kann man sich beim Anblick einiger Stuhl- und Möbelkreationen von Wewerka des Eindrucks nicht erwehren, hier habe einer das Mobiliar auf die tatsächliche Zimmergröße des sozialen Wohnungsbaues reduziert.

Platz- bzw. raumsparend ist dieses Mobiliar allemal geworden. Gelegentlich erhält es seine fehlende Hälfte als Spiegelbild zurück, oder man wähnt sie auf der anderen Stubenseite. Gerät man gar in ein von ihm eingerichtetes Zimmer, da kann es schon geschehen, daß man meint, sich bei mittelschwerer See in der Kabine eines Kreuzfahrdampfers zu befinden. Dabei ist der Mann, der all diese Dinge, z. B. auch Zeichnungen und Graphiken, herstellt, ursprünglich Angehöriger einer Zunft, die in ihrem Erfolgsrausch gelegentlich ganz gern mal mit einem ›Homburger‹ auftreten würde. Nur, der von Wewerka 1966 entworfene würde wegen seiner eigentümlich veränderten Dimension eher dem Brett vor dem Kopf als auf diesen selbst passen. Ja, so ergeht es den Dingen, wenn sie der Sohn des Bildhauers Rudolf Wewerka, Schüler von Max Taut und Eduard Ludwig (von 1946 bis 1951) und Mitglied bedeutender Architektenteams, in die Hand nimmt. Ein Mann, der bereits als Architekt etwas gegen die verdünnte Akkuratesse der unsensiblen Bauhausepigonen und -dogmatiker hatte und statt dessen lieber Erdarchitekturen (1955 bis 1959) entwarf, mit Hundertwasser über die Urbarmachung von Straßen nachdachte oder für das Märkische Viertel in Berlin ein geordnetes Chaos als lebendiges Stadtgefüge vorgeschlagen hatte.

Sein Werk ist nicht bissige Kritik, sondern nahezu idyllische Liebe zu den täglichen Dingen, die in ihrer Funktionslosigkeit und mitleiderregenden Unvollständigkeit eher zu Opfern (Jürgen Harten) stilisiert werden. 1965 lehrte er als Gastprofessor an der Washington University in St. Louis, USA, seit 1977 ist er an der Kölner Fachhochschule im Fachbereich Kunst und Design für ›Grundlagen und Gestaltungslehre‹ zuständig.

Seine jüngeren Arbeiten leben aus der Spannung zwischen utopischem Entwurf und konkret gefertigten Einrichtungs- oder auch Modeartikeln. So, wenn aus einer utopischen *(Baum-)Zeichnung* (1978) der Entwurf einer Skulptur *Stahlbaum* (1983) und aus diesem schließlich ein (realisierter) *Küchenbaum* (1984) wächst – ohne ›Schräge‹, aber hochfunktionell verdichtet zur Küche, in der man nur noch stehen kann, jedoch mit dem Kommunikationseffekt eines Stehtisches in der nächsten Eckkneipe.

Zu den Arbeiten:

Wewerkas Eifer als Architekt zeigt sich auch daran, daß er in seinen akkuraten Zeichnungen bzw. Radierungen den Fluchtpunkt so genau nimmt, als würden mächtige Stürme die dargestellten Bauwerke diesem Punkt entgegenbiegen. Überhaupt scheinen höhere Mächte am Werk zu sein, wenn er z. B. in seinen Turmserien die Türme so lange biegt und dreht, die Unterseite nach oben und das Innere herauskehrt, bis sie einen Punkt erreichen, in der die Turmform ihre Identität verliert und zu etwas anderem wird – zu einer Rakete oder einem Hufeisen (Bengt Adlers).

Er pflegt aber auch die Liebe zum Literarischen und Erzählerischen – einer der Gründe für die Serie der *7 Weltwunder,* 1971/72: eine sich nur lose an die antiken Weltwunder haltende eigene Auswahl, die die Architektur bevorzugt. Die den Monumenten entsprechende monumentale Ehrfurcht der antiken Bewunderer wird von ihm durch die Spezifik seiner Verfremdungen auf ›Normalmaß‹ gebracht. Bernard Andreae bezeichnet diese Methode als sublimiertes Herostratentum: Der Künstler demontiert die zu Klischees gewordenen Kunstwerke, um sie als unfaßliche zu restituieren. Eine Aussage, die auch auf die Radierfolge *Paris,* 1972, zutrifft. Schw

Literatur:

S.W., Plastiken, Bilder, Graphik, Multiples, Städtische Kunsthalle Düsseldorf, 1973

1

3

Troels Wörsel
Geboren 1950 in Aarhus (Dänemark)
Lebt in München und Köln

Troels Wörsel ist ein sehr extremer Maler, der sich anfänglich auf die beiden Nichtfarben Schwarz und Weiß konzentrierte. Er hat schon früh sein eigenes Tun als Maler mit Statements begleitet und kommentiert: ›Ich will, daß die Tätigkeit den Inhalt aufsaugt. Ich will, daß alles zusammenkommt und eins wird. Ich will, daß die Zeichnung da ist und auch Malerei. Ich will, daß die Figur Grund wird, und ich will, daß Weiß sozusagen Schwarz wird.‹ Es geht ihm in seiner Kunst auch immer wieder um die Grunderfahrung von Kunst, um die Erfahrung von Licht und Raum und ihre Wiedergabe im Bild und durch das Bild; um das Malmaterial und seine Möglichkeiten, sogar um den Malgrund und sein Verhältnis zum darauf Gemalten. Daraus resultiert dann auch die anfängliche Konzentration auf Schwarz und Weiß.

Wörsels Auseinandersetzung mit seiner künstlerischen Tätigkeit findet aber nicht theoretisch statt, sondern immer auf der Leinwand, auf dem Papier – mit den Mitteln des Malers. ›Ich denke dabei an eine Art Essay meiner Arbeit, einen malerischen Essay.‹

Der Malerei von Troels Wörsel haftet nichts von diesem theoretischen Hintergrund an, sie strahlt die Spontaneität ihrer Entstehung auch für den Betrachter aus: ›Ich male mit Acryl-Farbe, die schnell trocknet – und immer mindestens auf zwei Leinwänden gleichzeitig. Ich mag es nicht, nur an einer Leinwand zu arbeiten. Bei mir ist es besser, ständig in Bewegung zu sein, wenn ich male. Ich vermeide dadurch die toten Punkte, die es geben könnte, wenn ich nur an einer Leinwand arbeiten würde. Und ich will möglichst wenig überlegen, während ich male. Ich will klar ausdrücken und nicht mehr sagen als das, was gesagt werden soll.‹

Die anfänglich auf Schwarz und Weiß reduzierten Bilder gehören in die Nähe des abstrakten Expressionismus, der aber – wie eingangs gezeigt – durch Reflexion gebrochen wird. In den neueren Arbeiten erweitert sich nicht nur die Farbpalette – es entstehen Kompositionen aus Rot und Grün –, sondern es treten auch figurative Elemente verstärkt auf. Konkrete Gegenstände wie Tassen, Gesichter oder einzelne Menschen werden in die Bilder aufgenommen. Die Auseinandersetzung mit dem Malgrund bleibt aber das Thema für Wörsel, er benutzt in seinen Papierarbeiten großkariertes Papier, das zum Teil übermalt wird, sich daneben aber auch als gestalterisches Element behauptet. Die neuere Entwicklung hat Armin Zweite in seinem Katalogtext für die Ausstellung ›aktuell '83‹ im Münchener Lenbachhaus dargestellt: ›In einer ganzen Reihe von Bildern kombinieren sich die formal-ästhetischen Untersuchungen mit Variationen und Verschleierungen konkreter Motive zu faszinierenden Panoramen, in denen die heterogenen Ansätze seines Arbeitens auf einen Nenner gebracht sind.‹

1983 erhielt er den Förderpreis des Kulturkreises im Bundesverband der Deutschen Industrie. HiS

Literatur:

T.W., Galerie Fred Jahn, München 1981 – T.W., Bilder 1978–82, Städtisches Kunstmuseum Bonn, 1982 – T.W., Works on Paper, Galerie Fred Jahn, München 1989

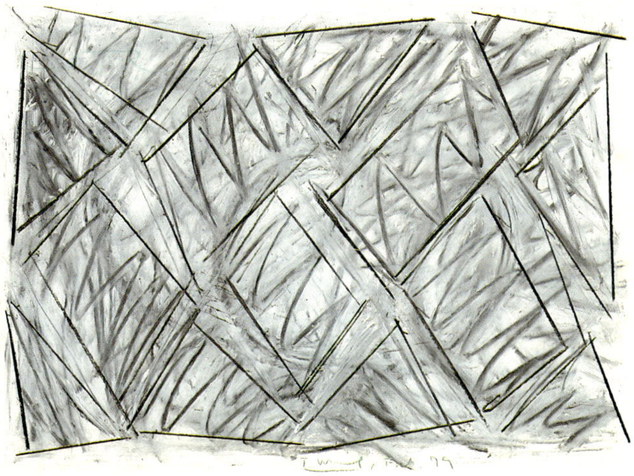

1

1

1

1

Hans Peter Zimmer

Geboren 1936 in Berlin
Lebt in Braunschweig und Aschau (Chiemgau)

Nach dem Abitur studierte Zimmer 1957 an der Hamburger, von 1958 bis 1960 an der Münchner Kunstakademie. 1958 war er Mitbegründer der Gruppe SPUR, 1959–1962 Mitglied der Situationistischen Internationalen, und 1966 trat er der Gruppe GEFLECHT bei, die er wegen inhaltlicher und formaler Einengung ein Jahr später wieder verließ. Innerhalb der Gruppe SPUR hatte Zimmer entscheidenden Anteil an der Herausbildung der Neuen Figuration aus dem Informel. Das Gefühl einer gewissen Überlebtheit des Erreichten veranlaßte ihn, gegen Ende der sechziger Jahre seinen Stil zu ändern. Mit dem Ziel der Findung einer ›neuen Wirklichkeit‹ entstanden 1969–70 die sogenannten *Kratz-*, schließlich auch *Polsterbilder*. Im Laufe der siebziger Jahre experimentierte Zimmer auch auf dem Gebiet der Holzskulptur und bei Arbeiten auf Papier. Die Kluft zwischen malerischer Spontaneität und dem Zwang nach Form suchte er durch Inhaltliches zu überbrükken. ›Jedenfalls fing ich an, auf die Flecken und Liniengewirre anders zu reagieren, sie anders zu interpretieren. Ich schleuderte nicht mehr ‚nur' expressive Formen auf die Leinwand, in der Hoffnung, es werde sich schon etwas ergeben, sondern umkreiste die Bilder, lauerte den verschiedensten Motiven auf, oft wochenlang, und erst, als ich bestimmte Stücke der Realität einigermaßen im Griff hatte, traute ich mich auch wieder, mit dem Pinsel zu träumen.‹ Vor dem Hintergrund der Terrorismus-Bewegung thematisierte Zimmer in verschiedenen Serien, teilweise unter Anwendung von Collage, Übermalung und fortführender Bildabfolge, die Ausdrucksfähigkeit von Gewalt. Daneben stehen aber Stillebenhaftes, scheinbar naiv Landschaftliches und Figürliches, wobei er in unterschiedlicher Form Einflüsse der Pop Art, von Francis Bacon und des Kritischen Realismus verarbeitete. Seit 1982 lehrt Zimmer an der Hochschule für bildende Künste in Braunschweig.

Ba

Literatur:

Spur Dokumentation, Galerie van de Loo, München 1979 – Cobra – Spur – Wir – Geflecht – Kollektiv Herzogstraße, Galerie im Ganserhaus, Wasserburg am Inn; Galerie der Künstler, München; Bonner Kunstverein; Gesellschaft für aktuelle Kunst, Bremen, 1983/85 – H. P. Z. Selbstgespräch Bilder 1958–84, München 1984 – Gruppe Spur 1958–1968, Städtische Galerie Regensburg, Städtisches Museum Mülheim, Museum Ulm, 1986/87

2

1

Verzeichnis der Werke

Das Verzeichnis umfaßt Arbeiten, die in den Türmen der Zentrale der Deutschen Bank und im Triton-Haus (Ikemura, Jetelova, Schmit) in Frankfurt hängen und allen Mitarbeitern zugänglich sind. Da es sich überwiegend um Arbeiten auf Papier handelt, werden die Bildträger nur bei Ausnahmefällen benannt. Die Maße geben die Höhe vor Breite in Zentimetern an. Bei Radierungen sind die Maße des Plattendrucks, falls diese bedeutend von der Blattgröße abweichen, in Klammern dazugefügt.

Die mit * bezeichneten Werke sind im Katalog der Künstler abgebildet.

Die mit ** bezeichneten Werke sind im Kapitel ›Zeitgenössische Kunst am Arbeitsplatz‹ abgebildet.

Hans Peter Adamski

1* Die Anrufung der großen Krankheit, 1982
Linolschnitt, 70x100 cm
Aus der ›Holtmann-Mappe‹ mit je einem Blatt von Bömmels, Naschberger und Middendorf
Auflage: 60

Josef Albers

1* Homage to the square, 1966
Siebdruck, 50x50 cm
Serie mit 12 Blättern

Gerhard Altenbourg

1 Kaulquabben, 1950
Tusche und Bleistift, 34,7x42,4 cm

2 Insektenvölkerwanderung, 1951
Tusche, 39,2x25 cm

3 Königsgrab, 1951
Tusche und Kreide, 98,5x64 cm

4* Isoliert, 1960
Holzschnitt, 64x73,5 cm
Unikat

5* Dreiergruppe, 1960
Holzschnitt, 64x73 cm
Unikat

6* Zwei Einheiten, 1960
Holzschnitt, 64x73,5 cm
Unikat

7* Gruppe, 1960
Holzschnitt, 63,5x70,2 cm
Auflage: 50

8* Die Phalanx, 1960
Holzschnitt, 64x73,5 cm
Unikat

9* Die Masse, 1960
Holzschnitt, 63,5x73,5 cm
Unikat

10 Verheißung, Mandel, nächtliche, 1977
Mischtechnik, 65,5x50 cm

11 Hügel, der sein wird, 1979
Mischtechnik, 27,5x48,5 cm

Horst Antes

1 Ohne Titel, 1960
Offset, 61x42 cm
Auflage: 100

2* Informel (Bildbrief Spiegel), 1960
Offset, 43x60 cm
Probedruck

3* Mit kleiner Figur rechts, 1960
Offset, 42,5x62 cm
Auflage: 30

4* Figur Maja I, 1961
Offset, 62,5x45,5 cm
Auflage: 30

5* Figur, 1961
Offset, 63x46 cm
Auflage: 30

6 Darmstädter Blatt II (grün)/ Fernsehfigur, 1961
Offset, 41,2x29,4 cm
Auflage: 100

7 Ohne Titel, 1962
Gouache, 67,2x47 cm

8 Geteiltes Interieur, 1964
Radierung, 39,5x53 cm (19,8x24 cm)
Probedruck

9 Strip Teeth, 1965
Pochoirdruck, 44x26 cm
Folge von 7 Blättern und Vorsatzblatt
Auflage: 350

10 Maskierte Figur, 1965
Lithographie, 53x39 cm
Auflage: 30

11 Maskierte Figur vor Rot, 1965/66
Lithographie, 65x50 cm
Probedruck

12 Schwarze Figur mit Rohr und vier Farbfeldern, 1971
Lithographie und Offset mit Collage, 70x50 cm
Auflage: 150

13 An Pablo Picasso, 1971
Lithographie, 74x57 cm
Auflage: 100

14 Ohne Titel, 1977
Lithographie und Radierung, 41x29,5 cm
Auflage: 40

15 The Year of the Hopi, 1981
Lithographie, siebenteilig, 78x72 cm
Auflage: 200

16* Ohne Titel, 1982
Lithographie, 100x140 cm
Auflage: 75

Siegfried Anzinger

1* Unterhaltungen, 1978
Aquarell und Bleistift, 32x47 cm

2* Unterhaltungen, 1978
Aquarell und Bleistift, 32x47 cm

3 Köpfe, 1980
Gouache und Aquarell, 50 x 38 cm

4* Kopf mit Einhorn, 1980
Mischtechnik mit Collage, 50 x 38,5 cm

5 Akt, 1980
Gouache und Aquarell, 44 x 33 cm

6* Ohne Titel, 1980
Mischtechnik, 50 x 38 cm

7 Köpfe, 1980
Gouache und Aquarell, 44 x 33 cm

8 Radfahrer, 1981
Mischtechnik, 66 x 50 cm

9 Fanfare, 1981
Gouache, 125 x 90 cm

10 Zwei Figuren, 1982
Gouache und Dispersion, 69 x 49 cm

11 Figuren, 1983
Gouache und Dispersion, 43 x 61 cm

12 Ohne Titel, 1983
Aquarell, 46 x 33 cm

13 Figuren, 1983
Gouache und Dispersion, 43 x 61 cm

Pidder Auberger

1 Sandwich, 1984
Photographie, 24,5 x 17,3 cm
Auflage: 2

2 Sandwich, 1984
Photographie, 23,4 x 16,5 cm
Auflage: 3

3 Sandwich, 1984
Photographie, 24,5 x 15,3 cm
Auflage: 3

4 Sandwich, 1985
Photographie, 24,5 x 18,4 cm
Auflage: 3

5 Yerseke V, 1985
Kohle und Aquarell, 140 x 100 cm

6 Yerseke VI, 1985
Kohle und Aquarell, 140 x 100 cm

7* Yerseke VII, 1985
Aquarell, Kreide und Bleistift, 140 x 100 cm

8 Ohne Titel, 1985
Aquarell und Tusche, 30 x 25 cm

9* Ohne Titel, 1986
Holzschnitt, 140 x 100 cm
Unikat

10* Porträt, 1986
Photographie, 60 x 90 cm

11 Ohne Titel, 1986
Holzschnitt, 124 x 101 cm
Unikat

12 Ohne Titel, 1986
Holzschnitt, 124 x 88 cm
Unikat

13 Ohne Titel, 1986
Aquarell und Tusche, 30 x 25 cm

14 Ohne Titel, 1986
Aquarell und Tusche, 30 x 25 cm

15 Ohne Titel, 1986
Aquarell und Tusche, 30 x 25 cm

16 Ohne Titel, 1986
Aquarell und Tusche, 30 x 25 cm

17 Ohne Titel, 1986
Aquarell und Tusche, 30 x 25 cm

18 Ohne Titel, 1986
Aquarell und Tusche, 30 x 25 cm

19 Ohne Titel, 1986
Aquarell und Tusche, 30 x 25 cm

20 Ohne Titel, 1986
Aquarell und Tusche, 30 x 25 cm

21 Ohne Titel, 1986
Aquarell und Tusche, 30 x 25 cm

22 Ohne Titel, 1986
Aquarell und Tusche, 30 x 25 cm

23 Ohne Titel, 1986
Aquarell und Tusche, 30 x 25 cm

Elvira Bach

1* Aufstehen, 1980–1982
Gouache, zum Teil mit Collage, 29,6 x 21 cm
Serie mit 7 Blättern

2 Nacht unter Palmen, 1983
Gouache, 29 x 21 cm
Serie mit 7 Blättern

Hans Baschang

1* Ohne Titel, 1984
Bleistift und Kohle, 126 x 91 cm

2* Ohne Titel, 1984
Bleistift und Kohle, 126 x 91 cm

3* Ohne Titel, 1984
Bleistift und Kohle, 86 x 62 cm

Georg Baselitz

1 Idol, 1964
Radierung und Vernis mou, 62,7 x 44,8 cm (30,5 x 24,8 cm)
Auflage: 10

2 Ohne Titel, 1965
Aquarell, 65 x 50 cm

3 Ohne Titel, 1965
Radierung und Kaltnadel, 65 x 50 cm (31,5 x 24,7 cm)
Auflage: 20

4 Ohne Titel, 1966
Radierung, 43,3 x 32,1 cm (31,8 x 23,6 cm)
Auflage: 10

5 LR, 1966
Holzschnitt, 43,7 x 34 cm
Probedruck

6 Ohne Titel (Typ)/Grün-Roter, 1966
Radierung und Kaltnadel, 65 x 50 cm (32,4 x 23,7 cm)
Auflage: 20

7 Hirte, 1966
Radierung und Kaltnadel, 64 x 49,5 cm (32 x 23,7 cm)
Auflage: 45

8 Zwei Kühe, 1969
Radierung und Kaltnadel, 66 x 50 cm (18 x 24,5 cm)
Probedruck

9 Graben, 1970
Aquarell und Signierkreide, 62,2 x 89,7 cm

10 Eine Woche, 1972
Radierung und Kaltnadel, 50 x 70 cm
Mappe mit 7 Blättern
Auflage: 52

11 Pfahl (Blutleuchte), 1972
Radierung und Kaltnadel, 51,5 x 35 cm
Auflage: 10

12* Adler, 1974/75
Radierung, Holzschnitt und Holzstich, zum Teil übermalt, 71 x 51 cm (14–70 x 10–50 cm)
Mappe mit 11 Blättern und 2 Deckblättern
Auflage: 30

13** Adler, 1977
Öl auf Leinwand, 250 x 198 cm

14 Das Stilleben und Hockender Akt, 1977
Öl auf Masonit, zweiteilig, je 250 x 150 cm

15 Akt – Adler, 1977
Linolschnitt, 61 x 86 cm
Auflage: 4

16 Ohne Titel, 1977
Radierung und Aquatinta, 77,5 x 52,8 cm
Blatt 2 der Mappe ›Acht Stilleben‹
Probedruck

17 Ohne Titel, 1977
Radierung, Ätzung und Aquatinta, 77,4 x 51,8 cm
Blatt 3 der Mappe ›Acht Stilleben‹
Probedruck

18 Ohne Titel, 1977
Radierung, Kaltnadel und Monotypie, 78,5 x 53,1 cm
Blatt 4 der Mappe ›Acht Stilleben‹

19 Flaschen, 1980/81
Kaltnadel, 78 x 56 cm
Mappe mit 5 Blättern
Auflage: 20

20 Frau im Fenster, 1980
Kaltnadel, 64 x 49,5 cm (31,8 x 23,2 cm)
Auflage: 55

21 Flasche, 1980
Linolschnitt, 69 x 50 cm (Plakatentwurf)
Probedruck

22 Adler, 1981
Holzschnitt, 86 x 61 cm
Auflage: 12

23 Adler, 1981
Radierung und Kaltnadel auf aufgewalztem altrosa Papier, 75 x 60 cm
Probedruck

24* Kopf, 1983
Aquarell, 61 x 43 cm

25 Kopf, 1983
Aquarell, 61 x 43 cm

26 Kopf, 1983
Aquarell, 43 x 61 cm

27 Kopf, 1983
Aquarell, 43 x 61 cm

28 Das Pferd, 1987
Kaltnadel auf handgemaltem Grund, 76 x 56 cm
Auflage: 25

Thomas Bayrle

1* Kennedy in Berlin, 1962
Lithographie, 43 x 61 cm
Auflage: 100

2 Boeing 707, 1962
Lithographie, 41,5 x 59,5 cm
Auflage: 100

3 Hofbräu, 1969
Siebdruck, 42 x 60 cm
Auflage: 100

4 Kaffeegermanen, 1969
Siebdruck, 43 x 61 cm
Auflage: 100

5* Telefonbau-Normalzeit, 1970
Siebdruck, 90 x 68 cm
Auflage: 25

6 Rundläufer, 1970
Siebdruck, 47 x 65 cm
Auflage: 50

7 Revolutionäre Kräfte ernten Raps, 1970
Siebdruck, 50 x 70 cm
Auflage: 50

8 Lindwurm, 1970
Siebdruck, 49 x 66 cm
Auflage: 100

9 Rimini I, 1974
Offset, 64 x 48 cm
Auflage: 30

10 Rimini II, 1974
Offset, 49 x 64 cm
Probedruck

11 Angela Davis, 1975
Bleistift, 44 x 62,5 cm

12 Brücken, 1977
Bleistift, 41 x 58 cm

13 Struktur I, 1977
Bleistift, 31 x 51 cm

14 Männer in Ebenen, 1977
Bleistift, 33,5 x 41 cm

15* Reifen (Continental City), 1978
Bleistift, 51 x 36,5 cm

16 Moschee, 1979
Bleistift, 36 x 48 cm

17 Chopin – Regentropfen – Präludium, 1979
Lithographie, 73 x 61,5 cm
Auflage: 70

18 Eine kleine Nachtmusik, 1979
Bleistift und Aquarell, 49 x 36 cm

19 Drei Würfel, 1986
Linolfarbe, 102 x 73 cm

Bernd und Hilla Becher

1* Häuser aus dem Siegener Industriegebiet, 1959–1961
Photographie, neunteilig, je 40 x 30 cm
Unikat

2 Gasbehälter Oberhausen, 1966–1969
Photographie, zweiteilig, je 30 x 24 cm
Unikat

3 Kühltürme, 1972
Photographie, zweiteilig, je 24 x 30 cm
Unikat

4 Wassertürme, 1972
Photographie, zweiteilig, je 30 x 24 cm
Unikat

5 Hochöfen, 1972
Photographie, zweiteilig, je 30 x 24 cm
Unikat

6 Kühltürme, 1972
Photographie, zweiteilig, je 30 x 24 cm
Unikat

7 Wassertürme, 1972
Photographie, zweiteilig, je 30 x 24 cm
Unikat

8 Wassertürme, 1973
Photographie, vierteilig, je 40 x 30 cm
Unikat

9 Gasbehälter, 1975
Photographie, 40 x 30,8 cm
Serie mit 5 Photographien
Unikat

10 Industriebauten, o. J.
Mappe mit 14 Photographien, je 30–40 x 30–40 cm
Auflage: 24

Joseph Beuys

1* Wattenmeer, 1949 (1973/74)
Holzschnitt, 50 x 65 cm (11 x 37 cm)
Auflage: 50

2* Gletscher, 1950 (1973/74)
Holzschnitt, 50 x 65 cm (11,5 x 37 cm)
Auflage: 50

3 Esse, 1951 (1973/74)
Holzschnitt, 50 x 65 cm
Auflage: 50

4 Schwäne, 1953
Aquarell und Bleistift, 25 x 37,5 cm

4 Das Recht (Nicht Rauchen), 1972
Siebdruck und Offset,
62 x 42/69 cm
Serie mit 3 Blättern
Auflage: 120

5 Ein Eisenbahnüberfall, 1972
Offset, 84 x 56 cm
Auflage: 100

6 Chère Petite Soeur, 1972
Offset, 63 x 44 cm
Auflage: 100

7 Lettre Ouverte, 1973
Offset, 37,7 x 51,5 cm
Auflage: 300

8 Poème – Change – Exchange – Wechsel, 1973
Siebdruck, zweiteilig,
je 99 x 69 cm
Auflage: 100

9 La souris écrit rat, 1974
Offset, 76 x 57 cm
Auflage: 150

10 Les Animaux de la Ferme, 1974
Offset, zweiteilig,
je 82 x 60,3 cm
Exemplar des Künstlers

11* Citron – Citroen, 1974
Offset und Siebdruck,
105 x 66,2 cm
Auflage: 100

12 Atlas, 1975
Offset, 49 x 63 cm
Auflage: 50

Hans Brosch

1 Ohne Titel, 1978
Mischtechnik, 100 x 69,5 cm

2 Ohne Titel, 1978
Mischtechnik, 100 x 69,5 cm

3 Ohne Titel, 1986
Gouache, 69,7 x 49,5 cm

4 Ohne Titel, 1986
Gouache, 69,7 x 49,5 cm

5* Ohne Titel, 1986
Gouache und Kohle,
69,5 x 49,5 cm

6* Ohne Titel, 1986
Gouache und Kohle,
69,5 x 49,5 cm

Johannes Brus

1* Stilleben, 1982
Photographie, getont, 63 x 90 cm
Auflage: 84

2 Stilleben, 1982
Photographie, getont, 63 x 89 cm
Auflage: 84

3 Stilleben, 1982
Photographie, getont,
63 x 89,5 cm
Auflage: 84

4 Stilleben, 1982
Photographie, getont,
63 x 87,5 cm
Auflage: 84

5* Stilleben, 1982
Photographie, getont,
64 x 89,4 cm
Auflage: 84

6 Stilleben, 1982
Photographie, getont,
63 x 89,4 cm
Auflage: 84

7 Stilleben, 1984
Photographie, getont,
63 x 84,6 cm
Auflage: 84

8* Stilleben, 1984
Photographie, getont, 63 x 85 cm
Auflage: 84

9 Stilleben, 1984
Photographie, getont, 63 x 85 cm
Auflage: 84

10* Zwei Ibisse, 1984
Photographie, getont,
63 x 84,7 cm
Auflage: 84

11 Anubis und der gestohlene Knochen, 1984
Photographie, getont,
84,6 x 63 cm
Auflage: 84

12 Ohne Titel, 1986
Kohle, Ton und Kreide,
69,5 x 100,3 cm

13* Ohne Titel, 1986
Mischtechnik mit Collage,
69 x 100 cm

14 Nashorntempel, 1987
Photographie, 90 x 127 cm

15 Expedition, 1987
Photographie, 90 x 127 cm

Michael Buthe

1 Ohne Titel, 1968
Mischtechnik und Collage, 43,5 x 62 cm

2 Ohne Titel, 1969
Mischtechnik und Collage, 50,5 x 65 cm

3 Ohne Titel, 1970
Mischtechnik und Collage, 47,3 x 65,2 cm

4 Roberto, 1975
Mischtechnik, 49,2 x 34,5 cm

5* Sacherdiosafriccanus, 1982
Photographie mit Mischtechnik, 50–70 x 50–70 cm
Mappe mit 7 Blättern
Auflage: 10

6* Babylonische Schriften, 1983
Mischtechnik mit Collage, 55,5 x 116 cm

7 Raaannubisritt/Rata, 1984
Radierung, zum Teil mit Aquarell oder Mischtechnik, 37–48 x 37,5–76,5 cm
Mappe mit 13 Blättern
Auflage: 25

8 Che chocha RASCHULUN ä PHÄROUNE, 1984
Radierung, übermalt, 45 x 60 cm
Auflage: 40

9 Ohne Titel, o. J.
Radierung und Gouache, 72,5 x 100 cm
Auflage: 120

10 Ohne Titel, o. J.
Radierung und Gouache, 72,5 x 100 cm
Auflage: 120

11 Ohne Titel, o. J.
Radierung und Gouache, 72,5 x 100 cm
Auflage: 120

Miriam Cahn

1* Lesen in Staub, 1984
Kreide, 42 x 59 cm
Serie mit 3 Blättern

2 Doppelaugen oder Augenbrauen, 1984
Kreide, 60 x 43 cm
Serie mit 4 Blättern

Peter Chevalier

1 Variation ›Die Nacht‹, 1980
Kohle und Gouache, 42 x 60 cm

2 Variation ›Die Nacht‹, 1980
Kohle und Gouache, 42 x 60 cm

3 Variation ›Die Nacht‹, 1980
Kohle und Gouache, 42 x 60 cm

4 Ohne Titel, 1980
Kohle und Kreide, 29 x 20,8 cm

5 Ohne Titel, 1980
Kohle und Kreide, 29 x 20,8 cm

6 Ohne Titel, 1980
Kohle und Kreide, 29 x 21 cm

7 Ohne Titel, 1980
Kohle, Kreide, Aquarell und Deckweiß, 21 x 29 cm

8 Mann, 1981
Kohle und Gouache, 30 x 41,5 cm

9 Mann, 1981
Kohle, 30 x 41,5 cm

10 Ohne Titel, 1981
Kohle und Gouache, 43 x 61 cm

11 Ohne Titel, 1981
Kohle und Gouache, 43 x 61 cm

12 Wanderer, 1982
Kohle und Kreide, 30 x 40 cm

13* Ohne Titel, 1982
Gouache, Kohle und Kreide, 43 x 61,2 cm

14* Ohne Titel, 1983
Kohle, Pastell und Gouache, 43 x 61 cm

15 Ohne Titel, 1983
Kohle und Kreide, 43 x 61 cm

16* Ohne Titel, 1984
Kohle und Gouache, 43 x 61 cm

17 Ohne Titel, 1984
Kohle und Gouache, 61 x 43 cm

18 Ohne Titel, 1984
Kohle und Gouache, 61 x 43 cm

Abraham David Christian

1 Propheten, 1980
Bleistift, 75 x 54 cm
Serie mit 5 Blättern

2 Ohne Titel, 1982
Öl, 53,5 x 75,5 cm

3 Ohne Titel, 1983
Mischtechnik, 65,6 x 102 cm

4 Ohne Titel, 1983
Mischtechnik, 46 x 61 cm

5* Ohne Titel, 1984
Mischtechnik, 41 x 61 cm

6* 40 years of work, 1984
Mischtechnik, 23 x 30,5 cm

7* 40 years of work, 1984
Mischtechnik, 23 x 30,5 cm

8 Ohne Titel (New York), 1984
Acryl und Bleistift, 27,3 x 23 cm

9 Ohne Titel (New York), 1984
Acryl und Bleistift, 30,4 x 23 cm

10 Ohne Titel, 1984
Acryl und Bleistift, 38,5 x 28,7 cm

11 Ohne Titel, o. J.
Gouache, 53 x 76 cm

12 Ohne Titel, o. J.
Gouache, 53 x 76 cm

13 Ohne Titel, o. J.
Gouache, 53 x 76 cm

Michael Croissant

1* Ohne Titel, 1977
Tusche, 30 x 10 cm

2* Ohne Titel, 1982
Bleistift und Aquarell, 30 x 16 cm

Walter Dahn

1 Vogel, 1973
Aquarell und Goldfarbe,
14 x 10,5 cm

2 Hirsch, 1974
Aquarell und Goldfarbe,
7,5 x 10,5 cm

3* Ohne Titel, 1974
Photographie mit Mischtechnik,
22,5 x 15,5 cm

4* Adler und Hase, 1974
Aquarell und Goldfarbe,
20 x 29 cm

5 Goldzeichnungen, 1972–1976
Aquarell, Goldfarbe und
Photographie, 10–29 x 10,5–31 cm
Serie mit 29 Blättern

6* Schwäne, 1977
Collage, übermalt, und Goldfarbe,
21 x 29,5 cm

7 Ohne Titel, 1983
Aquarell und Tusche, 29,5 x 21 cm

8 Ohne Titel, 1983
Aquarell und Tusche, 29,5 x 21 cm

9 Alptraum, 1984
Gouache, 91 x 145 cm

10* Hand, 1984
Farbstift und Kohle, 29,5 x 21 cm

11 Ohne Titel, 1984
Bleistift, 29,5 x 21 cm

12 Ohne Titel, 1984
Bleistift, 29,5 x 21 cm

13 Der Reiter, 1985
Siebdruck auf Packpapier,
66,5 x 54 cm
Auflage: 6

14 Beuys und die letzte Eiche, 1985
Siebdruck auf Packpapier,
64,5 x 50,7 cm
Auflage: 7

15 Die Hornissen, 1985
Siebdruck auf Packpapier,
94 x 67 cm
Auflage: 13

16 Der Elektriker, 1985
Siebdruck auf Packpapier,
44 x 31,4 cm
Auflage: 8

17 Copyrightman, 1985
Siebdruck auf Packpapier,
46 x 27,5 cm
Auflage: 9

18 Ornamentae Ecclesiae (II), 1985
Siebdruck auf Packpapier,
26 x 46 cm
Auflage: 3

19 Selbst (Theoretisch), 1985
Siebdruck auf Packpapier,
88 x 36,5 cm
Auflage: 8

20 Gunface, 1985
Siebdruck auf Packpapier,
95 x 62,5 cm
Unikat

21 Ohne Titel, 1985
Siebdruck auf Packpapier,
93 x 48,5 cm
Auflage: 8

22 Ohne Titel, 1985
Siebdruck auf Packpapier,
47 x 30,7 cm
Auflage: 5

Gunter Damisch

1 Ohne Titel, 1982
Holzschnitt, 67 x 49 cm
Exemplar des Künstlers

2 Ohne Titel, 1983
Gouache und Acryl, 66 x 48 cm

3 Ohne Titel, 1984
Mischtechnik, 143 x 76 cm

4* Ohne Titel, 1984
Kreide, Kohle und Gouache,
31 x 44 cm

5* Ohne Titel, 1984
Aquarell und Gouache, 31 x 44 cm

6 Ohne Titel, 1984
Gouache und Aquarell, 31 x 44 cm

7 Szenen aus Augfeld, 1984
Verschiedene Radiertechniken, 38 x 54 cm
Mappe mit 13 Blättern und 1 Deckblatt
Auflage: 33

8 Ohne Titel, 1984
Kohle, Aquatec und Bleistift, 78 x 64,5 cm

9 Ohne Titel, 1984
Kohle und Bleistift, 78 x 65 cm

10 Ohne Titel, 1985
Mischtechnik, 44 x 31 cm

Hanne Darboven

1* Buchgeschichte, 1972
Tinte, 29,7 x 21 cm
Serie mit 4 Blättern

Martin Disler

1 Endless modern licking of crashing globe by black doggie time bomb, 1981
Verschiedene Radiertechniken, 56 x 76 cm
Mappe mit 8 Blättern
Auflage: 49

2* Ohne Titel, 1982
Acryl, 75,5 x 105,5 cm

3* Ohne Titel, 1982
Verschiedene Radiertechniken, 66,5 x 50 cm
Auflage: 50

4 Ohne Titel, 1982
Kaltnadel und Aquatinta, 107 x 75 cm
Auflage: 50

5 Ohne Titel, 1982
Verschiedene Radiertechniken, 50,3 x 61,5 cm
Auflage: 50

6 Ohne Titel, 1983
Aquarell über Linolschnitt, 57 x 76 cm

7* Ohne Titel, 1983
Linolschnitt, 64,7 x 50 cm
Unikat

8 Ohne Titel, 1983
Gouache, Kohle und Kreide, 100 x 64,5 cm

9 Ohne Titel, 1983
Fettkreide und Kohle, 100 x 64 cm

10 Ohne Titel, 1983
Tusche, 37,5 x 50 cm

11 Ohne Titel, 1983
Tusche und Aquarell, 37,5 x 50 cm

12 Ohne Titel, 1983
Tusche, 37,5 x 50 cm

13 Ohne Titel, 1983
Tusche und Aquarell, 37,5 x 50 cm

14 Ohne Titel, 1984
Kohle, Tusche und Öl, 63 x 49 cm

15 Ohne Titel, 1984
Tusche, 32 x 24 cm

16 Ohne Titel, 1984
Tusche, 32 x 24 cm

17 Ohne Titel, 1984
Kohle, 32 x 24 cm

18 Ohne Titel, 1985
Aquarell, 101 x 72 cm

Jiří Georg Dokoupil

1* Lagerfeuer, 1981
Tusche, Bleistift und Deckweiß, 29,5 x 41,8 cm

2 Ohne Titel, 1981
Tusche, Bleistift und Eiweißlasur, 46 x 38,5 cm

3 Ohne Titel, 1981
Tusche, Bleistift und Eiweißlasur, 40 x 61 cm

4 Pan Zdenek, 1982
Kaltnadel, 50 x 45 cm
Auflage: 40

5* Ohne Titel, 1982
Gouache auf Packpapier, 98 x 82 cm

6 Ohne Titel, 1982
Kugelschreiber, 14 x 10,5 cm

7 Ohne Titel, 1982
Kugelschreiber, 14 x 10,5 cm

8 Ohne Titel, 1982
Filzstift, 14 x 10,5 cm

9 Ohne Titel, 1982
Kugelschreiber, 14 x 10,5 cm

10 Ohne Titel, 1982
Kugelschreiber, 14 x 10,5 cm

11 Ohne Titel, 1982
Kugelschreiber, 14 x 10,5 cm

12 Ohne Titel, 1983
Filzstift, 22,7 x 15 cm

13 Ohne Titel, 1983
Filzstift, 14,5 x 14,9 cm

14 Ohne Titel, 1983
Kaltnadel, 65 x 50 cm
Auflage: 85

15 Ohne Titel, 1983
Pastell auf Filzpapier, 66 x 51 cm

16* Ohne Titel, 1983
Mischtechnik mit Collage,
54 x 40,5 cm

17* Ohne Titel, 1983
Mischtechnik mit Collage,
52,5 x 42,5 cm

18 Ohne Titel, 1983
Pastell, 48 x 32 cm

19 Ohne Titel, 1983
Pastell, 48 x 32 cm

20 Ohne Titel, 1983
Pastell, 48 x 32 cm

21 Ohne Titel, 1983
Pastell, 48 x 32 cm

22 Ohne Titel, 1984
Filzstift, 14,8 x 10,8 cm

23 Ohne Titel, 1984
Pastell, 62 x 48 cm

24 Ohne Titel, 1984
Pastell, 63 x 48 cm

25 Ohne Titel, 1984
Tusche und Dispersion,
62,5 x 48 cm

26 Ohne Titel, 1984
Tusche und Dispersion,
62,5 x 48 cm

27 Ohne Titel, 1984
Tusche und Dispersion,
63 x 48 cm

28 Ohne Titel, 1984
Tusche und Dispersion,
62,5 x 48,5 cm

Gerald Domenig

1 Ohne Titel, 1984
Bleistift, 35 x 50 cm
Serie mit 9 Blättern

2 Ohne Titel, 1984
Bleistift, 32 x 48 cm

3 Ohne Titel, 1984
Bleistift, 35 x 50 cm

4 Ohne Titel, 1984
Bleistift, 35 x 50 cm

5 Ohne Titel, 1984
Bleistift, 35 x 50 cm

6 Ohne Titel, 1984
Blei- und Farbstift, 35 x 50 cm

7 Ohne Titel, 1984
Bleistift, 35 x 50 cm

8 Ohne Titel, 1984
Bleistift, 35 x 50 cm

9 Ohne Titel, 1984
Bleistift, 35 x 50 cm

10 Ohne Titel, o. J.
Blei- und Farbstift,
10–14,5 cm x 14,5–10 cm
Serie mit 26 Blättern

11* Ohne Titel, 1985
Photographie, 28 x 42 cm
Unikat

12* Ohne Titel, 1985
Photographie, 28 x 42 cm
Unikat

13* Ohne Titel, 1985
Photographie, zweiteilig,
je 20 x 29,5 cm
Unikat

14 Ohne Titel, 1985
Photographie, zweiteilig,
je 20 x 29,5 cm
Unikat

15 Ohne Titel, 1985
Photographie, zweiteilig,
je 20 x 29,5 cm
Unikat

16* Ohne Titel, 1985
Photographie, 28 x 42 cm
Unikat

17 Ohne Titel, 1987
Acryl, 100 x 83 cm

18 Ohne Titel, 1987
Acryl, 105 x 76 cm

Helmut Dorner

1 Ohne Titel, o. J.
Gouache, 40 x 30 cm

2* Ohne Titel, o. J.
Gouache, 37 x 50 cm

3* Ohne Titel, o. J.
Gouache und Bleistift, 25 x 32 cm

4* Ohne Titel, o. J.
Gouache, Öl und Bleistift,
30 x 33 cm

5* Ohne Titel, o. J.
Gouache, Öl und Bleistift,
29 x 38 cm

Felix Droese

1 Ohne Titel, 1977
Scherenschnitt aus Seidenpapier,
ca. 51,5 x 70 cm

2 Ohne Titel, 1978
Scherenschnitt und Fettkreide,
ca. 10,5 x 14 cm

3 Zwischen Mauern, 1979
Scherenschnitt aus Packpapier, 43,7 x 53 cm

4 Kopfblütler, 1980
Öl und Acryl, 66 x 36,4 cm

5 Meine Haare I und II, 1980
Collage, zweiteilig, je 30 x 23 cm

6 Kopfblütler, 1981
Öl und Dispersion, 66 x 36,4 cm

7 Kopfblütler, 1981
Kreide und Gouache, 66 x 36,4 cm

8 Ohne Titel, 1981
Aquarell, zweiteilig, je 30 x 21 cm

9 Auge, 1981
Öl und Gouache, 124 x 88 cm

10* Ohne Titel, 1981
Lackfarbe und Tusche, 41 x 36 cm

11 Ohne Titel, 1982
Holzschnitt, 140 x 100 cm
Handdruck

12 Ohne Titel, 1982
Aquarell und Tusche, zweiteilig, je 30 x 21 cm

13 Ohne Titel, 1982
Aquarell, 30 x 24 cm

14 KZ-Weg, 1982
Holzschnitt auf Packpapier, Mappe mit 6 Blättern
1. Jenseits des Nordens, 65 x 50 cm
2. Jenseits des Eises, 119 x 50 cm
3. Jenseits des Todes, 65 x 47 cm
4. Unser Kot, 99 x 67 cm
5. Unser Leben, 100 x 70 cm
6. Unser Glück, 99 x 67 cm
Verschiedene Auflagen

15* Schiff, 1983
Lackfarbe und Tusche, 51 x 38 cm

16* Brennende Bäume, 1983
Öl und Lackfarbe auf Packpapier, 46 x 40 cm

17 Begegnung mit Rosa, 1984
Öl, 70 x 49 cm

18 Ohne Titel, 1984
Mischtechnik, 49,5 x 32 cm

19 Ohne Titel, o. J.
Mischtechnik auf Kartonverpackung, 48 x 28 cm

Petra Falk

1 Widder, 1983
Öl auf Leinwand, neunteilig, je 100 x 18,5–60,5 cm

2* Paravent, 1983/84
Öl auf Leinwand, vierteilig, je 100 x 18,5 cm

3* Ich erinnere es . . ., 1984
Öl auf Leinwand, vierteilig, je 100 x 18,5 cm

Rainer Fetting

1 Van Gogh – Gauguin, Rückkehr der Giganten, 1980
Kohle und Acryl, 80 x 59,5 cm

2* Männlicher Akt, 1981
Kohle, 86 x 61 cm

3* Girl and Vogel, 1982
Tempera, 69 x 99 cm

4* Iron Man, 1983
Kohle, 70 x 50 cm

5* Klaus, 1983
Acryl, 70 x 50 cm

Bernd Fischer

1* Hand, 1983
Aquarell, 21 x 24 cm

2* Adler, 1983/84
Tinte und Bleistift, 21 x 29,5 cm

3* Astronaut, 1984
Bleistift, 21 x 29,5 cm

4* Astronaut, 1984
Aquarell, 21 x 29,5 cm

Lothar Fischer

1* Ohne Titel, 1961
Collage, übermalt, 65 x 50 cm

2* Ohne Titel, 1961
Collage, übermalt, 48,5 x 65 cm

Galli

1 Ohne Titel, 1978
Kugelschreiber, Blei- und Farbstift, 29,5 x 21 cm

2 Ohne Titel, 1979
Kugelschreiber, Blei- und Farbstift, mit Collage, 30,9 x 21,3 cm

3 1823 Mai Schubert – Sarah Schumann?, 1979
Mischtechnik, 21 x 29,5 cm

4 Geste für die 3. Welt, 1980
Mischtechnik, 29,7 x 21 cm

5 Coca Cola-Hymne, 1980
Kugelschreiber, Blei- und Farbstift, 30 x 21 cm

6 Ohne Titel, 1980
Mischtechnik, 50 x 65 cm

7* Ohne Titel, 1981
Mischtechnik, 50 x 65 cm

8* Ohne Titel, 1981
Mischtechnik, 50 x 65 cm

9* Ohne Titel, 1981
Mischtechnik, 50 x 65 cm

10* Ohne Titel, 1981
Gouache, Kohle und Farbstift, 50 x 65 cm

11 Ohne Titel, 1981
Mischtechnik, 43 x 61 cm

12 Ohne Titel, 1981
Mischtechnik, 50 x 65 cm

13 Tafelspitz, 1982
Mischtechnik, 65 x 48,5 cm

14 Vermessung der Nachtigall, 1982
Mischtechnik, 48 x 64,5 cm

15 Ohne Titel, 1982
Mischtechnik, 48 x 64,5 cm

16* Ohne Titel, 1983
Mischtechnik, 48 x 65 cm

17* Ohne Titel, 1983
Mischtechnik, 48 x 64,5 cm

18 Laßt mich in Ruhe, 1985
Gouache, Tusche und Kugelschreiber, 50 x 66 cm

Karl Otto Götz

1* Ohne Titel, 1953
Gouache und Aquarell, 39 x 53 cm

2 Ohne Titel, 1963
Gouache, 65 x 50 cm

Gotthard Graubner

1* Ohne Titel, 1981
Aquarell, 77 x 57 cm

2* Ohne Titel, 1982
Aquarell, 77 x 57 cm

3* Ohne Titel, 1984
Aquarell, 77 x 57 cm

Otto Greis

1* Komposition, 1953
Tusche und Deckweiß, 44 x 30 cm

Johannes Grützke

1 Frühlingsliedprospekt, 1984
Pastell, 105 x 100 cm
Bühnenbildentwurf zu ›Ghetto‹

2* Sitzende Frau, 1984
Aquarell, Tusche und Kreide, 48 x 36 cm
Bühnenbildentwurf zu ›Tankred Dorst‹

3* Fische fangen I, 1984
Aquarell, Tusche und Kreide, 50,5 x 36 cm
Bühnenbildentwurf zu ›Tankred Dorst‹

4* Frau im Wasser, 1984
Aquarell, Tusche und Kreide, 47,5 x 36,5 cm
Bühnenbildentwurf zu ›Tankred Dorst‹

Helfried Hagenberg

1 Ohne Titel, 1976
Collage, 70 x 50 cm

2 Ohne Titel, 1976
Collage, 70 x 50 cm

3 Ohne Titel, 1976
Collage, 70 x 50 cm

4 Ohne Titel, 1976
Collage, 70 x 50 cm

5 Ohne Titel, 1982
Kohle, 75 x 50 cm

6 Ohne Titel, 1982
Kohle, 75 x 50 cm

7 Ohne Titel, 1982
Kohle, Gouache und Gips, 75 x 50 cm

8 Ohne Titel, 1982
Kohle und Gouache, 127,5 x 90,5 cm

9 Betrachte dies als nicht geschrieben, 1983/86
Buchobjekt, 21 x 24 x 1 cm
Auflage: 50

10 Ohne Titel, 1983
Kohle und Gouache, 50 x 75 cm

11 Ohne Titel, 1983
Kohle und Gouache, 50 x 75 cm

12 Ohne Titel, 1983
Kohle und Gouache, 75 x 50 cm

13* Ohne Titel, 1983
Kohle und Gouache, 75 x 50 cm

14 Ohne Titel, 1984
Kohle und Gouache, 75 x 50 cm

15* Ohne Titel, 1985
Tinte, 75,5 x 50 cm

16 Ohne Titel, 1985
Tinte, 75,5 x 50 cm

17 Ohne Titel, 1985
Tinte, 75,5 x 50 cm

18 Ohne Titel, 1985
Tinte, 75,5 x 50 cm

19* Ohne Titel, 1985
Kohle und Dispersion,
29,6 x 21,2 cm

20 Ohne Titel, 1986
Gouache und Bleistift,
29,2 x 21 cm

21 Ohne Titel, 1986
Gouache und Kohle,
29,2 x 21 cm

22* Ohne Titel, 1986
Gouache, 29,6 x 21,2 cm

23 Ohne Titel, 1986
Gouache, 29,6 x 21,2 cm

24 Ohne Titel, 1986
Bleistift und Tusche,
65,5 x 50,5 cm

25 Ohne Titel, 1986
Kohle, 65,5 x 50,5 cm

26 Ohne Titel, 1986
Kohle, 65,5 x 50,5 cm

27 Ohne Titel, 1986
Kohle und Tusche,
65,5 x 50,5 cm

28 Die Sonne wirft ihren Schatten I,
1988
Aquatinta, 69 x 52,5 cm
Auflage: 5

29 Die Sonne wirft ihren Schatten II,
1988/89
Aquatinta, 69 x 52,5 cm
Auflage: 4

30 Ohne Titel, 1988
Kupferdruck, 53,5 x 39,5 cm
Serie mit 4 Blättern
Auflage: 17

31 Gegenläufige Spirale, 1988
Holzschnitt, 53 x 39 cm
Auflage: 9

Friedemann Hahn

1* Marilyn Monroe, 1982
Öl auf bedrucktem Papier, auf
Packpapier montiert,
93,5 x 67 cm

2 Marilyn Monroe, 1982
Kaltnadel mit Aquarell, 57 x 46 cm
Auflage: 12

3 Marlene Dietrich, 1982
Kaltnadel mit Aquarell, 57 x 46 cm
Auflage: 10

4 Marlene Dietrich, 1983
Kaltnadel mit Aquarell, 57 x 46 cm
Auflage: 12

5* Kopf nach van Gogh, 1984
Bleistift, Aquarell und Tusche,
78 x 56 cm
Mappe mit 9 Blättern

6 Krähenschlag, 1985
Kaltnadel mit Aquarell,
49,5 x 39,2 cm
Mappe mit 6 Blättern
Auflage: 10

Christian Hanussek

1* Ohne Titel, 1977
Mischtechnik, 56 x 76 cm

2* Ohne Titel, 1977
Mischtechnik, 56 x 76 cm

3* Ohne Titel, 1977
Mischtechnik, 56 x 76 cm

4* Ohne Titel, 1977
Mischtechnik, 56 x 76 cm

5 Ohne Titel, 1977
Mischtechnik, 56 x 76 cm

Erwin Heerich

1 10 Farbige Serigraphien, 1972
Siebdruck, 75 x 55 cm
Mappe mit 10 Blättern
Auflage: 150

2 Doppelungen, 1974
Offsetlithographie, 49,5 x 31,5 cm
Mappe mit 13 Blättern
Auflage: 100

3 Ohne Titel, 1982
Collage und Tusche, 100 x 64 cm

4* Ohne Titel, 1983
Collage und Tusche, 100 x 64,5 cm
Serie mit 4 Blättern

5 Ohne Titel, 1982
Kartonplastik – brauner Karton
und Bleistift, 75 x 60 x 10 cm

Franz Hitzler

1 Ohne Titel, 1980
Gouache, Kreide und Bleistift,
32 x 24,8 cm

2 Ohne Titel, 1980
Gouache, Kreide und Bleistift,
32 x 24,8 cm

3* Ohne Titel, 1984
Mischtechnik, 49,6 x 34,7 cm

4* Ohne Titel, 1984
Mischtechnik, 50,2 x 35 cm

Antonius Höckelmann

1 Ohne Titel, 1975/76
Mischtechnik, 80 x 100 cm

2* Ohne Titel, 1976/1978
Mischtechnik, 150 x 79 cm

3* Ohne Titel, 1977
Kreide und Wachs, 84 x 100 cm

4 Ohne Titel, 1977
Kohle und Aquarell, 48 x 31 cm

5* Ohne Titel, 1977
Mischtechnik, 106 x 100 cm

6 Ohne Titel, 1977/78
Ölkreide, 62,3 x 99,5 cm

7 Pflanzen, 1982
Mischtechnik, 70 x 50,7 cm

8 Blumen, 1983
Mischtechnik, 70 x 50 cm
Serie mit 3 Blättern

9 Selbstbildnis, 1983
Kohle, Wachskreide und Aquarell,
52,7 x 38 cm

10 Selbstbildnis, 1983
Kohle, Wachskreide und Aquarell,
52,7 x 38 cm

11 Selbstbildnis, 1983
Kohle, Wachskreide und Aquarell,
52,7 x 38 cm

12 Schaf in Schottland, 1984
Wachskreide, 52 x 64 cm

13 Schaf in Schottland, 1984
Wachskreide, 52 x 64 cm

14 Kopf, 1984
Mischtechnik, 70 x 50 cm

15 Eigelstein I, 1984
Bleistift, 30 x 40 cm

16 Eigelstein II, 1984
Bleistift, 30 x 40 cm

17 Olympia, 1984
Bleistift, 30 x 40 cm

18 Olympia, 1984
Bleistift, 30 x 40 cm

Karl Horst Hödicke

1* ARAG, 1973
Gouache und Kreide, 29,7 x 21 cm

2 Beach Ball, 1975
Gouache, 61 x 85,5 cm

3 Siegessäule, 1977
Aquarell und Bleistift, 29,5 x 21 cm

4* Turm, 1977
Gouache und Bleistift,
29,5 x 21 cm

5 Pinselschwinger, 1978
Aquarell, 100 x 70 cm

6 Potsdamer Straße, 1978
Gouache, Kohle und Kreide,
61 x 86 cm

7 Zerstörtes Gesicht, 1979
Aquarell, 29,5 x 21 cm

8 Ohne Titel, 1979
Gouache, 82 x 58 cm

9 Tanzende Kali, 1980
Gouache, 86 x 61 cm

10 Tanzende Kali, 1980
Gouache, 86 x 61 cm

11** Kusamba, 1980
Kunstharz auf Leinwand,
200 x 300 cm

12* Figur am Meer, 1982
Gouache, 70 x 99 cm

13 Schafe, 1982
Gouache, 70 x 99 cm

14 Narziß (Kolumbus), 1983
Gouache, 70 x 99 cm

15 Jaguar, 1983
Gouache, 69 x 99 cm

16 Tanzende Kali, o. J.
Aquarell und Tinte, 29,5 x 21 cm

Ottmar Hörl

1* Die große Diagonale oder
Hommage à Beckmann, 1983
Photographie, 69 x 102 cm
Folge von 23 Blättern

Rebecca Horn

1* Rotation of the Silver Crane, 1984
Blei- und Farbstift, mit Collage,
122 x 245 cm

Leiko Ikemura

1* Ohne Titel, 1984/85
Kohle, 41,5 x 29,6 cm

2* Ohne Titel, 1984/85
Kohle, 41,7 x 29,5 cm

3* Ohne Titel, 1984/85
Kohle, 41,7 x 29,5 cm

4* Ohne Titel, 1984/85
Kohle, 41,5 x 29,6 cm

5 Ohne Titel, 1984/85
Kohle, 41,7 x 29,6 cm

6 Ohne Titel, 1987
Kohle, 80 x 60 cm

7 Ohne Titel, 1987
Kohle, 80 x 60 cm

8 Ohne Titel, 1987
Kohle, 80 x 60 cm

9 Ohne Titel, 1987
Kohle, 80 x 60 cm

10 Ohne Titel, 1987
Kohle und Pastell, 80 x 60 cm

11 Ohne Titel, 1987
Kohle und Pastell, 80 x 60 cm

12 Ohne Titel, 1987
Kohle und Pastell, 50 x 70 cm

13 Ohne Titel, 1987
Kohle und Pastell, 80 x 60 cm

Jörg Immendorff

1 Biennale 76, 1976
Acryl, 41,5 x 29,3 cm
Serie mit 8 Blättern

2* Raumentwurf ›Roter Raum I‹, 1976
Bleistift und Gouache,
22,5 x 32,5 cm

3 Mao Tse-Tung zum Gedenken,
1976
Bleistift und Gouache,
32,7 x 22,6 cm

4 Café Deutschland – Teilbau, 1979
Amphibolinfarbe, 41 x 29,5 cm

5 Mann, 1981
Holzschnitt, 60 x 32 cm
Auflage: 7

6 Pionier gen Westen, 1981
Holzschnitt, 60 x 38 cm
Auflage: 16

7** Verwegenheit stiften, 1981
Öl auf Leinwand, 200 x 200 cm

8* Such, 1982
Linolschnitt, übermalt,
61 x 79,6 cm

9 Kein Licht für wen?, 1982
Lithographie, 80 x 60 cm
Aus II. Mappe
›erste konzentration‹
Auflage: 50

10 Ohne Titel, 1982
Linolschnitt, 64,5 x 49,5 cm
Aus III. Mappe
›erste konzentration‹
Auflage: 50

11 Adlerhälfte, 1982
Linolschnitt, übermalt,
79,6 x 61 cm
Aus: Café Deutschland Gut

12 Quadriga I, 1982
Linolschnitt, übermalt,
79,6 x 61 cm
Aus: Café Deutschland Gut

13 Adlerhälfte, 1983
Linolschnitt, übermalt,
79,6 x 61 cm
Aus: Café Deutschland Gut

14 Weltfrage, 1983
Linolschnitt, übermalt, 87 x 62 cm
Aus: Café Deutschland Gut

15 Bismarck, 1983
Linolschnitt, übermalt, 87 x 62 cm
Aus: Café Deutschland Gut

16 Mein Schatz, 1983
Linolschnitt, übermalt, 61 x 79 cm
Aus: Café Deutschland Gut

17 Rosa Luxemburg mit Tränen, 1984
Linolschnitt, übermalt, 84 x 58 cm
Aus: Café Deutschland Gut

18 Ölige Freunde, 1984
Linolschnitt, übermalt, 58 x 84 cm
Aus: Café Deutschland Gut

19 Ohne Titel, 1984
Linolschnitt, übermalt,
79,6 x 61 cm
Aus: Café Deutschland Gut

Horst Janssen

1 Die Brücke, 1958
Holzschnitt, 94 x 64 cm
Auflage: 35

2* Tischgesellschaft, 1959
Radierung, 68 x 49 cm
Auflage: 50

3* Chamäleon, 1961
Holzschnitt, 41 x 55 cm
Auflage: 30

4 Ohne Titel, 1972
Radierung, 39,7 x 28,4 cm
Probedruck

5 Ohne Titel, 1972
Radierung, 46,4 x 30,4 cm
Probedruck

6 Ohne Titel, 1972
Radierung und Aquatinta,
40,1 x 30,5 cm
Probedruck

7 Ohne Titel, 1972
Radierung und Aquatinta,
47 x 29,7 cm
Probedruck

8 Nigromontanus, 1980
Radierung, 62,5–65,5 x 52 cm
Serie mit 22 Blättern, davon
7 Faksimiles
Auflage: 60

Magdalena Jetelova

1* Ohne Titel, 1986
Mischtechnik mit Collage,
56,5 x 43 cm

2* Ohne Titel, 1986
Mischtechnik mit Collage,
57 x 42 cm

3* Ohne Titel, 1986
Mischtechnik mit Collage,
56,5 x 42 cm

4* Ohne Titel, 1986
Mischtechnik mit Collage,
57 x 42 cm

5 Ohne Titel, 1986
Bleistift, Kohle und Lack,
94 x 69 cm

6 Ohne Titel, 1986
Bleistift, Kohle und Lack,
94 x 69 cm

7 Ohne Titel (Stuhl quer), 1987
Collage, 50 x 37,5 cm

8 Ohne Titel (Stuhlteil), 1987
Collage, 38 x 42 cm

9 Ohne Titel (Stuhlteile), 1987
Collage, 56,5 x 41,5 cm

10 Ohne Titel, 1987
Mischtechnik, 24 x 32 cm

11 Ohne Titel, 1987
Mischtechnik, 24 x 32 cm

12 Ohne Titel, 1987
Mischtechnik, 24 x 32 cm

13 Ohne Titel, 1987
Mischtechnik, 24 x 32 cm

14 Ohne Titel, 1987
Mischtechnik, 79,5 x 102 cm

15 Ohne Titel, 1987
Mischtechnik, 79 x 103 cm

16 Ohne Titel, 1987
Farbstift, Aquarell und Polaroid,
36 x 25 cm

17 Ohne Titel, 1987
Farbstift, Aquarell und Polaroid,
36 x 25 cm

18 Ohne Titel, 1987
Farbstift, Aquarell, Kugelschreiber
und Polaroid, 29,5 x 20,5 cm

19 Ohne Titel, 1987
Farbstift, Aquarell, Kugelschreiber
und Polaroid, 29,5 x 20,5 cm

Tina Juretzek

1* Ohne Titel, 1982
Mischtechnik, 50 x 70 cm

2 Ohne Titel, 1983
Mischtechnik, 50 x 70 cm

3 Ohne Titel, 1983
Mischtechnik, 50 x 72,5 cm

4* Ohne Titel, 1983
Mischtechnik mit Collage,
43 x 60 cm

5* Ohne Titel, 1983
Mischtechnik, 43 x 61 cm

6* Ohne Titel, 1983
Mischtechnik, 50 x 70 cm

7 Ohne Titel, 1983
Mischtechnik mit Collage,
43 x 60 cm

8 Ohne Titel, 1984
Mischtechnik mit Collage,
50 x 70 cm

9 Ohne Titel, 1984
Mischtechnik mit Collage,
50 x 70 cm

10 Ohne Titel, 1984
Mischtechnik mit Collage, 50 x 70 cm

11 Ohne Titel, 1984
Mischtechnik mit Collage, 50 x 70 cm

12 Gepunktete Tiere, 1984
Mischtechnik mit Collage, 50 x 70 cm

13 Übergriff, 1984
Mischtechnik mit Collage, 50 x 70 cm

14 Ohne Titel, 1985
Mischtechnik mit Collage, 119 x 174 cm

15 Ohne Titel, 1985
Mischtechnik mit Collage, 70 x 100 cm

Hubert Kiecol

1 Ohne Titel, 1980
Aquarell und Tesa-Film, 30,4 x 21,3 cm

2 Ohne Titel, 1980
Tusche, 29,7 x 21 cm

3 Ohne Titel, 1982
Tusche und Deckweiß, 30 x 21 cm

4 Ohne Titel, 1982
Tusche und Deckweiß, 31 x 22 cm

5* Ohne Titel, 1982
Tusche und Kohle, 33 x 25,8 cm

6 Ohne Titel, 1983
Holzschnitt, 50 x 35 cm
Serie mit 5 Blättern
Auflage: 15

7 Ohne Titel, 1984
Holzschnitt, 73,5 x 50 cm
Serie mit 5 Blättern
Auflage: 15

8 Ohne Titel, 1984
Kohle, 87 x 60 cm

9 Ohne Titel, 1984
Kohle, 60 x 41 cm

10* Drei Herzen, 1986
Kaltnadel und Aquatinta, 74,5 x 53,7 cm
Mappe mit 3 Blättern
Exemplar des Künstlers

11 Ohne Titel, o. J.
Tusche, 30 x 21 cm

12 Ohne Titel, o. J.
Tusche, 30 x 21 cm

13* Ohne Titel, o. J.
Kohle, 33 x 25 cm
Serie mit 3 Blättern

Anselm Kiefer

1* Wege der Weltweisheit:
Die Hermanns-Schlacht, 1978
Holzschnitt, Acryl und Schellack, mit Collage, 215 x 340 cm

Rolf Kissel

1* Ohne Titel, 1962
Aquarell, 47,5 x 30,7 cm

2* Ohne Titel, 1962 .
Aquarell, 47,8 x 30,7 cm

3* Ohne Titel, 1962
Aquarell, 48 x 31 cm

Konrad Klapheck

1* Die Mitläufer, 1979
Kohle und Farbstift, 85 x 100 cm

2* Gebete der Mutter, 1983
Kohle und Farbstift, 104 x 85 cm

Jürgen Klauke

1* Formalisierung der Langeweile, 1980/81
Photographie, 60 x 45 cm
Folge von 5 Blättern
Unikat

Imi Knoebel

1 Ohne Titel, 1971
Gouache und Bleistift, 60 x 60 cm
Mappe mit 11 Blättern

2 Innenraumprojektion, 1972
Photographie, 24 x 31 cm
Serie mit 28 Blättern
Auflage: 3

3 Ohne Titel, 1977
Bleimennige, 67 x 67 cm
Serie mit 5 Blättern

4* Ohne Titel, 1979
Messerschnitt, 101 x 70 cm
Serie mit 6 Blättern

5 Ohne Titel, 1980
Acryl, Lack und Kunststoffolien, 100 x 70 cm
Aus der Serie ›Drachenzeichnungen‹

6 Ohne Titel, 1980
Acryl, Lack und Kunststoffolien, 100 x 70 cm
Aus der Serie ›Drachenzeichnungen‹

7 Ohne Titel, 1983
Bleimennige, Klebeband, Holz und Kunststoffolien, 100 x 70 cm
Aus der Serie ›Bleimennige‹

8 Ohne Titel, 1983
Bleimennige, Klebeband, Holz und Kunststoffolien, 100 x 70 cm
Aus der Serie ›Bleimennige‹

9 Ohne Titel, 1984
Lack und Acryl auf Packpapier, 100 x 120 cm
Aus dem Zyklus ›Im Sommer 84‹

10 Ohne Titel, 1984
Lack und Acryl auf Packpapier, 100 x 120 cm

Bernd Koberling

1 Ohne Titel, 1966
Filzstift und Collage, 21 x 14,7 cm

2 Flüsse und Seen, 1966
Filzstift, 21 x 14,7 cm

3 Ohne Titel, 1967
Filzstift und Kugelschreiber, 21 x 14,7 cm

4 Hochplateaus, 1967
Filzstift und Kugelschreiber, 21 x 14,7 cm

5 Long river, 1967
Filzstift und Kugelschreiber, 21 x 14,7 cm

6 Flußlauf, 1967
Filzstift und Kugelschreiber, 21 x 14,7 cm

7 Ohne Titel, 1967
Filzstift und Kugelschreiber, 21 x 14,7 cm

8 Ohne Titel, 1967
Filzstift, Aquarell und Kugelschreiber, 21 x 14,7 cm

9 Ohne Titel, 1983
Öl und Dispersion, 70 x 100 cm

10* Balkenträger, 1984
Öl und Dispersion, 70 x 100 cm

11 Balkenträger, 1984
Öl und Dispersion, 70 x 100 cm

12* Ohne Titel, 1985
Öl und Dispersion, 100 x 70 cm

13* Ohne Titel, 1985
Öl und Dispersion, 100 x 70 cm

14 Ohne Titel, 1985
Öl und Dispersion, 70 x 100 cm

15 Ohne Titel, 1985
Öl und Dispersion, 100 x 70 cm

Udo Koch

1* Malerei, 1985
Acryl und Leim, mit Collage, 66 x 111,5 cm

2* Ohne Titel, 1985
Dispersion und Tusche, 25,9 x 27,3 cm

3* Ohne Titel, 1985
Dispersion und Tusche, 30,6 x 30,8 cm

4 Malerei, 1986
Acryl und Leim, mit Collage, 88 x 127,5 cm

Heinz Kreutz

1* Ohne Titel, 1959
Aquarell, 49 x 61,5 cm

2* Ohne Titel, 1959
Tempera auf Karton, 50 x 72 cm

3 Rot-grau, 1962
Holzschnitt, 32 x 20 cm
Auflage: 38

4 Schwarz-blau, 1962
Holzschnitt, 30 x 23 cm
Auflage: 36

5 Ohne Titel, 1962
Aquarell, 50 x 62 cm

Norbert Kricke

1 Ohne Titel, 1957
Kaltnadel, 76 x 63 cm
Auflage: 20

2* Ohne Titel, 1983
Tusche, 49 x 64 cm

3* Ohne Titel, 1983
Tusche, 49 x 64 cm

Dieter Krieg

1 Schwarzwald, 1970
Siebdruck, 86 x 62 cm
Mappe mit 8 Blättern
Auflage: 85

2 Ohne Titel, 1979
Acryl, 48 x 80 cm
Aus der Serie ›Fritten‹

3 Ohne Titel, 1979
Acryl, 43 x 80 cm
Aus der Serie ›Fritten‹

4 Ohne Titel, 1979
Acryl, 44 x 112 cm
Aus der Serie ›Fritten‹

5** Ohne Titel, 1982
Acryl auf Leinwand, 180 x 327 cm

6 Ohne Titel, 1983
Acryl, 98 x 143 cm

7 Ohne Titel, 1984
Acryl, 106 x 154 cm

8* Ohne Titel, 1984
Acryl, 179 x 98 cm

9* Ohne Titel, 1985
Acryl, 100 x 171 cm

10 Ohr und Toupet
vor Landschaft, 1986
Bleistift, 50 x 50 cm

Martina Kügler

1 Ohne Titel, 1984
Bleistift, 29,5 x 21 cm

2 Ohne Titel, 1984
Bleistift, 29,5 x 21 cm

3 Ohne Titel, 1984
Bleistift, 29,5 x 21 cm

4* Ohne Titel, 1984
Bleistift, 30 x 40 cm

5 Ohne Titel, 1984
Bleistift, 73 x 51 cm

6* Ohne Titel, 1984
Bleistift, 73 x 51 cm

7 Ohne Titel, 1984
Bleistift, 30 x 40 cm

8 Die eigene Psyche, 1986
Kreide, 65 x 50 cm

9* Ohne Titel, 1986
Kreide und Bleistift, 65 x 50 cm

Thomas Lange

1* Marienleben, 1978
Gouache, Blei- und Farbstift,
85 x 61 cm

2* Vater und Sohn in der Brandung,
1983
Aquarell, Bleistift und Kohle,
21,2 x 29,5 cm
7 Blätter aus gleichnamiger Serie

Istvan Laurer

1 Ohne Titel (Brillen), 1983
Gouache, 36 x 47,5 cm

2 Ohne Titel, 1983
Gouache, 44 x 62,5 cm

3* Keep your fingers crossed, 1983
Gouache, 36 x 48 cm

4* Schwarzer Kopf und roter Zack,
1983
Gouache, 36 x 48 cm

5* Gelber Kopf und Sterne, 1983
Gouache, 36 x 48 cm

6* Fußvogel, 1983
Gouache, 36 x 48 cm

7 Roter und schwarzer Kopf, 1983
Gouache, 36 x 48 cm

8* 2 Füße und Hammer, 1983
Gouache, 36 x 48 cm

9 Hand, 1983
Gouache, 44 x 62,5 cm

10 Signorina, 1983
Gouache, 44 x 62,5 cm

11* Kopf und viele rote Striche, 1983
Aquarell, 44 x 62,5 cm

12 Ohne Titel, 1984
Gouache, 55 x 38 cm
Serie mit 4 Blättern

13 Schwarzer Kopf und schwarze
Striche, 1984
Aquarell, 44 x 62,5 cm

14 Kopf und schwarze Innenstriche,
1984
Aquarell, 44 x 62,5 cm

15 Kopf und zwei rote Striche, 1984
Aquarell, 44 x 62,5 cm

Uwe Lausen

1 Freie Assoziation, 1965
Blei- und Farbstift, 43 x 60,8 cm

2 Voo Doo im Einzimmer-
Appartement, 1967
Blei- und Farbstift, 43 x 61 cm

3* Ich bin's nur, Euer Sohn, 1967
Farbstift, 43 x 61 cm

4* Stoffwechsel, 1968
Siebdruck, 47–65 x 48–65 cm
Mappe mit 11 Blättern
Auflage: 80

Konrad Lueg

1* Handtuch, 1967
Siebdruck, 49,8 x 64,9 cm
Auflage: 100

2* Babies, 1967
Siebdruck, 59 x 83 cm
Aus der Mappe ›Grafik des
Kapitalistischen Realismus‹
Auflage: 80

Markus Lüpertz

1 Ohne Titel (Dachziegel), um 1965
Leimfarbe auf Nessel,
191 x 129 cm

2* Bauernhand, 1971/73
Gouache und Kreide, 48 x 67 cm

3 Ohne Titel (Vögel), 1974
Gouache, 70 x 50 cm

4 Ohne Titel (Elefant), 1975
Gouache, 70 x 50 cm

5* Ibo-Figur, 1975
Gouache und Pastell, 123 x 88 cm

6 Ohne Titel, 1981
Mischtechnik auf Packpapier,
62,7 x 44,7 cm

7 Selbstporträt, 1983
Prägedruck und Mischtechnik,
32 x 23,2 cm
Serie mit 8 Blättern
Exemplar des Künstlers

8 Vogue-Zeichnung, 1984
Linolschnitt, überarbeitet,
66 x 42 cm
Unikat

9 Vogue-Zeichnung, 1984
Linolschnitt, überarbeitet,
66 x 42 cm
Unikat

10 Harlekin, 1984
Linolschnitt, 100 x 53 cm
Unikat

11 Harlekin, 1984
Linolschnitt, 100 x 53 cm
Unikat

12 Harlekin, 1984
Linolschnitt, 100 x 53 cm
Unikat

13 Am Strand, 1979/80
Gouache und Kohle, 69,7 x 49 cm

14 Ohne Titel, o. J.
Kaltnadel, übermalt, 34 x 40 cm

15* Grotte, o. J.
Gouache und Kreide, 48 x 67 cm

16 Ohne Titel, o. J.
Gouache, Kreide und Bleistift,
76 x 106 cm

17 Ohne Titel, o. J.
Gouache und Kreide, 43 x 61 cm

18 Etikett dithyrambisch/
Kalterer See Natur, o. J.
Ölkreide, 45 x 62 cm

Bernhard Luginbühl

1 Zyklop I, 1968
Kupferstich, 68 x 74 cm
Auflage: 50

2* Großer Zyklop II, 1970
Kupferstich, 88 x 113 cm
Auflage: 50

3* Osaka Punch I, 1970
Kupferstich, 64,5 x 99 cm
Auflage: 50

Heinz Mack

1* Texturzeichnung, 1958
Wachskreide, 64 x 48 cm

2 Ohne Titel, 1960
Frottage, 16,7 x 31,3 cm

3 Ohne Titel, 1960
Frottage, 17,3 x 23,5 cm

4 Ohne Titel, 1960
Frottage, 16 x 28 cm

5* Ohne Titel, 1963
Bleistift, 32 x 24 cm

Matthias Mansen

1* Zimmer mit Topf, 1983
Holzschnitt, 79,5 x 100 cm
Unikat

2* Ohne Titel (Ähre), 1983
Holzschnitt, 106 x 96 cm
Unikat

3 Zimmer mit Tulpe, 1983
Holzschnitt, 111 x 79 cm
Unikat

Olaf Metzel

1* Eichenlaubstudie, 1986
Mischtechnik, 86,3 x 122 cm

2* Eichenlaubstudie, 1986
Mischtechnik, 86,3 x 122 cm

Meuser

1* Ohne Titel, 1967/1982
Bleistift, Acryl und Öl,
35 x 60,5 cm

2* Ohne Titel, 1977/1982
Aquarell und Öl, 21 x 29 cm

3* Ohne Titel, 1982
Gouache und Öl, 14,7 x 20,8 cm

Nanne Meyer

1 Ohne Titel, 1983
Blei- und Farbstift, 60 x 86 cm

2 Hinz und Kunst, 1983
Blei- und Farbstift, 29 x 21 cm

3 Rotkäppchen ging in den Wald, 1983
Blei- und Farbstift, 29 x 21 cm

4 Sich eine neue Stadt anziehn, 1983
Blei- und Farbstift, mit Collage, 29 x 21 cm

5 Pieces, 1983
Blei- und Farbstift, 29 x 21 cm

6 Aus dem Dichterleben, 1983
Blei- und Farbstift, 29 x 21 cm

7 Jeder Streich ist des Holzes Feind, 1983
Blei- und Farbstift, 29 x 21 cm

8 Ohne Titel, 1984
Blei- und Farbstift, 60 x 86 cm

9 Was soll man dazu sagen, 1984
Blei- und Farbstift, 29 x 21 cm

10 Frag los, 1984
Blei- und Farbstift, 29 x 21 cm

11 Ist Ihre Zahnbürste Drei- oder Vierreihig?, 1984
Blei- und Farbstift, 29 x 21 cm

12 Achzehn Standpunkte, 1984
Blei- und Farbstift, 29 x 21 cm

13 Ohne Titel, 1984
Blei- und Farbstift, 29 x 21 cm

14 Give your chair a chance, 1984
Blei- und Farbstift, 29 x 21 cm

15 Nach 15 Minuten, 1984
Blei- und Farbstift, 29 x 21 cm

16 Schirmgebilde, 1984
Blei- und Farbstift, 29 x 21 cm

17 Sich den Kopf zu Buche steigen, 1984
Blei- und Farbstift, 29 x 21 cm

18 Wenn das Kunst- zum Kraftwerk wird, 1984
Blei- und Farbstift, 29 x 21 cm

19* Von A–Z, 1984
Blei- und Farbstift, 61 x 86 cm

20 Zur Ausstellung erscheint ein Katalog, 1984
Blei- und Farbstift, 29 x 21 cm

21 Nur der Verlobte hat das Recht, 1984
Blei- und Farbstift, 29 x 21 cm

22 Der Alles Woller, 1985
Blei- und Farbstift, 29 x 21 cm

23 Kleingeist, 1985
Blei- und Farbstift, 29 x 21 cm

24 Jedermann, 1985
Collage, Blei- und Farbstift, 29 x 21 cm

25* Knurz und Klein, 1986
Dispersion, Blei- und Farbstift, 74 x 114 cm

26* Tower-bridge, 1986
Dispersion, Aquarell, Blei- und Farbstift, 75,5 x 115 cm

27 Modern Shoe Shop, 1986
Gouache und Bleistift, 73,7 x 114 cm

28 Römische Friese, 1987
Kreide und Farbstift, zwölfteilig, je 70 x 100 cm

29 Ohne Titel, 1988
Offset und Farbstift über Offset, zehnteilig, je 14,5 x 10 cm
Aus der Serie ›270 Gesichter und mehr‹

30 Ohne Titel, 1988
Offset und Farbstift über Offset, zehnteilig, je 14,5 x 10 cm
Aus der Serie ›270 Gesichter und mehr‹

Robert Michel

1* MEZ 1919/20 in Weimar, 1919/1966
Holzschnitt, 52 x 43 cm
Mappe mit 4 Blättern

Helmut Middendorf

1 Situation III, 1978
Aquarell, Bleistift und Kreide, 30 x 42 cm

2* Disco, 1978
Aquarell, Bleistift und Kreide, 30 x 42 cm

3 16 Richtige, 1978
Lithographie, koloriert, 38 x 28 cm
Mappe mit 16 Blättern und 1 Deckblatt
Auflage: 29

4 Situation, 1979
Aquarell und Kreide, 30 x 42 cm

5* Tänze – Maniacs, 1979
Aquarell, Bleistift und Kreide, 30 x 42 cm

6 Brücke, 1979
Tusche und Kreide, 30x42 cm

7 Ohne Titel, 1982
Linolschnitt, 70x100 cm
Aus der ›Holtmann-Mappe‹ mit je einem Blatt von Adamski, Bömmels und Naschberger
Auflage: 60

8* Die Umarmung der Nacht, 1983
Gouache, Aquarell und Farbkreide, 55–87,5x55–75 cm
26 Skizzen zu gleichnamigem Wandbild für die Ausstellung der Kunsthalle Baden-Baden

Gerhard Naschberger

1* Ohne Titel, 1982
Linolschnitt, 70x100 cm
Aus der ›Holtmann-Mappe‹ mit je einem Blatt von Adamski, Bömmels und Middendorf
Auflage: 60

Hartmut Neumann

1 Er verbot ihr jeglichen Lippenstift, 1981
Mischtechnik, 63x50 cm

2 Ohne Titel, 1981
Mischtechnik, 72x58 cm

3 Wir tanzen alle zusammen den Tango, 1981/82
Linolschnitt, 78x57 cm
Mappe mit 7 Blättern
Auflage: 20

4* Paradiesische Wonnen erleben, 1983
Linolschnitt, 106x63 cm
Mappe mit 3 Blättern
Auflage: 30

5 Rückenansicht, 1983
Acryl und Öl, 47x40 cm

6 Seiltanz, 1984
Acryl und Öl, 54x40 cm

7 Arbeitsproben eines Malers, 1984
Gouache, Acryl und Bleistift, 84x116 cm

8 Bootsfahrt, 1984
Acryl und Öl, 48x41 cm

9 Kopf mit Ästen, 1984
Acryl und Öl, 37x23 cm

10 Blick abwärts, 1984
Acryl und Öl, 30x43 cm

11 Kopf und Kegel, 1984
Acryl und Öl, 34x30 cm

12 Mit Pelzkragen, 1984
Acryl und Öl, 34x30 cm

13 Grünes Gesicht, 1984
Acryl und Öl, 43x30 cm

14 Kleiner grauer Fleck, 1985
Acryl und Öl, 33x25,5 cm

15 Mit schwarzgelben Streifen, 1985
Acryl und Öl, 45x62,5 cm

16 Torso, 1986
Gouache, Blei- und Farbstift, 29x21 cm

17 Pfahl, 1986
Gouache, 29x21 cm

18 Schwarze Strahlen, 1986
Tusche und Aquarell, 29x16,5 cm

19 Auf kleiner Kugel, 1986
Gouache, 26x20,5 cm

20 23.7.86 (I + II), 1986
Gouache und Ölkreide, zweiteilig, je 39x29 cm

21 Mit Peitsche, 1987
Mischtechnik, 30x20 cm

22 Ohne Titel, 1987
Tusche und Aquarell, 29x16,5 cm

23 Stehende Herzfigur, 1988
Gouache, 29x21 cm

24 Hellblauer Keimling, 1988
Gouache und Tusche, 34x22 cm

25 Verschränkt, 1988
Mischtechnik, 30x20 cm

26 Im Blumenfeld, 1988
Mischtechnik, 24x32 cm

27 Kopf mit Einschnitt, 1989
Gouache, Acryl und Aquarell, 24x17 cm

28 Kopf mit Einschnitt, 1989
Gouache, Acryl und Aquarell, 24x17 cm

Max Neumann

1* Bis morgen, 1983
Kohle, 45x62,5 cm

2* Kalte Stücke, 1984
Kohle, 45x62,5 cm

3 Ohne Titel, 1985
Gouache über Radierung, 27,6x39 cm

4 Ohne Titel, 1985
Gouache über Radierung, 27x35,5 cm

5 Ohne Titel, 1985
Radierung, Kohle und Gouache, 30,5 x 39,5 cm

6 Ohne Titel, 1985
Radierung, Kohle und Gouache, 26 x 31,5 cm

Markus Oehlen

1 Ohne Titel, 1983
Dispersion und Wachs, 59 x 59 cm

2* Ohne Titel, 1983
Dispersion, Wachs und Kreide, 57 x 59 cm

3 Ohne Titel, 1983
Dispersion, Wachs und Kugelschreiber, 57 x 59 cm

4* Ohne Titel, 1983
Dispersion und Wachs, 59 x 59 cm

5* Ohne Titel, 1983
Dispersion und Wachs, 59 x 59 cm

6 Ohne Titel, 1983
Dispersion und Wachs, 59 x 59 cm

7 Ohne Titel, 1983
Dispersion und Wachs, 59 x 59 cm

8 Ohne Titel, 1984
Gouache, Wachs, Kohle und Kugelschreiber, 97 x 69,5 cm

9 Ohne Titel, 1984
Gouache, Aquarell und Wachs, 98,5 x 68 cm

10 Ohne Titel, 1984
Gouache, Wachs und Kugelschreiber, 99 x 68 cm

11 Ohne Titel, 1985
Dispersion und Wachs, 71,5 x 92,5 cm

Palermo

1 Winterwald, 1960
Monotypie, 12,5 x 9 cm

2 Indianerin, 1960
Aquarell auf Monotypie, 18,5 x 14 cm

3 Ohne Titel, 1960/61
Monotypie und Öl, 21 x 14,8 cm

4 Ohne Titel, 1961
Monotypie, 12,2 x 16,5 cm

5 Komposition, 1961
Tusche, 12,5 x 11,4 cm

6 Ohne Titel, 1961
Tusche, 12,8 x 11,8 cm

7 Ohne Titel, 1966
Bleistift und Gouache auf Karton, 29 x 39,5 cm

8 Skizze zu Raum 3, 1967
Aquarell und Tinte, 32,5 x 24 cm

9 Graphitwandzeichnung für Six Friedrich, 1969
Bleistift, Leim und Collage, 24,5 x 28 cm

10 Ohne Titel, 1969
Aquarell und Bleistift, 17 x 23,7 cm

11 Ohne Titel, 1970
Acryl, 55,3 x 58,3 cm
(Entwurf zu dem Siebdruck)

12 Ohne Titel (mit rotem Strich), 1970
Siebdruck, 55,5 x 57,3 cm
Auflage: 150

13* Vier Prototypen, 1970
Siebdruck, 60 x 60 cm
Mappe mit 4 Blättern
Auflage: 90

14* Treppenhaus, 1970
Bleistift mit Collage, 58 x 115 cm

15 Treppenhaus, 1970
Siebdruck, 60 x 100 cm
Auflage: 100

16 Fenster, 1970
Siebdruck, 61 x 86 cm
Auflage: 70

17 Flipper, 1970
Siebdruck, zweiteilig, je 85,5 x 66 cm
Auflage: 90

18 Kunsthalle Baden-Baden, 1970
Photographie, Blaupause und Bleistift auf grundierter Preßspanplatte, 52,7 x 38 cm

19 Projektion, 1971
Offset, 40 x 40 cm
Auflage: 150

20 Suite, 1971
Siebdruck, 60 x 60 cm
Mappe mit 4 Blättern
Exemplar des Künstlers

21 Ohne Titel, 1971
Siebdruck, 53 x 73 cm
Auflage: 110

22 Ohne Titel (mit Komma), 1971
Siebdruck, 48 x 70,5 cm
Auflage: 100

23 Auto, 1972
Siebdruck und Collage,
36 x 58 cm
Auflage: 150

24 Fünf Miniaturen, 1972
Folien-Prägedruck, 40 x 27 cm
Mappe mit 5 Blättern
Auflage: 75

25 Ohne Titel, 1973
Lithographie und Siebdruck,
Mappe mit 3 Blättern zur
Ausstellung ›Wandmalerei im
Kunstverein Hamburg‹,
je 50 x 35 cm
Auflage: 100

A. R. Penck

1 Ohne Titel, 1960
Kohle auf bedrucktem Papier,
37,7 x 29,6 cm

2 Ohne Titel, 1974
Kugelschreiber, 42 x 59 cm
Aus der Serie ›Don Juan oder
Liebe zur Geometrie‹

3 Luis Moholo im deutschen
Theater, 1979/80
Kaltnadel, Radierung und Vernis
mou, 43 x 68 cm

4 Ohne Titel (Mein Traum von ...
Die Welt des Skorpion), 1979
Ölkreide, 41,5 x 59 cm

5 Ohne Titel (Dreieck – Rechteck),
1980
Aquarell und Kreide, 48 x 65,5 cm

6 Der Sumpf der Provinz, 1980
Kaltnadel, Radierung und
Aquatinta, 52 x 68 cm

7 Was ist möglich, 1980
Offsetlithographie, 72,5 x 84,5 cm

8 Dani und Ricki, 1980
Offsetlithographie, 72,5 x 83,5 cm

9 Drohung, 1980
Offsetlithographie, 70,7 x 82,7 cm

10 General und Gemüseverkäuferin,
1980
Offsetlithographie, 72,3 x 83,5 cm

11 Dani und Konzept, 1980
Offsetlithographie, 82,7 x 72,2 cm
Auflage: 30

12* West, 1980
Gouache, 52 x 84 cm

13 OA TE MI, 1982
Lithographie, 80 x 60 cm
Auflage: 30

14 Standart West, 1982
Lithographie, 79 x 58 cm
Auflage: 25

15 Was System wird, 1982
Lithographie, 80 x 60 cm
Auflage: 30

16 Zum Thema Verteidigung, 1984
Aquatinta und Kaltnadel,
80,5 x 102,5 cm
Auflage: 30

17 Die weitere Analyse des Löwen,
1984
Aquatinta und Kaltnadel,
80,5 x 102,5 cm
Auflage: 30

18 Was ist Gravitation, 1984
Radierung und Aquatinta,
80,5 x 102,5 cm (49 x 59 cm)
Auflage: 25

19 Aus der kindlichen in die
pubertäre Phase, 1984
Aquatinta, 105 x 76 cm
Exemplar des Künstlers

20** Quo vadis Germania, 1985
Aquatinta und Kaltnadel,
109 x 187 cm
Exemplar des Künstlers

21 Strike, 1985
Aquatinta und Kaltnadel,
109 x 174,5 cm
Auflage: 35

22 Entwurf für ein deutsches
Denkmal (JB), 1986/87
Lithographie, 84,5 x 63 cm
Serie mit 3 Blättern
Auflage: 30

23 Cordially, o. J.
Acryl, 53 x 78 cm

24* 3. Standart Art, o. J.
Tusche, 50 x 75 cm

25* 2. Frage nach den Ursachen, o. J.
Tusche, 50 x 75 cm

26 Ohne Titel, o. J.
Tinte, 29,3 x 20,7 cm

27 Ohne Titel, o. J.
Aquarell, 29,4 x 21 cm

28 Ohne Titel, o. J.
Tusche, 29,5 x 20,8 cm
Serie mit 7 Blättern

Georg Karl Pfahler

1* Ohne Titel, 1959/60
Kreide und Tusche, 62,5 x 45 cm

2* Ohne Titel, 1960
Kreide und Tusche, 60 x 49 cm

Otto Piene

1* Ohne Titel, 1961
Belichtetes Fotopapier, 30 x 31 cm

2* Ohne Titel, 1961
Belichtetes Fotopapier, 45 x 25 cm

3* Ohne Titel, 1961
Belichtetes Fotopapier,
52 x 50,3 cm

Sigmar Polke

1 Kallablüte, 1965
Acryl, 63 x 53 cm

2 Kallablüte, 1965
Acryl, 63 x 53 cm

3 Kallablüte, 1965
Acryl, 63 x 53 cm

4 Freundinnen, 1967
Offset, 48 x 61 cm
Auflage: 150

5 Wochenendhaus, 1967
Siebdruck, 59 x 83 cm
Aus der Mappe ›Grafik des Kapitalistischen Realismus‹
Auflage: 80

6 Höhere Wesen befehlen, 1968
Mappe mit 14 Offsetdrucken und 4 Aquarellen,
Offset: 29,5 x 21 cm
Aquarell: 20,5 x 14,5 cm

7 Fernsehbild (Kicker), 1971
Offset, 64 x 83,2 cm
Auflage: 120

8 Kölner Bettler, 1972
Offset, 42,8 x 60,7 cm
Serie mit 4 Blättern
Auflage: 100

9 In der Oper (Entscheidung der Frage, ob den Schwämmen Bewußtsein zukommt), 1973
Offset auf grünem Velours,
45 x 62 cm
Auflage: 564

10 Fernsehbild Eishockey (Rauwolfiaalkaloide), 1973
Offset, 62 x 45 cm
Auflage: 516

11 Hände (Die Vermittlung zwischen dem Oberen und dem Unteren), 1973
Offset, 45 x 62 cm
Auflage: 610

12 Günter Brus, 1973
Offset, 29 x 23 cm
Auflage: 175

13 Mu nieltnam netorruprup, 1975
Offset, 70 x 50 cm
Auflage: 75

14 Ohne Titel, 1975
Photographie und Acryl auf Leinwand, 40 x 50 cm

15* Mann und Frau, 1978
Acryl auf Geschenkpapier,
100 x 70 cm

16* Kanufahrer, 1978
Gouache mit Collage, 70 x 100 cm

17** Drehung, 1979
Öl und Acryl auf Dekorationsstoff,
230 x 200 cm

18 Ohne Titel, 1979
Acryl, Gouache und Spritztechnik,
70 x 100 cm

19 Ohne Titel, 1982
Gouache, 100 x 70 cm

20* Ohne Titel, 1983
Gouache, 100 x 70 cm

21 Ohne Titel, 1983
Gouache, 100 x 70 cm

22 Ohne Titel, 1983
Gouache, 100 x 70 cm

23 Ohne Titel, 1985
Nitro und Reißlack auf Leinwand,
200 x 220 cm

24 Ohne Titel, 1985
Offset, 50 x 70 cm
Auflage: 120

25 Ohne Titel, 1985
Offset, 50 x 70 cm
Aus der Kassette ›Transit‹
Auflage: 120

Norbert Prangenberg

1 Ohne Titel, o. J.
Mischtechnik, 36 x 31 cm

2* Ohne Titel, o. J.
Mischtechnik, 42 x 29,5 cm

3* Ohne Titel, o. J.
Mischtechnik, 41 x 29 cm

4* Ohne Titel, o. J.
Mischtechnik, 48 x 62 cm

5 Ohne Titel, o. J.
Mischtechnik, 42 x 29,5 cm

6 Ohne Titel, o. J.
Mischtechnik, 41,5 x 29 cm

Heimrad Prem

1* Ohne Titel, ca. 1962
Gouache und Aquarell, 45 x 66 cm

2* Er und Sie, 1965
Mischtechnik und Collage, 60,8 x 42,6 cm

Joachim Raab

1 The Trouble with Matisse II, 1982
Mischtechnik auf Karton, 99 x 59 cm

2 Sabotage, 1983
Mischtechnik auf Karton, 99 x 65 cm

3* P.s Bild, 1983
Mischtechnik, 124 x 109 cm

4* Der Taucher in idealer Fremde, 1983
Mischtechnik, 110 x 75 cm

5* Archaisches Malen, 1983
Mischtechnik, 131,5 x 110 cm

6 Implikationen (ästhetisch), 1984
Mischtechnik, 61 x 56,5 cm

7* Melancholische Beziehung, 1984
Mischtechnik, Papier auf Leinwand, 93 x 80 cm

8 Main Theme, 1984
Mischtechnik, Papier auf Leinwand, 86 x 75 cm

9 Vergeblichkeit (Die späten Jahre), 1984
Acryl auf Karton, 88 x 63 cm

10 Drama – Komposition abstrakt, 1984
Acryl auf Karton, 88 x 63 cm

11 Natur und Kunst, 1984
Acryl auf Karton, 88 x 63 cm

12 Die Ferne, 1984
Mischtechnik auf Karton, 51 x 77 cm

13 Goldmarie, 1984
Mischtechnik auf Karton, 62,5 x 89 cm

Markus Raetz

1* Ohne Titel, 1977
Verschiedene Radiertechniken, 53 x 38 cm
(5–20,7 x 5–14,7 cm)
Mappe mit 7 Blättern und 1 Deckblatt
Auflage: 33

Arnulf Rainer

1 Body Language ›im Gewirre gefangen‹, 1960/61
Heliogravure, übermalt, 60 x 48 cm

2 Fenster (orange-rot), 1961
Kaltnadel, 54 x 39 cm
Auflage: 36

3 Tür, 1961
Kaltnadel, 54 x 39 cm (24 x 20 cm)
Auflage: 89

4 Ohne Titel, 1961/1963
Kaltnadel, 38 x 54 cm
Exemplar des Künstlers

5 Vertikale Überdeckung, 1964/65
Kaltnadel, 65 x 50 cm
Auflage: 99

6 Baum, 1964/1968
Kaltnadel, 66 x 50 cm
Auflage: 40

7 Landschaft, 1965
Kaltnadel, 50 x 65 cm
Auflage: 50

8 Verdeckter Kopf, 1966
Kaltnadel, 66 x 50 cm (33 x 24 cm)
Auflage: 40

9 Zerfranste Leber, 1967
Fettkreide und Klebeband auf Millimeterpapier, 33 x 33 cm

10 Narben, 1967/68
Fettkreide und Klebeband auf Millimeterpapier, 33 x 33 cm

11 Face Farces, 1968/69
Offset, 58 x 46 cm
Auflage: 10

12 Ecke (violett), 1969/70
Kaltnadel, 64,5 x 50 cm
(21 x 27 cm)
Exemplar des Künstlers

13 Gesichtsprofil (blau), 1971
Kaltnadel, 54 x 39 cm
Auflage: 30

14 Vorhang, 1971
Kaltnadel, 63,5 x 48,5 cm
Auflage: 60

15 Landschaft, 1971
Kaltnadel, 38 x 54 cm
Auflage: 30

16* Überdeckter Strecker, 1972/1975
Kaltnadel über Heliogravure,
68,5 x 51,5 cm
Aus der Mappe ›Schreckversteck‹
mit 4 Blättern
Auflage: 30

17 Streckung, 1972/1975
Kaltnadel über Heliogravure,
68,5 x 51,5 cm
Aus der Mappe ›Schreckversteck‹
mit 4 Blättern
Auflage: 30

18 Zorniger Engel, 1972/1975
Kaltnadel über Heliogravure,
51,5 x 68,5 cm
Aus der Mappe ›Schreckversteck‹
mit 4 Blättern
Auflage: 30

19* Rembrandtübermalung, 1981/82
Heliogravure, übermalt,
28 x 25 cm

20* Rembrandtübermalung, 1981/82
Heliogravure, übermalt,
35 x 25 cm

21* Rembrandtübermalung, 1981/82
Heliogravure, übermalt,
29 x 25 cm

22 Beethoven (Totenmaske), 1982
Kaltnadel über Heliogravure,
53 x 64 cm (25,5 x 30,5 cm)
Auflage: 35

23 Rotes Kreuz, 1983
Kaltnadel, 133 x 63 cm
Auflage: 35

24 Überdecktes Mädchen, o. J.
Kaltnadel, 44 x 55 cm
Auflage: 99

25 Orange Rot (Streifen), o. J.
Kaltnadel, 66 x 50 cm
Exemplar des Künstlers

26 Tor, o. J.
Kaltnadel, 65 x 50,5 cm
Exemplar des Künstlers

Ann Reder

1* Ohne Titel, 1984
Tusche und Bleistift, 61 x 43 cm

2* Ohne Titel, 1984
Tusche und Bleistift, 61 x 43 cm

3* Ohne Titel, 1984
Bleistift, 61 x 43 cm

4* Ohne Titel, 1984
Bleistift, 61 x 43 cm

5 Kopf und Dunkel, 1984
Tusche und Bleistift, 61 x 43 cm

6 Ohne Titel, 1984
Tusche und Bleistift, 61 x 43 cm

7 Ohne Titel, 1984
Tusche und Bleistift, 61 x 43 cm

8 Ohne Titel, 1984
Tusche und Bleistift, 61 x 43 cm

9 Ohne Titel, 1984
Tusche und Bleistift, 61 x 43 cm

10 Ohne Titel, 1984
Tusche und Bleistift, 61 x 43 cm

11 Ohne Titel, 1984
Aquarell und Bleistift, 61 x 43 cm

12 Ohne Titel, 1984
Tusche und Bleistift, 61 x 43 cm

13 Ohne Titel, 1984
Aquarell und Bleistift, 61 x 43 cm

14 Ohne Titel, 1984
Aquarell und Bleistift, 61 x 43 cm

15 Drehung, 1985
Tusche und Bleistift, 102 x 73 cm

16 Im großen Strom, 1985
Tusche und Bleistift, 102 x 73 cm

17 Sitzend, 1985
Tusche und Bleistift, 102 x 73 cm

18 Ohne Titel, 1985
Kreide und Bleistift, 43 x 30,5 cm

19 Ohne Titel, 1985
Kreide und Bleistift, 43 x 30,5 cm

20 Relief, 1986
Holz, 59 x 86 x 7,5 cm

Gerhard Richter

1 Flugzeug I, 1966
Siebdruck, 60 x 80 cm
Probedruck

2 Elisabeth II, 1966
Offset, 65 x 56 cm
Probedruck

3 Pyramide, 1966
Photographie auf Photoleinen,
92 x 98 cm
Auflage: 10

4 Hotel Diana, 1967
Siebdruck, 59,4 x 80 cm
Aus der Mappe ›Grafik des
Kapitalistischen Realismus‹
Probedruck

5* Mao, 1968
Offset, 84 x 59,5 cm
Auflage: ca. 800

6 9 Objekte, 1969
Offset, 44,9 x 44,9 cm
Mappe mit 9 Blättern
Auflage: 20 (hc)

7 Auto, 1969
Offset, 36,5 x 45,8 cm
Auflage: 120

8 Schweizer Alpen II, 1969
Siebdruck, 69,5 x 69,5 cm
Mappe mit 5 Blättern
Auflage: 300

9 Seestück, 1970
Offset, 64 x 50 cm
Probedruck

10 Heiner Friedrich, 1970
Offset, 40 x 30,5 cm
Auflage: 250

11 Selbstbildnis, 1971
Offset, 21 x 23 cm
Probedruck

12 Kanarische Landschaften, 1971
Heliogravure, 40 x 51 cm
Mappe mit 6 Blättern
Auflage: 100

13* 9 von 180 Farben, 1971
Siebdruck, 61 x 87 cm
(30 x 41,5 cm)
Auflage: 70

14* Fingermalereien, 1971
Ölfarbe, 40 x 40 cm
Auflage: 150

15 Fingermalereien, 1971
Ölfarbe, 40 x 40 cm
Auflage: 150

16 Fingermalereien, 1971
Ölfarbe, 40 x 40 cm
Auflage: 150

17 Fingermalereien, 1971
Ölfarbe, 40 x 40 cm
Auflage: 150

18 Gelb-Blau-Rot, 1974
Offset, 64,4 x 79,2 cm
Aus der sechsteiligen Mappe
›Farbfelder – 6 Anordnungen
von 1260 Farben‹
Auflage: 32

19 Blau-Rot-Gelb, 1974
Offset, 64,4 x 79,2 cm
Probedruck

20 Ohne Titel, 1978
Bleistift, 20,4 x 25,3 cm

21 Ohne Titel, 1978
Aquarell, 17,8 x 23,8 cm

22 Ohne Titel, 1978
Aquarell, 20,9 x 14,7 cm

23 Schallplatte ›Tristar‹, 1981
Öl auf Schallplatte,
Durchmesser 20 cm
Auflage: 75

24 Ohne Titel (4. 5. 82), 1982
Bleistift und Tusche, 61 x 86 cm
Folge von 4 Blättern

25 EL-R (14. 2. 84), 1984
Aquarell, 29,6 x 41,8 cm

26 Kopf (14. 2. 84), 1984
Aquarell, 25,5 x 37 cm

27* EL-S (15. 2. 84), 1984
Aquarell, 29,9 x 39,7 cm

28 NO.Z. (8. 5. 84), 1984
Aquarell, 29,8 x 39,7 cm

29 Schallplatte ›Glenn Gould‹, 1984
Ölfarbe auf Schallplatte,
Durchmesser 30 cm
Auflage: 100

30 Schallplatte ›Glenn Gould‹, 1984
Ölfarbe auf Schallplatte,
Durchmesser 30 cm
Auflage: 100

Peter Roehr

1 Gr 3, 1963
Schreibmaschinen-Graphik,
29,7 x 21 cm
Auflage: 40

2 GR 5, 1963
Schreibmaschinen-Graphik,
29,7 x 21 cm
Auflage: 50

3 GR 6, 1963
Schreibmaschinen-Graphik,
29,7 x 21 cm
Auflage: 40

4 GR 7, 1963
Schreibmaschinen-Graphik,
29,7 x 21 cm
Auflage: 30

5 Ohne Titel, 1965
Collage, 50 x 65 cm

6* Ohne Titel, 1965/66
Collage in Kunststoff, 70 x 70 cm

7 OB-56, 1966
Paketkarten in Kunststoff,
74,5 x 75,5 cm

8* OB-57, 1966
Lochkarten in Kunststoff,
74 x 75 cm

9 FO-76, 1966
Collage in Kunststoff, 42x43,5 cm

10 FO-88, 1966
Collage in Kunststoff, 42x44 cm

11 FO-89, 1966
Collage in Kunststoff, 42x43,5 cm

12 FO-93, 1966
Collage in Kunststoff,
43,5x43,5 cm

Dieter Roth

1 6 Piccadillies, 1969/70
Siebdruck über Offset auf Pappe,
50x69 cm
Mappe mit 6 Blättern
Auflage: 150

2 Torte, 1970
Aquarell, Tusche und Bleistift,
53x78,3 cm

3 Köln, 1970
Siebdruck und Offset, 70x99 cm
Auflage: 110

4 Düsseldorf, 1971
Siebdruck und Offset, 70x99 cm
Auflage: 120

5* Doppelquartett, 1971
Lithographie, 94,5x78,8 cm
Auflage: 50

6 Duett, 1972
Radierung, Kaltnadel und
Aquatinta, 78x105 cm
Auflage: 30

7 Aus der Hand in den Mund, 1972
Siebdruck und Offset, 70x90 cm
Auflage: 176

8 Kaffee, 1972
Lithographie, 75x105 cm
Auflage: 100

9 Ars Alpina I, 1972
Lithographie, 63x90 cm
Auflage: 150

10* Ohne Titel, 1975
Stempelzeichnung und Pastell,
62x87 cm
Auflage: 100

11* Ohne Titel, 1975
Stempelzeichnung und Pastell,
62x87 cm
Auflage: 100

12 Ohne Titel, 1975
Stempelzeichnung und Pastell,
62x87 cm
Auflage: 100

13 Osterhasenhundefutz in Stuttgart,
1978/79
Ölpastell und Bleistift,
48,2x34,8 cm

14 In Stuttgart aus Eierbecher
tauchend, 1978/79
Ölpastell und Bleistift,
48,4x34,8 cm

15 2 Personen mit Köpfen, 1979/81
Mischtechnik und Collage,
47,8x78,5 cm

Salomé

1* Diva, 1974
Blei- und Farbstift, 40x30 cm

2* Selbst, 1975
Aquarell, 40x30 cm

3* Paravent, 1976
Mischtechnik, 40x30 cm

4* Selbst, 1977
Bleistift, 40x30 cm

5 Seerosenteich, 1982
Dispersion auf Papier, auf Nessel,
dreiteilig, je 186,5x96 cm

6 Hagens Tod, 1984
Fettkreide und Acryl, 69x99 cm

7 Blind, 1984
Fettkreide und Acryl, 69x99 cm

Tomas Schmit

1 Ohne Titel, 1974
Lithographie, 42,1x29,7 cm

2 Ohne Titel, 1974
Lithographie, 42,1x29,7 cm

3 Ohne Titel, 1974
Lithographie, 42,1x29,7 cm

4 Ohne Titel, 1974
Lithographie, 42,1x29,7 cm

5 Ohne Titel, 1974
Lithographie, 42,1x29,7 cm

6* Sockel zum Raufkucken +
Sockel zum Runterkucken, 1975
Offset, handkoloriert, 61x43 cm
Exemplar des Künstlers

7 Das Ganze als Einheit, 1977
Farb- und Bleistift, 43x61,4 cm

Wolfgang Schmitz

1* Frankfurt: Stiftstraße/Behr, 1984
Bleistift, Kohle und Aquarell,
56,5x76 cm

2* Frankfurt: Brönnerstraße/INNEN
und AUSSEN, 1984
Mischtechnik, 50x65 cm

3 Frankfurt: Brönnerstraße/Dom, 1984
Mischtechnik, 50 x 70 cm

4 Frankfurt: Brönnerstraße, 1984
Mischtechnik, 50 x 70 cm

Christa von Schnitzler

1* Ohne Titel, o. J.
Mischtechnik mit Collage, 59 x 38,5 cm

2* Ohne Titel, o. J.
Blei- und Farbstift, mit Collage, 59 x 42 cm

Eugen Schönebeck

1 Ohne Titel, 1962
Tusche, 17 x 24 cm

2 Ohne Titel, 1962
Tusche, 17 x 24 cm

3 Ohne Titel, 1962
Tusche, 17 x 24 cm

4* Ohne Titel, 1962
Tinte und Tusche, 30 x 21 cm

5* Ohne Titel, 1962
Tinte und Tusche, 29,5 x 21 cm

6* Ohne Titel, 1962
Tinte und Tusche, 29,6 x 21 cm

7 Figur, 1964
Bleistift auf rosa Karton, 21,3 x 14,8 cm

8* Rotarmist, 1965
Bleistift, 30,5 x 21,5 cm

9* Ohne Titel (Rosa Luxemburg), 1966
Bleistift, 44 x 35 cm

10 Ohne Titel, 1966
Bleistift, 18,5 x 22 cm

Thomas Schütte

1 UFOs, 1980
Lackfarbe, 79 x 59 cm
Serie mit 16 Blättern

2 Architektur, 1984
Lackfarbe, 137 x 110,5 cm

3* 7 mal 7 (Sonntag), 1985
Aquarell und Tusche, 32,5 x 25 cm
Serie mit 7 Blättern

4 7 mal 7 (Samstag), 1985
Aquarell und Tusche, 32,5 x 25 cm
Serie mit 7 Blättern

5 Flamme, 1985
Lackfarbe, 130 x 110 cm

6 Ohne Titel, 1986
Lithographie, 60 x 42 cm
Serie mit 6 Blättern

Bernard Schultze

1 Ohne Titel, 1956
Tusche und Aquarell, 45,5 x 61 cm

2* Ohne Titel, 1956
Mischtechnik, 64,5 x 50 cm

3* Ohne Titel, 1958
Mischtechnik, 45 x 66 cm

4* Komposition, 1958
Tusche, 43 x 61 cm

5 Licht und Windtrümmer, 1978
Aquarell, 118 x 143 cm

Andreas Schulze

1* Ohne Titel, 1982
Aquarell und Gouache, 53 x 70 cm

2 Ohne Titel, 1982
Gouache und Aquarell, 50 x 69,5 cm

3 Ohne Titel, 1982
Gouache und Aquarell, 50 x 69,5 cm

4 Ohne Titel, 1982
Gouache und Aquarell, 50 x 69,5 cm

5 Ohne Titel, 1983
Kohle, 50 x 64 cm

6 Ohne Titel, 1983
Kohle, 70 x 100 cm

7* Ohne Titel, 1984
Kohle, 57 x 103,5 cm

8 Ohne Titel, 1984
Kohle, 61 x 104 cm

9 Ohne Titel, 1984
Kohle, 73,5 x 82 cm

10 Ohne Titel, 1984
Pastell und Kreide, 70 x 100 cm

11 Ohne Titel, 1984
Kohle, 75 x 103,5 cm

12 Ohne Titel, 1984
Kohle, 74,5 x 103,5 cm

K. R. H. Sonderborg

1* Ohne Titel, 1961
Tusche, 76 x 56 cm

2* Ohne Titel, 1965
Tusche, 79 x 55 cm

Walter Stöhrer

1 Ohne Titel, 1964
Mischtechnik, 49 x 62 cm

2 Genesis, 1964
Mischtechnik, 61 x 54 cm
Blatt zur Mappe ›Mannequins‹

3 Ohne Titel, 1966
Mischtechnik, 62,5 x 90 cm

4* Ohne Titel, 1968
Mischtechnik, 60,5 x 85,5 cm

5 Mara I–V, 1972
Lithographie, 60 x 82 cm
Serie mit 5 Blättern
Auflage: 50

6 Vitus Bering, 1975
Mischtechnik, 62 x 44 cm

7 Ohne Titel (Vitus B.), 1975
Mischtechnik, 62 x 44 cm

8 Der Kopf des Vitus Bering, 1975
Mischtechnik, 62 x 44 cm

9 Ohne Titel, 1976
Radierung, übermalt, 53 x 70 cm
5 Blätter aus der Mappe
›Vitus Bering‹

10 Die Bewegung der Zähne und der Wörter, 1977
Radierung, 55,5 x 38,5 cm
Mappe mit 15 Blättern,
1 Titel- und 1 Textblatt
sowie 1 Textcollage von
Walter Aue
Auflage: 30

11* Schwarze Toscana, 1978/1980
Radierung, übermalt, 70 x 53,5 cm

12* Schwarze Toscana, 1978/1980
Radierung, übermalt, 70 x 53,5 cm

Artur Stoll

1 Ohne Titel, 1978
Bleistift, 43 x 61 cm

2 Ohne Titel, 1978
Bleistift, 43 x 61 cm

3 Ohne Titel, 1978
Bleistift, 43 x 61 cm

4* Ohne Titel, 1978
Bleistift und Aquarell, 43 x 61 cm

5 Ohne Titel, 1978
Bleistift und Aquarell, 43 x 61 cm

6* Ohne Titel, 1978
Tempera und Bleistift, 42,8 x 61 cm

7 Ohne Titel, 1978
Bleistift und Aquarell, 43 x 61 cm

8 Ohne Titel, 1978
Tempera und Bleistift,
43 x 58,5 cm

9 Ohne Titel, 1978
Bleistift, 43 x 61 cm

10 Ohne Titel, 1978
Bleistift und Aquarell, 43 x 58 cm

11 Ohne Titel, 1978
Tempera und Bleistift, 42,8 x 61 cm

12 Ohne Titel, 1979
Tusche, 44 x 62 cm

13 Ohne Titel, 1979
Tusche, 44 x 62 cm

14 Ohne Titel, 1979
Gouache, 86 x 61 cm

15 Ohne Titel, 1979
Gouache, 86 x 61 cm

16 Ohne Titel, 1979
Gouache, 86 x 61 cm

17 Ohne Titel, 1979
Gouache, 86 x 61 cm

18 Ohne Titel, 1979
Radierung, 44,5 x 56 cm
Auflage: 30

19 Ohne Titel, 1979
Radierung, 44,5 x 56 cm
Auflage: 30

20 Ohne Titel, 1979
Radierung, 44,5 x 56 cm
Auflage: 30

21 Ohne Titel, 1979
Radierung, 44,5 x 56 cm
Auflage: 30

22 Ohne Titel, 1981
Tusche, 61 x 86 cm

23* Les idées de notre époque, 1982
Öl und Gouache, 86 x 61 cm

24 Ohne Titel, 1982
Öl und Gouache, 86 x 61,5 cm

25 Ohne Titel, 1982
Acryl, 60,5 x 85,5 cm

26 Ohne Titel, o. J.
Acryl, 61 x 86,5 cm

Manfred Stumpf

1 Ohne Titel, 1979
Tusche, 28 x 21,5 cm

2* Ohne Titel, 1979
Tusche, 28 x 21,7 cm

3* Ohne Titel, 1981
Kugelschreiber, 28,7 x 21 cm

4* Ohne Titel, 1983/84
Bleistift, 36 x 26,5 cm
Serie mit 6 Blättern

5 Ohne Titel, 1984
Tusche, 29,7 x 21 cm

6* Ohne Titel, 1984
Tusche, 29,7 x 21 cm

7 Ohne Titel, 1984
Tusche, 29,7 x 21 cm

8 Ohne Titel, 1984
Tusche, 29,7 x 21 cm

9 Ohne Titel, 1984
Tusche, 29,7 x 21 cm

10 Ohne Titel, 1984
Tusche, 29,7 x 21 cm

11 Ohne Titel, 1984
Tusche, 29,7 x 21 cm

12 Ohne Titel, 1984
Tusche, 29,7 x 21 cm

13 Ohne Titel, 1984
Tusche, 29,7 x 21 cm

14 Ohne Titel, 1984
Bleistift, 29,7 x 21 cm

15 Ohne Titel, 1984
Tusche, 29,7 x 21 cm

16 Ohne Titel, 1984
Tusche, 29,7 x 21 cm

17 Ohne Titel, 1984
Bleistift, 29,7 x 21 cm

18 Ohne Titel, 1984
Bleistift, 29,7 x 21 cm

19 Ohne Titel, 1984
Tusche, 29,7 x 21 cm

20 Ohne Titel, 1984
Tusche, 29,7 x 21 cm

21 Ohne Titel, 1984
Tusche, 29,7 x 21 cm

22 Ohne Titel, 1984
Tusche, 29,7 x 21 cm

23 Ohne Titel, 1984
Tusche, 29,7 x 21 cm

24 Ohne Titel, 1984
Tusche, 29,7 x 21 cm

25 Ohne Titel, 1984
Tusche, 29,7 x 21 cm

26 Ohne Titel, 1984
Tusche, 29,7 x 21 cm

27 Ohne Titel, 1984
Tusche, 29,7 x 21 cm

28 Ohne Titel, 1984
Tusche, 29,7 x 21 cm

29 Zeichnungen zum Autobahn-projekt PALM, 1985/87
Tusche, 29,7 x 21 cm
Folge von 10 Blättern

30 Projektplan PALM, 1987
Tusche und Farbstift auf Flurplan, 150 x 500 cm

31 Ohne Titel, o. J.
Bleistift, 36 x 26,5 cm

Helmut Sturm

1* Ohne Titel, 1960
Aquarell und Tusche, 42 x 59 cm

2* Ohne Titel, 1961
Aquarell und Tusche, 45 x 62 cm

Stefan Szczesny

1* Ohne Titel, 1978
Gouache und Bleistift, 42 x 29,5 cm

2 Ohne Titel, 1978
Gouache und Bleistift, 42 x 29,5 cm

3 Ohne Titel, 1978
Gouache und Bleistift, 42 x 29,5 cm

4* Ohne Titel, 1978
Aquarell, Bleistift und Gouache, 42 x 29,5 cm

5 Modell (Blue Box), 1980
Gouache und Kreide, mit Collage, 79 x 65 cm

6 Modell (Blue Box), 1980
Gouache und Kreide, mit Collage, 79 x 65 cm

7 Modell (Blue Box), 1980
Acryl, Kreide und Gouache,
79 x 65 cm

8 Ohne Titel, 1980
Acryl über Collage, 65 x 50 cm

9 Ohne Titel, 1980
Mischtechnik, 62 x 48 cm

10 Ohne Titel, 1980
Acryl über Collage, 65 x 50 cm

11 Ohne Titel, 1980
Acryl über Collage, 65 x 50 cm

12 Ohne Titel, 1980
Gouache, Bleistift und Kreide,
34 x 24 cm

13 Ohne Titel, 1980
Gouache, Aquarell und Bleistift,
34 x 24 cm

14 Ohne Titel, 1980
Gouache, Aquarell und Bleistift,
31,5 x 24 cm

15 Ohne Titel, 1980
Acryl über Collage, 65 x 50 cm

16 Ohne Titel, 1980
Acryl über Collage, 65 x 50 cm

17 Ohne Titel, 1980
Acryl über Collage, 65 x 50 cm

18 Ohne Titel, 1980
Acryl über Collage, 65 x 50 cm

19 Ohne Titel, 1981
Bleistift und Gouache,
42 x 29,5 cm

20 Ohne Titel, 1981
Kreide, 29 x 42 cm

21 Schwarzer Akt, 1982
Acryl, Dispersion und Kreide,
100 x 70 cm

22 Ohne Titel, 1982
Gouache, 70 x 100 cm

23 Büste und 2 Figuren, 1984
Acryl und Dispersion, 70 x 100 cm

24* Akt, 1984
Acryl und Kreide, 70 x 100 cm

Volker Tannert

1* Viren I, 1983
Öl und Tusche, 42 x 59 cm

2* Ohne Titel, 1986
Pigment und Kohle,
34,5 x 50,5 cm

3* Keine Fragen stellen, nur
zuschauen und genießen, 1986
Pigment und Kohle, 35 x 34 cm

4 A volte la Madonna balla, 1987
Kohle, 40 x 30 cm

5 A volte la Madonna balla, 1987
Kohle und Tusche, 40 x 30 cm

6 A volte la Madonna balla, 1987
Bleistift, 40 x 30 cm

Jean Tinguely

1 Requiem pour une feuille morte,
1970
Lithographie, 50 x 75 cm
Auflage: 70

2* Chaos I, 1974
Lithographie, 48 x 66 cm
Exemplar des Künstlers

3 Chaos noir, 1974
Lithographie, 50,5 x 66 cm
Auflage: 300

4* Meta-Harmonie No. 2, 1979
Kugelschreiber, dreiteilig,
je 29,5 x 20,8 cm

Günther Uecker

1 Ohne Titel, 1965
Bleistift über Siebdruck, 20 x 18 cm
Folge von 3 Blättern

2* Spirale, 1972
Prägedruck, 69,5 x 49,5 cm

3* Diagonale Struktur, 1979
Prägedruck, 59,5 x 49,5 cm

4 Schweigen der Schrift I, 1981
Lithographie, 53,5 x 53 cm
Auflage: 35

5 Engadin I, 1982
Lithographie, 40 x 40 cm
Exemplar des Künstlers

6 Engadin II, 1982
Lithographie, 40 x 40 cm
Exemplar des Künstlers

7* Goslar, 1983
Umdruck, 100 x 70 cm
Probedruck

Nicole Van den Plas

1* Ohne Titel, 1977
Farbstift und Aquarell,
42 x 30 cm

2* Ohne Titel, 1977
Blei-, Farbstift und Aquarell,
44 x 30 cm

3* Ohne Titel, 1978
Blei- und Farbstift, 43,5 x 61,2 cm

4 Ohne Titel, 1978
Blei- und Farbstift, 43,3 x 61,2 cm

5 Ohne Titel, 1981
Bleistift, 44 x 63,5 cm

6 Ohne Titel, 1981
Bleistift, 30,5 x 46 cm

7 Ohne Titel, 1981
Bleistift, 30,5 x 46 cm

8 Ohne Titel, 1981
Bleistift, 30,5 x 46 cm

9 Ohne Titel, 1983
Bleistift, 34,5x50 cm

10 Ohne Titel, 1983
Bleistift, 34,5 x 50 cm

11 Ohne Titel, 1984
Bleistift, 44 x 63,5 cm

12 Ohne Titel, 1984
Bleistift, 44 x 63,5 cm

13 Ohne Titel, 1984
Bleistift, 43 x 61 cm

14 Ohne Titel, 1984
Bleistift, 43 x 61 cm

15 Ohne Titel, 1984
Bleistift, 44 x 63,5 cm

16 Ohne Titel, 1984
Bleistift, 44 x 63,5 cm

17 Ohne Titel, 1984
Bleistift, 44 x 63,5 cm

18 Ohne Titel, o. J.
Bleistift, 30,5 x 46 cm

Bernd Voßmerbäumer

1 Stilleben, 1983
Acryl auf Sperrholz, 56 x 54 cm

2* Ohne Titel, 1983
Papierschnitt mit Acryl,
80 x 58 cm

3* Ohne Titel, 1983
Papierschnitt mit Acryl,
80 x 46 cm

4 Schuhe, 1984
Tusche und Gouache, 48 x 36 cm

5 Schuhe, 1984
Tusche und Gouache, 48 x 36 cm

6* Ohne Titel, 1984
Tempera, 56 x 42 cm

7* Ohne Titel, 1984
Tempera, 56 x 42 cm

8* Wittgenstein, 1984
Gouache mit Collage, 79 x 60 cm
Serie mit 4 Blättern

9 Ohne Titel, 1984
Papierschnitt mit Acryl,
100 x 71 cm

10 Ohne Titel, 1984
Gouache, 39,5 x 29,3 cm

11 Ohne Titel, 1984
Gouache, 39,5 x 29,3 cm

12 Ohne Titel, 1984
Gouache, 39,5 x 29,3 cm

13 Ohne Titel, 1984
Gouache, 39,5 x 29,3 cm

14 Ohne Titel, 1984
Papierschnitt mit Acryl, 86 x 51 cm

15 Ohne Titel, 1984
Papierschnitt mit Acryl,
77 x 58 cm

16 Ohne Titel, 1985
Dispersion und Kunstharz,
40 x 30 cm

17 Ohne Titel, 1985
Dispersion und Kunstharz,
40 x 30 cm

18 Ohne Titel, 1985
Dispersion und Kunstharz,
40 x 30 cm

Isolde Wawrin

1 Ohne Titel, 1978
Tusche und Aquarell,
42,8 x 60,8 cm

2 Ohne Titel, 1978
Tusche, 42,8 x 60,8 cm

3 Ohne Titel, 1979
Aquarell, 43 x 61 cm

4 Ohne Titel, 1979
Aquarell, 43 x 61 cm

5* Papierobjekt, 1979
Acryl und Dispersion auf Pappe,
130 x 128 cm

6 Ohne Titel, 1980
Tusche, 61 x 43 cm

7 Ohne Titel, 1980
Tusche, 61 x 43 cm

8 Ohne Titel, 1980
Tusche, 61 x 43 cm

9 Ohne Titel, 1981
Gouache und Aquarell, 43 x 61 cm

10 Ohne Titel, 1981
Gouache und Aquarell, 43 x 61 cm

11 Ohne Titel, 1981
Gouache und Aquarell, 43 x 61 cm

12 Ohne Titel, 1981
Gouache und Aquarell, 61 x 43 cm

13 Ohne Titel, 1981
Gouache und Aquarell, 43 x 61 cm

14 Ohne Titel, 1981
Gouache und Aquarell, 43 x 61 cm

15* Papierobjekt, 1985
Acryl und Dispersion auf Pappe, 194,5 x 21,5 cm

16* Papierobjekt, 1985
Acryl und Dispersion auf Pappe, 196 x 27,5 cm

17 Ohne Titel, 1985
Bleistift und farbige Tusche, 29,5 x 21 cm

18 Ohne Titel, 1986
Tusche, 41,8 x 59,2 cm

19 Ohne Titel, 1986
Farbige Tusche, 29,5 x 21 cm

20 Ohne Titel, 1986
Tusche, 42 x 59,3 cm

Stefan Wewerka

1* Stuhl, 1969
Bleistift und Gouache, 100 x 70 cm

2 Paris, 1971
Radierung, koloriert, 77 x 78 cm
Mappe mit 8 Blättern
Auflage: 55

3* Arc de Triomphe, 1971
Mischtechnik, 70 x 49,5 cm

4 Die sieben Weltwunder, 1972
Radierung, koloriert, 65 x 65 cm
Mappe mit 7 Blättern und 1 Textblatt
Auflage: 55

Gottfried Wiegand

1* Antike Säule rittlings benutzen, 1977
Bleistift, 70 x 100 cm

2* Fahrbare Wäschefahrbahre, 1977
Bleistift, 70 x 100 cm

3 Mit Wasserstrahl und Schlauch, 1982
Bleistift, 100 x 75 cm

4 Festtagsgeiger für Karl Valentin, 1983
Bleistift, 100 x 70 cm

Troels Wörsel

1* Ohne Titel, 1979
Ölkreide und Gouache, 46 x 61 cm
Serie mit 4 Blättern

2 Neapel, 1982
Tempera, 61 x 46 cm

3 Bogen mit Kugel, 1982
Tempera, 61 x 46 cm

4 Weinetikett, 1986
Aquarell, 30 x 40 cm

5 Weinetikett, 1986
Aquarell, 30 x 40 cm

Bernd Zimmer

1* Ohne Titel, 1979
Gouache und Kohle, 70 x 100 cm

2* Ohne Titel, 1979
Gouache und Kohle, 70 x 100 cm

3* Kühe, 1980
Mischtechnik, 70 x 100 cm

4 Ohne Titel (Berglandschaft), 1983
Gouache und Dispersion, 70 x 100 cm

5 Ohne Titel, 1983/84
Mischtechnik, 70 x 100 cm

6 Ohne Titel, 1984
Mischtechnik, 70 x 100 cm

7 Baum, 1984
Mischtechnik, 100 x 70 cm

8 Baumspalt auf rotem Grund, 1984
Gouache, 100 x 70 cm

9 Baumspalt auf blau-grünem Grund, 1984
Gouache, 100 x 70 cm

Hans Peter Zimmer

1* Ohne Titel, 1959
Tusche, Aquarell und Collage, 45 x 66 cm

2* Kopfstudie, 1961
Mischtechnik und Collage, 50,2 x 35 cm

3 Sitzendes Kind, 1962/64
Mischtechnik und Collage, 65 x 50 cm

Autorenverzeichnis

Verena Auffermann (Auf)

Dominik Bartmann (Ba)

Beatrice von Bismarck (Bis)

Hans Dickel (Di)

Christiane Friese (Fe)

Christa von Helmolt (He)

Angelika Hille-Sandfoß (His)

Ulrich Luckhardt (Lu)

Eva Meyer-Hermann (MHE)

Ingrid Mössinger (Mö)

Johann Karl Schmidt (Sdt)

Britta Schmitz (Schm)

Jürgen Schweinebraden Freiherr v. Wichmann-Eichhorn (Schw)

Marie-Theres Suermann (Su)

Jiri Svestka (Sy)

Henk Zantinge (Zan)

Literaturhinweise

German Drawings of the 60's, Yale University Art Gallery, New Haven; Toronto Art Gallery of Ontario, 1982

Wolfgang Max Faust/Gerd de Vries: Hunger nach Bildern. Deutsche Malerei der Gegenwart, Köln 1982

Expressions. New Art from Germany, Saint Louis Art Museum u. a., 1983

Kunstlandschaft Bundesrepublik. Geschichte, Regionen, Materialien, Ausstellungskataloge Stuttgart 1984

Sammlung Metzger. Zeitgenössische Malerei aus der Bundesrepublik, Kunsthalle Budapest, 1984

Aufbrüche – Manifeste – Manifestationen. Positionen in der Bildenden Kunst zu Beginn der 60er Jahre in Berlin, Düsseldorf und München, Städtische Kunsthalle, Düsseldorf 1984

Von hier aus. Zwei Monate neue deutsche Kunst in Düsseldorf, Messegelände Halle 13, Düsseldorf; Köln 1984

Heinrich Klotz: Die Neuen Wilden in Berlin, Stuttgart 1984

Deutsche Kunst seit 1960. Aus der Sammlung Prinz Franz von Bayern, Staatsgalerie moderner Kunst, München 1985

Vom Zeichnen. Aspekte der Zeichnung 1960–1985, Frankfurter Kunstverein, 1985

1945–1984 Kunst in der Bundesrepublik Deutschland, Nationalgalerie, Staatliche Museen Preußischer Kulturbesitz, Berlin 1985

Karin Thomas: Zweimal deutsche Kunst nach 1945, Köln 1985

Rheingold. 40 Künstler aus Düsseldorf und Köln, Palazzo della Società Promotrice delle Belle Arti, Turin; Kölner Kunstverein, 1985

Tiefe Blicke. Kunst der achtziger Jahre aus der Bundesrepublik Deutschland, der DDR, Österreich und der Schweiz, Köln 1985

Deutsche Kunst im 20. Jahrhundert. Malerei und Plastik 1905–1985, Royal Academy of Arts, London; Staatsgalerie Stuttgart, 1985/86

Kunst in Frankfurt 1986. Medium Zeichnung, Frankfurter Kunstverein, 1986

Wechselströme. Kontemplation – Expression – Konstruktion, Bonner Kunstverein, 1987

Stephan Schmidt-Wulffen: Spielregeln. Tendenzen der Gegenwartskunst, Köln 1987

Berlinart 1961–1987, The Museum of Modern Art, San Francisco Museum of Modern Art, New York/München 1987

Neue Figuration. Deutsche Malerei 1960–88, Solomon R. Guggenheim Museum u. a., New York/München 1989

Die Türme und die Künstler

Kontinuität, Granit-Monolith von Max Bill

Künstler-Verzeichnis nach Etagen

Turm B

- B 37 Joseph Beuys
- B 36 Erwin Heerich
- B 35 Marcel Broodthaers
- B 34 Karl Bohrmann
- B 33 Stefan Wewerka
- B 32 Horst Janssen
- B 31 Arnulf Rainer
- B 30 Dieter Roth
- B 29 Bernhard + Hilla Becher
- B 28 Gerhard Richter
- B 27 Dieter Krieg
- B 26 Antonius Höckelmann
- B 25 K. H. Hödicke
- B 24 Georg Baselitz
- B 23 Imi Knoebel
- B 22 Pidder Auberger
- B 21 Blinky Palermo
- B 20 Nicole Van den Plas
- B 19 Johannes Brus
- B 18 Michael Buthe
- B 17 Ann Reder
- B 16 Artur Stoll
- B 15 Hubert Kiecol
- B 14 Felix Droese
- B 13 Bernd Vossmerbäumer
- B 12 Peter Bömmels
- B 11 Peter Chevalier
- B 10 Gerald Domenig
- B 9 Thomas Schütte
- B 8 Andreas Schulze
- B 7 Manfred Stumpf
- B 6 Markus Oehlen
- B 5 Gunter Damisch

Turm A

- A 27 Horst Antes
- A 26
- A 25 Walter Stöhrer
- A 24 Thomas Bayrle
- A 23 A. R. Penck
- A 22 Helfried Hagenberg
- A 21 Sigmar Polke
- A 20 Markus Lüpertz
- A 19 Galli
- A 18 Jörg Immendorff
- A 17 Joachim Raab
- A 16 Istvan Laurer
- A 15 Martin Disler
- A 14 Isolde Wawrin
- A 13 Friedemann Hahn
- A 12 Tina Juretzek
- A 11 Nanne Meyer
- A 10 Abraham David Christian
- A 9 Walter Dahn
- A 8 Jiří Georg Dokoupil
- A 7 Hartmut Neumann
- A 6 Stefan Szczesny
- A 5 Siegfried Anzinger

E 3 Elvira Bach, Hans Brosch, Rainer Fetting, Johannes Grützke, K. H. Hödicke, Bernd Koberling, Thomas Lange, Helmut Middendorf, Max Neumann, Meret Oppenheim, Salomé, Bernd Zimmer

E 2 Georg Baselitz, Jörg Immendorff, Anselm Kiefer, Dieter Krieg, Markus Lüpertz, A. R. Penck, Sigmar Polke

Künstler-Verzeichnis nach Etagen

Turm B

B 37	Joseph Beuys
B 36	Erwin Heerich
B 35	Marcel Broodthaers
B 34	Karl Bohrmann
B 33	Stefan Wewerka
B 32	Horst Janssen
B 31	Arnulf Rainer
B 30	Dieter Roth
B 29	Bernhard + Hilla Becher
B 28	Gerhard Richter
B 27	Dieter Krieg
B 26	Antonius Höckelmann
B 25	K. H. Hödicke
B 24	Georg Baselitz
B 23	Imi Knoebel
B 22	Pidder Auberger
B 21	Blinky Palermo
B 20	Nicole Van den Plas
B 19	Johannes Brus
B 18	Michael Buthe
B 17	Ann Reder
B 16	Artur Stoll
B 15	Hubert Kiecol
B 14	Felix Droese
B 13	Bernd Vossmerbäumer
B 12	Peter Bömmels
B 11	Peter Chevalier
B 10	Gerald Domenig
B 9	Thomas Schütte
B 8	Andreas Schulze
B 7	Manfred Stumpf
B 6	Markus Oehlen
B 5	Gunter Damisch

Turm A

A 27	Horst Antes
A 26	
A 25	Walter Stöhrer
A 24	Thomas Bayrle
A 23	A. R. Penck
A 22	Helfried Hagenberg
A 21	Sigmar Polke
A 20	Markus Lüpertz
A 19	Galli
A 18	Jörg Immendorff
A 17	Joachim Raab
A 16	Istvan Laurer
A 15	Martin Disler
A 14	Isolde Wawrin
A 13	Friedemann Hahn
A 12	Tina Juretzek
A 11	Nanne Meyer
A 10	Abraham David Christian
A 9	Walter Dahn
A 8	Jiři Georg Dokoupil
A 7	Hartmut Neumann
A 6	Stefan Szczesny
A 5	Siegfried Anzinger

E 3	Elvira Bach, Hans Brosch, Rainer Fetting, Johannes Grützke, K. H. Hödicke, Bernd Koberling, Thomas Lange, Helmut Middendorf, Max Neumann, Meret Oppenheim, Salomé, Bernd Zimmer
E 2	Georg Baselitz, Jörg Immendorff, Anselm Kiefer, Dieter Krieg, Markus Lüpertz, A. R. Penck, Sigmar Polke

Künstler-Verzeichnis nach Besprechungszimmern

Turm B

B 37	Norbert Prangenberg 10
B 36	Petra Falk 01
B 35	
B 34	
B 33	Max Bill 12
B 32	O. Greis, K. O. Götz, H. Kreutz 16; N. Kricke 14
B 31	Robert Michel 01
B 30	
B 29	
B 28	Konrad Lueg 20
B 27	
B 26	Petra Falk 01
B 25	
B 24	L. Fischer, H. Prem, H. Sturm, H. P. Zimmer 13
B 23	Hann Trier 10
B 22	
B 21	
B 20	Miriam Cahn 01
B 19	
B 18	
B 17	H. Arp 01; O. Metzel 11; E. Schönebeck 12; M. Kügler 25
B 16	Markus Raetz 01
B 15	J. Immendorff 01; J. Brodwolf 13
B 14	U. Lausen 01; P. Roehr 09; T. Woersel 10; B. Fischer 25
B 13	J. Bordanowicz 13; G. K. Pfahler 25
B 12	Matthias Mansen 07
B 11	
B 10	
B 9	H. Mack, G. Uecker 11
B 8	Martina Kügler 01
B 7	Bernhard Luginbühl 01; M. Croissant, C. v. Schnitzler 25
B 6	Gotthard Graubner 10
B 5	

Turm A

A 27	Jean Tinguely 13
A 26	
A 25	Christian Hanussek 20
A 24	Troels Woersel 01
A 23	Konrad Klapheck 01
A 22	H. Baschang 10; B. Schultze 16
A 21	Georg Baselitz 13
A 20	Matthias Mansen 13
A 19	Bernhard Johannes Blume 08
A 18	
A 17	Rolf Kissel 17
A 16	Andy Warhol 13
A 15	
A 14	J. Klauke 14; V. Tannert 25
A 13	Wolfgang Schmitz 13
A 12	Otto Piene 01
A 11	Udo Koch 13
A 10	
A 9	Gottfried Wiegand 13
A 8	
A 7	Meuser 25
A 6	
A 5	

C 3/06 Gerhard Richter; D 3/8 Josef Albers; D 3/10 H. P. Adamski, P. Bömmels, H. Middendorf, G. Naschberger; D 3/10-1 Gerhard Altenbourg; D 3/11 Robert Rauschenberg; E 3/12 Franz Hitzler

C 2/01 Christo, Rebecca Horn; C 2/02 Nanne Meyer

Stand: Januar 1990

Künstler-Verzeichnis nach Besprechungszimmern

Turm B

B 37	Norbert Prangenberg 10
B 36	Petra Falk 01
B 35	
B 34	
B 33	Max Bill 12
B 32	O. Greis, K. O. Götz, H. Kreutz 16; N. Kricke 14
B 31	Robert Michel 01
B 30	
B 29	
B 28	Konrad Lueg 20
B 27	
B 26	Petra Falk 01
B 25	
B 24	L. Fischer, H. Prem, H. Sturm, H. P. Zimmer 13
B 23	Hann Trier 10
B 22	
B 21	
B 20	Miriam Cahn 01
B 19	
B 18	
B 17	H. Arp 01; O. Metzel 11; E. Schönebeck 12; M. Kügler 25
B 16	Markus Raetz 01
B 15	J. Immendorff 01; J. Brodwolf 13
B 14	U. Lausen 01; P. Roehr 09; T. Woersel 10; B. Fischer 25
B 13	J. Bordanowicz 13; G. K. Pfahler 25
B 12	Matthias Mansen 07
B 11	
B 10	
B 9	H. Mack, G. Uecker 11
B 8	Martina Kügler 01
B 7	Bernhard Luginbühl 01; M. Croissant, C. v. Schnitzler 25
B 6	Gotthard Graubner 10
B 5	

Turm A

A 27	Jean Tinguely 13
A 26	
A 25	Christian Hanussek 20
A 24	Troels Woersel 01
A 23	Konrad Klapheck 01
A 22	H. Baschang 10; B. Schultze 16
A 21	Georg Baselitz 13
A 20	Matthias Mansen 13
A 19	Bernhard Johannes Blume 08
A 18	
A 17	Rolf Kissel 17
A 16	Andy Warhol 13
A 15	
A 14	J. Klauke 14; V. Tannert 25
A 13	Wolfgang Schmitz 13
A 12	Otto Piene 01
A 11	Udo Koch 13
A 10	
A 9	Gottfried Wiegand 13
A 8	
A 7	Meuser 25
A 6	
A 5	

C 3/06 Gerhard Richter; D 3/8 Josef Albers; D 3/10 H. P. Adamski, P. Bömmels, H. Middendorf, G. Naschberger;
D 3/10-1 Gerhard Altenbourg; D 3/11 Robert Rauschenberg; E 3/12 Franz Hitzler

C 2/01 Christo, Rebecca Horn; C 2/02 Nanne Meyer

Stand: Januar 1990